ÉTICA, RESPONSABILIDADE SOCIAL E SUSTENTABILIDADE NOS NEGÓCIOS

(des)construindo limites e possibilidades

Patricia Almeida Ashley (Org.)

ÉTICA, RESPONSABILIDADE SOCIAL E SUSTENTABILIDADE NOS NEGÓCIOS

(des)construindo limites e possibilidades

saraiva uni

ISBN 978-85-53131-81-5

DADOS INTERNACIONAIS DE CATALOGAÇÃO NA PUBLICAÇÃO (CIP)
ANGÉLICA ILACQUA CRB-8/7057

Ética, responsabilidade social e sustentabilidade nos negócios : (des)construindo limites e possibilidades / Lilyan Guimarães Berlim...[et al] ; organizado por Patricia Almeida Ashley. – São Paulo : Saraiva Educação, 2019.

Bibliografia
ISBN 978-85-53131-81-5

1. Ética 2. Responsabilidade social da empresa 3. Sustentabilidade 4. Direitos humanos 5. Negócios I. Ashley, Patricia Almeida II. Berlim, Lilyan Guimarães

18-1779 CDD 658.408
CDU 658:504

Índices para catálogo sistemático:
1. Responsabilidade social da empresa

1ª edição

EDITAR 642594 CL 651786 CAE 641467

saraiva EDUCAÇÃO | saraiva uni

Av. das Nações Unidas, 7221, 1º Andar
Pinheiros – São Paulo – SP – CEP: 05425-902

SAC 0800-0117875
De 2ª a 6ª, das 8h às 18h
www.editorasaraiva.com.br/contato

Diretoria executiva Flávia Alves Bravin
Diretoria editorial Renata Pascual Müller
Gerência editorial Rita de Cássia S. Puoço
Coordenação editorial Fernando Alves
Edição Ana Laura Valerio, Neto Bach, Thiago Fraga
Produção editorial Alline Garcia Bullara, Amanda Mota Loyola, Daniela Nogueira Secondo, Estela Janiski Zumbano
Serviços editoriais Juliana Bojczuk Fermino

Preparação Elaine Cristina da Silva
Revisão Beatriz Simões
Diagramação e capa Caio Cardoso
Ilustração da capa © Shutterstock/ Supawadee
Impressão e acabamento Gráfica Paym

Dedicamos esta obra aos educadores ambientais formais e informais, visto que a responsabilidade social e a sustentabilidade nos negócios são parte de um conceito maior, que trata da consciência de que somos natureza e humanidade, sem separação.

Dedicamos a obra também a nós, enquanto criadores que todos somos em potencialidade, pois aqui estamos para exercer dons e vocações com criatividade nos diversos campos de realização: empreendimentos, projetos e programas, obras em arte e linguagens, entre outros, todos no exercício do cuidado.

Dedicamos a obra ainda aos que realizam o registro de memórias da história natural e da história humana e aos que as organizam e disponibilizam em diversas formas e linguagens, possibilitando o acesso público e gratuito ao conhecimento coletivo.

Transformar requer educação, criação, inspiração, crença, sensibilidade, memória e acesso ao coletivo que somos.

Por isso, este livro se destina aos que acreditam que somos parte de algo maior, que nos traz unidade.

AGRADECIMENTOS

Em nome dos autores que compuseram os capítulos de *Ética, responsabilidade social e sustentabilidade nos negócios: (des)construindo limites e possibilidades*, como organizadora da obra agradeço aos nossos orientadores e educadores das instituições de ensino, dos locais em que trabalhamos e das comunidades e famílias com as quais convivemos no cotidiano.

Agradecimento especial ao editorial universitário de nossa editora Saraiva/Somos Educação pelo incentivo à elaboração desta obra e pela tolerância e compreensão durante todo o processo de criação.

Há tempos observamos o que o Brasil vem adotando em termos de *responsabilidade social corporativa*. E foi necessário um trabalho cuidadoso para amadurecermos o que, de fato, poderia ser proposto com base nesse conceito. Agora percebemos que a transição de tempos era adequada, pois vislumbramos como o mundo está desconstruindo a crença em super-heróis socialmente responsáveis. Vimos que precisamos de mais agentes e agendas de responsabilidade social nos negócios, que é pauta para muitos organizarem ações que visem à transformação das condições institucionais de modo que sinalizem positivamente a atuação socialmente responsável.

Cabe aqui um agradecimento aos que atuam com a disseminação, divulgação, comunicação e organização de conhecimentos, especialmente aos profissionais das áreas de Comunicação Social, Biblioteconomia e Documentação. Como aprendemos melhor com vocês! Como avançamos melhor em nossas aprendizagens! Em uma realidade complexa, registrar, documentar, organizar e comunicar conhecimentos é o eixo de construção de consciências coletivas.

Organizar as contribuições feitas a esta obra foi um exercício de desconstrução e transformação. Começamos por distanciar nosso olhar do que foi observado, identificar o que precisa e pode ser preenchido em lacunas encontradas e renovar perspectivas para novos caminhos e lacunas para os leitores encontrarem e buscarem a renovação de conceitos e experiências. Então, nesse processo de desconstrução e transformação, expresso meu agradecimento pessoal aos teimosos, aos que criam novas perguntas, aos insistentes e persistentes em seus sonhos na representação política, na trajetória que escolheram pela formação e mobilização da sociedade e por novos rumos e caminhos da economia internacional e nacional, estando sempre se mantendo atualizados na concepção de novos sonhos e caminhos para empreender, nos sacodindo da inércia e nos fazendo reconhecer crenças que já não nos servem mais, elaborando novas crenças e perspectivas como luzes para tais caminhos novos a trilhar. Eu diria que são seres atemporais. Quero citar o nome de algumas pessoas cuja trajetória acompanho desde o primeiro momento em que as conheci, seja virtual ou presencialmente, pois me inspiram de forma profunda: James Ron Gass e Ebba Dohlman, da OCDE; Sônia Araripe, jornalista; Luiz Carlos Hauly, Guilherme Afif Domingos e Randolfe Rodrigues, por sua atuação política e de mobilização e diálogo social em defesa de pautas como desenvolvimento econômico, social, ambiental e institucional. Meus cumprimentos e meus agradecimentos, pois são referências para eu também me manter teimosa, insistente, persistente e caminhar pelo processo contínuo de criação, desconstrução e transcendência em relação às limitações de nossas perspectivas.

Por fim, agradecimento a nossa família, amigos de todos os momentos, especialmente quando estamos em caminhos repletos de espinhos e eles são nossos amparadores dia e noite. Vocês são fundamentais para o que estamos realizando nessa existência, nesse tempo e nesse lugar. Sem vocês, o que seria de nós? A gratidão é eterna...

Patricia Almeida Ashley

SOBRE OS AUTORES

Patricia Almeida Ashley (Org.)

Professora Associada da Universidade Federal Fluminense (UFF). Atuação profissional na interface ciência-política-sociedade pelo ensino, pesquisa e extensão universitárias no campo educação ambiental, economia e políticas para a responsabilidade social e desenvolvimento sustentável, adotando abordagem interdisciplinar em Ciências Ambientais, Humanas e Sociais, integrando Direito, Educação, Ética, Cognição, Políticas, Economia, Gestão e Ciência da Informação. Formação: graduada em Ciências Econômicas pela Universidade Federal do Rio de Janeiro (UFRJ), com ênfase em Políticas Públicas; especialização em Análise e Projeto de Sistemas pelo Ibam; mestrado em Gestão de Serviços Públicos, como bolsista pelo The British Council, com pesquisa em políticas de desenvolvimento local por estratégias de *service level agreement*/acordo de serviços na Aston University, UK; doutorado em Administração de Empresas, como bolsista pela Capes, na IAG Escola de Negócios da Pontifícia Universidade Católica do Rio de Janeiro (PUC-Rio), com tese sobre estratégias de responsabilidade social. Estágio pós-doutoral em responsabilidade social, desenvolvimento e equidade no ISS/EUR (Holanda). Selecionada, na América Latina, para o mandato 2009-2011 da cátedra Prince Claus Chair in Development and Equity (Holanda), a partir do impacto da disseminação no Brasil e América Latina da produção em livros, artigos, palestras e projetos de ensino, pesquisa e extensão em responsabilidade social empresarial (<http://www.princeclauschair.nl>).

Lilyan Guimarães Berlim

Doutora em Ciências Sociais pela Universidade Federal Rural do Rio de Janeiro (UFRRJ) e mestre em Meio Ambiente pela Universidade Federal Fluminense (UFF), com pesquisa em Moda e Sustentabilidade. Autora do livro *Moda e sustentabilidade, uma reflexão necessária* e de vários artigos científicos. Consultora de novos negócios e sustentabilidade em negócios de moda. Pesquisadora do Laboratório de Economia Criativa da Escola Superior de Propaganda e Marketing do Rio de Janeiro (ESPM-Rio) e do grupo Estudos do Consumo, da UFRRJ. Membro do comitê científico do Global Fashion Conference, pela Central Saint Martin. Docente convidada do mestrado da Nottingham Business School (Nottingham Trent University, UK). Parecerista das revistas científicas *Triades*, da Pontifícia Universidade Católica do Rio de Janeiro (PUC-Rio), *D´Obras*, da Associação Brasileira de Estudos de Pesquisas em Moda (Abepem), *ModaPalavra*, da Universidade do Estado de Santa Catarina (Udesc) e *Iara*, do Serviço Nacional de Aprendizagem Comercial de São Paulo (Senac-SP). Trabalhou por mais de 20 anos como designer têxtil, desenvolvendo estampas e projetos para grandes marcas do Rio de Janeiro. Montou e coordenou a pós-graduação em Design de Moda com foco em Sustentabilidade, da Universidade La Salle (RJ). É docente de cursos de pós-graduação e graduação das seguintes instituições: Universidade Veiga de Almeida, Universidade Candido Mendes, ESPM, Istituto Europeo di Design (IED), Fundação Getulio Vargas (FGV), Centro Universitário do Vale do Ipojuca (UniFavip), Universidade do Vale do Itajaí (Univali), entre outras, e há 14 anos atua como gestora do curso Moda Contemporânea em Paris, no qual ministra aulas nos museus do Louvre e na Esmode Internacional.

Luiz Antonio Gaulia

Mestre em Comunicação Social pela Pontifícia Universidade Católica do Rio de Janeiro (PUC-Rio). Pós-graduado em Marketing e Comunicação Jornalística pela Universidade Candido Mendes. Especialista em Comunicação Empresarial pela University of Syracuse (Nova York, Estados Unidos da América) e pela Associação Brasileira de Comunicação Empresarial (Aberje). É professor e pesquisador nas disciplinas de Relações Institucionais, Reputação & Marca, Gestão de Crise e Comunicação Interna. Foi professor na pós-graduação da Escola Superior de Propaganda e Marketing do Rio de Janeiro (ESPM-Rio) e na Universidade Estácio. Trabalhou nas agências de publicidade Oficina de Marketing, Wundermann WCJ, Catto & Johnson, FCB e Z+G Grey. Foi gerente de comunicação institucional da CSN (CSNA3) e da Estácio Participações (Estpar). Foi gerente de relações institucionais na Alunorte, no Pará. Trabalhou como consultor de comunicação na Votorantim Industrial e também coordenou a Comunicação Interna de O Boticário. Trabalhou em projetos de comunicação, sustentabilidade, relações comunitárias e governamentais de clientes como Ajinomoto do Brasil, Petrobras (Refinaria Abreu e Lima), Light e Vale, entre outras empresas. Escreve na Revista *Plurale*, no Blog do Gaulia e na Aberje. Atualmente é diretor da Talk the Walk Treinamentos Empresariais e sócio do Mahayana Spa.

Roberto do Nascimento Ferreira

Professor associado da Universidade Federal de São João del-Rei (UFSJ). Formação: bacharel em Ciências Contábeis pela Universidade Presidente Antônio Carlos, com

Medalha de Mérito Presidente Antônio Carlos pelo 1º lugar no curso; especialista em Administração Financeira e Engenharia Econômica pela UFSJ; mestre em Administração pela Universidade Federal de Lavras (UFLA), com pesquisa em análise econômico-financeira e social de cooperativas; doutor em Administração pela UFLA, com pesquisa sobre governança corporativa. Atuação profissional: professor dos cursos de graduação presencial em Ciências Contábeis e Administração e do curso de graduação a distância em Administração Pública na UFSJ. Atuou também como professor do Mestrado Profissional em Administração Pública (Profiap)/UFSJ. Na UFSJ ocupou as funções de chefe do Departamento de Ciências Administrativas e Contábeis, coordenador do curso de Ciências Contábeis e chefe da Unidade de Auditoria Interna. Realiza pesquisas nas áreas de governança corporativa, governança pública, responsabilidade social e contabilidade.

Selma Alves Dios

Professora associada da Universidade Federal Fluminense (UFF). Doutora em Contabilidade e Finanças pela Universidad de Zaragoza (Espanha), mestre em Ciências Contábeis pela Fundação Getulio Vargas (FGV) e em Contabilidade e Finanças pela Universidad de Zaragoza (Espanha), especialista em Políticas Públicas e Governo pela Universidade Federal do Rio de Janeiro (UFRJ)/Instituto Universitário de Pesquisas do Rio de Janeiro (IUPERJ) e graduada em Ciências Contábeis pela UFRJ. Foi chefe do Departamento de Contabilidade e Coordenadora do Curso de Ciências Contábeis. Professora do MBA em Controladoria e Finanças da UFF e professora convidada em outros cursos de pós-graduação. Atuou como perita judicial em finanças e como instrutora no sistema Sebrae. Atuou em empresas privadas de médio e grande porte, em escritórios de contabilidade e órgãos do setor público. Principais áreas de conhecimento: responsabilidade social corporativa; orçamento empresarial; contabilidade de seguros, metodologia científica. No campo de pesquisa, dedica-se especialmente às interações da contabilidade no contexto econômico, político e social e à ampliação do escopo da contabilidade para um espectro mais amplo de usuários.

PREFÁCIO

RESPONSABILIDADE SOCIAL CORPORATIVA É SUSTENTÁVEL? TECENDO FIOS E DESATANDO NÓS[1]

O estado atual da arte da literatura sobre o conceito de Responsabilidade Social Corporativa (RSC)[2] em nível global aponta para uma multiplicidade de perspectivas e amplitudes – dentro dos países e entre eles –, situadas nos tempos e lugares de seus contextos históricos e incorporadas em seus modelos econômicos, culturas e campos institucionais específicos.

Por um lado, há algumas perspectivas internacionais que estão proporcionando algum vetor de convergência para o escopo de dimensões temáticas da RSC, considerando-a um conceito multidimensional. Por exemplo, há interseção entre as dimensões temáticas para a responsabilidade social propostas pela ISO 26000, pela Global Reporting Initiative (GRI) e pelo Pacto Global das Nações Unidas (ONU). Por outro lado, há perspectivas internacionais concentradas em propor uma única dimensão temática para focalizar a abordagem da RSC, a exemplo da abordagem *proteger, respeitar e remediar*, quadro de referências da ONU com princípios e diretrizes quanto a negócios e direitos humanos,[3] aprovado pela Comissão de Direitos Humanos dessa organização, a qual reduz o foco-alvo da RSC à dimensão temática dos direitos humanos.

---

1 O texto desta seção é uma atualização de reflexões publicadas em dois artigos de opinião que escrevi como colunista da revista *Plurale em site: ação, cidadania e ambiente*, a convite da editora jornalista Sônia Araripe.

2 Os termos **responsabilidade social corporativa** e **responsabilidade social empresarial** são aqui considerados com o mesmo amplo sentido, da mesma forma que os termos em inglês *corporate social responsibility* e *business social responsibility*. O título do livro busca uma visão de negócios que não se restrinja às responsabilidades sociais dos que tenham relações contratuais formais perante o contrato social da empresa. Ao longo dos capítulos, a perspectiva adotada para situar a responsabilidade social corporativa vai sendo, aos poucos, problematizada e é proposta uma visão de negócios de múltiplos atores, múltiplos níveis e múltiplos territórios da responsabilidade social nos negócios. Dessa forma, responsabilidade social corporativa deixa de ter seu sentido limitado à empresa para ser de fato responsabilidade social empresarial, convivendo em um contexto de territórios de responsabilidades sociais.

3 Acesse o documento *Guiding principles on business and human rights: implementing the United Nations "protect, respect and remedy" framework*. Disponível em: <http://www.ohchr.org/Documents/Publications/GuidingPrinciplesBusinessHR_EN.pdf>. Acesso em: jul. 2018.

No entanto, em seu conjunto atual de abordagens e perspectivas, a RSC ainda é focada em políticas e estratégias em nível empresarial ou organizacional de responsabilidade social, dentro do escopo do contrato social que estabelece a pessoa jurídica empresa ou organização. Nessa perspectiva organizacional para a RSC, podemos, então, identificar uma infinidade de ferramentas, princípios, protocolos, diretrizes, métricas e indicadores na forma de recomendações de padrões e diretrizes – *soft law* – elaboradas e propostas por instâncias nacionais, setoriais ou internacionais, considerando a empresa como o centro do debate da responsabilidade social. É todo um esforço de literatura e instrumentos *soft law* para promover o convencimento e a adoção voluntária da RSC pelos agentes privados gestores da pessoa jurídica, mesmo que os campos institucional e mercadológico não propiciem a legitimação e correspondente valor social e econômico para viabilizar a sustentabilidade da RSC por essas organizações que venham a adotar a *soft law* em seus modelos de negócios e sistemas de gestão.

As exceções de sucesso para a sustentabilidade da RSC como prática efetiva de *soft law* serão possíveis casos de convergência de responsabilidades sociais por agentes privados e públicos. Nesses possíveis casos, estarão combinadas as efetivas lideranças de gestores com competência para a RSC, atuando com liberdade e capital de investimentos e de giro alavancado por capital próprio ou de terceiros, os quais demandem a RSC diante de significativa concorrência, alinhando mercados pela RSC, reforçada por efetiva transparência e escrutínio de agentes públicos e privados, além de atuação em nichos de fornecedores e consumidores já alinhados à RSC no mercado.

Atualmente, não há ampla construção, renovação e alinhamento de regulação e políticas de interesse público – *hard law* – que tenham emergido de reflexões com suficiente maturidade em sociedade, mercados e agentes públicos, de forma que promova a atualização e a convergência de marcos legais que propiciem condições institucionais e sistêmicas, e que valorizem a RSC expressa nas dimensões social, econômica, jurídico-política, cultural, ética, consciencial e natural. Alguns países, estados e municípios podem já ter publicado documentos legais sobre a RSC, mas são eventos que não harmonizam os marcos legais visando à responsabilidade social e sustentabilidade como práticas comuns. Ainda vivemos em um contexto *ad hoc*, ocasional, pontual de casos de RSC, talvez até arriscados para a sustentabilidade do modelo de negócios segundo a RSC, sendo casos muito mais como exceção de empresários super-heróis diante de um contexto de desvalorização e indiferenciação de empresas com ou sem RSC efetiva em seus modelos de negócios.

No foco organizacional acima mencionado, do estado da arte da RSC, concluo que esta estabeleceu seu próprio limite de viabilidade como um conceito com base empírica e teórica fundamentada para sua replicação. RSC limitada ao âmbito da organização traz sua própria fraqueza conceitual, quando as empresas estão diante de valores distintos da RSC nos critérios de decisão de mercados de bens e serviços, financeiros e de capital, nas referências de valor para a competição no mercado, para o fornecimento, bem como nas políticas tributárias dos diferentes níveis de governo e outros aspectos legais e institucionais que estão além dos limites da empresa. No nível global, o movimento internacional de capital e as decisões financeiras são ainda incorporados em um paradigma econômico e contábil baseado em visões de curtíssimo prazo para o desempenho dos negócios, com base nos níveis de taxas de juros e remuneração do capital, dissociados de uma promoção cada vez maior de um movimento global de RSC e sustentabilidade.

Além disso, o paradigma do ensino superior em Administração, Contabilidade, Engenharia e Economia, entre outras áreas, ainda é predominantemente voltado para profissionais, professores e pesquisadores trabalharem no sentido unidimensional de critérios de avaliação econômica restrita à esfera financeira como uma medida de excelência empresarial. Em outras palavras, com foco na expansão do capital e em margens de lucros que não são necessariamente gerados ou são resultados de mercados e empresas socialmente responsáveis. Para não mencionar critérios utilizados nas decisões de compra por organizações, famílias e indivíduos, baseados principalmente na acessibilidade do preço, da disponibilidade e da qualidade funcional do produto para seu uso, independentemente da qualidade da história passada e futura dos produtos em seu ciclo de vida.

Assim, pode-se argumentar que a RSC está enfrentando um dilema global para seu futuro. Os gestores de negócios que estão adotando comportamento socialmente responsável vivem um dilema ético quando confrontados pelos investidores, financiadores, compradores, profissionais, fornecedores, concorrentes e regulamentos que não estão inseridos em uma cultura e consciência de responsabilidade social e sustentabilidade.

Sustentabilidade: o que é e a quem se destina?

Em conversas e eventos, programas e mídias, salas de aula e livros, revistas e jornais, as palavras **sustentável** e **sustentabilidade** ecoam repetidamente e de forma crescente. Essa repetição frequente de palavras passa a nos fazer crer, enxergar e sentir que todo mundo está pensando e falando em sustentabilidade, seja como princípio a se fundamentar, seja como referência para processos de trabalho e ferramentas de gestão ou como meta para resultados.

Será que estamos apenas pensando e dizendo ou também, de fato, estamos agindo em direção ao que pensamos e dizemos? E mais: quando nos aprofundamos nas leituras e nos fatos e diálogos sobre sustentabilidade, nos perguntamos: Em que está se pensando e falando mesmo? Como é que eu descrevo o que é? Como fazer, verificar, reproduzir e delimitar o que não é sustentável e o que é sustentável? Significa crescimento sustentável? É consumo sustentável? É produção sustentável? É uso sustentável? É lucro sustentável?

E, daí, continuo com mais perguntas que não consigo responder: Sustentável para quem? Quem são os sujeitos, coletivos e categorias ou classes sociais que representam estilos de vida e de experiência como referência para padrões sustentáveis de desenvolvimento? Sustentável para manter as desigualdades no acesso e uso dos recursos naturais, no acesso aos serviços públicos, aos bens e serviços produzidos e vendidos no mercado? Sustentável para quem sustenta necessidades de um estilo de vida de incomparável consumo de obras de arte, passagens aéreas, bolsas e artigos sofisticados e fundos de investimento e aplicações financeiras por uns? Aos que sustentam um padrão que se conforma e se conforta em ter acesso ao consumo de cerveja, cigarro, cachaça, drogas e aparelhos eletrônicos? Aos que consomem e se confortam com serviços de transporte público, de alimentos básicos, roupas, contas de luz, água e gás, telefonia? Todos esses aspectos combinados em uma possível situação "sustentável" para a sociedade humana? Isso nos traz à lembrança que estamos em sociedades com padrões desiguais em possibilidades e desejos de acesso aos possíveis estilos de vida.

Estamos em um convívio desigual nos espaços de deliberação e liderança sobre prioridades políticas para a construção e aplicação de conhecimentos das culturas, ciências e tecnologias, inclusive desiguais pela perspectiva de gênero. É sustentável uma sociedade em que mulheres e homens, de todas as origens étnicas e culturais, acessem e ocupem posições decisórias de forma diferenciada em organizações públicas, privadas e do terceiro setor? Sociedades em que a ressonância afetiva nas relações é negligenciada como valor social, associada ao feminino, em vez de ligada a posses, propriedades e títulos, estes associados à potência, ao poder, ao masculino?

Pode-se usar o termo **sustentável** quando a relação humanidade-natureza é vista em uma subordinação hierárquica da mãe natureza aos interesses e valores dos homens?[4] Apenas buscando dessa mãe natureza a perspectiva como incessante função de provedora e renovadora de recursos para um paradigma antropocêntrico – seja ele individualista, seja coletivista –, mas fundamentalmente materialista e voltado para o "crescimento sustentável"? Até quanto o crescimento visa crescer? O que realmente cresce nesse processo de crescimento?

Ou estamos, também, nos confundindo com relação a outros sentidos para o sustentável, em que a humanidade ainda vista como deslocada da natureza, devendo servir à preservação e proteção da mãe natureza por meio da redução de seu uso ou abuso, seja priorizando algumas espécies e grupos do patrimônio ambiental natural em detrimento de outros (abordagem individualista), seja protegendo todo o coletivo do patrimônio ambiental natural (abordagem coletivista)? Ao fazermos essa opção de paradigma ecocêntrico, estaríamos negando caminhar em possíveis avanços em ciências

---

[4] Note: a palavra inglesa *mankind*, quando traduzida para português, é "humanidade", enquanto *womankind* é traduzida como "as mulheres", mas não é "humanidade".

e tecnologias por meio de invenções e inovações da humanidade? Ou é possível "algo" entre o antropocêntrico e o ecocêntrico?

Silva, Reis e Amâncio[5] mostram que três paradigmas estão presentes nos discursos contemporâneos sobre sustentabilidade: o antropocêntrico, o ecocêntrico e o sustentabilidade-cêntrico, este último tentando emergir como um sincretismo ou reequilíbrio dos dois primeiros. Todos os três com possibilidade de ser sombreados com cores de individualismo ou coletivismo, dependendo do grau de compaixão ou de pertencimento que o sujeito expressa em relação ao coletivo humanidade e ao coletivo natureza.

E o "desenvolvimento sustentável"? Seria a sustentabilidade um sinônimo, parte, pré-condição ou resultado do desenvolvimento sustentável? E o que queremos desenvolver? Quem e o que é desenvolvido e quais os parâmetros para estabelecermos o que julgaremos como desenvolvido de forma sustentável ou não? O quanto o "não desenvolvimento sustentável" de uns vem sendo necessário para o desenvolvimento sustentável de outros? A desigualdade entre territórios e modelos de desenvolvimento torna possível ao desenvolvimento ser algo sustentável? Desenvolvimento nos traz um "envolvimento responsável" ou é o inverso, como nos propõe a boa reflexão dos textos de Luiz Antônio Gaulia?[6]

Que modelo de desenvolvimento é sustentável? Diz-se que é sustentável porque nele se criam categorias conceituais para critérios e indicadores de desenvolvimento sustentável e sustentabilidade, as popularmente disseminadas como o tripé social, ambiental e econômico da sustentabilidade? Ou, também, é fundamental incorporar as categorias da política, das culturas, do institucional e o do nem sempre "enxergável" ou "pronunciado em reuniões"? E aqui faço coro junto com Sidemberg Rodrigues[7] ao dizer que é a categoria do espiritual que nos faz transcender e enxergar a vida de forma ampla e una.

Desde a década de 1970, temos visto várias correntes e definições que se expressam em diversos modelos de desenvolvimento sustentável e, mais recentemente, da década de 1990 para cá, está em discussão internacional sua operacionalização, medição e viabilidade de implementação; trazemos à tona uma expectativa de proposta de modelo de desenvolvimento capaz de suportar as necessidades atuais sem prejudicar a capacidade de atender às necessidades das gerações futuras.

E, desde então, novas perguntas são feitas: Do que necessitamos hoje? Do que as gerações futuras necessitarão? Quem somos nós, os sujeitos das necessidades?

---

5 SILVA, S. S.; REIS, R. P.; AMÂNCIO, R. Paradigmas ambientais nos relatos de sustentabilidade de organizações do setor de energia elétrica. *Revista de Administração Mackenzie*. Edição Especial, 12 (3), p. 146-176, maio-jun. 2011.

6 GAULIA, L. A. O envolvimento responsável e a prática do cuidado. *Plurale em site*, 04 abr. 2011. Disponível em: <http://www.plurale.com.br/site/noticias-detalhes.php?cod=10474&codSecao=2>. Acesso em: jul. 2018.

7 RODRIGUES, S. *Espiritual e sustentável*. Espírito Santo: Associação Capixaba Contra o Câncer Infantil, 2010.

Necessidades de quem? Para quê? Em função de quem? Negando o quê? Aceitando o quê? Concordando com o quê? Reproduzindo quais hábitos e descontinuando quais outros? Em que contexto? Geográfico, cultural, legal, político, econômico? Mantêm-se a diversidade e a igualdade sem um parâmetro de limites "sustentáveis" para a saúde pessoal, familiar, comunitária e global? É sustentável uma sociedade em que a mulher é associada à cerveja, ao entorpecer, e a cerveja à imagem de sucesso social entre amigos e em encontros? Basta consumir bebidas de forma responsável? Vale o "se beber, não dirija; se dirigir, não beba"? Quantos sentimentos não elaborados e afetos reprimidos descarregamos por meio do entorpecimento provocado pelo álcool, cigarro, sedativos, ansiolíticos, antidepressivos? Tanta coisa que ingerimos para tapar, sufocar, esquecer, distrair, entreter, não falar, não mudar, não se mudar, suportar, amortecer e, enfim, não transformar. O que seria do ciclo de convivência e reprodução social sem essas válvulas de escape? O que seria insustentável, então, sem as válvulas de escape?

É sustentável suportar e dar continuidade ao insustentável? Em que produzimos e consumimos no contexto histórico de uma sociedade que se mantém escrava da competição em torno do consumo, da produção e do patrimônio material, do ter e não do ser? Em que se acredita que o indivíduo é mais importante que o coletivo, em que humanidade usa a natureza de forma análoga a uma escrava usada pelo seu senhor em tempos de "outrora"? Será que não continuamos reproduzindo uma atitude senhor-escravo ou senhor-servo em nosso cotidiano de trabalho, de família e de política, subentendendo-nos a uma lógica de dominação sobre o outro, em vez de aplicar o tão falado *stakeholder engagement* propagado em modelos de gestão organizacional e de democracia participativa? Onde escondemos nosso "escravo" e nosso "senhor" no cotidiano em casa, nas vias públicas e nos locais de trabalho e de estudo? Haverá um futuro comum possível para sociedades sustentáveis?

Uma esperança nos é trazida por Luiz Gonzaga de Souza Lima, em entrevista ao Instituto Humanitas, sobre seu livro *Refundação do Brasil*. Luiz Gonzaga inova na releitura para uma compreensão histórica da fundação do Brasil como modernidade tropical – a Empresa Brasil –, por termos nascido como projeto de paradigma moderno de formação social empresarial, antes mesmo da modernidade europeia, e diz que nos encontramos em uma oportunidade histórica de ser um povo que reúne os povos, um povo planetário, por ser um povo construído pela mestiçagem, rumo a uma sociedade biocentrada:[8]

---

8 INSTITUTO HUMANITAS UNISINOS (IHU). A refundação do Brasil. Rumo à sociedade biocentrada. Entrevista especial com Luiz Gonzaga de Souza Lima. Disponivel em: <http://www.ihu.unisinos.br/entrevistas/506677-a-refundacao-do-brasil-um-olhar-brasileiro-sobre-o-pais-entrevista-especial-com-luiz-gonzaga-de-souza-lima->. Acesso em: 24 out. 2018.

Aqui surgiu o primeiro povo planetário, a mistura de todos, pois mais tarde chegariam também os europeus orientais e os povos do extremo oriente. Os brasileiros originários foram como a placa mãe de um povo novo, de um novo jeito se ser humano. O povo brasileiro é o primeiro povo planetário, que uniu a humanidade novamente, após a separação imposta pela história geológica do planeta Terra. Esse fato já possui em si mesmo uma importância imensa, e esta importância cresce a cada dia. Embora reunidos aqui, amontoados, pode-se dizer, nos limites estruturais estreitos e perversos da Empresa Brasil e da Formação Social Empresarial, os diversos povos terminaram por se misturar, ao contrário de outras regiões da terra onde também se encontraram. Dessa mistura surge um povo que é a reunião de muitas humanidades. A circunstância deste reencontro e desta fusão de humanidades ter ocorrido em modo tão desigual e perverso não lhe retira o seu conteúdo principal, que é o reencontro, a nova reunião dos humanos em uma inédita fusão étnica. O Brasil já nasceu construindo a síntese, os referenciais comuns. Diante da crise civilizatória contemporânea, marcada por confronto e conflitos entre civilizações, entre culturas e etnias, ser naturalmente multiétnico, aberto à cultura e às características do outro, conviver com elas, vivê-las na intimidade, possui um valor imenso. É um dos mais importantes recursos que o Brasil possui. O Brasil é o futuro. Se um dia a humanidade for um só povo, ele será parecido com o povo brasileiro.

1999: Tecendo fios e desatando os nós dos tecidos da RSC

Na época em que me dedicava a realizar buscas por literatura acerca de organizações responsáveis,[9] um termo que acessei – por síntese, durante a noite, em um sonho que tive com vários elementos que eu tentava construir há meses (acordada), achar um fio ou tecido que os unissem – foi publicado na literatura internacional como *business social responsibility*, traduzido para o Brasil como "responsabilidade social corporativa" ou "responsabilidade social empresarial". Usando as ferramentas de busca então disponíveis, Yahoo e AltaVista, sobre o tema no Brasil, dois sites apareciam: o do Ibase, em que se abordava o tema Balanço Social, e o do Instituto Ethos, que apresentava os Indicadores Ethos de Responsabilidade Social. A pesquisa, feita durante o doutoramento, contribuiu para eu conhecer, sistematizar e divulgar que havia diversas perspectivas e entendimentos, tanto no Brasil como no exterior, sobre o que significava e como se exercia a RSC e, após o mapeamento e a análise dessas perspectivas, a contribuição da tese de doutorado foi na forma de um Metamodelo Multidimensional, Relacional e Multidirecional sobre Responsabilidade Social nos Negócios (MRMRSN)[10] para a interpretação de estratégias e sentidos em RSC.

---

9 Foi a época em que me dediquei à criação da revisão da literatura sobre o tema escolhido para a tese de doutorado, sob orientação da professora Teresia Diana L. V. A. de Macedo-Soares, no IAG/PUC-Rio.

10 O metamodelo MRMRSN será apresentado na Parte II, Capítulo 4.

Em síntese, os resultados da revisão da literatura sobre RSC, em 1999, mostraram que havia entendimentos do sentido atribuído para a RSC como uma ação pós-lucro, não inserida nos processos de negócio, bem similar ao que se propagava no Brasil nos fins do século XX, comum em ações filantrópicas e de investimento social privado fora dos processos, relações e ambientes de negócio. Alternativamente, havia as perspectivas pré-lucro, em que se concebe a responsabilidade social na concepção do modelo e processos de negócio, requerendo novas competências, sistemas de gestão e tecnologias ambientais, sociais e econômicas para a inovação empresarial – a partir da RSC, por ela e para ela.

Em ambas as vertentes, pós-lucro e pré-lucro da RSC, variando conforme o contexto legal, econômico, ambiental, social e cultural, dependendo do tipo e porte do empreendimento, podemos contemplar três níveis de desafios éticos nas relações empresa-sociedade. O primeiro nível de desafio ético é o cumprimento da lei, não apenas em seu sentido estrito, mas também de normas, regulações compulsórias ou voluntárias, visto que são expressão de uma consciência coletiva da sociedade legitimada pelo Estado ou por órgãos de representação coletiva, incluindo as de abrangência local, nacional e internacional, como o são os acordos internacionais em órgãos multilaterais. O segundo nível de desafio ético é ir além da lei no contexto temporal e espacial específico em que os negócios da empresa estão operando, produzindo e comercializando, já atendendo a novas expectativas sociais nesse contexto social e avançando em políticas e práticas em relação ao que a lei ou regulação determina. O terceiro nível de desafio ético é atuar de forma coerente com a aspiração a ideais éticos, que nem mesmo o contexto de operação, produção e comercialização da empresa demanda ainda, muito menos é exigido em lei ou marco regulatório, mas emerge da consciência diferenciada de líderes que possam influenciar decisões na empresa. Dependendo do contexto temporal e espacial, o que se constitiu desafio ético nível 1, 2 e 3 é modelado pela cultura e política de determinada sociedade e campo institucional daquele tempo e espaço.

Muitas vezes, temos regulações ultrapassadas, incoerentes com as expectativas contemporâneas para lidar com os desafios sociais, ambientais, econômicos, mas ainda presentes por inércia, esquecimento ou ignorância dos governantes, dos líderes sociais e empresariais. Por um lado, "choques de cidadania importada", termo que ouvi, em 2011, do professor doutor Edson Alvisi Neves, quando então diretor da Faculdade de Direito da Universidade Federal Fluminense, são parte da história brasileira e, para mim, expressam o incômodo que sinto ao ver especialistas e assessores propondo e articulando a reprodução, sem uma adequada contextualização e discussão madura de leis, normas e padrões quanto à RSC vinda de outros países para serem adotadas no Brasil. Por outro lado, sinto-me feliz quando empresas, sociedade civil e governo inovam efetivamente e de forma construtivista os modelos, padrões e regulações no Brasil de forma pertinente a um sentido de coletivo – sociedade, natureza e economia –, passando a ser exemplos internacionais e referências para outros países e regiões. Cito o exemplo da norma ABNT ISO 16001,[11] que inspirou internacionalmente e destacou o Brasil na construção da norma internacional ISO 26000.[12]

2018: Por uma agenda de ressonância e coerência em múltiplas camadas de tecidos da RSC

Há um novo retrato da responsabilidade social, se comparado ao cenário de 1999. Encontramos, dentro e fora do Brasil, uma impressionante quantidade de referências acerca de RSC em prêmios, certificados, cartas de princípios, códigos de ética, marcas e selos de responsabilidade social, relatórios de sustentabilidade, índices de ações de empresas selecionadas pela política de responsabilidade social, uma lista enorme de *sites* e *links*, de artigos, reportagens, eventos, cursos, livros, vídeos.

Quanto falta caminhar nesse terreno do discurso e da prática da responsabilidade social no contexto brasileiro? Respondo que é lidar com a inconsistência, a incoerência e a incongruência de responsabilidades sociais entre acionistas, diretores, empregados, especialistas consultores, fornecedores, compradores, financiadores, isso no âmbito das empresas. E mais, com a inconsistência, a incoerência e a incongruência de responsabilidades sociais entre os poderes Executivo, Judiciário e Legislativo (federal, estadual e municipal), instituições de educação, famílias e detentores de capital, além de agentes financeiros.

Os resultados das pesquisas nas quais venho me envolvendo desde 1999 mostram que as perspectivas e práticas de RSC podem ser compreendidas como relacionadas às culturas e aos contextos institucionais em que as empresas estão situadas. Nesse sentido, cultura se forma e se transforma com o desenvolvimento da cidadania em todas as esferas sociais, quando a educação para a responsabilidade social coletiva é inerente ao conceito e aos modelos de desenvolvimento.

A lei é uma expressão do grau de desenvolvimento de uma sociedade, pois não aceitamos mais aquilo que foi lei no passado – escravidão, por exemplo – e que não é mais coerente com o presente e com o futuro que queremos. Entretanto, pergunto: A memória cultural desse tempo ditatorial, escravagista, está efetivamente fora de nosso tempo atual nas práticas domésticas, nas práticas empresariais, nas práticas e modelos de políticas públicas, nas compras, investimentos e financiamentos públicos e privados? Como mudar uma cultura em que a informação e os costumes divulgados nos grandes meios de comunicação reproduzem lógicas de dominação, violência, exclusão social,

---

11 ASSOCIAÇÃO BRASILEIRA DE NORMAS TÉCNICAS (ABNT). *NBR-ISO 16001*: responsabilidade social - sistema de gestão - requisitos. Rio de Janeiro, 2012.

12 ASSOCIAÇÃO BRASILEIRA DE NORMAS TÉCNICAS (ABNT). *NBR-ISO 26000*: diretrizes sobre responsabilidade social. Rio de Janeiro, 2010.

seja em novelas, seja em reportagens, seriados e propagandas? E os lançamentos de novos produtos e linhas de produtos insistentemente efêmeros, de curta durabilidade ou fruto de modismos, mesmo que já anacrônicos em meio a uma mobilização social pelo ambientalismo, pela qualidade social e pela viabilidade econômica em padrões ecológicos? Será que não temos leis ultrapassadas para construirmos uma sociedade sustentável em nível local, regional, nacional e internacional? Como membros de conselhos de administração e gestores em empresas são formados, recrutados, selecionados e incentivados a incorporar de forma integral uma ética pela responsabilidade social em seu processo decisório? Como agir assim de forma valorizada e incentivada quando empresas estão diante de investidores, financiadores, diretores, compradores, fornecedores e governantes que não pensam, não valorizam nem planejam agir dessa forma? Como criar um ambiente empresarial e institucional coerente com a valorização e as oportunidades ampliadas no mercado para a conduta empresarial que incorpore a responsabilidade social e a sustentabilidade nos negócios?

Para exemplificar incoerências do contexto institucional e cultural brasileiros, começo abordando o art. 14 da Constituição Federal, Capítulo IV – Dos Direitos Políticos, no Título II – Dos Direitos e Garantias Fundamentais, em especial o parágrafo 4º: "São inelegíveis: os inalistáveis e os analfabetos".[13] Ora, deduz-se que não é preciso estudar para ser elegível!!! Então vamos conhecer os que são elegíveis na Carta Magna, como nos determina o § 3º do mesmo art. 14, que enfatiza a diferenciação da faixa etária para determinados cargos; a obrigatoriedade de ter nacionalidade brasileira; ter pleno exercício dos direitos políticos; ter domicílio eleitoral na circunscrição; ter realizado o alistamento eleitoral; além da necessária filiação partidária. Ou seja, de fato, há uma incoerência, por um lado, nos critérios para elegibilidade e, por outro, em uma enorme e longa caminhada das políticas públicas e empresariais brasileiras no sentido da ampliação da escolarização da população, seja para fazer concursos públicos, seja para trabalhar nas empresas ou ser empreendedor. Entretanto, sinto muito, não é preciso estudar para ser eleito membro do Poder Legislativo ou Chefe do Poder Executivo nos 5570 municípios, nos 27 estados e na União.

É essa incoerência que pessoalmente encontrei, como professora, pesquisadora e extensionista, em várias ocasiões em que testemunhei o despreparo dos eleitos a vereador e prefeito, não conseguindo compreender ou, menos ainda, dar valor aos cursos de capacitação da universidade pública para agentes públicos e da sociedade civil em torno de desenvolvimento sustentável, planejamento governamental, políticas urbanas, orçamento público e outros tópicos. A boa e interessada audiência dos cursos girava em torno de alguns membros de conselhos municipais e de coletivos voltados para a agenda ambiental – fóruns de Agenda 21, quase sempre os mesmos ativistas,

---

[13] BRASIL. Constituição (1988). *Constituição da República Federativa do Brasil*. Brasília: Senado Federal, 1988.

em sua minoria, ou de lideranças de organizações da sociedade civil. Nos bastidores de reuniões em que conheci secretários municipais, vereadores e prefeitos, sempre a mesma história: alguns consultores, com reserva de mercado por vínculos pessoais e de longa data, prestando serviços contratados pela administração pública, os quais deveriam ser prestados por agentes com competência e qualificados para tal; de outro lado, os bloqueadores e sabotadores da atuação e difusão de conhecimento público e gratuito oferecido pelas universidades federais a professores, estudantes e estudiosos nos avanços do tema de pesquisa, inovação e extensão.

Passamos para exemplos de grandes empreendimentos públicos, em que empreiteiras e consultores entram no mercado de negócios para o setor público e em nenhum momento lhes é exigido algo para a prestação de tais serviços, requisitos de padrões de qualidade nas condições de trabalho, ética e transparência na gestão das empresas que atuam nos empreendimentos públicos. Ou seja, a administração pública, governada por mandatos dos Poderes Executivo e Legislativo, na função de planejamento e gestão do orçamento público, é efetivamente uma poderosa promotora de modelos e práticas empresariais. As decisões na esfera pública, os marcos legais, afetam o contexto e a viabilização de modelos de negócios, estejam eles ressonando ou dissonando da RSC. É uma questão de ressonância de consciências nas esferas pública e privada pela coerência de linguagens e sentidos da RSC.

Qual é o sentido que se propõe para os contratados e financiados com recursos públicos quanto à responsabilidade social nos processos de negócios, nas políticas de proteção, de compensação ou de desenvolvimento ambiental, social e econômico no território em que estejam atuando? Se considerarmos as condições de transparência e diálogo com os diversos atores que participam de um empreendimento, não veremos a exigência de modelos de governança e relatórios de transparência empresarial ou de sustentabilidade pelo poder público, nem mesmo pelas próprias empresas contratantes junto a seus fornecedores ou pelos agentes financiadores do empreendimento. Há diversos projetos de lei na Câmara Federal que contribuem no sentido de uma responsabilidade social multiatores, ou seja, empresas, governo e sociedade civil, quase todos emperrados em determinadas comissões parlamentares, em especial as que lidam com interesses "econômicos", quando não arquivados ao final do mandato parlamentar.

Fica a questão: Quem perde e quem ganha em não termos avanços no campo institucional e um marco legal brasileiro que o torne mais coerente e consistente com modelos de RSC e sustentabilidade nos negócios? Será que estaríamos criando um empoderamento de competências institucionais e sociais nacionais que excluiria a necessidade de importarmos modelos e ferramentas de gestão, de consultoria e de dependência intelectual, caríssimos e acessíveis somente a uma elite econômica de famílias e empresários de empresas de grande porte? Será que não temos aqui no Brasil conhecimento suficiente para desenvolvermos um pacto social visando a uma reforma institucional pró-responsabilidade social e sustentabilidade no marco legal brasileiro e nas políticas públicas, que possa repercutir positivamente em micro, pequenas e médias empresas nos processos decisórios públicos e privados sobre investimentos, empreendimentos, tributação, construção civil e comércio?

Passamos para a formação dos gestores e profissionais que atuam nas empresas. Como se dá a qualificação dos que estão imbuídos de poder de decisão nos investimentos e nas políticas e práticas de gestão nas empresas? Que escolas de nível superior, no Brasil e no exterior, são essas em que se formam os administradores, engenheiros, titulados em MBA e especialistas e que não incluem a sustentabilidade, a ética da responsabilidade social de forma transversal no currículo e nos objetivos de formação, mas apenas em uma disciplina isolada preferencialmente optativa ou eletiva? Precisamos enviar para formação em instituições de educação no exterior nossos decisores de conselhos de administração e diretores de empresas no Brasil? Que livros estão lendo, que modelos de negócio estão aprendendo ou reproduzindo? Em quais contextos institucionais estão situados os casos (*cases*) que são estudados em escolas com currículos *made in* fora do Brasil? O que as diretrizes curriculares no Brasil, para a educação básica, profissional e superior, estão propondo para a formação, atitude e práticas cidadãs? O que os exames nacionais e os processos de recrutamento e seleção para trabalho em organizações públicas e privadas avaliam em termos de capacidade de interpretação, reflexão e posicionamento crítico de um profissional cidadão?

Passamos agora às políticas tributárias do governo federal, estadual e municipal, que indicam e influenciam as decisões das famílias, dos empreendedores, dos proprietários, dos agentes financeiros, dos profissionais, de todos. São também instrumentos que carregam uma mensagem, uma pedagogia econômica e cultural para seguir um ou outro caminho, influenciando as decisões que tomamos e os limites que temos no exercício de contribuintes cidadãos ou não. Vejamos, no Brasil, o tamanho da base tributária, a incoerência, a desigualdade na tributação, a aposta no ônus tributário sobre o trabalho, sobre o fluxo dos produtos e rendas da economia, em vez de se tributar o estoque, a retenção, a apropriação, a desigualdade, o patrimônio, a acumulação.

Não se diferencia, no atual marco legal tributário, o grau de cuidado social, ambiental e econômico do contribuinte, nem se premia com descontos no imposto de renda os que investem em educação e livros para seus filhos, em comparação com os que temem a doença como condição *sine qua non* de sua existência cotidiana. Isso porque não há limites máximos, na declaração anual de ajustes para o Imposto de Renda Pessoa Física, para os descontos de imposto de renda devido quando se trata de despesas com serviços privados de saúde, mas há limites para gastos privados com educação. Casos de doença possibilitam deduzir o imposto de renda devido, enquanto investir em educação e instrução não traz tais deduções em igual proporção. Com certeza, tema para reflexão e transformação dessa lógica, pois só virá nos trazer mais e mais mercado para ampliação do temor ao adoecimento e os custos por não se ter a atenção e os investimentos da sociedade e do Estado em profissionais e redes de serviço público de saúde e, ao mesmo tempo, a desvalorização da educação como investimento social das famílias e da garantia de acesso à qualidade na oferta de educação pública.

Em síntese, há múltiplas camadas de tecidos que compõem a responsabilidade social e a sustentabilidade nos negócios. Este livro vem contribuir no sentido de trazer fios, apontar nós e orientar a construção das condições para que possamos compreender as camadas de tecidos de responsabilidade social nas artes, ciências e tecnologias, expressas na formação e aplicação de conhecimentos, habilidades, atitudes e valores das competências de múltiplos agentes públicos e privados em múltiplos níveis e territórios. Busca-se a contribuição para o ensino e a aprendizagem que nos tornem competentes para sermos todos tecelãs e tecelões de tecidos de responsabilidade social. Que esta obra cumpra seu propósito.

Patricia Almeida Ashley

APRESENTAÇÃO

SUSTENTABILIDADE: UM CAMINHO SEM VOLTA

A vida é feita de escolhas. E não me arrependo das escolhas feitas. Depois de pouco mais de 20 anos de carreira sólida e reconhecida como repórter da área de Economia, Finanças e Negócios em diferentes redações de grandes jornais com repercussão nacional – como *Jornal do Commercio, O Dia, Jornal do Brasil* e *O Estado de S. Paulo* – e alguns anos em assessorias de imprensa de grandes empresas, percebi que era o momento de começar a pensar em voo solo.

Ainda em dúvida sobre o caminho a seguir, parti para uma pesquisa de mercado, estudando casos de sucesso e pensando onde poderia somar e fazer alguma diferença. Percebi que gostava mesmo era de "contar histórias", que pudessem ter começo, meio e fim. Tecer essas histórias em um texto cuidadoso e que trouxesse emoção. Se possível, com edição caprichada, repleta de boas fotos e com um visual de dar gosto.

Nascia, então, em 2007, *Plurale* – revista e *site* – com foco em sustentabilidade. O nome foi escolhido propositadamente: era preciso que fosse conjugada na primeira pessoa do plural, abraçando diferentes pontos de vista, trazendo e alinhavando o maior número de vertentes de um mesmo tema. Sabíamos que seria difícil empreender como mídia independente em uma área que – apesar de ser considerada estratégica por empresas – ainda não tem o mesmo peso na hora da distribuição de mídias publicitárias.

Perseveramos: completamos 10 anos em outubro de 2017 e conquistamos várias premiações, sendo o Prêmio Aberje de Revista de Mídia Segmentada, em 2017, um dos reconhecimentos mais importantes. Um seleto e relevante time de colunistas foi decisivo para esse sucesso. A professora Patricia Almeida Ashley foi uma das primeiras a aceitar o convite. Uma honra! Referência na temática de responsabilidade social corporativa (RSC), ela é ícone no mundo acadêmico e empresarial, não só pelo conhecimento, mas pela vontade de compartilhar e praticar essa tal sustentabilidade. Uma pequena, mas impactante, parte do material aqui abordado foi apresentada – orgulhosamente – a leitores da *Plurale*, em alguns artigos da autora. Uma honra e responsabilidade termos sido convidados para fazer essa apresentação.

A sustentabilidade precisa ser completa, inteira – jamais pela metade –, como bem alerta o também professor Sérgio Abranches. "Não existe meia sustentabilidade", adverte o cientista social, político e jornalista, autor de títulos imperdíveis, como *A era do imprevisto*. Tivessem as advertências da professora Patricia, do professor Abranches, do professor Luiz Antônio Gaulia e de tantos outros especialistas no tema sido seguidas e não teríamos acompanhado nos últimos anos alguns dos mais dramáticos acidentes e desastres empresariais contra a tão almejada transição do desenvolvimento sustentável.

Em um mundo atingido por fortes externalidades – como a questão do clima e seu impacto especialmente na vida das populações mais vulneráveis; o impacto da poluição dos oceanos; a fome que ainda assola milhões etc. –, fica a boa notícia de que os mais jovens já perceberam o impacto de nossos atos. Me emociono com os casos que pudemos relatar, ao longo desses 10 anos de *Plurale*, de empoderamento da sociedade civil, puxada, especialmente pelos mais jovens, na busca por mais ética, equidade e justiça social.

Sejamos justos. Nem só a sociedade civil tem feito diferença. Também as empresas, com sua força motriz, quase como se fossem nações, também estão movimentando essas engrenagens visíveis e invisíveis rumo à sustentabilidade. Em um trabalho de separar o joio do trigo, o verdadeiro do *greenwashing*, temos registrado em *Plurale* que boas ações de RSC podem se transformar em políticas públicas e ter seus resultados multiplicados.

Porém, sem um trabalho coerente e verdadeiro de RSC, os perigos se escondem, digamos assim, nos "detalhes". Vão muito além da ausência de uma sirene de alerta ou de um bom sistema de monitoramento e prevenção de acidentes. A tragédia do rompimento da barragem de rejeitos de minérios em Mariana (MG) – ocorrido em novembro de 2015, que matou 19 pessoas, desabrigou centenas de moradores, atingiu drasticamente a biodiversidade de Minas Gerais e do Espírito Santo e deixou um rastro de quase 700 km de destruição no Rio Doce – é só o pior retrato desse cenário tão perturbador. Relatórios empresariais com conceitos tão bem selecionados, bem encadernados e coloridos não foram suficientes para mostrar que os melhores padrões de segurança e sustentabilidade, na verdade, foram apenas palavras vazias.

E, para não dizer que citamos apenas a atividade mineradora, bom ressaltar, como lembra esta publicação, outros tantos exemplos, como a indústria do cigarro, da cerveja, dos medicamentos e tantas outras. Até mesmo uma relativamente "inofensiva" roupa da moda pode esconder relações conflituosas de mão de obra em situação análoga à escravidão.

Pertinente também aqui notar o impacto na reputação de grandes corporações nacionais – com presença internacional – causado pela intrincada rede de corrupção e pelas piores práticas de governança. Nunca antes uma Operação como a Lava Jato descortinou e exibiu os bastidores e o submundo de corporações, em um conluio de seus gestores e de representantes do poder público.

Considero a leitura deste livro essencial para gestores e interessados em entender melhor essa inquietante e irreversível busca pela sustentabilidade, que precisa ser praticada, de verdade: do trabalhador do chão de fábrica ao CEO em seu gabinete, voltando e "impregnando" a todos com sua relevância.

É sobre essa construção coletiva que Patricia Almeida Ashley fala. Como tão bem mostra em seu texto escrito no Prefácio, de um "novo" mundo, repleto de perguntas e que destaco aqui: "Do que necessitamos hoje? Do que as gerações futuras necessitarão? Quem somos nós, os sujeitos das necessidades? Necessidades de quem? Para quê? Em função de quem? Negando o quê? Aceitando o quê? Concordando com o quê? Reproduzindo quais hábitos e descontinuando quais outros? Em que contexto? Geográfico, cultural, legal, político, econômico? Mantêm-se a diversidade e a igualdade sem um parâmetro de limites "sustentáveis" para a saúde pessoal, familiar, comunitária e global? É sustentável uma sociedade em que a mulher é associada à cerveja, ao entorpecer, e a cerveja à imagem de sucesso social entre amigos e em encontros? Basta consumir bebidas de forma responsável? Vale o "se beber, não dirija; se dirigir, não beba"?"

Cada passo que dermos na direção da nova economia de baixo carbono terá consequências. Se estivermos mais bem preparados para esse cenário, melhor. Patricia Almeida Ashley não traz todas as respostas – nem ninguém as tem –, mas indica que este é, sem dúvida, um caminho sem volta, e é preciso aprender a fazer essa transição.

Sônia Araripe
Editora da revista *Plurale*

INTRODUÇÃO

ÉTICA, RESPONSABILIDADE SOCIAL E SUSTENTABILIDADE NOS NEGÓCIOS: (DES)CONSTRUINDO LIMITES E POSSIBILIDADES

Este livro é para educadores. Digo educadores em diversas profissões e áreas de atuação: nas escolas, nas empresas, nos sindicatos, nas organizações da sociedade civil, nas comunidades, nas casas, nas câmaras do Poder Legislativo federal, estadual e municipal; educadores em políticas públicas, no sistema financeiro, na aplicação do capital em projetos de investimento.

Educadores ampliam possibilidades e questionam o porquê de nos fecharmos em limites que não fazem mais coro nos inconscientes e conscientes coletivos. Educadores amam "gestar" consciências que proporcionem condições imateriais e materiais para que possamos criar, inovar e transformar.

Este livro não é um dicionário, não é uma enciclopédia, não é um compêndio, não é para ser decorado e repetido em provas ou exames. É para apontar e fazer compreender limites e possibilidades contemporâneas como oportunidades de mudança e de aprendizagem coletiva para uma liberdade substantiva, adotando o pressuposto de que existem dinâmicas evolutivas na expressão e formação de consciências sobre responsabilidade social e sustentabilidade em diversos escopos ou níveis territoriais, desde o pessoal, passando pelo nível organizacional, entre outros, até o nível planetário em seu ambiente cósmico.

Assim, parte-se do pressuposto de que as condições necessárias para a responsabilidade social e a sustentabilidade não são compreensíveis em fotografias de um país x ou y, ou de uma cidade w ou z, pois não se trata de retratos estáticos. As condições aqui propostas são compreendidas como propriedades dinâmicas em sistemas abertos e evolutivos, expressos em processos, fluxos e resultados em sociedades e coletivos multiatores e multinível, condições essas que são qualidades ambientais classificáveis em sete dimensões: consciencial, social, cultural, ética, jurídico-política, econômica e natural.

Processos democráticos qualificados, dialógicos e participativos – além de narrativas históricas e geográficas de dinâmicas expressas em culturas, regulações, planos, programas e projetos, eventos ou resultados – são métodos mais razoáveis para se compreender e averiguar as condições que orientam sociedades e territórios para a responsabilidade social e a sustentabilidade. Orientam, mas não determinam, pois é incerteza e não probabilidade o que dinamiza processos em sistemas abertos e complexos. Territórios de responsabilidade social e sustentabilidade implicam a existência de ambientes que valorizam processos de aprendizagem coletiva e condições materiais e imateriais para o exercício substantivo das liberdades contextualizadas em qualidades ambientais nas dimensões natural, econômica, jurídico-política, ética, cultural, social e consciencial.

Podem ser comparáveis, em algum grau, às condições de qualidades materiais e imateriais entre regiões e tempos que possam contribuir para uma dinâmica evolutiva de inteligências coletivas coerentes com princípios, processos e resultados de responsabilidade social e sustentabilidade. Entretanto, pressupõe-se que não são incorporáveis determinística ou mercadologicamente "goela abaixo" por dominação, imposição ou repetição por mimetismo a outros contextos pela importação de modelos e sistemas métricos para fotografias de desenvolvimento sustentável em um determinado tempo-espaço.

Por outro lado, também é um livro feito para romper limites, ampliar possibilidades, refletir sobre o que fazemos e o que deixamos de fazer até agora no campo temático da responsabilidade social, tanto em seus conceitos como em métricas desenvolvidas ou propostas que venham justificá-la ou legitimá-la em torno de um propósito de sustentabilidade aplicada às suas possibilidades e limites em organizações, territórios e sociedades. Queremos e optamos pela verdade observada e percebida, pela liberdade de interpretações em processos dialógicos e interculturais e pela existência substantiva de sonhos como capacidade inerente à condição humana, seja pela perspectiva anímica, seja pela perspectiva anatômica e funcional dos sistemas vivos que sustentam a aprendizagem humana. Aprender requer criação, criação de interpretações e novos sonhos, também expressos e registrados em novas conexões neurais para novas aprendizagens.

É obra para discutir as confusões conceituais, distorções e reduções dos conceitos firmes e afirmados em torno de responsabilidade social e sustentabilidade, que volta e meia vêm nos assombrar como algo muito fácil de ser reproduzido, bastando retirar, pagar ou copiar uma ferramenta gerencial da prateleira sobre esse assunto, importada de algum lugar, ou assinar uma carta de princípios e diretrizes em eventos de grande repercussão na mídia. E, pronto, adotamos a responsabilidade social! Pura fantasia traduzida numa coisa, numa mercadoria, numa redução de algo que não é assim.

É livro para sinalizar que falta suar, trabalhar e avançar muito em coerência e consistência das intenções, práticas e impactos em torno da responsabilidade social e da sustentabilidade. Faltam as condições éticas e de consciência em mercados, na legislação do direito público e privado e nas culturas alinhadas com a valoração de empresas e demais organizações socialmente responsáveis e contribuintes para sua sustentabilidade, adotando tais condições como referência para empreendimentos atuais e novos, assim como na formação de empreendedores, gestores, contadores, advogados, economistas e especialistas em avaliação de empresas, entre muitos outros profissionais.

O livro está estruturado em duas partes e, adicionalmente, uma terceira parte em ambiente virtual para orientação em práticas de ensino e aprendizagem para o educador (formal ou informal) propor aos educandos em diversos ambientes de aprendizagem (escolas, comunidades, coletivos, locais de trabalho e atuação profissional). Em síntese, o objetivo geral do livro é propor a (des)construção de limites e possibilidades para a responsabilidade social e a sustentabilidade, principalmente pela leitura combinada das duas partes, para avançarmos em uma concepção do desenvolvimento sustentável.

A Parte I problematiza a ética e a responsabilidade social corporativa em capítulos que trazem sua história, apontando limites e possibilidades para a concepção em escala organizacional da empresa. Estão nela conteúdos elaborados por Patricia Almeida Ashley, Roberto do Nascimento Ferreira e Selma Alves Dios. O leitor educador ou educando vai percebendo o quanto ainda há lacunas, dúvidas, e vê, também, que há avanços, esforços e iniciativas acontecendo. A questão que se coloca na primeira parte é que limitar a responsabilidade social ao âmbito corporativo é criar a falência de seu próprio conceito de responsabilidade social corporativa. O mundo não gira em torno da responsabilidade social corporativa.

Na Parte II contamos com Patricia Almeida Ashley, Roberto do Nascimento Ferreira, Luiz Antonio Gaulia e Lilyan Guimarães Berlim. Essa parte começa apresentando uma perspectiva da ética e da responsabilidade social nas relações entre negócio/sociedade/Estado/natureza e apontando que há diversas orientações estratégicas nas empresas para a responsabilidade social corporativa, propondo então um metamodelo para mapear e analisar avanços e limites de tais orientações estratégicas em diversos tempos e espaços, sendo orientações dinâmicas cujo eixo de comunicação e de conhecimento mobiliza novos desafios éticos em tais relações. Diante da perspectiva relacional, multidirecional e multidimensional, vamos adiante apontando que, na escala organizacional das empresas e demais organizações, a governança corporativa é o diferencial para avançarmos em ética e responsabilidade social nos negócios. E mostramos que a comunicação institucional, atuando pela clareza, transparência e promoção da identidade da organização, contribuirá para a afirmação de valores, marcas e reputação nas relações negócio/sociedade/Estado/natureza. A experiência de ilustrarmos múltiplas responsabilidades sociais que vêm atuando pela sustentabilidade nos negócios no mercado da moda aponta que ser socialmente responsável não é uma tarefa isolada de super-heróis líderes em suas respectivas empresas ou organizações. É a tecelagem de responsabilidades sociais, em diversos lugares e tempos, escalas e áreas de atuação. Daí, seguimos para o final, em que é proposto um modelo multiatores, multinível e multiterritorial, que nos proporcione redes em lugares e tempos em prol de agendas de desenvolvimento sustentável.

Queremos assim tornar esta uma obra para educadores formais e informais que sejam inspirados para novas perguntas e novos caminhos para a ética e responsabilidade social nos negócios em seus contextos de atuação, sob suas respectivas gerações e com base em suas vocações, afetos e realizações. Enfim, que possamos construir territórios de responsabilidades sociais em nossas atitudes, comportamentos e decisões no dia a dia, em diversas funções na sociedade, em diversoss lugares, tempos e contextos, avançando o que nos foi antes definido como uma limitação de perspectivas, incorporando transformações em que possamos vislumbrar nossas complementaridades em responsabilidades sociais para a construção coletiva de possibilidades de realização para a sustentabilidade e o desenvolvimento sustentável.

Patricia Almeida Ashley

SUMÁRIO

PARTE I

RESPONSABILIDADE SOCIAL CORPORATIVA: HISTÓRICO, LIMITES E POSSIBILIDADES

CAPÍTULO 1

HISTÓRICO DA RESPONSABILIDADE SOCIAL CORPORATIVA

Patricia Almeida Ashley

1.1 APRESENTAÇÃO

Neste capítulo, apresento uma perspectiva histórica do século XX, chegando à situação contemporânea do conceito de Responsabilidade Social Corporativa (RSC). Apresento uma síntese do percurso histórico desse conceito em quatro fases: seus primórdios nos meios acadêmico e empresarial; sua difusão na literatura e nos modelos de negócio a partir da década de 1970; estado da arte da literatura em RSC; as principais referências globais de diretrizes, padrões e ferramentas em responsabilidade social corporativa atualmente. Algumas referências internacionais já globalmente referendadas são aqui citadas, como a Global Reporting Initiative (GRI),[1] as diretrizes da Organização para a Cooperação e o Desenvolvimento Econômico (OCDE)[2] para conduta responsável em negócios, o Pacto Global[3] e a Norma ISO 26000,[4] pela sua importância na disseminação de padrões globais para a parametrização da mensuração de avanços em termos de responsabilidade social corporativa.

---

1 GLOBAL REPORTING INITIATIVE (GRI). *Organização da sociedade civil baseada em rede centrada na criação de padrões recomendáveis para a elaboração e comparação de relatórios de sustentabilidade*. Disponível em: <http://www.globalreporting.org>. Acesso em: 29 jul. 2018.

2 ORGANISATION FOR ECONOMIC CO-OPERATION AND DEVELOPMENT (OECD). *Annual report on the OECD guidelines for multinational enterprises 2017*, 2018. Disponível em: <http://mneguidelines.oecd.org/2017-Annual-Report-MNE-Guidelines-EN.pdf>. Acesso em: 29 jul. 2018.

3 PACTO GLOBAL. Disponível em: <http://pactoglobal.org.br>. Acesso em: 29 jul. 2018.

4 ASSOCIAÇÃO BRASILEIRA DE NORMAS TÉCNICAS (ABNT). *NBR-ISO 26000*: diretrizes sobre responsabilidade social. Rio de Janeiro, 2010.

1.2 OS PRIMÓRDIOS DO CONCEITO DE RESPONSABILIDADE SOCIAL CORPORATIVA

Nos Estados Unidos e na Europa, a ética e a responsabilidade social corporativa eram aceitas como doutrina até o século XIX, quando o direito de conduzir negócios de forma corporativa era prerrogativa do Estado ou da monarquia e não um interesse econômico privado.[5] Os monarcas expediam alvarás para as corporações de capital aberto que prometessem benefícios públicos, como a exploração e a colonização do "novo mundo". As primeiras corporações nas colônias americanas foram fundadas para prestar serviços de construção, transporte e infraestrutura, sendo reguladas quanto a tamanho, tipos de negócio e estrutura de capital.

Com a independência dos Estados Unidos, os estados norte-americanos passaram a aprovar legislação que permitisse a autoincorporação como alternativa à incorporação por ato legislativo específico, inicialmente para serviços de interesse público, como a construção de canais e, posteriormente, a condução de negócios privados. Assim, até o início do século XX a premissa fundamental da legislação sobre corporações era a de que estas tinham como propósito a realização de lucros para seus acionistas.

Em 1919, a questão da ética, da responsabilidade e da discricionariedade dos dirigentes de empresas abertas veio a público com o julgamento do caso Dodge *versus* Ford, nos Estados Unidos, que tratava da competência de Henry Ford, presidente e acionista majoritário da empresa Ford, para tomar decisões que contrariavam os interesses dos acionistas John e Horace Dodge. Em 1916, Henry Ford, alegando objetivos sociais, decidiu não distribuir parte dos dividendos esperados, revertendo-os em investimentos na capacidade de produção, aumento de salários e fundo de reserva para a redução esperada de receitas em função do corte nos preços dos carros.

A Suprema Corte de Michigan foi favorável aos Dodge, justificando que a corporação existe para o benefício de seus acionistas e que diretores corporativos têm livre-arbítrio apenas quanto aos meios para alcançar tal fim, não podendo usar os lucros para outros objetivos. A filantropia corporativa e o investimento na imagem da corporação para atrair consumidores poderiam ser realizados na medida em que favorecessem os lucros dos acionistas.

Após os efeitos da Grande Depressão e da Segunda Guerra Mundial, a noção de que a corporação deve responder apenas a seus acionistas sofreu muitos ataques, principalmente pelo trabalho de Berle e Means.[6] Segundo eles, os acionistas eram passivos proprietários que abdicavam de controle e responsabilidade em favor da diretoria da

---

5 HOOD, J. Do corporations have social responsibilities? *The Freeman*: ideas on liberty, New York, v. 48, n. 11, p. 680-684, nov. 1998. Disponível em: <https://fee.org/articles/do-corporations-have-social-responsibilities>. Acesso em: set. 2018.

6 BERLE, A. A.; MEANS, G. C. *Modern corporation and private property*. Somerset, NJ: Transaction, 1991.

corporação. Em um contexto de expansão do tamanho das corporações e de seu poder sobre a sociedade, diversas decisões nas cortes norte-americanas foram favoráveis às ações filantrópicas das corporações.

Em outro litígio julgado nos Estados Unidos, em 1953, o caso A. P. Smith Manufacturing Company *versus* Barlow, retomou-se o debate público sobre a responsabilidade social corporativa.[7] Nesse caso, a interpretação da Suprema Corte de Nova Jersey quanto à inserção da corporação na sociedade e a suas respectivas responsabilidades foi favorável à doação de recursos para a Universidade de Princeton, contrariamente aos interesses de um grupo de acionistas. A justiça determinava, assim, que uma corporação pode buscar o desenvolvimento social, estabelecendo em lei a filantropia corporativa.

A partir de então, defensores da ética e da responsabilidade social corporativa passaram a argumentar que, se a filantropia era uma ação legítima da corporação, então outras ações que priorizam objetivos sociais em relação aos retornos financeiros dos acionistas seriam de igual legitimidade, como o abandono de linhas de produto lucrativas, porém nocivas ao ambiente natural e social. Lerner e Fryxell[8] apontam alguns autores que passaram a discutir, no meio empresarial e acadêmico, a importância da responsabilidade social corporativa pela ação de seus dirigentes e administradores, inicialmente nos Estados Unidos e, posteriormente, no final da década de 1960, na Europa, por autores como Bowen,[9] Mason,[10] Chamberlain,[11] Andrews[12] e Galbraith.[13]

1.3 A DIFUSÃO DO CONCEITO DE RESPONSABILIDADE SOCIAL CORPORATIVA A PARTIR DA DÉCADA DE 1970

Recuperando as últimas décadas de estudos sobre ética e responsabilidade social corporativa, observamos que, de uma visão econômica clássica – tão amplamente divulgada por Milton Friedman –, de que a empresa socialmente responsável é aquela que responde às expectativas de seus acionistas, chegamos à conclusão de que a empresa socialmente responsável é aquela que está atenta para lidar com as expectativas de seus *stakeholders* atuais e futuros, na visão mais radical de sociedade sustentável.

---

7 CAMPBELL, L.; GULAS, C. S.; GRUCA, T. S. Corporate giving behavior and decision-maker social consciousness. *Journal of Business Ethics*, Dordrecht, v. 19, n. 4, p. 375-383, maio 1999.

8 LERNER, L. D.; FRYXELL, G. E. CEO stakeholder attitudes and corporate social activity. *Business and Society*. v. 33, n. 1, p. 58-81, abr. 1994.

9 BOWEN, H. R. *Social responsibilities of the businessman*. New York: Harper & Brothers, 1953.

10 MASON, E. S. *The corporation in modern society*. Cambridge, MA: Harvard University Press, 1961.

11 CHAMBERLAIN, N. W. *Enterprise and environment*. New York: McGraw-Hill, 1968.

12 ANDREWS, K. R. *The concept of corporate strategy*. Homewood, IL: Dow Jones-Irwin, 1971.

13 GALBRAITH, J. K. *Economics and the public purpose*. Boston: Houghton Mifflin, 1973.

A ordem de mudança organizacional, em um *continuum* que se inicia com mudanças conservadoras e finaliza com mudanças radicais, está diretamente relacionada ao grau de amplitude de inclusão e de consideração pela empresa quanto a suas relações com seus públicos. Nesse sentido, podemos ilustrar tal tendência histórica com a Figura 1.1, sob a perspectiva da seguinte questão: Para quem a empresa deve ser responsável?

Figura 1.1 A partir de 1970: tendências históricas na ampliação do conceito da RSC

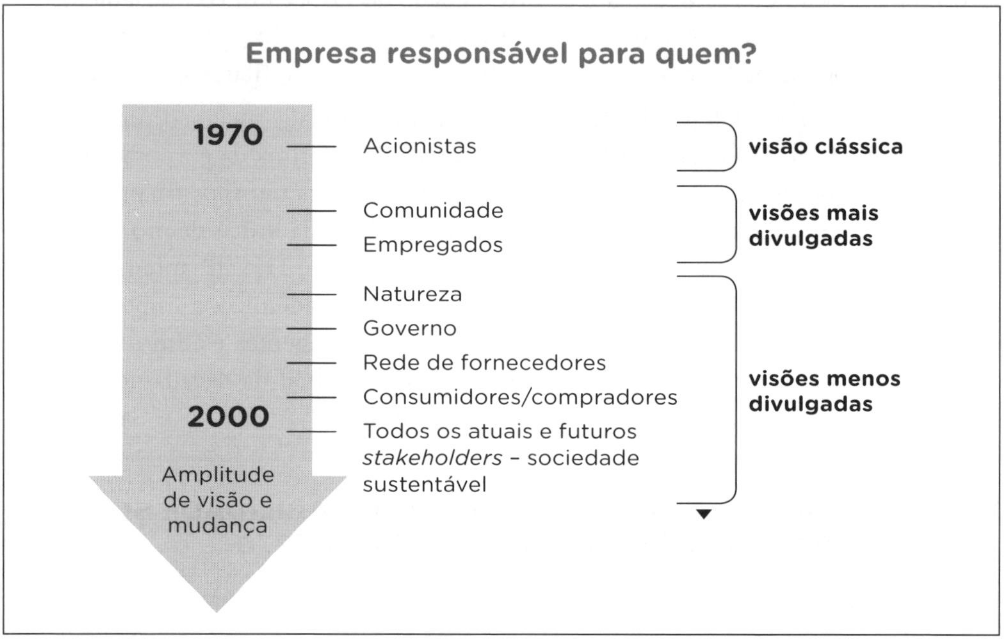

Fonte: elaborada pela autora.

Desde a década de 1970, o tema responsabilidade social corporativa vem sendo atacado e apoiado por vários autores na literatura sobre o tema. Quem é contrário a ele se baseia nos conceitos de direitos da propriedade (de Friedman) e na função institucional (de Leavitt).[14] Friedman argumentava que a direção corporativa, como agente dos acionistas, não tem o direito de fazer nada que não atenda ao objetivo de maximização dos lucros, mantidos os limites da lei. Agir diferente seria uma violação das obrigações morais, legais e institucionais da direção da corporação. O ponto central do argumento da função institucional está em que outras instituições, como governo, igrejas, sindicatos e organizações sem fins lucrativos, existem para atuar com base nas funções necessárias ao cumprimento da responsabilidade social corporativa. Gerentes

---

14 JONES, M. T. Missing the forest for the trees: a critique of the social responsibility concept and discourse. *Business and Society*, Thousand Oaks, v. 35, n. 1, p. 7-41, mar. 1996.

de grandes corporações não têm competência técnica, tempo ou mandato para tais atividades, que constituem uma tarifa sobre o lucro dos acionistas.

Os autores que mais investigam o tema da responsabilidade social corporativa partem, principalmente, da área acadêmica conhecida como Negócios e sociedade,[15] destacando-se, a partir da década de 1970, os trabalhos de Carroll,[16] Donaldson e Dunfee,[17] Frederick[18] e Wood.[19] Entre esses autores, os que seguem uma abordagem crítica apontam que o conceito e o discurso de ética e responsabilidade social corporativa, por um lado, ainda carecem de coerência teórica, validade empírica e viabilidade normativa e, por outro lado, oferecem implicações para o poder e o conhecimento dos agentes sociais.[20] Há argumentos a favor da responsabilidade social corporativa e eles podem ser enquadrados em duas linhas básicas: a substantiva e a instrumental. Os argumentos da linha substantiva derivam dos princípios religiosos, éticos e das normas sociais prevalecentes, considerando que as empresas e as pessoas que nelas trabalham deveriam se comportar de maneira socialmente responsável por ser a ação moralmente correta, mesmo que envolva despesas improdutivas para a companhia. Os argumentos da linha instrumental consideram que há uma relação positiva entre o comportamento socialmente responsável e o desempenho econômico da empresa. Justifica-se essa relação por uma ação proativa da organização, que busca oportunidades geradas por uma:

- consciência maior sobre as questões culturais, ambientais e de gênero;
- antecipação, evitando regulações restritivas à ação empresarial pelo governo;
- diferenciação de seus produtos diante de seus competidores menos responsáveis socialmente.

O conceito de responsabilidade social corporativa vem amadurecendo quanto à capacidade de sua operacionalização e mensuração, subdividindo-se em vertentes de conhecimento. Entre essas vertentes estão: responsabilidade, responsividade, retitude e desempenho social corporativo, desempenho social dos *stakeholders*, auditoria e inovação social.

---

15 Aqui, trata-se da literatura classificável como pertencente aos conhecimentos de *business and society*. Há, inclusive, um jornal, o *Business and Society Review* (Chicago), e uma associação acadêmica internacional, a International Association for Business and Society, dedicados exclusivamente a essa área acadêmica.

16 CARROL, A. B. A three-dimensional conceptual model of corporate performance. *Academy of Management Review*, Biarcliff Manor, v. 4, p. 497-505, 1979.

17 DONALDSON, T., DUNFEE, T.W. Towards a unified conception of business ethics: Integrative social contracts theory. *Academy of Management Review*. v. 19, p. 252-284, 1994.

18 FREDERICK, W. C. From CSR1 to CSR2. *Business and Society*, Thousand Oaks, v. 33, n. 2, p. 150-164, ago. 1994.

19 WOOD, D. J. Corporate social performance revisited. *Academy of Management Review*. v. 16, n. 4, p. 691-718, out. 1991.

20 JONES, M. T. Missing the forest for the trees: a critique of the social responsibility concept and discourse. *Business and Society*, v. 35, n. 1, p. 7-41, mar. 1996.

Esse conceito, com forte conotação normativa e cercado de debates filosóficos sobre o dever das corporações de promover o desenvolvimento social, passou a ser acompanhado, na década de 1970, do termo "responsividade social corporativa". Com esse novo conceito, já havia a necessidade de construir ferramentas teóricas que pudessem ser testadas e aplicadas no meio empresarial. As perguntas passaram a ser sobre como e em que medida a corporação pode responder a suas obrigações sociais, já consideradas um dever dela.[21]

Nessa perspectiva de integrar discurso, ação e resultados, cito o artigo clássico de Wood,[22] que se tornou um dos mais citados na literatura em responsabilidade social corporativa, o qual apresenta um modelo que incorpora princípios de responsabilidade social, processos de responsividade (resposta) social e resultados/ações (desempenho) de responsabilidade social.[23]

Todos os modelos de responsabilidade, responsividade, desempenho e retitude social corporativa englobam ideias morais e éticas, mesmo quando não as expressam conscientemente, constituindo-se a referência normativa. Dessa forma, não há razão para excluir a busca de teorização sobre estágios mais desejados de referência normativa.[24]

Nessa linha está Frederick[25] mostrando-nos que as vertentes de conhecimento em responsabilidade social corporativa (RSC1) e de responsividade social corporativa (RSC2) passaram, na década de 1990, a incorporar cada vez mais o aspecto normativo de retitude social corporativa (RSC3), com maior participação de acadêmicos da área de ética dos negócios. Os conceitos de RSC1 e RSC2 já eram abordados no modelo de Wood. Já a RSC3 inclui a necessidade de uma ética normativa para que a responsabilidade social corporativa vigore na prática. Propõe avançarmos em direção ao que se denomina vertente RSC4, pela religação de saberes cósmicos, da ciência e da religião (**c** de *cosmos*, **s** de *science* e **r** de *religion*). RSC4 é uma tentativa de sair da crise do conceito de desempenho social corporativo, uma vez que se necessita do deslocamento da visão da corporação como centro de tudo para uma visão transdisciplinar da ciência e da incorporação da predisposição humana para a religião, já comprovada por geneticistas. A RSC4 responderia a um novo paradigma, necessário para resolver as questões de conflito entre os negócios e a sociedade em todos os níveis institucionais, descartando os modelos de responsabilidade social corporativa que se dizem moralmente neutros e enfatizam apenas as medições de desempenho social da empresa.

---

21 FREDERICK, 1994.

22 WOOD, 1991.

23 Wood realizou um relevante esforço de consolidação dos trabalhos teóricos sobre o conceito de responsabilidade social corporativa até aquela data, destacando os trabalhos de Carroll (CARROL, A. B. A three-dimensional conceptual model of corporate performance. *Academy of Management Review*, Biarcliff Manor, v. 4, p. 497-505, 1979) e Wartick e Cochran (WARTICK, S. L.; COCHRAN, P. L. The evolution of the corporate social performance model. *Academy of Management Review*, Biarcliff Manor, v. 4, p. 758-769, 1985).

24 MITNICK, B. M. Systematics and CSR: the theory and processes of normative referencing. *Business and Society*, Thousand Oaks, v. 34, n. 2, p. 5-33, Apr. 1995, p. 30.

25 FREDERICK, W. C. Moving to CSR4: what to pack for the trip. *Business and Society*, v. 37, n. 1, p. 40-59, mar. 1998.

1.4 SELEÇÃO DE INICIATIVAS E FERRAMENTAS GLOBAIS PARA A RSC

Nesta seção, apresento uma série de iniciativas de RSC e ferramentas de gestão difundidas globalmente para ilustrar o estado da arte das ferramentas de RSC principalmente concebidos para o domínio organizacional e não além deste. Assim, pode-se argumentar que o paradigma em matéria de RSC, na literatura e em ferramentas, considera suficiente haver liderança empresarial e modelos de gestão no nível organizacional para transformá-la em uma abordagem economicamente viável.

Há uma publicação da OCDE que compila as iniciativas mais relevantes de RSC, a fim de dar maior visibilidade e mais clareza para as diversas normas e princípios disponíveis atualmente, que traduzo livremente para português, conforme abaixo:

A paisagem atual da RSC é complexa e multifacetada. Existem hoje centenas de iniciativas privadas, muitas vezes com seu próprio código ou conjunto de normas e princípios, que oferecem orientação sobre questões sociais e ambientais. Seu foco, associação, uso e estruturas variam muito. Em geral, elas compartilham o desejo de ajudar a aumentar a contribuição que as organizações empresariais podem fazer para a melhoria das condições sociais e ambientais, incluindo trabalho e outros direitos humanos. Uma vez que os instrumentos existentes vão evoluindo e novos estão surgindo, uma lista abrangente e acessível é quase impossível.[26]

As numerosas iniciativas RSC podem ser classificadas, segundo a Secretaria da Organização Internacional do Trabalho (OIT),[27] em:

- códigos de conduta empresariais;
- iniciativas multi-*stakeholder*, certificação e rotulagem (incluindo relatórios), modelos, iniciativas setoriais;
- acordos internacionais;
- investimento/financiamento socialmente responsável.

Além disso, iniciativas de RSC podem ser agrupadas em três regimes de RSC:

- normas de governança internacionalmente reconhecidas;
- orientação reconhecida por governos;
- como princípios de RSC desenvolvidos pela iniciativa privada.

---

[26] ORGANISATION FOR ECONOMIC CO-OPERATION AND DEVELOPMENT (OECD). *Overview of selected initiatives and instruments relevant to corporate social responsibility*. In: ______. Annual Report on the OECD Guidelines for Multinational Enterprises 2008, 2009, p. 236. Documento original em inglês. Disponível em: <http://www.oecd.org/corporate/mne/40889288.pdf>. Acesso em: 29 jul. 2018.

[27] OECD, 2009.

Cito e descrevo brevemente, a seguir, quatro ferramentas globais especialmente focadas em sua orientação para a RSC e internacionalmente conhecidas e aplicadas: o Pacto Global,[28] as diretrizes da OCDE para conduta responsável em negócios,[29] as diretrizes da Global Reporting Initiative[30] e, mais recentemente, a ISO 26000.[31]

O Pacto Global completou 10 anos em 2010, com seus 10 princípios para a responsabilidade social corporativa. Atualmente, é a mais disseminada iniciativa mundial para a incorporação de princípios de RSC, com mais de 8000 participantes de áreas de negócios e não comerciais de 135 países. As redes locais de Pacto Global podem ser encontradas em mais de 90 países.

Essa iniciativa tem gerado várias ferramentas e documentos complementares para reforçar as iniciativas e criar um ambiente de aprendizagem sobre RSC. São exemplos os Princípios para o Investimento Responsável (PRI, na sigla em inglês) e os Princípios para Educação Empresarial Responsável (PRME, na sigla em inglês), ambos articulados pelas Nações Unidas e em rápida expansão entre os diferentes atores na arena global, permitindo a criação de escala para a mudança institucional do ambiente de negócios, especialmente em organismos de investimento e instituições de ensino superior.

As áreas temáticas dos princípios do Pacto Global podem ser relacionadas com os temas de responsabilidade social da ISO 26000.[32] Mas essa norma é, de fato, mais abrangente do que as áreas temáticas do Pacto Global, abordando temas como envolvimento e desenvolvimento da comunidade. De todo modo, o Pacto Global publicou em 2011, em seu *site*,[33] um documento que afirma seu alinhamento com as diretrizes dessa norma para a responsabilidade social corporativa, demonstrando que estamos diante de um intercâmbio de perspectivas globais nos quadros conceituais em discussão sobre a RSC, como também foi observado nas diretrizes da OCDE, abordadas a seguir.

As diretrizes da OCDE para conduta responsável em negócios[34] são um código não vinculante com recomendações dos governos signatários e que cobrem as principais áreas temáticas de RSC, incluindo diretrizes para o cumprimento de leis, observação das normas internacionalmente reconhecidas e respostas a outras expectativas da sociedade. Os 42 governos signatários das Diretrizes da OCDE concluíram sua atualização em junho de 2011. As diretrizes atualizadas enfatizam o respeito aos direitos humanos e aos padrões trabalhistas e ambientais, não só na esfera organizacional, mas também

---

28 PACTO GLOBAL. Disponível em: <http://pactoglobal.org.br>. Acesso em: 29 jul. 2018.

29 OECD, 2017.

30 GLOBAL REPORTING INITIATIVE (GRI). Disponível em: <http://www.globalreporting.org>. Acesso em: 29 jul. 2018.

31 ABNT, 2010.

32 ABNT, 2010.

33 PACTO GLOBAL. Disponível em: <http://pactoglobal.org.br>. Acesso em: 29 jul. 2018.

34 OECD, 2017.

na cadeia de abastecimento, com a adoção de providências adequadas às situações – *due diligence* – em que as diretrizes não estejam sendo respeitadas junto aos seus fornecedores.

A Global Reporting Initiative (GRI) é uma organização da sociedade civil baseada em rede centrada na criação de padrões recomendáveis para a elaboração e comparação de relatórios de sustentabilidade. As Diretrizes para relato de sustentabilidade[35] da GRI apresentam-se como um modelo ou ferramenta gerencial desenvolvida em um amplo processo sistemático de diálogo e busca de consenso junto a uma grande rede de pessoas de mais de 60 países, e elas são atualizadas periodicamente.

Essas diretrizes incluem uma série de princípios recomendados, indicadores, métricas e métodos para o desenvolvimento de uma governança transparente em relatórios de sustentabilidade no desempenho organizacional, em categorias como: meio ambiente, direitos humanos, práticas trabalhistas e trabalho decente, sociedade, responsabilidade do produto e econômico.

A ISO 26000[36] foi publicada em novembro de 2010 e é o resultado de uma discussão global de cinco anos que envolveu, no grupo de trabalho, comissões com múltiplas partes interessadas representantes de mais de 90 países. É aplicável a organizações privadas, governamentais e do terceiro setor, ampliando-se o conceito de responsabilidade social corporativa para qualquer tipo de organização – a responsabilidade social organizacional.

Os dirigentes dos organismos nacionais de normalização do Brasil e da Suécia foram nomeados presidente e vice-presidente, respectivamente, do grupo de trabalho ISO em responsabilidade social.[37] Cabe uma observação sobre a qualidade política e profissional do processo transparente de construção da ISO 26000,[38] chegando-se a um consenso global do alcance e profundidade do estado da arte da responsabilidade social organizacional. Desde o início das atividades do grupo de trabalho, todos os documentos e os participantes da proposta foram divulgados publicamente, sem restrição de acesso, no *site* específico do grupo de trabalho. Sempre que a privacidade era necessária para discussões e momentos de voto, todos os procedimentos foram informados publicamente para os participantes e não participantes das reuniões.

Uma notável inovação em matéria de RSC promovida por essa norma é que a responsabilidade social não só é aplicável às organizações empresariais, mas para qualquer organização, seja de negócios, seja de governo, educação ou de caráter não governamental. Outra observação importante é que essa norma definiu orientações sobre os

---

35 GLOBAL REPORTING INITIATIVE (GRI). *Diretrizes para relato de sustentabilidade*: partes 1 e 2. Disponíveis em: <https://www.globalreporting.org/Pages/Resource-Library.aspx>. Acesso em: 29 jul. 2018.

36 ABNT, 2010.

37 A Associação Brasileira de Normas Técnicas (ABNT), com sede em São Paulo, é o organismo brasileiro de normalização citado.

38 ABNT, 2010.

temas fundamentais e necessários de responsabilidade social organizacional como parte do estado da arte do conceito de RSC, quais sejam: governança; direitos humanos; práticas trabalhistas; meio ambiente; práticas operacionais justas; questões de consumo; envolvimento e desenvolvimento da comunidade. Todos esses temas centrais são incorporados em princípios de responsabilidade social organizacional: responsabilidade, transparência, comportamento ético, respeito pelos interesses das partes interessadas, respeito pela legislação, respeito às normas internacionais de comportamento e respeito aos direitos humanos. Os temas centrais de responsabilidade social da ISO 26000 estão detalhados em uma ampla gama de questões de responsabilidade social, a ser analisada pelas organizações com relação à possibilidade de ser ou não aplicável em sua política de RSC. O apêndice dessa norma lista vários instrumentos globais de RSC desenvolvidos nacionalmente e que poderiam ser usados ou integrados para a elaboração e implementação de políticas de RSC por organizações sem fins lucrativos públicas, privadas e não governamentais.

1.5 ESTADO DA ARTE DA RSC: UMA SÍNTESE

O estado da arte da RSC como um conceito vem sendo definido de maneiras diferentes no Brasil e no exterior. A definição depende do contexto do conceito e pode ser relacionada aos aspectos culturais e ao estágio de desenvolvimento social, econômico, ambiental e institucional de uma região em determinado tempo e espaço. Proponho fazer a síntese do estado da arte sobre a RSC sob dois ângulos: abordagens pós-lucro e pré-lucro para a RSC.

Inicialmente, o conceito de RSC foi desenvolvido de perspectivas estreitas e de pós-lucro, como uma conduta de benevolência de negócios e política de relações com a comunidade, que iam desde a filantropia empresarial até o investimento social empresarial.

A segunda abordagem, mais ampla e cada vez mais consolidada atualmente desde as Diretrizes da OCDE e da ISO quanto à conduta responsável, refere-se ao pré-lucro de RSC, que inclui políticas e práticas para a sustentabilidade de todo o processo de negócio da empresa, avançando para sua responsabilidade também nas relações negócio/sociedade/Estado/natureza.

Ambas as abordagens são encontradas no estado da arte contemporânea da RSC, mas é crescente a difusão e o uso da abordagem pré-lucro, principalmente em multinacionais expostas ao mercado global, com escrutínio público e com a disponibilidade de acesso a redes sociais, oferecendo transparência, monitoramento e ampla visibilidade de suas políticas e práticas. Fica difícil a atuação pela RSC que não se traduza em valor para negócios e, para isso, é preciso estarem presentes a transparência empresarial e a responsividade às respostas e demandas sociais, ambientais e econômicas nas relações negócio/sociedade/Estado/natureza.

Exemplos dessa abordagem incluem políticas e práticas empresariais, como: *design* sustentável e produção; compra e consumo responsáveis; desenvolvimento de recursos humanos alinhado com o conceito de qualidade de vida; governança, transparência e prestação de contas. Além disso, incluem parcerias ativas com o Estado, com as associações, empresas, sociedade civil e mercados para o desenvolvimento sustentável e de vida nos níveis local, regional, nacional e internacional.

A literatura disseminada em RSC é focalizada, ainda e principalmente, no campo de conhecimento da administração, em revistas e veículos de informação voltados para o público empresarial. Portanto, sua materialização com práticas inovadoras com base em conhecimentos atualizados requer a ressonância e a interpretação de líderes gestores e líderes acionistas/sócios de empresas para definir rumos para o limite conceitual e oportunidades para propostas de RSC no âmbito do modelo de negócios. A formação profissional para conduta empresarial responsável e RSC é ainda ocasional nos currículos de educação superior, mas já podemos perceber o termo sendo ouvido, falado e ensinado em cursos, eventos e oficinas de atualização profissional. Entretanto, há muito ainda a se avançar na formação em ética e responsabilidade social nas políticas e modelos de gestão de organizações e redes de negócios.

Há, com certeza, a relevância de fatores culturais na interpretação de sentidos para a RSC. A responsabilidade social pode ser entendida como um desejo ou visão, ainda sem caminho definido para ser alcançada, mas praticada no dia a dia das relações dentro e fora da empresa, especialmente no encontro e diálogo permanente com quem convive com gestores, a exemplo do universo de microempreendedores individuais, micro e pequenas empresas, uma infinidade de negócios que se sustentam em relações de confiança e experiências repetidas de atenção, mesmo que ainda sem muito recurso de capital intelectual ou formação especializada no campo da RSC.

A RSC também pode ser culturalmente interpretada como uma questão meramente tecnocrática, decidida em gabinetes de profissionais e gestores, próprios ou em consultorias especializadas, como uma readaptação de sistemas de gestão que passem a incorporar variáveis de RSC em princípios, objetivos e metas do plano de negócios e critérios e indicadores mensuráveis de desempenho para avaliação.

O que quero dizer é que podemos encontrar, em um lugar específico ou em um momento específico, perspectivas e experiências diferentes na compreensão do conceito de RSC e diferentes graus de implementação de seus princípios, práticas e critérios de desempenho. Além disso, no mesmo lugar, em momentos diferentes, a definição e as práticas de RSC mudam e se renovam com experiência e aprendizagem nas relações negócio/sociedade/Estado/natureza em diferentes contextos culturais e de desenvolvimento das condições institucionais para a liberdade ou para a limitação no que se refere a empreender negócios locais, nacionais e internacionais.

Assim, considerando tempo e espaço, quando comparamos diferentes lugares, combinados com estudos em diferentes tempos, encontramos uma infinidade de perspectivas sobre a RSC e contextos institucionais, econômicos, ambientais e culturais diversos, modelando o escopo de limites e possibilidades para o surgimento de negócios socialmente responsáveis.

Mesmo se restringirmos a comparação a um único setor da indústria, por exemplo, a indústria do petróleo, existem diferentes sistemas jurídicos, ambientais, contextos econômicos e culturais em cada país em que as companhias de petróleo operam. Se considerarmos o mesmo país e a mesma indústria, vamos perceber que o tamanho da empresa, a natureza jurídica e a estrutura acionária, o grau de controle social e ambiental da sociedade civil e investidores, as competências disponíveis, a qualificação profissional e o sistema de gestão aplicado vão moldar as "lentes" por meio das quais os gestores e acionistas concebem e implementam a estratégia de RSC.

O **Capítulo 3**, de autoria de Selma Alves Dios, vem nos trazer a questão da globalização e da desigualdade como variáveis que vão influenciar tais interpretações sobre RSC e os contextos temporais e espaciais que podem situar os escopos quanto a limites e possibilidades de implementá-la. Não há como restringirmos o entendimento da RSC apenas pela crença na vontade e desejo de ser empresa socialmente responsável, pois são postos limites sobre tal vontade e desejo diante do contexto da globalização e da desigualdade. Entretanto, há também possibilidades de a RSC ser realizada e aperfeiçoada com base em tais contextos, vontades e desejos.

CAPÍTULO 2

RESPONSABILIDADE SOCIAL CORPORATIVA E O VALOR DAS EMPRESAS[1]

Roberto do Nascimento Ferreira

2.1 APRESENTAÇÃO

Este capítulo inicia-se com uma breve discussão sobre justificativas para a Responsabilidade Social Corporativa (RSC), seguida de um retrato da atual visão do conceito nas empresas, da relação responsabilidade social e valor das empresas e do comportamento dos investimentos socialmente responsáveis. Serão mostrados alguns indicadores que permitem medir o desempenho econômico-financeiro, o valor das ações e o desempenho social das organizações. Por fim, será apresentado um breve relato de algumas pesquisas que abordam a relação entre o desempenho financeiro e o desempenho social.

2.2 JUSTIFICATIVAS E CAMINHOS PARA A RSC: *ADHOCRACIA* OU REGULAÇÃO

As transformações ocorridas nos últimos anos têm defrontado o mundo empresarial com uma nova realidade. Preço, qualidade e bom atendimento, entre outros atributos, eram considerados, até bem pouco tempo, um diferencial na relação da empresa com o mercado. Hoje, são consideradas condições mínimas para uma empresa sobreviver. Ashley et al.[2] salientam que, em virtude da maior conscientização do consumidor e da consequente procura por produtos e práticas que gerem melhoria para o meio ambiente

---

[1] Capítulo é uma versão atualizada do texto publicado por Roberto Nascimento Ferreira em: ASHLEY, P. A. (Org.). *Ética e responsabilidade social nos negócios*. 2 ed. São Paulo: Saraiva, 2005. cap. 9.

[2] ASHLEY, P. A. (Org.). *Ética e responsabilidade social nos negócios*. São Paulo: Saraiva, 2002. p. 2-16.

ou comunidade, valorizando aspectos éticos ligados à cidadania, o mundo empresarial vê na responsabilidade social uma nova estratégia para aumentar seu lucro e potencializar seu desenvolvimento. Nesse sentido, o que tem sido exigido das empresas pelo mercado global? Um comportamento ético e transparente, em que o foco nos aspectos sociais e ambientais, visando a um desenvolvimento econômico sustentável, ganha cada vez mais importância.

Nesse cenário, a transparência das ações das organizações tem se tornado um diferencial nas relações das empresas não só com o mercado, mas também com toda a sociedade. Escândalos como os ocorridos, por exemplo, nos Estados Unidos (com as empresas WorldCom e Enron), na Itália (com a Parmalat) e no Brasil mais recentemente (com as denúncias da operação Lava Jato) acenderam de vez a luz de advertência nas práticas administrativas das empresas e na forma como elas se comunicam e se relacionam com todo o público interessado. Este mesmo público, os *stakeholders*, tem adotado uma postura de vigilância e de cobrança do comportamento ético, da transparência e do comprometimento social e ambiental das empresas. Segundo Aligleri et al.,[3] essas transformações estão levando as empresas a mudar suas formas de gestão. Surge a necessidade de um comportamento administrativo que associe a viabilidade de um empreendimento com a sustentabilidade. A ânsia desenfreada e gananciosa pelo lucro tem sido questionada e aponta-se a busca por um comprometimento ético, tanto na própria organização quanto com relação a todos aqueles que com ela mantém relação. O resultado implica a própria sobrevivência do negócio.

Tinoco[4] destaca que a responsabilidade social está relacionada com a gestão de empresas em situações cada vez mais complexas, nas quais questões ambientais e sociais são crescentemente mais importantes para assegurar o sucesso e a sustentabilidade nos negócios. Na mesma linha de raciocínio, Aligleri et al.[5] afirmam que, estrategicamente, as organizações têm mudado seu foco de atuação social. O assistencialismo e a filantropia perderam espaço, sendo substituídos por estratégias administrativas que visem a ações planejadas de longo prazo, nas quais o impacto e o resultado sejam tratados de forma semelhante ao resultado econômico e financeiro.

Ao assumir uma postura socialmente responsável, as empresas também passam a ter compensações. Melhor acesso ao capital, principalmente de investidores socialmente conscientes, menores prêmios de seguros, menor *overhead*, melhora na imagem, maiores vendas e melhores relações com empregados são algumas das que podem ser citadas, além de

---

3 ALIGLERI, L. et al. A responsabilidade social na gerência de produção: percepções, políticas e perspectivas na indústria de alimentos da região de Londrina. In: ENCONTRO NACIONAL DA ASSOCIAÇÃO NACIONAL DE PÓS-GRADUAÇÃO E PESQUISA EM ADMINISTRAÇÃO, 27, 2003. Londrina. *Anais*... Rio de Janeiro: Anpad, 2003. CD-ROM.

4 TINOCO, J. E. P. *Balanço social*: uma abordagem da transparência e da responsabilidade pública das organizações. São Paulo: Atlas, 2001.

5 ALIGLERI et al., 2003.

que as alienações de empresas podem ser facilitadas devido ao menor risco percebido e à melhor governança.[6] Na mesma linha de raciocínio, Tinoco,[7] citando estudo da Área de Desenvolvimento Social da Gerência de Estudos Setoriais (AS/Geset) do Banco Nacional de Desenvolvimento Econômico e Social (BNDES), diz que é importante destacar que, pela ótica da governança corporativa direcionada exclusivamente à *performance* financeira, o exercício da responsabilidade social pode ser entendido, inicialmente, como um custo adicional para as empresas, seus sócios e acionistas, por representar recursos que poderiam ser reinvestidos ou distribuídos sob a forma de lucros e dividendos. No entanto, a adoção de uma postura pró-responsabilidade social parece indicar que há ganhos tangíveis para as empresas, sob a forma de fatores que agregam valor, reduzem custos e trazem aumento de competitividade. Como exemplos, podem-se citar melhoria da imagem institucional, criação de um ambiente interno e externo favorável, estímulos adicionais para melhoria e inovações nos processos de produção, incremento na demanda por produtos, serviços e marcas, ganhos de participação de mercados e diminuição de instabilidade institucional e políticas locais. E assim por diante.

O entendimento da importância de práticas relacionadas à responsabilidade social, fazendo com que a cada dia mais organizações passem a se engajar nesse movimento, em alguns momentos levou ao surgimento de propostas para normatizar a RSC, criando leis que disciplinassem a prática e o comprometimento social das empresas. As primeiras iniciativas foram direcionadas ao Balanço Social (BS). A primeira tentativa de "legalizar" a publicação do BS no Brasil foi do então senador Valmor Campelo, em 1991, que encaminhou ao Congresso Nacional um anteprojeto propondo a publicação do BS, o qual foi aprovado no Senado e rejeitado na Câmara dos Deputados. Em 1997, foi apresentado pelas deputadas federais Marta Suplicy, Maria da Conceição Tavares e Sandra Starling o Projeto de Lei n. 3.116, que estabelecia a obrigatoriedade da publicação do BS para todas as empresas privadas com mais de 100 empregados e para todas as empresas públicas, concessionárias e permissionárias de serviços públicos, com qualquer número de empregados. Na mesma linha, em 1999, o deputado Paulo Rocha apresentou o Projeto de Lei n. 32, basicamente uma representação do PL n. 3.116, de 1997.

Já o Projeto de Lei n. 1.305, de 2003[8] tinha como proposta a regulamentação da responsabilidade social das sociedades empresariais nacionais e estrangeiras que atuam no país. O objetivo principal da lei era tornar éticas e transparentes as relações das empresas com seus diferentes públicos: consumidores, fornecedores, público interno,

---

6 KEELER, D. Responsabilidade Social Corporativa (RSC): já não é mais um caso fundamentado em instinto. Trata-se de uma exigência do negócio. *Relações com investidores*, São Paulo, n. 53, p. 17-20, jul. 2002.

7 TINOCO, 2001.

8 Em consulta realizada no website da Câmara dos Deputados, verifica-se que o Projeto de Lei n. 1.305, de 2003 não foi aprovado e teve sua proposta arquivada em 6 de março de 2008. O autor deste projeto de lei foi o Deputado Federal Bispo Rodrigues. Disponível em: <http://www.camara.gov.br/proposicoesWeb/fichadetramitacao?idProposicao=121045>. Acesso em: 28 de jul. 2018.

acionistas, comunidade e meio ambiente. O projeto de lei pretendia também estabelecer, em caráter de obrigatoriedade para as empresas com mais de 500 funcionários: a publicação do BS como mecanismo de controle e transparência da responsabilidade social corporativa; a criação de comissões de ética de responsabilidade social em cada empresa; a elaboração de estudos de impacto social e relatórios de gestão social; a criação do Conselho Nacional de Responsabilidade Social, órgão gestor e regulador da prática de responsabilidade social corporativa que teria, inclusive, poder de aplicar sanções às empresas.

Mesmo considerando as várias iniciativas de se ter uma legislação que venha a normatizar as práticas relacionadas à RSC, não se pode afirmar que haja unanimidade na defesa de propostas dessa natureza. Pesquisadores como Santos, Freire e Malo[9] posicionam-se de forma favorável à existência de uma norma legislativa que estabeleça a obrigatoriedade de publicação de balanços sociais pelas empresas. Segundo esses pesquisadores, as discussões acerca da obrigatoriedade deveriam ser aprofundadas, buscando-se um aperfeiçoamento da norma proposta.

Caminhando em direção contrária à regulamentação legal para a responsabilidade social, a então Bolsa de Valores de São Paulo (Bovespa), hoje B3, numa iniciativa inédita e pioneira no mundo, criou, em 2003, a Bolsa de Valores Sociais (BVS), com ênfase nas iniciativas voltadas à educação. O programa foi denominado Bolsa de Valores Sociais e Ambientais (BVSA) em 2007, quando passou a incorporar projetos da área ambiental (BVSA).[10] A BVSA é uma plataforma de captação de recursos com formato semelhante ao de uma bolsa de valores. Ambiente virtual de doações seguro, prático e transparente, com repasse integral dos valores doados aos projetos e completa prestação de contas. Visa estimular a cultura de doação no Brasil, conectando duas pontas: organizações brasileiras que precisam de apoio para seus projetos socioambientais e investidores sociais. A BVSA tem apoio da Organização das Nações Unidas para a Educação, a Ciência e a Cultura (Unesco) e do Programa das Nações Unidas para o Desenvolvimento (PNUD) e foi reconhecida pelo Pacto Global como estudo de caso e modelo a ser seguido por outras bolsas. Seu modelo já foi replicado na África do Sul e em Portugal. Desde sua criação, a BVSA já arrecadou mais de R$ 17 milhões, destinados a 157 projetos de todo o Brasil.[11]

---

9 SANTOS, A.; FREIRE, F. S.; MALO, F. B. O balanço social no Brasil: gênese, finalidade e implementação como complemento às demonstrações contábeis. In: ENCONTRO DA ASSOCIAÇÃO NACIONAL DE PÓS-GRADUAÇÃO E PESQUISA EM ADMINISTRAÇÃO (ENANPAD), 22, 1998. *Anais*... Foz do Iguaçu: ANPAD, 1998. Disponível em: <http://www.anpad.org.br/evento.php?acao=trabalho&cod_edicao_subsecao=53&cod_evento_edicao=2&cod_edicao_trabalho=3553#self>. Acesso em: 29 jul. 2018.

10 BOLSA DE VALORES SOCIOAMBIENTAIS (BVSA). *Investimento social*. Disponível em: <http://www.bvsa.org.br>. Acesso em: maio 2018.

11 BVSA, 2018.

O objetivo dessa iniciativa é promover o encontro entre organizações sociais que necessitam de recursos e investidores dispostos a apoiar programas e projetos. A BVSA não é prêmio. Seu objetivo é estabelecer um ambiente de criação de valor que privilegie a crença em programas e projetos que mereçam ser apoiados. O projeto inova as formas de captação de recursos e apoio a organizações da sociedade civil de interesse público, como também o faz pela criação dos conceitos do investidor social e do lucro social. O *investidor social* é aquele que deseja investir em organizações da sociedade civil de interesse público, direcionando uma parte de seus recursos para projetos sérios e comprometidos com a diminuição das desigualdades sociais. O *lucro social* é o retorno (resultado) proporcionado pela organização na correta aplicação dos recursos. Dessa maneira, a organização da sociedade civil de interesse público se fortalece e devolve o investimento na forma de uma sociedade mais justa e mais capaz de prover oportunidades para crianças e adolescentes. Em outras palavras, a organização devolve o investimento na forma de *lucro social*.

O funcionamento do projeto é simples. À semelhança do que acontece com as companhias que têm ações em Bolsa, os projetos das organizações são listados na BVSA e aguardam o investimento socioambiental dos interessados. Tudo é realizado via internet. No *site* da BVSA, quem quiser contribuir consulta os projetos existentes, escolhe aqueles com os quais se identifica e realiza as doações. As informações sobre o progresso dos projetos vão sendo constantemente atualizadas.[12]

Tanto os investidores quanto as organizações podem acompanhar pelo *site* o quanto está sendo doado para cada projeto. Os investidores podem acompanhar ainda o andamento e os resultados do projeto nos relatórios disponíveis. Por se tratar de um processo absolutamente transparente, em linha com as práticas adotadas pela B3 em seu modelo de negócio, vale destacar que, para ter seus projetos listados na BVSA, as organizações passam por rigoroso processo de seleção. Além disso, encerrada a captação, a BVSA monitora o uso dos recursos para garantir que sejam direcionados aos objetivos previamente assumidos. Na Figura 2.1 visualiza-se como o projeto é apresentado na página da BVSA.[13]

---

12 BVSA, 2018.

13 BVSA, 2018.

Figura 2.1 Apresentação do projeto

Fonte: BVSA, 2018.

Quadro 2.1 BVSA e BrazilFoundation juntas pela transformação social

Uma visão comum sobre a necessidade da construção de uma cultura de filantropia de transformação social no Brasil, aliada à convicção da complementaridade de seus propósitos e competências, uniu a Bolsa de Valores Socioambientais (BVSA) e a Brazil Foundation. Desde fevereiro, as duas instituições passaram a ser cooperadoras e coinvestidoras da BVSA.

A partir dessa união, cada projeto socioambiental listado passa a receber de imediato um aporte da BrazilFoundation de cerca de R$ 50 mil, podendo captar adicionalmente até R$ 50 mil junto aos milhares de doadores do Brasil e do exterior que já fazem seus investimentos socioambientais através da BVSA. Os projetos permanecerão listados pelo prazo de até 1 ano, quando darão lugar a novos projetos.

A parceria destina-se exclusivamente à missão de mobilizar doadores a apoiar projetos socioambientais criteriosamente selecionados, com comprovados resultados, em benefício de uma sociedade mais justa e igualitária.

As duas instituições manterão suas identidades organizacionais, institucionais e de governança.

A BVSA e a BrazilFoundation acreditam que, ao unirem visões globais, experiências acumuladas e aprendizados, celebram a construção de um modelo inédito no país e oferecem ao Brasil e ao mundo um exemplo concreto de como a soma de competências entre instituições fortalece suas respectivas missões.

Fonte: BVSA, 2018.

A relevância do comprometimento das empresas com a RSC também pode ser medida em outras iniciativas. Em 1º de novembro de 2010 foi publicada a Norma Internacional ISO 26000.[14] Trata-se de uma norma de diretrizes de uso voluntário; não visa nem é apropriada a fins de certificação. É aplicável a organizações de todos

[14] ASSOCIAÇÃO BRASILEIRA DE NORMAS TÉCNICAS (ABNT). *NBR-ISO 26000*: diretrizes sobre responsabilidade social. Rio de Janeiro, 2010.

os tipos e portes (pequenas, médias e grandes) e de todos os setores (governo, ONGs e empresas privadas).

A norma define que responsabilidade social é a responsabilidade de uma organização pelos impactos de suas decisões e atividades na sociedade e no meio ambiente, por meio de um comportamento ético e transparente que:

- contribua para o desenvolvimento sustentável, inclusive a saúde e o bem-estar da sociedade;
- leve em consideração as expectativas das partes interessadas;
- esteja em conformidade com a legislação aplicável;
- seja consistente com as normas internacionais de comportamento;
- esteja integrada a toda a organização e seja praticada em suas relações.

A norma tem sete princípios de responsabilidade social, que sinteticamente podem ser apresentados como segue.

1. ***Accountability* (responsabilização):** responsabilizar-se pelas consequências de suas ações e decisões, respondendo pelos seus impactos na sociedade, na economia e no meio ambiente, prestando contas aos órgãos de governança e demais partes interessadas, declarando seus erros e as medidas cabíveis para remediá-los.
2. **Transparência:** fornecer às partes interessadas, de forma acessível, clara, compreensível e em prazos adequados, todas as informações sobre os fatos que possam afetá-las.
3. **Comportamento ético:** agir de modo aceito como correto pela sociedade – com base nos valores da honestidade, equidade e integridade, perante as pessoas e a natureza – e de forma consistente com as normas internacionais de comportamento.
4. **Respeito pelos interesses das partes interessadas (*stakeholders*):** ouvir, considerar e responder a pessoas ou grupos que tenham interesse nas atividades da organização ou por ela possam ser afetados.
5. **Respeito pelo Estado de Direito:** o ponto de partida mínimo da responsabilidade social é cumprir integralmente as leis do local em que se está operando.
6. **Respeito pelas Normas Internacionais de Comportamento:** adotar prescrições de tratados e acordos internacionais favoráveis à responsabilidade social, mesmo que não haja obrigação legal.
7. **Direito aos humanos:** reconhecer a importância e a universalidade dos direitos humanos, cuidando para que as atividades da organização não os agridam direta ou indiretamente, zelando pelo ambiente econômico, social e natural que requerem.

Especificamente no Brasil, a ABNT NBR 16001[15] é uma norma de sistema de gestão, passível de auditoria, estruturada em requisitos verificáveis, permitindo que a organização busque a certificação por uma terceira parte, o que não ocorre com a ISO 26000, que é uma norma de diretrizes. A primeira edição da norma foi publicada em novembro de 2004 e sua segunda versão, em julho de 2012, a qual foi baseada na diretriz internacional ISO 26000. O Programa Brasileiro de Certificação em Responsabilidade Social foi desenvolvido pelo Inmetro de acordo com a NBR 16001.

Essa norma estabelece os requisitos mínimos relativos a um sistema de gestão de responsabilidade social, permitindo que a organização formule e implemente uma política e objetivos que levem em conta seus compromissos com:

- a responsabilização (*accountability*) e a transparência;
- o comportamento ético;
- o respeito pelos interesses das partes interessadas;
- o atendimento aos requisitos legais e outros requisitos subscritos pela organização;
- o respeito às normas internacionais de comportamento;
- o respeito aos direitos humanos;
- a promoção do desenvolvimento sustentável.

Os seguintes temas são abordados pela NBR 16001:

- combate à pirataria, sonegação, fraude e corrupção;
- boas práticas de governança;
- práticas leais de concorrência;
- direitos da criança e do adolescente, incluindo o combate ao trabalho infantil;
- direitos do trabalhador, incluindo o de livre associação, de negociação, a remuneração justa e benefícios básicos, bem como o combate ao trabalho forçado;
- promoção da diversidade e combate à discriminação (por exemplo: cultural, de gênero, de raça/etnia, idade, pessoa com deficiência);
- compromisso com o desenvolvimento profissional;
- promoção da saúde e segurança;
- promoção de padrões sustentáveis de desenvolvimento, produção, distribuição e consumo, contemplando fornecedores, prestadores de serviço, entre outros;
- proteção ao meio ambiente e aos direitos das gerações futuras;
- ações sociais de interesse público.

---

[15] ASSOCIAÇÃO BRASILEIRA DE NORMAS TÉCNICAS (ABNT). *NBR-ISO 16000*: responsabilidade social - sistema da gestão. Rio de Janeiro, 2011.

2.3 RESPONSABILIDADE SOCIAL E VALOR DAS EMPRESAS

A discussão sobre a postura socialmente responsável das empresas leva ao centro dos debates o questionamento sobre a existência de relação entre a *performance* social e a financeira. O conceito ampliou-se até o momento de escolher as empresas nas quais o capital será aplicado, fazendo com que a responsabilidade social não se insira nas considerações de mercado somente na hora da compra e venda de produtos e na contratação de fornecedores. Segundo Gonzalez,[16] para subsidiar a avaliação sobre o preço dos papéis que uma companhia tem no mercado, os analistas do mercado financeiro já utilizam os dados constantes no balanço social em conjunto com as demonstrações financeiras.

Um aspecto que reforça a relação do valor da empresa com práticas sociais é o posicionamento dos maiores fundos de pensão do mundo, que, na condição de investidores institucionais, estão exigindo responsabilidade social e práticas sustentáveis das empresas nas quais investem. De acordo com Oliveira,[17] os investidores institucionais estão acelerando seu ritmo de investimento no que muitos veem como excelentes oportunidades para gerar impacto positivo na sociedade global, no ambiente e na economia. Assim, investem quantidades substanciais de dinheiro na redução das emissões de carbono e na melhoria das cadeias globais de fornecimento, desenvolvendo estruturas hierarquizadas de capital e parcerias público-privadas, construindo "cadeias de fornecimento digitais" nos negócios e nos serviços financeiros.

Ao olhar para os esforços gigantescos exigidos na solução de problemas globais, os investidores institucionais tendem a pensar grande, de forma diferente e historicamente. E, se tudo correr bem, serão esses esforços que vão redefinir a forma de encarar o financiamento com propósitos sociais – de forma lenta, mas gradual.

Destaca Oliveira[18] que os fundos de pensões, companhias de seguros, fundações e gestores de ativos líderes na Europa e nos Estados Unidos estão estimulando o investimento responsável. Enquanto signatários dos Princípios para o Investimento Responsável (PRI, na sigla em inglês) estão também implementando estratégias ambientais, sociais e de governança (ESG, na sigla em inglês) bem desenvolvidas, tais como a utilização do poder do voto e do compromisso, em conjunto com a exclusão de investimentos que sejam substancialmente controversos.

---

16 GONZALEZ, R. S. Ação social corporativa agrega valor aos acionistas. *Agência Estado - Setorial*, São Paulo, 6 fev. 2002b. Disponível em: <http://www.aesetorial.com.br/construção/artigos/2002/fev/06/255.htm> Acesso em: 29 jul. 2018.

17 OLIVEIRA, H. A revolução dos investidores institucionais. *Portal Ver*, maio 2016. Disponível em: <http://www.ver.pt/a-revolucao-dos-investidores-institucionais/>. Acesso em: 29 jul. 2018.

18 OLIVEIRA, 2016.

Quadro 2.2 A revolução dos investidores institucionais

> O ABP, o segundo maior fundo de pensões europeu, com mais de 380 mil milhões de euros sob sua gestão, anunciou o ano passado que iria aumentar a sua alocação em investimentos de elevada sustentabilidade (aqueles que têm como objetivo criar um valor social e ambiental positivo e mensurável) para um valor de 58 mil milhões de euros em 2020, face a 29 mil milhões em 2015. Por seu turno, o fundo de pensões holandês PFZW pretende igualmente alocar 12 por cento do seu portfólio total em soluções de energias renováveis, água, segurança alimentar e cuidados de saúde.
>
> Até 2020, este valor atingirá os 25 mil milhões de euros, com cinco milhões "a mais" comparativamente a 2014. Adicionalmente, companhias de seguros como a Axa e a Zurich, e bancos como o BNP Paribas, o J.P. Morgan e o Barclays comprometeram-se a investir até 5 milhões de euros do seu capital próprio em programas de investimento com impacto ao mesmo tempo que desenvolvem soluções para os seus clientes.

Fonte: OLIVEIRA, 2016.

Ramos[19] salienta que os fundos de pensão brasileiros também estão passando a adotar critérios mais rígidos de transparência e governança corporativa para definir suas participações em empreendimentos; por sua vez, instituições financeiras pesquisam o desempenho social e ambiental das companhias abertas nacionais para seus clientes estrangeiros. De fato, são inúmeros os casos de companhias que, em décadas passadas, tiveram seu valor de mercado fortemente afetado por questões relacionadas ao meio ambiente, à diversidade, às relações trabalhistas e aos direitos humanos, entre outros. O autor ainda cita, como exemplos de práticas sociais responsáveis no Brasil, as adotadas pela Natura e por O Boticário. Por outro lado, a Nike é citada como exemplo de empresa cujo valor foi forte e negativamente afetado. Ele também relaciona a necessidade de transparência e governança corporativa com uma série de escândalos contábeis, como o da Enron, para afirmar que existe pressão por maior *accountability*, versão em inglês para "prestação de contas". Cita que, por falharem nesses quesitos, há empresas que tiveram seus *ratings* rebaixados por agências de classificação de risco.

Considerando os dez maiores fundos de pensão do país em total de ativos, nove são signatários do PRI: Previ, Petros, Funcef, Funcesp, Fundação Itaú/Unibanco, Valia, Sistel, Forluz e Real Grandeza. O PRI é um conjunto de melhores práticas globais para o investimento responsável que tem o objetivo de incorporar aspectos ambientais, sociais e de governança corporativa na escolha de ativos para investimento dos seus recursos.[20]

---

19 RAMOS, M. Responsabilidade social: retorno social e econômico. *Relações com investidores*, São Paulo, n. 53, p. 14-15, jul. 2002.

20 FUNDAÇÃO DOS ECONOMIÁRIOS FEDERAIS (FUNCEF). Investimentos e responsabilidade social. *Funcef*, 2016. Disponível em: <http://www.funcef.com.br/noticias/investimentos-e-responsabilidade-social.htm>. Acesso em: 29 jul. 2018.

Os signatários do PRI fazem parte de uma rede que cria oportunidades para reunir recursos, compartilhar experiências e diminuir custos de pesquisa. O desenvolvimento desses princípios foi coordenado pelo Programa de Iniciativa Financeira para o Meio Ambiente das Nações Unidas (Unep FI, na sigla em inglês) e pelo Pacto Global das Nações Unidas. Atualmente, o PRI tem 1506 signatários, em vários países, sendo 308 proprietários de ativos, 995 gestores de ativos e 203 prestadores de serviços. No Brasil, são 54 signatários: 16 proprietários de ativos, 26 gestores de ativos e 12 prestadores de serviços.

Os principais signatários são as instituições detentoras de ativos, como os fundos de pensão, fundos soberanos (governamentais), fundações e seguradoras. Também fazem parte do PRI os gestores de investimentos, como instituições financeiras que atendem o mercado institucional e de varejo e administram investimentos como terceirizados, e as organizações que oferecem produtos e serviços para detentores de ativos e gestores de investimentos.[21]

A relação da responsabilidade social com o valor das empresas também pode ser evidenciada em resultados de pesquisas. Reis,[22] em estudo de caso com dados da Fiat, analisou os impactos de um Sistema de Gerenciamento Ambiental (SGA) no desempenho financeiro das empresas. Segundo o autor, há evidências de que o desempenho ambiental explica o desempenho financeiro. Os benefícios, em termos de redução de custos, foram confirmados na empresa objeto da pesquisa. A organização que possui um SGA pode desenvolver projetos capazes de melhorar simultaneamente seu desempenho ambiental e financeiro. Para o autor, isso abre uma nova perspectiva para as empresas interessadas em investir proativamente na melhoria do desempenho ambiental. Os resultados financeiros obtidos podem sustentar investimentos futuros em novos projetos ambientais, com efeitos positivos sobre o desempenho ambiental da empresa, sem que se dependa do cumprimento estrito às legislações ambientais restritivas e sem o receio de que esses investimentos somente agreguem custos. Tal conclusão transforma-se, assim, em uma razão importante para incentivar outras empresas que pretendem a redução de impactos ambientais negativos, não somente para atender à legislação ambiental, mas proativamente para garantir competitividade, dentre outros.

Em outra pesquisa sobre desempenho financeiro e desempenho ambiental, os resultados obtidos por Alberton[23] não apontaram uma resposta conclusiva após a análise do impacto da certificação ambiental no desempenho financeiro. O retorno sobre os ativos

---

21 FUNCEF, 2016.

22 REIS, H. L. Os impactos de um sistema de gerenciamento ambiental no desempenho financeiro das empresas: um estudo de caso. In: ENANPAD, ANPAD, 26, 2002. Salvador. *Anais*... Salvador, 2002. CD-ROM.

23 ALBERTON, A. *Meio ambiente e desempenho econômico financeiro*: o impacto da ISO 14001 nas empresas brasileiras. 2003. Tese (Doutorado em Engenharia de Produção) Universidade Federal de Santa Catarina, Florianópolis, 2003.

sobre o patrimônio líquido e sobre as vendas apresentou melhora após a certificação. Já os índices preço/lucro e preço/valor patrimonial sofreram uma diminuição após a certificação. Analisando o valor de mercado associado ao risco, o resultado não permitiu identificar qualquer tendência de aumento de preços das ações após a certificação.

2.4 OS INVESTIMENTOS SOCIALMENTE RESPONSÁVEIS

O crescimento dos investimentos socialmente responsáveis (em inglês, Socially Responsible Investments – SRI) reforça a relação entre a responsabilidade social e a valorização dos papéis da empresa. Seu crescimento tem levado muitos profissionais a defender a hipótese de que uma política de investimentos baseada em responsabilidade social pode ser considerada mais rentável que a fórmula convencional de seleção de investimentos. Essa hipótese pode também ser expressa por meio da seguinte pergunta: Existe correlação entre o comportamento ético e o retorno financeiro?[24]

Os investimentos socialmente responsáveis representam um produto criado para atender um pequeno, mas cada vez maior, nicho de investidores com preocupações éticas em todo o mundo. Os fatores do SRI, que vão da preservação do meio ambiente às boas relações trabalhistas, não figuram no topo das análises financeiras dos gerentes de fundos tradicionalmente voltados para os mercados emergentes.

Na ótica do SRI, considera-se que empresas sustentáveis geram valor para o acionista em longo prazo, pois estão mais preparadas para enfrentar riscos econômicos, sociais e ambientais. Essa demanda veio se fortalecendo ao longo do tempo e hoje é amplamente atendida por vários instrumentos financeiros no mercado internacional.[25]

Segundo Martins,[26] nos investimentos SRI, a avaliação dos resultados, que não se reduz ao retorno financeiro, é uma opção atraente para quem não pretende obter uma rentabilidade agressiva e quer estimular empresas que tenham boas práticas de sustentabilidade ou queiram investir em projetos que promovam o bem-estar social e ambiental. A oferta desse tipo de produto tem aumentado nos últimos anos e têm sido recentemente apresentadas soluções de investimento expostas a oportunidades em torno das alterações climáticas (novas energias, alterações climáticas, agricultura, tecnologias limpas).

A vantagem de canalizar os investimentos para os fundos SRI é evitar empresas que se envolvam em indústrias "pecadoras", como as de tabaco. Por outro lado, facilita

---

24 VILLANI, P. A. Investimentos socialmente responsáveis e o fundo Ethical. *Relações com investidores*, São Paulo, n. 53, p. 21-25, jun. 2002.

25 INSTITUTO ATKWHH. Disponível em: <http://www.institutoatkwhh.org.br/compendio/?q=node/44>. Acesso em: 29 jul. 2018.

26 MARTINS, C. Investimento socialmente responsável. *Knoow.net*. 24 jun. 2017. Disponível em: <http://knoow.net/cienceconempr/economia/investimento-socialmente-responsavel>. Acesso em: 29 jul. 2018.

quando se procura por empresas que apoiem certas indústrias, como as de energias renováveis. Assim, os investidores podem participar de um investimento socialmente responsável sem terem de se focar em operações, políticas de gestão de recursos humanos, investimentos, cadeias de fornecimento e outros aspectos de uma empresa para decidir se cumpre um conjunto de critérios – investindo em um fundo de índice especialmente destinado a encontrar esse tipo de empresa. O Vanguard FTSE Social Index Fund (MUTF: VFTSX), por exemplo, é constituído por 407 ações que a gestão do fundo afirma terem sido "selecionadas por critérios sociais, ao redor dos direitos humanos e ambientais."[27]

Os fundos de investimentos sustentáveis e responsáveis já respondem por 17,5% de todos os negócios feitos com fundos na Europa. Nos Estados Unidos, a parcela também é significativa, de 12,1%, segundo dados da Social Investment Forum Foundation. No Brasil, eles não ultrapassam 1%, mas esse percentual deve aumentar. Há, por parte dos investidores, interesse em aplicar dinheiro em empresas com responsabilidade socioambiental, pois investir em fundos do bem alegra a consciência e engorda o bolso.[28]

Inúmeros fundos sociais vêm sendo estabelecidos desde a década de 1980, sendo pioneiros os fundos do Calvert Group[29] e o grupo de fundos Domini Social 400,[30] atualmente denominado MSCI KLD 400 Social Index. Este último acompanha o desempenho de cerca de 400 fundos sociais. A Nasdaq Stock Market criou um índice social em abril de 2002 – o Index –, composto de 283 empresas que atendem a critérios sociais e que representavam, na época, um valor de mercado de US$ 2,7 trilhões. Outros fundos são o da Smith Barney Asset Management; dois fundos administrados pela Ariel Investments, de Chicago; a Faliofn, que tem seis fundos; o Dow Jones Global Sustainability Index (DJGSI), composto de 312 empresas distribuídas em 62 setores e em 26 países; o Europe Index Ethibel; o Eires, do mercado inglês; o NPI UK Social Index; e o ABN Amro Sustainable World Fund.[31, 32]

A Tabela 2.1 apresenta os retornos de alguns fundos de investimento socialmente responsáveis face ao mercado ao longo do ano de 2016, de dois anos e de cinco anos.

---

27 INSIDER PRO. As melhores ações socialmente responsáveis de 2016. *IHODL*, dez. 2016. Disponível em: <https://pt-br.insider.pro/investment/2016-12-13/melhores-acoes-socialmente-responsaveis-de-2016>. Acesso em: maio 2018.

28 PETTI, C. Fundos do bem da Bovespa estão pagando bem. *Exame*, jun. 2013. Disponível em: <https://exame.abril.com.br/carreira/fundos-do-bem>. Acesso em: 29 jul. 2018.

29 Veja mais em: <https://www.calvert.com>. Acesso em: 12 ago. 2018.

30 Veja mais em: <https://www.msci.com/msci-kld-400-social-index>. Acesso em: 12 ago. 2018.

31 VILLANI, 2002.

32 MAHONEY, W. Investidores institucionais se envolvem mais em governança corporativa. *Relações com investidores*, São Paulo, n. 52, p. 26-28, jun. 2002c.

Tabela 2.1 Retornos de fundos de investimento socialmente responsáveis

Índice ou Fundo	Número de títulos	Retorno anual até o momento	Retorno de 2 anos	Retorno de 5 anos
S&P 500 (SNPINDEX: ˆGSPC)	500	8,2%	7,4%	81,4%
NASDAQ (NASDAQINDEX: ˆIXIC)	3.176	6,5%	12,5%	108%
Vanguard FTSE Social Index Fund	407	7,7%	5,7%	96,7%
TIAA-CREF Social Choice Eq Retail (NASDAQMUTFUND: TICRX)	793	12,1%	0,1%	66,8%
iShares MSCI KLD 400 Social (NYSEMKT: DSI)	403	8,1%	6,5%	78,8%

Fonte: INSIDER PRO, 2016.

Seguindo a tendência internacional de criar fundos de ações de investimentos socialmente responsáveis, foram lançados no Brasil, em novembro de 2001, pelo então ABN Amro Asset Management, hoje Banco Santander, os Fundos Ethical. Trata-se de fundos de ações compostos de organizações listadas na bolsa de valores, sendo, naquele momento, inéditos no Brasil e pioneiros no mercado latino-americano.

O Fundo possibilita aos seus cotistas investir em ações de empresas que, além do tradicional potencial de valorização econômico-financeira, destaquem-se por sua postura com relação a acionistas, funcionários, clientes, fornecedores, governo e sociedade, ou seja, investir em empresas que, como nós, acreditem na construção de um mundo mais sustentável, incorporando aspectos sociais, ambientais e de governança corporativa em sua estratégia de negócio. A avaliação das empresas para a composição da carteira do fundo é feita por uma equipe dedicada, e todas as avaliações são validadas pelo Conselho Consultivo do Fundo Ethical, formado por seis membros, sendo três independentes, especialistas em sustentabilidade. A rentabilidade acumulada do fundo, comparada a outros indicadores em um período de até três anos, é apresentada na Tabela 2.2. Já na Tabela 2.3 é apresentada a rentabilidade anual no período de 2001 a abril de 2018 e a variação em relação ao Ibovespa. A seleção das empresas para participar do fundo é determinada segundo os critérios a seguir.

- **Análise econômico-financeira – balizador do fundo:** além da análise dos critérios de governança corporativa, responsabilidade social e ambiental, o administrador buscará compor a carteira dos Fundos Ethical com as ações que melhor representem potencial de valorização para os investidores.

- **Critério de exclusão automática:** tem-se como premissa excluir automaticamente empresas cujos segmentos de atuação sejam considerados negativos à sociedade, como: fumo, álcool, armas, energia nuclear, pornografia e jogo.
- **Análise do balanço social das empresas:** refere-se à análise das empresas por meio de pesquisas a dados públicos.
- **Análise das respostas ao questionário de avaliação:** refere-se à avaliação das empresas com base em informações fornecidas por elas no questionário de avaliação especificamente desenvolvido pela Santander Brasil Asset Management DTVM S.A. com o apoio do Instituto Ethos e do Instituto Brasileiro de Governança Corporativa (IBGC).

Tabela 2.2 Rentabilidade acumulada do fundo Ethical comparada com outros indicadores

Nome do Fundo	Rentabilidade %			
	2018 (abril)	12 meses	24 meses	36 meses
Fundo Ethical	4,62	12,86	21,36	19,60
IBX médio	10,81	31,83	60,36	51,91
Ibovespa médio	11,24	32,30	59,76	54,83
IGC médio	6,54	26,04	53,20	48,31
ISE médio	4,96	17,51	33,53	16,83
Dólar comercial	7,09	8,84	0,88	16,28

Fonte: SANTANDER. Disponível em: <http://www.santander.com.br/portal/pam/script/rentabilidade/RentabilidadeFundosAsset.do?codSegMercado=22>. Acesso em: 29 jul. 2018.

Tabela 2.3 Rentabilidade anual do fundo Ethical e variação percentual em relação ao Ibovespa

Ano	Fundo/% acima do Ibovespa	Rentabilidade anual	Retorno Acumulado
2001	Fundo Ethical	22,55	22,55
	% acima Ibovespa	3,32	3,32
2002	Fundo Ethical	-0,47	21,97
	% acima Ibovespa	16,53	23,01
2003	Fundo Ethical	62,74	98,49
	% acima Ibovespa	-34,60	3,21

(continua)

(continuação)

Ano	Fundo/% acima do Ibovespa	Rentabilidade anual	Retorno Acumulado
2004	Fundo Ethical	32,74	163,46
	% acima Ibovespa	14,93	33,41
2005	Fundo Ethical	21,66	220,52
	% acima Ibovespa	-6,05	26,72
2006	Fundo Ethical	32,56	324,87
	% acima Ibovespa	-0,38	34,31
2007	Fundo Ethical	33,23	466,07
	% acima Ibovespa	-10,42	5,03
2008	Fundo Ethical	-39,11	244,69
	% acima Ibovespa	2,12	14,93
2009	Fundo Ethical	66,58	474,19
	% acima Ibovespa	-16,08	-28,15
2010	Fundo Ethical	2.02	485,78
	% acima Ibovespa	0,97	-22,85
2011	Fundo Ethical	-8,02	438,79
	% acima Ibovespa	10,09	40,38
2012	Fundo Ethical	18,86	540,39
	% acima Ibovespa	11,46	105,11
2013	Fundo Ethical	-5,61	504,48
	% acima Ibovespa	9,89	152,15
2014	Fundo Ethical	-8,21	454,84
	% acima Ibovespa	-5,30	115,67
2015	Fundo Ethical	-15,91	366,59
	% acima Ibovespa	-2,59	85,89
2016	Fundo Ethical	5,49	392,18
	% acima Ibovespa	-33,45	-36,73
2017	Fundo Ethical	14,65	464,31
	% acima Ibovespa	-12,2	-106,65

Fonte: MAIS RETORNO. Disponível em: <https://maisretorno.com/fundo/santander-fic-fi-ethical-acoes>. Acesso em: 29 jul. 2018.

Desde a criação do Fundo Ethical, outras instituições financeiras também lançaram seus fundos de investimento social. O Itaú Excelência Social Ações foi lançado em 2004 e tem como objetivo proporcionar retorno, no longo prazo, por meio do investimento em ações de empresas que apresentem práticas diferenciadas de governança corporativa. O Fundo apresenta como diferenciais o fato de investir em ações de empresas comprometidas com a governança corporativa, sociedade e gestão ambiental, sendo que 50% da taxa de administração líquida é destinada a programas de organizações sociais. A aplicação inicial é R$ 1 milhão. A rentabilidade do fundo, comparada com a rentabilidade do Ibovespa, é apresentada na Tabela 2.4. O Banco Itaú, em 2004, também criou o Fundo Itaú Excelência Social (Fies), que é um fundo de investimento que aplica seus recursos em ações de empresas socialmente responsáveis. Visando contribuir para a melhoria da qualidade da educação no Brasil, o fundo destina 50% da sua taxa de administração a projetos educacionais desenvolvidos por organizações não governamentais (ONGs). De 2004 até o final de 2016, o Fies destinou mais de R$ 30 milhões a programas educacionais desenvolvidos por 165 ONGs, beneficiando mais de 36,5 mil crianças e jovens, além de 3,4 mil educadores.[33]

Tabela 2.4 Rentabilidade Fundo Itau Excelência Social Ações x Ibovespa

Fundo	2018 (abril)	12 meses	24 meses	36 meses	Desde início
Excelência Social	5,59%	21,22%	41,21%	29,62%	454,74%
Ibovespa	11,24%	32,3%	59,76%	54,83%	106,17%

Fonte: ITAÚ. Disponível em: <http://www.itauassetmanagement.com.br/_arquivosestaticos/Asset/pdf/lamina/41446.PDF>. Acesso em: 29 jul. 2018.

O Banco do Brasil possui dois fundos relacionados à sustentabilidade empresarial, ambos criados em 2005. O BB Top Ações Índice de Sustentabilidade Empresarial tem como objetivo compor uma carteira de ativos financeiros direcionada a posições em ações de empresas que apresentem um ambiente de investimento compatível com as demandas de desenvolvimento sustentável da sociedade contemporânea e que estimulem a responsabilidade corporativa, considerando aspectos de governança corporativa, eficiência econômica, equilíbrio ambiental e justiça social. O outro fundo é o BB Ações Índice de Sustentabilidade Empresarial Jovem. O fundo é destinado a investidores (pessoas físicas, jurídicas e clientes do Banco do Brasil em geral) que pretendam: investir em empresas que apresentem um ambiente de investimento compatível com as demandas de desenvolvimento sustentável da sociedade contemporânea e que estimulem a responsabilidade

[33] ITAÚ. Conheça o Fundo Itaú Excelência Social. *Itaú*. Disponível em: <https://ww18.itau.com.br/fies>. Acesso em: 29 jul. 2018.

corporativa, considerando aspectos de governança corporativa, eficiência econômica, equilíbrio ambiental e justiça social. Na Tabela 2.5 visualiza-se a rentabilidade do fundo comparada ao Ibovespa.[34, 35]

Tabela 2.5 Rentabilidade do BB Top Ações Índice de Sustentabilidade Empresarial x Ibovespa

	Mês (abr/18)	Ano	6 Meses	12 Meses	24 Meses	Acumulado*
BB Top Ações	+0,62%	+6,38%	+4,93%	+17,17%	+34,17%	+235,54%
Ibovespa	11,24%	+10,66%	+14,53%	+32,30%	+59,76%	+312,96%

Fonte: INFOMONEY. Disponível em: <http://www.infomoney.com.br>. Acesso em: 29 jul. 2018.

O Caixa FI Ações ISE, da Caixa Econômica Federal, lançado em 2007, tem o objetivo de alocar recursos em carteira composta prioritariamente de ações de empresas que se destaquem em sustentabilidade empresarial e responsabilidade social, a fim de obter rentabilidade compatível à variação do Índice de Sustentabilidade Empresarial (ISE). O ISE é indicador do desempenho médio das cotações dos ativos de empresas com reconhecido comprometimento com a sustentabilidade empresarial, baseada em eficiência econômica, equilíbrio ambiental, justiça social e governança corporativa.[36] Veja quais fundos de investimento dão mais retorno na Tabela 2.6.

Tabela 2.6 Melhores fundos de investimento: Fundo de Investimento em Ações Caixa Sustentabilidade Empresarial (ISE)

	2018 (abril)	12 meses	24 meses	36 meses	Desde início
CAIXA FI Ações ISE	5,89%	15,63%	26,14%	11,79%	32,89%
Ibovespa	11,24	32,30	59,76	54,83	-

Fonte: MAIS RETORNO. Disponível em: <https://maisretorno.com/fundo/fia-caixa-sustentabilidade-empresarial-ise>. Acesso em: 29 jul. 2018.

---

34 BANCO DO BRASIL. *Lâmina de informações essenciais sobre o BB ações índice de sustentabilidade empresarial jovem FIC FIA*. 2018a. Disponível em: <http://www.bb.com.br/docs/pub/siteEsp/dtvm/dwn/lam06349816.pdf>. Acesso em: maio 2018.

35 BANCO DO BRASIL. *Regulamento do BB top ações índice de sustentabilidade empresarial fundo de investimento em ações*. 2018b. Disponível em: <http://www.bb.com.br/docs/pub/siteEsp/dtvm/dwn/reg05775731.pdf>. Acesso em: maio 2018.

36 CAIXA ECONÔMICA FEDERAL (CEF). *Caixa FI Ações ISE*. Disponível em: <http://www.caixa.gov.br/fundos-investimento/fundos-de-acoes/fi-acoes-ise/Paginas/default.aspx>. Acesso em: maio 2018.

2.5 OS ÍNDICES DA BOLSA DE VALORES

O Índice de Governança Corporativa (IGC) foi lançado pela Bovespa (B3) em 26 de junho de 2001. Compõem a carteira desse índice ações de empresas que adotam os critérios de governança corporativa, ou seja, que tenham transparência de informações aos acionistas; prestação de contas à comunidade, aos clientes, aos credores, aos empregados, aos investidores e ao governo; concessão de direitos iguais a acionistas minoritários e majoritários; respeito ao meio ambiente e ação social. Nesse ponto encontramos uma relação entre os conceitos de responsabilidade social e governança corporativa. A necessidade de comportamento ético e a transparência integram esses conceitos ao estabelecer padrões de conduta da empresa com relação a seus *stakeholders*. Segundo Santana, "a governança corporativa evolui naturalmente para a responsabilidade social. Práticas de governança, certificações, selos de qualidade e ações sociais são todos afluentes de um grande rio de sustentabilidade".[37] A sustentabilidade dos negócios é um desafio para as empresas, pois significa sintonia com valores econômicos, sociais e ambientais.

De acordo com Gonzalez,[38] o conceito de *responsabilidade social corporativa* está intimamente ligado ao de *governança corporativa* por uma razão simples: uma depende da outra. Para ser responsável socialmente, a empresa é obrigada a praticar a governança em sua essência. Nesse contexto, a valorização do acionista minoritário é apenas um aspecto. A empresa deve levar em consideração os anseios do investidor, dos colaboradores, dos fornecedores, dos consumidores, das instâncias governamentais e das entidades do terceiro setor. Tinoco[39] também destaca essa ligação afirmando que o tema da responsabilidade social se integra, portanto, ao da governança corporativa, ou seja, à administração das relações contratuais e institucionais estabelecidas pelas empresas e às medidas adotadas para o atendimento das demandas e dos interesses dos diversos participantes envolvidos.

A B3 possui quatro índices que contemplam as empresas que participam dos três níveis de governança corporativa.[40]

2.5.1 Índice de ações com governança corporativa (IGC)

Tem por finalidade medir o desempenho das empresas que apresentam bons níveis de governança corporativa. As empresas que compõem o índice devem ser negociadas no novo mercado ou estar classificadas nos níveis diferenciados 1 ou 2 de governança, ter

---

[37] SANTANA, M. H. O novo mercado e a governança corporativa. *Revista da CVM*, São Paulo, p. 04-08, dez. 2001.

[38] GONZALEZ, R. S. Tendência mundial: governança e responsabilidade social corporativa. *Relações com investidores*, São Paulo, n. 53, p. 15-16, jul. 2002a.

[39] TINOCO, 2001.

[40] B3. Disponível em: <http://www.b3.com.br/pt_br/>. Acesso em: 29 jul. 2018.

presença em pregão de 50% no período de vigência das três carteiras anteriores ou em seu período de listagem, se inferior e não classificado como ativo *penny stock*, cujo valor médio ponderado durante a vigência da carteira teórica anterior ao rebalanceamento, desconsiderando-se o último dia desse período, tenha sido inferior a R$ 1,00. A carteira teórica do índice é composta de 128 ações.

2.5.2 Índice de governança corporativa *trade* (IGCT)

O IGCT tem por objetivo ser o indicador do desempenho das ações emitidas por empresas que voluntariamente adotam padrões de governança corporativa diferenciados. É composto de 128 ações de empresas integrantes do IGC que atendam aos seguintes critérios de inclusão:

- ser emitido por companhias listadas no novo mercado ou nos níveis 1 ou 2 da BM&FBovespa;
- estar entre os ativos elegíveis que, no período de vigência das três carteiras anteriores, em ordem decrescente de Índice de Negociabilidade (IN), representem, em conjunto, 99% do somatório desses indicadores;
- ter presença em pregão de 95% no período de vigência das três carteiras anteriores;
- não ser classificado como ativo *penny stock*, cujo valor médio ponderado durante a vigência da carteira teórica anterior ao rebalanceamento, desconsiderando-se o último dia desse período, tenha sido inferior a R$ 1,00.

2.5.3 Índice de governança corporativa – novo mercado (IGC-NM)

O IGC-NM mede o desempenho das empresas que apresentam bons níveis de governança corporativa e que estão listadas no novo mercado. Além desses requisitos, as ações devem ter presença em pregão de 50% no período de vigência das três carteiras anteriores ou em seu período de listagem, se inferior e não classificado como ativo *penny stock*, cujo valor médio ponderado durante a vigência da carteira teórica anterior ao rebalanceamento, desconsiderando-se o último dia desse período, tenha sido inferior a R$ 1,00. O índice é composto de 123 ações de empresas listadas no novo mercado.

2.5.4 Índice de ações com *tag along* diferenciado (Itag)

Busca medir o desempenho de uma carteira teórica composta de ações de empresas que ofereçam melhores condições aos acionistas minoritários, no caso de alienação do controle. Compõem esse índice 188 ações. Considera todas as ações em que a empresa concede *tag along* superior a 80% em relação ao preço obtido pelo controlador, no caso de alienação de controle. Os critérios de inclusão no índice são os seguintes:

- ter *tag along* superior ao previsto na legislação vigente, ou seja, ações ordinárias com *tag along* superior a 80% e ações preferenciais com *tag along* em qualquer percentual. A mesma regra se aplica a *units* formadas por ações ordinárias e preferenciais;
- ter presença em pregão de 30% no período de vigência das três carteiras anteriores, ou desde o início de sua listagem, se esta ocorreu nesse intervalo;
- não ser classificado como ativo *penny stock*, cujo valor médio ponderado durante a vigência da carteira teórica anterior ao rebalanceamento, desconsiderando-se o último dia desse período, tenha sido inferior a R$ 1,00.

O IGC tem tido uma *performance* mais favorável que a do Ibovespa desde seu lançamento. Isso demonstra que os investidores parecem ter começado a reconhecer o esforço das empresas por melhor governança com uma melhor precificação das ações.[41, 42] Na Tabela 2.7 e no Gráfico 2.1 é demonstrado o melhor desempenho do IGC.

Tabela 2.7 Retorno anuais do Ibovespa e IGC 0 2001-2018

Índice	2001	2002	2003	2004	2005	2006	2007	2008	2009
	%	%	%	%	%	%	%	%	%
Ibovespa	(11,02)	(17,00)	97,33	17,81	21,84	32,93	43,65	(41,22)	82,66
IGC	1,09	1,57	79,70	37,90	43,76	41,29	31,54	(45,63)	83,37

Índice	2010	2011	2012	2013	2014	2015	2016	2017	2018
	%	%	%	%	%	%	%	%	%
Ibovespa	(1,05)	(18,10)	7,40	(15,50)	(2,91)	(13,31)	38,94	26,86	11,73
IGC	12,54	(12,45)	19,02	(2,04)	2,32	(11,97)	28,90	29,91	6,76

Fonte: ACIONISTAS. Disponível em: <http://www.acionista.com.br/governanca/cotacoes.html>. Acesso em: 29 jul. 2018.

---

41 SANTANA, 2001.

42 ELOY, P. Quando ética e respeito a acionista são os ativos mais valiosos do investidor: fundos procuram empresas com rentabilidade e critérios de governança. *O Globo*, Rio de Janeiro, 19 maio 2003. Caderno de Economia, p. 18.

Gráfico 2.1 Evolução dos índices Ibovespa - IBrX - IbrX50 - IGC - jun/2001 a abr/2017

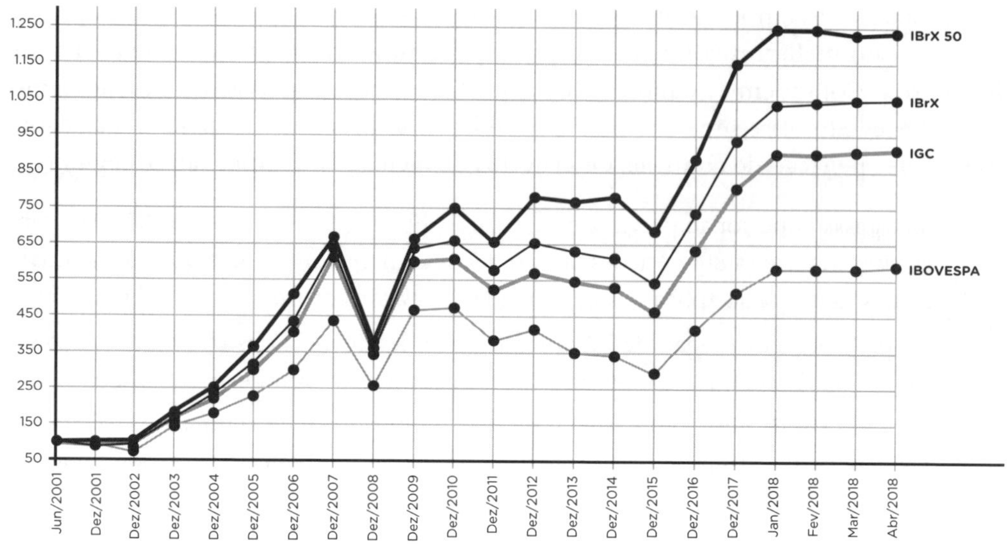

Fonte: ACIONISTAS. Disponível em: <http://www.acionista.com.br/governanca/cotacoes.html>. Acesso em: 29 jul. 2018.

2.6 O ÍNDICE DE SUSTENTABILIDADE EMPRESARIAL (ISE)[43]

O ISE é uma iniciativa pioneira na América Latina. É um índice que busca criar um ambiente de investimento compatível com as demandas de desenvolvimento sustentável da sociedade contemporânea e estimular a responsabilidade ética das corporações. Foi lançado em 2005, sendo originalmente financiado pela International Finance Corporation (IFC), braço financeiro do Banco Mundial. O desenho metodológico é responsabilidade do Centro de Estudos em Sustentabilidade (GVCes) da Escola de Administração de Empresas de São Paulo da Fundação Getulio Vargas (FGV-Eaesp). A Bolsa é responsável pelo cálculo e pela gestão técnica do índice.

O ISE é uma ferramenta para análise comparativa da *performance* das empresas listadas na BM&FBovespa sob o aspecto da sustentabilidade corporativa, baseada em eficiência econômica, equilíbrio ambiental, justiça social e governança corporativa. Também amplia o entendimento sobre empresas e grupos comprometidos com a sustentabilidade, diferenciando-os em termos de qualidade, nível de compromisso com o desenvolvimento sustentável, equidade, transparência e prestação de contas, natureza do produto, além do desempenho empresarial nas dimensões econômico-financeira, social, ambiental

---

[43] ADVFN. Disponível em: <https://br.advfn.com/indice/ise>. B3. Disponível em: <http://www.b3.com.br>. Acesso em: 29 jul. 2018.

e de mudanças climáticas. O ISE tem por finalidade apoiar os investidores na tomada de decisão de investimentos socialmente responsáveis e induzir as empresas a adotar as melhores práticas de sustentabilidade empresarial.

A nova carteira do ISE[44] reúne 33 ações de 30 companhias. Além disso, representa 12 setores e soma R$ 1,28 trilhão em valor de mercado. Esse montante equivale a 41,47% do total do valor das companhias com ações negociadas na B3, com base no fechamento de 21 de novembro de 2017.

Compõem o índice até 40 empresas entre as emissoras das 200 ações mais líquidas. A representatividade do ISE para o mercado pode ser medida por fatores que indicam que empresas de sua carteira têm valor de mercado de 10% a 19% maior do que as do grupo de controle correspondente. Outro aspecto positivo que demonstra o valor do ISE é que nos dias próximos ao anúncio da carteira, as ações das empresas participantes apresentam retorno acumulado anormal de 1,9% em relação às empresas do mesmo setor. Resultados de estudos divulgados pela B3 indicam que bom desempenho socioambiental influencia positivamente o desempenho financeiro (retorno sobre patrimônio e retorno sobre ativos) e vice-versa. O fato de uma empresa estar no ISE é critério para alocação de 5% do total de ativos sob gestão dos principais fundos de pensão do Brasil. Depoimentos de investidores indicam que, quando a empresa está no ISE, pula-se uma etapa na avaliação e que elas são vistas "com outros olhos".

Desde seu lançamento, o ISE apresenta retornos superiores ao Ibovespa, que é o índice de referência do mercado, apresentando *rentabilidade* de +185,01% contra +113,72% do Ibovespa (considerando como base o fechamento de informações em 21/11/2017). Os resultados alcançados pelo ISE por meio da rentabilidade das ações das empresas que o compõem demonstram que os investidores estão cada vez mais atentos ao comprometimento das empresas com a sustentabilidade empresarial.

2.7 COMO MENSURAR O DESEMPENHO FINANCEIRO E O VALOR DE UMA EMPRESA

Existem diversos indicadores, métodos ou modelos que permitem apurar o desempenho econômico-financeiro e, consequentemente, o valor de uma empresa. Os índices econômico-financeiros são as medidas mais comumente usadas para tal. Outras medidas são os *modelos de avaliação do mercado*, que têm grande aceitação na área financeira.

Os índices econômico-financeiros são divididos em grupos de análise conforme o aspecto de desempenho a ser analisado. A divisão segue um padrão já tradicional na

44 Anunciada em 23 de novembro de 2017, ficará em vigência entre 2 de janeiro de 2018 e 4 de janeiro de 2019.

literatura especializada, fazendo-se uma classificação em quatro grupos: *liquidez e atividade; endividamento e estrutura; rentabilidade;* e *análise de ações.*

Em consonância com os objetivos propostos neste artigo, discorrer-se-á apenas sobre os índices de rentabilidade e os indicadores de análise de ações. *Os indicadores de rentabilidade* refletem relações que permitem avaliar o desempenho da empresa, relacionado ao lucro gerado pela atividade empresarial decorrente dos investimentos realizados.

Segundo Brigham e Houston, "os índices de rentabilidade mostram os efeitos combinados da liquidez, da gestão de ativos e do endividamento sobre os resultados operacionais".[45] Em síntese, pode-se dizer que, analisando a rentabilidade, tem-se a medida exata do desempenho econômico-financeiro. Os indicadores de rentabilidade utilizados na avaliação de empresas estão descritos a seguir.

- **Retorno sobre o Ativo – RSA (Return on Assets – ROA):** é a relação entre o lucro gerado pelos ativos (lucro operacional) e o ativo total. Demonstra o retorno proporcionado pelas aplicações realizadas pela empresa em seus ativos.
- **Retorno sobre o Investimento – RSI (Return on Investments – ROI):** é a relação entre o lucro gerado pelos ativos (lucro operacional) e o investimento médio. O RSI é uma alternativa ao uso do RSA. O investimento equivale aos recursos deliberadamente levantados pela empresa e aplicados em seus negócios. É, aqui, definido como o resultado da soma do passivo oneroso com o patrimônio líquido. Por passivo oneroso entende-se os empréstimos e os financiamentos.
- **Retorno sobre o Patrimônio Líquido – RSPL (Return on Equity – ROE):** indica o retorno (lucro) dos proprietários em função dos recursos por eles investidos na empresa. É obtido pela relação entre o lucro líquido (após o imposto de renda) e o patrimônio líquido médio.
- **Rentabilidade das Vendas – RSV (Return on Sales – ROS):** mede a eficiência de uma empresa em produzir lucro por meio de suas vendas. Há duas maneiras de apuração: a margem operacional – resultado do lucro operacional pelas vendas líquidas – e a margem líquida – resultado do lucro líquido pelas vendas líquidas.

Os indicadores de análise de ações objetivam avaliar os reflexos do desempenho da empresa sobre suas ações. São de grande utilidade para os analistas de mercado e acionistas como parâmetros de apoio a suas decisões de investimentos. Eles fornecem aos administradores uma indicação do que os investidores pensam do desempenho passado da empresa e de suas perspectivas futuras.

---

[45] BRIGHAM, E. F.; HOUSTON, J. F. *Fundamentos da moderna administração financeira.* Trad. Maria Imilda da Costa e Silva. Rio de Janeiro: Campus, 1999.

De forma idêntica, as cotações de mercado são frequentemente sensíveis aos resultados desses indicadores, podendo-se estabelecer inclusive tendências futuras sobre sua maximização.[46, 47]

- **Lucro por Ação – LPA:** demonstra quanto de lucro líquido (após o imposto de renda) obtido em determinado período é auferido por cada ação emitida pela empresa. Na prática, não demonstra o quanto efetivamente cada acionista vai receber de lucro, já que isto depende da política de dividendos da empresa. É obtido pela divisão do lucro líquido pelo número de ações emitidas.
- **Índice Preço/Lucro – P/L (Price/Earnings – P/E):** é calculado pela divisão do preço de aquisição da ação (preço de mercado ou valor do investimento efetuado) pelo lucro unitário anual (o LPA). É um dos quocientes mais tradicionais do processo de avaliação de ações. Teoricamente, indica o número de anos que um investimento levaria para recuperar o capital investido.
- **Índice Preço/Valor Patrimonial – P/VPA:** obtém-se este índice pela divisão do preço de mercado da ação pelo valor patrimonial dela. Indica quanto os investidores estão dispostos a pagar pela ação da empresa, se mais ou menos que seu valor patrimonial. O valor patrimonial é obtido pela divisão do patrimônio líquido pelo número de ações emitidas.

Além da utilização dos índices econômico-financeiros, na avaliação de empresas são empregados modelos amplamente utilizados pelo mercado e que incluem normalmente variáveis associadas ao risco. Esses modelos são divididos em estatísticos e econômicos, sendo empregados com a metodologia de estudos de eventos. No estudo de eventos, busca-se identificar os efeitos de eventos específicos sobre os preços/retornos das ações. A base do modelo é a determinação dos retornos normais e dos anormais. O retorno normal dos títulos é definido como o retorno esperado caso o evento não tivesse acontecido.[48]

---

46 BRIGHAM; HOUSTON, 1999.

47 ASSAF NETO, A. *Finanças corporativas e valor.* São Paulo: Atlas, 2003.

48 Pesquisas dos seguintes autores apresentam revisões bem completas do uso da metodologia de estudos de eventos: BROWN, S. J.; WARNER, J. B. Using daily stock returns: the case of events studies. *Journal of Financial Economics*, v. 14, n. 1, p. 3-31, mar. 1985; CAMPBELL, J. Y.; LO, A. W.; MACKINLAY, A. C. *The econometrics of financial markets.* Princeton: Princeton University Press, 1997; BARBER, B. M.; LYON, J. D. Detecting long-run abnormal stock returns: the empirical power and specification of test statistics. *Journal of Financial Economics*, v. 43, p. 341-372, 1997; EDELSBERG, L. E.; NESS JR, W. L. O impacto de privatização sobre os preços das ações no mercado de capitais brasileiro. In: I Encontro Brasileiro de Finanças, 2001, São Paulo. *Anais...* Sociedade Brasileira de Finanças (SBFin), 2001. Disponível em: <http://www.sbfin.org.br/pt/evento/i-encontro-brasileiro-de-financas-2001>. Acesso em: 29 jul. 2018. LIMA, D. A. R.; JORGE NETO, P. M. Privatização do setor petroquímico no Nordeste: um estudo de eventos sobre geração de valor. *Revista Econômica do Nordeste*, Fortaleza, v. 33, n. 4, out.-dez. 2002. Disponível em: <http://www.bnb.gov.br/projwebren/Exec/artigoRenPDF.aspx?cd_artigo_ren=291>. Acesso em: 29 jul. 2018. SOARES, R. O.; ROSTAGNO, L. M.; SOARES, K. T. C. Estudo de evento: o método e as formas de cálculo do retorno anormal. In: ENANPAD, ANPAD, 26, 2002, Salvador. *Anais...* Salvador, 2002. CD-ROM.; NOVIS NETO, J. A.; SAITO, R. Dividendos e

Segundo Lima e Jorge Neto,[49] a metodologia de estudos de eventos tem aplicabilidade geral e tem sido amplamente utilizada. Para esses autores e outros, como Soares, Rostagno e Soares,[50] é um método que consiste, basicamente, na verificação de influência de eventos específicos na *performance* das empresas por meio da investigação de tais eventos nos valores de mercado de seus títulos. Citam que é um método que vem sendo usado em diversos trabalhos científicos da área financeira, e sua utilização no Brasil tem sido vista sistematicamente em periódicos e congressos. Na aplicação do método, têm sido considerados dados (cotações) diários para o cálculo dos retornos das ações.

O procedimento básico é o seguinte: calcula-se o retorno esperado dos títulos (retornos normais), cujo cálculo se baseia nos valores passados, ou seja, nos valores incluídos na janela de estimação. Estima-se, então, o retorno esperado no período referente à janela do evento e, por fim, compara-se os valores reais dos títulos no mercado com os valores esperados e testa-se a significância dos resultados. Ocorrendo diferenças significativas entre os valores comparados, pode-se apontar o evento como uma provável causa de tais diferenças. Os modelos utilizados são descritos a seguir.

- **Retornos ajustados à média:** é um modelo estatístico no qual os retornos anormais são estimados por meio da diferença entre os retornos observados e a média dos retornos correspondentes a eles no mesmo período. Utiliza-se a seguinte fórmula:

  $$RA_{it} = R_{it} - R_i \text{ , onde:}$$

  RA_{it} = retorno anormal da ação **i** no período **t**;

  R_{it} = taxa de retorno observada para o ativo **i** no período **t**;

  R_i = média simples dos retornos da ação **i** para um período passado.

- **Retornos ajustados ao mercado:** modelo estatístico no qual os retornos anormais são obtidos pela diferença entre o retorno da ação e o retorno do portfólio de mercado no mesmo período.

  $$RA_{it} = R_{it} - R_{mt} \text{ , onde:}$$

  RA_{it} = retorno anormal da ação **i** no período **t**;

  R_{it} = retorno observado da ação **i** no período **t**;

  R_{mt} = retorno observado do portfólio de mercado no período **t**.

---

persistências de retornos anormais das ações: evidência do mercado brasileiro. In: ENANPAD, ANPAD, 26, 2002, Salvador. *Anais*... Salvador, 2002, CD-ROM. CARVALHO, A. G. *Efeitos da migração para os níveis de governança da Bovespa*. Trabalho preparado para a Bovespa. Disponível em: <http://www.economia.puc-rio.br/pdf/seminario/2003/MIGRACAO.pdf>. Acesso em: 29 jul. 2018; ALBERTON, 2003.

49 LIMA; JORGE NETO, 2002.

50 SOARES; ROSTAGNO; SOARES, 2002.

- **Retornos ajustados ao risco e ao mercado:** é outro modelo estatístico no qual se assume que os retornos anormais das ações são observados pela divergência dos retornos individuais efetivamente ocorridos em relação ao retorno do portfólio de mercado calculado usando-se um modelo de fator simples.

$$RA_{i,t} = R_{i,t} - \alpha_i - \beta_i R_{Mt}, \text{ onde:}$$

$RA_{i,t}$ = retorno anormal da ação **i** no período **t**;

$R_{i,t}$ = taxa de retorno observada para o ativo **i** no período **t**;

R_{Mt} = taxa de retorno esperada do portfólio de mercado no período **t**;

α_i e β_i = coeficientes estimados para o período pelo método dos mínimos quadrados ordinários (Ordinary Least Squares – OLS), ou seja, parâmetros da regressão linear que envolvem os retornos da ação e os retornos do mercado.

- **Modelo de Precificação de Ativos de Capital (Capital Asset Pricing Model – CAPM):** modelo econômico que pressupõe que a taxa de retorno de todos os ativos de risco é função de sua covariância com o portfólio de mercado (beta), sendo este o único fator medidor do risco. Pelo CAPM, a taxa de retorno exigida de qualquer ação é igual à taxa de retorno livre de risco mais um prêmio de risco que corresponde ao risco remanescente após a diversificação, medido pelo coeficiente beta. O retorno de um dado título medido pelo CAPM é dado pela fórmula:

$$K_j = R_f + [b_j \times (K_m - R_f)], \text{ onde:}$$

K_j = retorno exigido sobre o ativo **j**;

R_f = taxa de retorno livre de risco;

b_j = coeficiente beta ou índice de risco não diversificável para o ativo **j**;

K_m = retorno de mercado.

O retorno anormal, definido pelo CAPM, é calculado pela seguinte fórmula:

$$RA_{i,t} = K_j - R_f + [b_j \times (K_m - R_f)], \text{ onde:}$$

$RA_{i,t}$ = retorno anormal da ação **i** no período **t**.

- **Arbitrage Price Theory (APT):** este modelo econômico tem como pressuposto básico a impossibilidade de duas carteiras livres de risco apresentarem retornos esperados diferentes. Caso contrário, a diferença será prontamente eliminada pelo processo de arbitragem.

$$RA_{i,t} = R_{i,t} - (R(E)i + \beta_{1,i} I_{1,t} + \ldots.. + \beta_{n,1} I_{n,t} + \varepsilon_{1,t}), \text{ onde:}$$

$RA_{i,t}$ = retorno anormal da ação **i** no período **t**;

$R_{i,t}$ = taxa de retorno observada para o ativo **i** no período **t**;

$R(E)_i$ = taxa de retorno esperada para a ação **i**, condicionada ao fato de que todos os índices (fatores) têm valor zero (sem impacto na ação) durante o período;

$\beta_{n,1}$ = beta da ação **i** relativo a cada índice **n** utilizado no modelo, podendo ser positivo ou negativo, de fator para fator e de ação para ação;

$I_{n,t}$ = índices ou fatores que afetam a taxa de retorno da ação.

2.8 COMO MENSURAR O DESEMPENHO SOCIAL DE UMA EMPRESA

Em diversas pesquisas que têm sido realizadas buscando-se estabelecer uma relação entre o desempenho financeiro e o social, tem-se utilizado, segundo Alberton,[51] medidas variadas para medir o desempenho social. Obtidas das mais diversas fontes, essas medidas vão desde a utilização de questionários próprios e jornais até bases de órgãos governamentais e outras instituições. O desempenho social de uma empresa, segundo a autora, é associado aos esforços que as empresas realizam para não afetar negativamente a flora, a fauna e a vida humana, protegendo dessa forma o meio ambiente; ao treinamento e à formação continuada dos trabalhadores; às condições de higiene e segurança no trabalho; às relações profissionais e às contribuições das empresas para a comunidade. A seguir, são apresentadas essas medidas, segundo revisão realizada por esse autor.

- **Índices do Council on Economic Priorities (CEP):** foram os primeiros índices de reputação (avaliação) criados, no final dos anos 1960 e início da década de 1970, com base em um *ranking* da *performance* do controle da poluição de 24 empresas do setor de papel e celulose.
- **Índices do Toxic Release Inventory (TRI):** representam uma forma inovadora do EPA de usar informações como uma ferramenta regulatória para o controle da poluição.
- **Índice KLD:** foi desenvolvido pela Kinder, Lydenberg, Domini & Co., Inc. e representa a relação da empresa com empregados, consumidores, meio ambiente, comunidade e sociedade como um todo. É composto de oito dimensões: responsabilidade sobre produtos, relações com a comunidade, proteção ambiental, questões das mulheres e minorias, relações com empregados, envolvimento

---

51 ALBERTON, 2003.

com a força nuclear, geração corporativa de receitas com a produção de armas e envolvimento com a África do Sul.

- **Fortune Reputation Survey:** são indicadores de responsabilidade social levantados anualmente pela revista *Fortune*, com a participação de executivos, diretores e analistas financeiros das dez maiores companhias de cada setor, que pontuam oito atributos de reputação usando uma escala de zero (pior) a dez (melhor).
- **Índice de Moskovitz:** índice de reputação que classifica e lista as empresas de acordo com sua *performance* social.
- **Avaliações da Franklin Research and Development Corporation (FRDC):** a pontuação da FRDC é baseada em vários critérios, tais como índices de conformidade, despesas e outras iniciativas para reduzir desperdícios e dar suporte à proteção ambiental.

2.9 RESULTADOS DE ALGUNS ESTUDOS QUE ABORDAM A RELAÇÃO ENTRE O DESEMPENHO FINANCEIRO E O DESEMPENHO SOCIAL

Ativos mais velhos, mais problemas ambientais.[52]

Pesquisando empresas de diferentes setores industriais dos Estados Unidos, Cochran e Wood utilizaram como indicadores de medida de desempenho social um índice combinado da lista de Moskovitz e, como indicadores de medida de desempenho financeiro, o ROA, o ROS e o valor de mercado.

O objetivo da pesquisa foi mostrar se o desempenho social das empresas é significativamente correlacionado ao desempenho financeiro em diferentes setores industriais. Se a relação fosse comprovada, seria possível, a partir daí, estudar os fatores que a causaram. Os resultados encontrados mostraram que existe uma correlação positiva entre os desempenhos social e financeiro. De tais resultados, é importante citar que, quando se utilizou a variável *idade dos ativos*, verificou-se que empresas com ativos mais velhos têm taxas de responsabilidade social corporativa mais baixas. Uma explicação dos autores é que empresas mais antigas foram construídas em épocas de uma regulamentação ambiental menos severa. Por exemplo, uma empresa construída por volta dos anos 1960 em geral é muito mais poluidora que uma construída em tempos mais recentes.

---

[52] COCHRAN, P. L.; WOOD, R. A. Corporate social responsability and financial performance. *Academy of Management Journal*, v. 27, n. 1, p. 42-56, mar. 1984.

2.9.1 Correlação positiva na indústria química[53]

Nessa pesquisa, foram utilizados dados de sete grandes empresas químicas norte-americanas. O desempenho financeiro foi avaliado pelos indicadores ROA, ROE, ROS, ativo total e idade dos ativos. Para avaliar o desempenho social, utilizaram-se os indicadores do TRI, do KLD, da revista *Fortune* e informações da filantropia corporativa.

Como resultado, os autores mostraram que pode ou não haver correlação entre o desempenho financeiro e o social. Destacam também divergências nos resultados com a utilização de diferentes medidas de desempenho social. Segundo eles, é difícil que empresas com baixo desempenho social tenham alto desempenho financeiro, o que indica haver correlação positiva entre o desempenho social e o desempenho financeiro. Entretanto, os autores também identificaram a ocorrência de casos com relação negativa, ou seja, alto desempenho social com baixo desempenho financeiro.

2.9.2 Desempenho financeiro e indicadores de RSC[54]

Baseados nas avaliações dos indicadores de responsabilidade social da pesquisa anual da revista *Fortune*, os autores estudaram dados de algumas empresas norte-americanas. Para avaliar o desempenho financeiro, utilizaram os indicadores ROA, crescimento de vendas, crescimento dos ativos, retorno ajustado ao risco e retorno total. Usaram, também, para mensurar o risco de mercado o *b* (beta) e o desvio-padrão dos retornos.

O objetivo foi estudar a relação entre os desempenhos social e financeiro antes e depois da verificação da existência de indicativos de responsabilidade social. As conclusões da pesquisa mostram que o desempenho financeiro influencia a responsabilidade social, mas a responsabilidade social não influencia o desempenho financeiro. O risco é negativamente associado com a responsabilidade social corporativa. Outra conclusão dos autores é que a utilização de indicadores contábeis foi melhor para avaliar o comportamento em responsabilidade social que a utilização dos indicadores de mercado.

2.9.3 *Performance* social e *performance* financeira: uma relação sinergética[55]

Os autores analisaram a relação entre indicadores de *performance* social e financeira de empresas. Como indicadores do desempenho social foram utilizados os seguintes indicadores da revista *Fortune*: responsabilidade ambiental e com a comunidade; habilidade

---

[53] GRIFFIN, J. J.; MAHON, J. F. The corporate social performance and corporate financial performance debate. *Business & Society*, v. 36 n. 1, p. 5-31, mar. 1997.

[54] MCGUIRE, J. B.; SUNDGREN, A.; SCHNEEWEIS, T. Corporate social responsability and firm financial performance. *Academy of Management Journal*, v. 31, n. 4. p. 854-872, dez. 1984.

[55] PRESTON, L. E.; O'BANNON, D. P. The corporate social-financial performance relationship. *Business & Society*, v. 36, n. 36, p. 419-429, dez. 1997.

para selecionar e manter bons empregados; qualidade dos produtos e serviços. Essas três dimensões foram levantadas para refletir o interesse de três importantes grupos de *stakeholders*: os empregados, os clientes e a comunidade. Para evidenciar o aspecto financeiro foram utilizados os indicadores financeiros ROA, ROE e ROI. A pesquisa foi realizada com dados de 67 corporações dos Estados Unidos, abrangendo o período de 1982 a 1992.

Foi estabelecida como questão a ser investigada: Que relação entre *performance* financeira e social é mais frequentemente observada e como pode essa relação ser mais bem explicada?

Foram levantadas também questões empíricas que podem afetar ou ajudam a explicar a relação:

- A *performance* social e a financeira são positiva ou negativamente associadas, ou não existe essa associação?
- A *performance* social influencia a *performance* financeira?
- A *performance* financeira influencia a *performance* social?
- Há uma relação sinergética entre elas?

Para analisar a correlação entre a *performance* financeira e a social, foram estabelecidos três eixos temporais:

- contemporâneo: com ambas as dimensões situadas no mesmo período;
- com a dimensão financeira antecipada;
- com a dimensão financeira defasada em relação à social.

Os resultados levantados indicaram que há uma forte e positiva relação entre a *performance* social e a financeira nas grandes corporações dos Estados Unidos, e o resultado é amplamente consistente com a teoria dos *stakeholders*. Os autores concluíram que tanto o desempenho financeiro influencia o desempenho social como o contrário, além de existir uma relação sinergética entre eles.

2.9.4 25 anos de pesquisa: retratos divergentes[56]

O objetivo dos autores foi analisar estudos publicados ao longo de 25 anos. Eles apresentam um retrato da relação entre o desempenho social e o financeiro da corporação diferente do mostrado por Griffin e Mahon.[57] No trabalho destes últimos estudiosos, foram analisadas 62 pesquisas. Delas, 33 haviam constatado uma relação positiva entre

---

[56] ROMAN, R. M.; HAYIBOR, S.; AGLE, B. R. The relationship between social and financial performance: repainting a portrait. *Business & Society*, v. 38, n. 1, p. 109-125, 1999.

[57] GRIFFIN; MAHON, 1997.

desempenho social e desempenho financeiro; 20, uma relação negativa; e em nove não haviam encontrado qualquer relação ou haviam tido resultados inconclusivos.

Já no trabalho de Roman, Hayibor e Agle[58] foram analisadas 52 pesquisas. O resultado encontrado mostra 33 estudos que sugerem uma relação positiva entre desempenho social e desempenho financeiro, 14 estudos que não acharam qualquer efeito ou eram inconclusivos e cinco estudos que detectaram uma relação negativa.

Na percepção dos autores, se a relação entre o desempenho financeiro e o social, em geral, pode ser positiva, ela é consistente com os resultados das pesquisas mais recentes. Segundo eles, os resultados encontrados causam sensação de satisfação naqueles que esperam um impacto positivo ou neutro do desempenho social no desempenho financeiro. Da mesma forma, um bom desempenho social não conduz a um desempenho financeiro ruim. Na conclusão dos autores, a maioria dos estudos revisados indica uma correlação positiva entre desempenho financeiro e social.

2.9.5 Mudanças no desempenho social e seu efeito no desempenho financeiro[59]

Utilizando, para a avaliação social, questionários e as dimensões previstas na base de dados do KLD e, para a financeira, os indicadores financeiros ROE, ROS e crescimento nas vendas, a pesquisa foi realizada com base em dados de empresas norte-americanas, buscando responder se as empresas conseguem se beneficiar financeiramente de melhoria no desempenho social. Os autores basearam seus estudos na teoria dos *stakeholders*.

Para eles, as empresas que melhoram seu desempenho social podem ter um desempenho superior ao de seus competidores com respeito a certas medidas de desempenho financeiro. Segundo os resultados, as mudanças no desempenho social da empresa foram positivamente associadas ao crescimento e retorno sobre vendas, considerando-se para isso uma análise de curto prazo. Quando se verifica melhora na rentabilidade, não há impacto imediato na melhoria do desempenho social corporativo; porém, sugere-se que retornos podem ser observados a longo prazo. Da mesma forma, não ficou claro o impacto na rentabilidade proveniente da melhoria do desempenho social.

---

58 ROMAN; HAYIBOR; AGLE, 1999.

59 RUF, B. M.; et al. An empirical investigation of the relationship between change in corporate social performance and financial performance: a stakeholder theory perspective. *Journal of Ethics*, p. 143-156, 2001.

2.9.6 Empresas social e ambientalmente engajadas e o valor de mercado[60]

O objetivo do trabalho foi verificar, em empresas listadas na Bovespa, se o mercado brasileiro reage a notícias e informações que revelam a responsabilidade ambiental e a social (ou a falta delas) referentes a essas empresas, identificando quais questões são tidas como de maior valor agregado (ou destruidoras de valor) para os investidores, utilizando o método de estudo de evento. Procurou verificar as possíveis correlações entre eventos de governança, gestão ambiental e social, programas sociais e greve com o valor de mercado das ações na Bovespa. Não foi possível verificar correlações para os eventos de "corrupção" e "invasão e protesto", por falta de casos sobre esses temas. Para calcular o retorno normal foi utilizado o modelo econômico do CAPM. Para avaliar a robustez dos resultados foram utilizadas duas *proxies* de índices de bolsa, ambas divulgadas pela Bovespa: Ibovespa e IBX-100. Para a taxa livre de risco utilizou-se o retorno do Certificado de Depósito Interbancário (CDI).

Para selecionar os eventos de responsabilidade social e ambiental foram cruzados sete critérios do relatório da SustainAbility e Unep, com assuntos que podem gerar notícias ou informações relevantes. Para cada critério foram escolhidos eventos que tendiam a gerar repercussão na mídia (positiva e/ou negativa).

Os resultados confirmaram a hipótese alternativa em pelo menos duas janelas para cada tipo de evento. No entanto, no caso da adesão aos níveis de governança e investimentos em programas sociais, os resultados são inconclusivos. Segundo os autores, o estudo mostra somente a percepção do mercado brasileiro em relação aos efeitos de ações de RSA, não demonstrando o valor agregado de ações de responsabilidade social e ambiental no lucro das companhias. Destacam que o fato de o mercado brasileiro aparentemente não valorizar investimentos em programas sociais não quer dizer que esses programas não agreguem valor à empresa; apenas demonstra que o mercado não está vendo valor neles.

2.9.7 Responsabilidade social corporativa e desempenho econômico financeiro[61]

A autora analisou uma amostra de 331 empresas brasileiras listadas na BM&Fbovespa (B3) para investigar a relação existente entre responsabilidade social corporativa e desempenho econômico-financeiro no período de 2008 a 2013. Para avaliar o desempenho econômico financeiro, utilizou as variáveis: valor de mercado, valor patrimonial da ação,

---

60 BOTELHO, T.; MORENO, R. A responsabilidade social e ambiental valoriza as empresas? *Direito, Estado e Sociedade*, n. 31, p. 199-219, jul.-dez. 2007.

61 PEROBON, M. L. *Responsabilidade social corporativa e desempenho econômico financeiro*: um estudo em empresas brasileiras. 2015. Tese (Doutorado) - UnB-UFPB-UFRN, João Pessoa, 2015.

índice preço por lucro, lucro por ação, rentabilidade do ativo, ativo total, liquidez em bolsa e retorno da ação. Para determinar a responsabilidade social corporativa foram definidas duas *proxies*. A *proxy* GRI representa que a empresa divulga Relatório Social no padrão GRI em um dos anos analisados. A *proxy* ISE indica que a empresa compõe o ISE em algum período estudado. Foram realizados testes estatísticos de regressão linear generalizada e comparação de medianas a fim de verificar a relação das variáveis de RSC com as variáveis relacionadas ao DEF.

Nos resultados, observou-se que existe relação positiva e significante entre RSC e o DEF das empresas da amostra sem estratificação por porte e setor; com estratificação por porte e setor, observou-se relação e significância e relação negativa. Salienta a autora que é relevante que a análise dos dados e suas conclusões possam ser descritas considerando-se o contexto de que o mercado de capitais brasileiro não é representativo da sua economia. Assim, os resultados encontrados não podem ser generalizados – convêm apenas para as empresas analisadas no período proposto. Ela sugere a criação de um indicador de desempenho social corporativo, aceito como tal pela comunidade acadêmica e pelo mercado, de forma que abranja e represente mais consistentemente as múltiplas dimensões de relacionamento entre a empresa e seus *stakeholders*.

2.9.8 Responsabilidade social, desempenho econômico financeiro e o Dow Jones Sustainability Index[62]

O estudo teve como objetivo analisar a relação dos indicadores sociais com o desempenho econômico-financeiro das empresas brasileiras listadas no Dow Jones Sustainability Index. Foram analisados dados anuais de cinco organizações brasileiras, de 2009 a 2013. Para a apreciação dos dados foram realizadas análises descritivas, testes de Chow, LM de Breusch-Pagan, Hausmane regressão de Dados em Painel por meio do *software* estatístico Stata.

As variáveis independentes utilizadas para a análise da pesquisa foram o ROA. ROE, lucro líquido e Ebtida. Como variáveis dependentes utilizou-se o Índice Social Interno, Índice Social externo e o Índice Ambiental. Foram realizados os testes estatísticos de Chow, LM de Breusch-Pagan e Hausman para atender aos pressupostos da regressão de Dados em Painel, que são os testes que definem se deve ser utilizado o método POLS, os efeitos fixos ou os efeitos aleatórios.

Os resultados apontam que o investimento social interno impacta de forma negativa no desempenho econômico-financeiro das empresas pertencentes ao Dow Jones Sustainability Index. Contudo, apenas para a variável ROA demonstrou-se significativo.

---

62 VERGINI, D. P. et al. Impacto da responsabilidade social no desempenho econômico financeiro das empresas brasileiras componentes do Dow Jones Sustainability Index. *Revista Eletrônica em Gestão, Educação e Tecnologia Ambiental*, Santa Maria, v. 19, n. 2, p. 879-898, maio-ago. 2015.

Assim, sugerem os autores que empresas com altos investimentos em colaboradores podem ter uma baixa eficiência em gerar lucros a partir de seus ativos. Quanto ao investimento social externo, verifica-se que empresas preocupadas com tal índice, que diz respeito a projetos comunitários, investimentos em cultura, eventos esportivos e tributos inerentes, apresentam maior receita líquida, além de conseguirem gerar mais caixa.

Já para os investimentos em meio ambiente, a relação foi significativa apenas com a ROA. Dessa forma, verifica-se que organizações que investem mais em projetos relacionados à operação da empresa e, externamente, à questão ambiental, demonstram uma maior rentabilidade de seus ativos totais. Por fim, nenhuma das variáveis socioambientais demonstrou-se significativa para a rentabilidade do patrimônio líquido e para o lucro líquido.

2.9.9 Responsabilidade social, desempenho econômico-financeiro e índice de sustentabilidade empresarial[63]

O estudo teve como objetivo analisar a relação entre a responsabilidade social e o desempenho econômico-financeiro das empresas listadas no ISE. Foram analisados os dados de 23 empresas, os quais corresponderam aos indicadores econômico-financeiros (ROE, Tamanho, Fluxo de Caixa, Liquidez Geral e LPA), benefícios sociais internos (valor concedido à alimentação, aos encargos sociais, à previdência privada, à saúde, à segurança, à capacitação profissional, ao transporte, à cultura, ao auxílio-creche e a participação nos lucros) e a benefícios sociais externos (valor concedido à cultura, à saúde e ao saneamento, ao esporte e ao combate à fome). O período de análise correspondeu a cinco anos, de 2008 a 2012. Para a análise dos dados, utilizou-se a regressão canônica por meio do *software* Statgraphics.

Os resultados mostraram que o desempenho econômico-financeiro influencia tanto os benefícios sociais internos quanto os externos. Concluíram os autores que, quanto maior for o desempenho econômico-financeiro das empresas, maiores serão os investimentos destinados ao público interno das organizações e, em seguida, investidos em benefícios sociais externos, destinados à sociedade.

---

63 PLETSCH, C. S.; SILVA, A.; HEIN, N. Responsabilidade social e desempenho econômico-financeiro das empresas listadas no índice de sustentabilidade empresarial (ISE). *Revista de Gestão Social e Ambiental (RGSA)*, São Paulo, v. 9, n. 2, p. 53-69, maio-ago. 2015.

2.10 ÉTICA EMPRESARIAL, REGULAÇÃO E DESEMPENHO FINANCEIRO E SOCIAL: UM CONSENSO AINDA A SER ALCANÇADO

Conceituar o que é uma empresa socialmente responsável, definindo assim a postura das organizações perante o que deve ser um comportamento socialmente correto, ainda vai levar algum tempo. Chegar a um consenso parece um pouco difícil, pois as correntes antagônicas dispõem de argumentos e posições dos quais parecem não abrir mão. A bola, como se diz, está nas mãos das empresas e de seus administradores. Falar em responsabilidade social nos dias atuais é comum, visto que o termo aparece na comunicação oficial e na publicidade das empresas, em discursos inflamados de políticos e em programas de governo. Com relação às empresas, há uma grande preocupação em associar a imagem da organização com práticas sociais, com o "ser socialmente correto". Deve haver, porém, uma preocupação em separar e analisar os que realmente se preocupam com o social e aqueles que apenas estão "pegando carona na onda". O comprometimento de uma empresa com o social deve ser fruto, em primeiro lugar, de seu comportamento ético. Isso envolve o comprometimento interno, com os empregados e com todos os acionistas. Se a organização não conseguir ser ética em relação aos seus próprios investidores, como poderá ser ética com relação ao mercado e à sociedade?

A empresa seriamente comprometida com o social tem colhido os frutos de suas boas práticas. A valorização dos papéis dessas empresas no mercado demonstra que a prática de ações sociais funciona como alavanca. A análise dos retornos dos fundos relacionados a investimentos socialmente responsáveis, em comparação com o rendimento dos fundos tradicionais, tem mostrado, em alguns períodos, um rendimento superior destes em relação ao daqueles. De certa forma, a própria existência dos fundos demonstra que há investidores que se preocupam e valorizam a postura social das empresas selecionadas e a elas direcionam seus investimentos.

Nas pesquisas apresentadas, cujo objetivo era relacionar desempenho financeiro e desempenho social, ficou claro que não há um padrão nos resultados, sendo alguns deles até contraditórios. Porém, é importante que se procure mostrar que essa relação de fato existe. Poderia, assim, acontecer uma reação em cadeia, na qual as empresas com desempenho financeiro superior, e consequentemente mais bem avaliadas em função dos aspectos relacionados à prática social, serviriam de modelo, na melhor forma do *benchmarking* corporativo, ocorrendo assim uma onda de comprometimento social no meio empresarial.

Pesquisas direcionadas especificamente à área ambiental, como as de Reis[64] e Alberton,[65] mostraram que é possível existir uma relação válida entre desempenho

---

[64] REIS, 2002.

[65] ALBERTON, 2003.

financeiro e gestão ambiental. Já os retornos dos fundos de investimentos socialmente responsáveis e a *performance* do Índice de Governança Corporativa e do Índice de Sustentabilidade Empresarial indicam que o movimento pela responsabilidade social das empresas não é um modismo. Os investidores institucionais já estão levando em conta o posicionamento das empresas com relação ao comprometimento ambiental, social e de boa governança, apesar de esta não ser ainda uma prática dominante dos analistas financeiros, tanto no Brasil quanto no exterior. Corroboram esse raciocínio os critérios que começam a ser adotados no contexto brasileiro pelos analistas do mercado de capitais e a posição dos fundos de pensão e dos bancos de investimentos ao realizarem e recomendarem investimentos.

De todo o movimento em torno da RSC, a nota que desafina é o surgimento da ideia de regular a iniciativa via dispositivo legal. Estabelecer um modelo a ser seguido que tenha de ser demonstrado por meio de relatórios padronizados é criar um padrão de conduta, que poderá levar muitas empresas a apenas cumprir o que a lei manda. Dessa forma, cairá por terra o espírito social da iniciativa. A capacidade de as organizações assumirem uma postura social proativa em função da sociedade dará lugar a um posicionamento de cumprir um caráter normativo. Em síntese, será feito o mínimo que a lei exija para cumprir o dever. Mas não é isso que se espera. Os diversos grupos de *stakeholders* é que deverão balizar a conduta das empresas. A sociedade como um todo, ao exigir a postura ética e a transparência, levará o universo empresarial a se comprometer com as causas sociais. Aquelas empresas sérias e realmente comprometidas serão diferenciadas e, sem dúvida, mais valorizadas.

CAPÍTULO 3

RESPONSABILIDADE SOCIAL CORPORATIVA EM UM CONTEXTO DE GLOBALIZAÇÃO E DESIGUALDADE: LIMITES E POSSIBILIDADES

Selma Alves Dios

3.1 APRESENTAÇÃO

Neste capítulo, buscamos compreender os mecanismos que, desde o plano internacional, afetam as condições socioeconômicas das populações e intensificam a desigualdade no mundo. Desigualdade e pobreza são frequentemente identificadas como uma questão de interesse exclusivo dos governos. No entanto, são também uma responsabilidade das empresas, particularmente das multinacionais, porque elas definem uma parte relevante das condições em que as economias nacionais se desenvolvem e praticamente as determinam no contexto internacional. A globalização impactou negativamente as condições socioeconômicas dos países, e as grandes multinacionais estão implicadas nisso, pois são as propulsoras e as principais beneficiárias desse processo. O objetivo de maximizar a criação de valor para o acionista e as estratégias adotadas para esse fim, com altas remunerações para os executivos e os acionistas em detrimento dos demais agentes que participam da geração de riqueza da empresa, acirram ainda mais a desigualdade.

Esse cenário contrasta com o fato de que as organizações globais, de forma geral, se declaram comprometidas com a responsabilidade social e com as inúmeras iniciativas e documentos, em âmbito supranacional para promover a responsabilidade social corporativa, particularmente com relação às empresas multinacionais. Isso nos leva questionar por que tantos esforços e recursos dedicados à promoção da Responsabilidade Social Corporativa (RSC) não só não conseguiram eliminar os problemas causados pelas grandes corporações como estes estão cada vez mais intensos. Quais são as características predominantes na orientação da RSC que podem ser determinantes do cenário atual, de problemas respectivos à atuação das empresas? Quais são as formas de controle da atuação das grandes empresas do mundo para garantir o cumprimento dos compromissos de RSC? De que forma está contemplado o trato da desigualdade global? Assim, buscamos compreender também de que forma as diretrizes de responsabilidade contribuem para a conformação desse quadro.

3.2 PROCESSO DE GLOBALIZAÇÃO E ACIRRAMENTO DA DESIGUALDADE GLOBAL: BREVE PANORAMA DA DESIGUALDADE NO MUNDO

A desigualdade global é o "somatório" das desigualdades que se observam entre as pessoas de todos os países do mundo, um conceito que conjuga o caráter geográfico e político do processo de globalização. Um estudo da Universidade das Nações Unidas publicado em 2008 mostrou que a riqueza global está altamente concentrada e ainda com tendência a continuar se agravando.[1] Em 2014, de toda a riqueza produzida no mundo, 48% se concentravam em mãos de 1% da população adulta, sendo que dos 52% restantes, praticamente a totalidade está em mãos dos 20% mais ricos e, se essa tendência continuar, em 2020 espera-se um nível ainda mais drástico de concentração, segundo dados do Credit Suisse.[2] O Fórum Econômico Mundial identificou o aumento da desigualdade econômica como uma grande ameaça à estabilidade social, e lideranças mundiais têm se comprometido a alcançar um objetivo global de reduzir a desigualdade.[3] Em janeiro de 2017, porém, novas estimativas indicaram que o fosso entre os ricos e o restante da sociedade aumentou.[4]

---

1 MILANOVIC, B. Global income inequality in numbers: in history and now. *Global Policy*, v. 4, p. 198-208, maio 2013.

2 OXFAM. Riqueza: tenerlo todo y querer más. *Informe Temático de Oxfam*, jan. 2015. Disponível em: <http://www.oxfam.org>. Acesso em: 29 jul. 2018.

3 WORLD ECONOMIC FORUM. *Global risks 2012*. 7. ed. Genebra: World Economic Forum, 2012. Disponível em: <http://www3.weforum.org/docs/WEF_GlobalRisks_Report_2012.pdf>. Acesso em: 29 jul. 2018.

4 OXFAM. *Uma economia para os 99%*. Chegou a hora de promovermos uma economia humana que beneficie todas as pessoas, não apenas algumas, jan. 2017. Disponível em: <http://www.oxfam.org.br/sites/default/files/economia_para_99-relatorio_completo.pdf>. Acesso em: 29 jul. 2018.

Quadro 3.1 Dados da situação de desigualdade no mundo

1	Desde 2015, o 1% mais rico detinha mais riqueza que o resto do planeta.
2	Atualmente, oito homens detêm a mesma riqueza que a metade mais pobre do mundo.
3	Ao longo dos próximos 20 anos, 500 pessoas passarão mais de US$ 2,1 trilhões para seus herdeiros - uma soma mais alta que o PIB da Índia, um país que tem 1,2 bilhão de habitantes.
4	A renda dos 10% mais pobres aumentou cerca de US$ 65 entre 1988 e 2011, enquanto a dos 1% mais ricos aumentou cerca de US$ 11.800, ou seja, 182 vezes mais.
5	Um diretor executivo de qualquer empresa do índice FTSE-100 ganha o mesmo em um ano que 10.000 pessoas que trabalham em fábricas de vestuário em Bangladesh.
6	Nos Estados Unidos, uma pesquisa recente realizada pelo economista Thomas Pickety revela que, nos últimos 30 anos, a renda dos 50% mais pobres permaneceu inalterada, enquanto a do 1% mais rico aumentou 300%.
7	No Vietnã, o homem mais rico do país ganha mais em um dia do que a pessoa mais pobre ganha em dez anos.

Fonte: OXFAM, 2017.

A maior parte do grupo de elite do mundo, 64,3% dos indivíduos mais ricos, reside nos Estados Unidos, nos países da União Europeia (UE) e no Japão. O Brasil tem 0,6% dos indivíduos que pertencem ao grupo mais rico e 2,2% dos que estão entre os 10% mais pobres do mundo.[5] Isso decorre do fato de que entre os países também existem grupos mais privilegiados do que outros na obtenção da riqueza produzida no mundo. Em um extremo, entre os mais ricos, estão Estados Unidos, os países da UE e o grupo de países ricos da Ásia e do Pacífico, com maior peso do Japão, que juntos possuem 88,1% da riqueza para 26% da população mundial. Entre os mais pobres, a China, a África e, no extremo da pobreza, a Índia, que somados detêm apenas 4,5% da riqueza para o equivalente a 48,4% da população mundial. A relação entre população e riqueza oferece uma visão do panorama da desigualdade entre os países:

---

[5] DAVIES, J. (Coord.). *Personal wealth from a global perspective*: UNU-WIDER studies in development economics. Oxford: Oxford University Press, 2008.

Gráfico 3.1 Relação entre população e riqueza no mundo

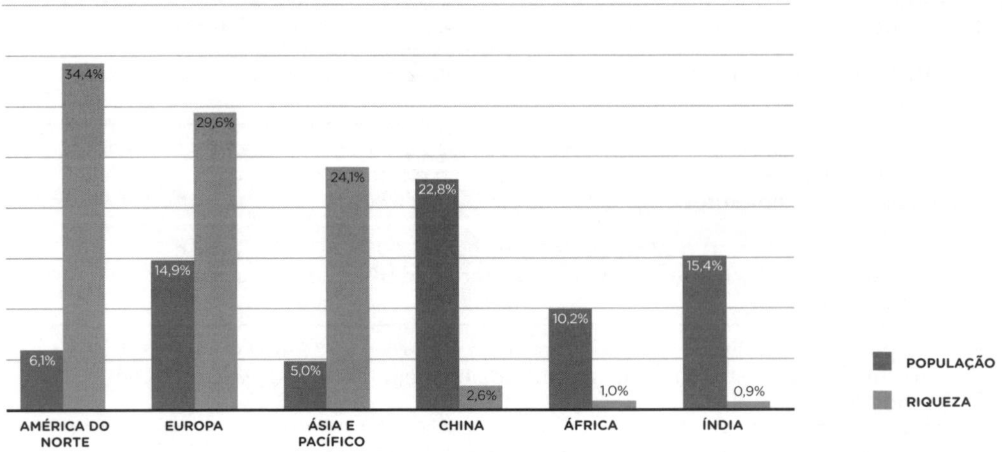

Fonte: elaborado pela autora com base em DAVIES, 2008.

Tanto no caso dos países como das pessoas, o preço da desigualdade não é apenas a quantidade de recursos que os mais ricos concentram, mas também o fato de que as decisões tomadas tendem a obedecer aos interesses dessa pequena minoria, apesar de os custos serem aplicados à sociedade como um todo. O desenho e a estrutura das nossas economias e os princípios que dão base a decisões econômicas nos levaram a essa situação extrema, insustentável e injusta.

3.2.1 Causas de desigualdade e a implicação de empresas

As disparidades de riqueza entre as pessoas resultam de uma condição inicial desigual – a chamada "desigualdade de berço" –, que se transfere de geração a geração, por herança, e se agrava pela desigualdade de renda, a diferença entre os níveis de remuneração que as pessoas recebem por seus trabalhos. A desigualdade de renda é o efeito da forma como se distribuem as rendas primárias da atividade econômica, em que determinados segmentos ou grupos de pessoas obtêm maior parte do fluxo de renda gerada em detrimento de outros. Entre os países, a desigualdade resulta de condições desiguais de capacidade de negociação e ação, que foram intensificadas no processo de globalização da economia.

Nas duas situações, as empresas têm papel fundamental, como entes responsáveis por impulsionar o desempenho econômico e social de um país, organizando os fatores de produção e os remunerando de acordo com sua participação na geração de riqueza. Com isso, influenciam diretamente o nível de renda e as condições sociais do ambiente em que operam. Assim, pela forma como conduzem suas transações, podem promover a melhoria das condições socioeconômicas da sociedade ou, ao contrário, incrementar a concentração de renda e a desigualdade social.

Quanto maior a empresa e seu âmbito de operação, mais amplo tende a ser esse efeito, como é o caso das empresas transnacionais, que operam em nível global, implementando suas estratégias e objetivos para acessar os mercados nacionais, os quais tratam como se fosse um, independentemente do contexto socioeconômico e sem identificação com os interesses locais. De fato, em todo o mundo, empresas estão implacavelmente empenhadas em reduzir seus custos com mão de obra e garantir que os trabalhadores e fornecedores da sua cadeia de abastecimento – muitos deles decorrentes de processo de terceirização – fiquem com uma fatia cada vez menor do bolo econômico.

3.2.2 O processo de globalização e as grandes beneficiárias

As grandes empresas multinacionais estão implicadas na desigualdade global, pois são as propulsoras e as principais beneficiárias do processo de globalização. Este se deu a partir da abertura dos mercados dos países menos desenvolvidos ao acesso das empresas estrangeiras, da privatização das empresas públicas ao capital estrangeiro e da desregulamentação dos mercados. E avançou de uma forma intrinsecamente relacionada com a evolução do comércio internacional, em três etapas: na primeira, desenvolveram-se os intercâmbios internacionais, sob o controle dos Estados, que desejavam evitar desequilíbrios internos; na segunda, que se iniciou depois da Segunda Guerra Mundial, aumentou a influência das empresas transnacionais, que operavam em escala mundial e adotavam decisões de maneira autônoma em relação aos Estados nacionais onde estavam implantadas. Estes, em consequência, perdem boa parte de sua soberania econômica. Na terceira fase, que se iniciou em meados dos anos 1980, as corporações financeiras provocavam o processo de desregulamentação das economias e dele se aproveitavam, consolidando a globalização no setor financeiro.[6]

A liberalização do comércio internacional, antes de tudo, garantiu aos grandes grupos corporativos dos países ricos o fácil acesso aos mercados dos países pobres, assim como a eliminação dos competidores locais, inclusive com um marco jurídico mais favorável que o aplicado às empresas locais.[7] Estados Unidos, UE e Japão são responsáveis por aproximadamente 75% da atividade econômica mundial. O Corporate Europe Observatory[8] aponta que nas rondas da Organização Mundial do Comércio (OMC), as fortes pressões dos Estados Unidos e dos países da UE fazem com que, em muitos casos, os países periféricos aceitem acordos que vão contra seus interesses. Segundo Stiglitz,[9]

---

6 NEFFA, J. C. *Los paradigmas productivos taylorista y fordista y sus crisis*: una contribución a su estudio desde la teoría de la regulación. Buenos Aires: Editorial Lumen, 1998.

7 PLIHON, D.; CHESNAIS, F. (Coord.). La economía de fondos propios: un nuevo régimen de acumulación financiera. En: ____. *Las trampas de las finanzas mundiales*. Madri: Ediciones Akal, 2003.

8 CORPORATE EUROPE OBSERVATORY. *OMC*: el gobierno de las multinacionales. Reparto de poderes en la ronda del milenio. Disponível em: <http://www.nodo50.org/maast/multinacionales.htm>. Acesso em: 29 jul. 2018.

9 STIGLITZ, J. *Como hacer que funcione la globalización*. Madri: Taurus, 2006.

tais países, quando realizam a defesa de seus interesses econômicos na OMC, garantem, em primeiro lugar, um espaço para a expansão de suas empresas transnacionais.[10]

Nesse contexto, intensificam as pressões pela privatização de grandes empresas públicas, particularmente de segmentos estratégicos, de alta lucratividade e, em geral, monopolistas, como energia elétrica, telecomunicações e mineração. Isso ampliou sobremaneira as possibilidades de inserção de grandes empresas internacionais na economia dos países menos desenvolvidos. No Brasil, em todas as privatizações, as adquirentes foram empresas multinacionais estrangeiras, com predomínio das norte-americanas e britânicas. Com isso, o setor público é fortemente afetado pela perda de investimentos públicos relevantes, com redução da receita pública oriunda da exploração desses setores de atividade e, consequentemente, da participação pública na distribuição primária de rendas. Além disso, há ocorrência de subavaliação, com o valor de aquisição das empresas públicas inferior ao valor real desses ativos e aquisição com recursos provenientes de financiamento público.

Por outro lado, por se tratar de empresas de setores estratégicos, todos os demais setores ficam sujeitos aos preços e condições estabelecidos pelas empresas privadas estrangeiras, onerando não só os custos das demais empresas como de toda a economia local. Além disso, a racionalização que os novos donos das empresas privatizadas empreendem diminui o emprego total, pois, em geral, ocorrem demissões em massa e se estabelece um ritmo intenso de produtividade, reduzindo as rendas e aumentando a tensão no mercado de trabalho. Além disso, sobre a alta rentabilidade das empresas privatizadas não há qualquer garantia de compensação para os cofres públicos, pois os lucros obtidos costumam ser repatriados ou destinados a fundos de capitais especulativos ou à inversão patrimonial (imóveis ou ativos não produtivos).[11]

Em paralelo, implementou-se uma desregulamentação cada vez mais intensa quanto ao fluxo de capitais, assim como quanto aos controles do mercado de trabalho e ambientais. A desregulamentação possibilitou ampla liberdade para as grandes empresas globais exercerem suas estratégias de produção para controle de seus mercados de matéria-prima e mão de obra em qualquer lugar do mundo, reduzindo a proteção e a intervenção do governo no comércio, nas finanças e nos mercados de trabalho.

No bojo dos benefícios, há ainda a liberdade de concentração de capital, que dota as organizações de um poder econômico e político em franco crescimento. E há um número cada vez mais reduzido de grandes corporações com uma concentração de capital que supera as capacidades e barreiras das fronteiras nacionais. Nas conexões de controle entre 37 milhões de empresas há um núcleo formado por 1318 empresas altamente interconectadas, que possuem a maioria das ações das empresas líderes no

---

[10] STIGLITZ, 2006.

[11] LÓPEZ, J. T. *Economía Política*. Madri: Pirámide, 2009.

mundo, com 95% do faturamento por vendas de todas as multinacionais. Dentre estas, há um núcleo de 147 que controlam 40% do total da riqueza da rede, sendo que a maioria são instituições financeiras dos Estados Unidos e do Reino Unido – lideradas por Barclays PLC, JP Morgan Chase & Co, Merrill Lynch & Co, The Goldman Sachs Group, Morgan Stanley, Bank of America Corporation e Lloyds TSB Group. Exercem o controle por meio da cadeia de relações acionárias, em que um acionista tem controle de uma empresa que controla outra empresa, e assim sucessivamente, baseado em um "poder potencial", ou seja, na probabilidade de impor sua própria vontade apesar da oposição dos demais.[12]

Por fim, de acordo com Zubizarreta e Ramiro,[13] as corporações transnacionais se revelaram as principais beneficiárias do processo de globalização neoliberal, que tem como contrapartida a universalização dos problemas econômicos e sociais.[14]

3.2.3 Estratégias de atuação das empresas multinacionais e os impactos socioeconômicos

Com a transferência dos processos produtivos para os países mais pobres, as empresas transnacionais buscam obter mão de obra por salários mais baixos que os praticados em seus países de origem pelo mesmo tipo de trabalho. No mesmo contexto estão associadas as condições de trabalho mais precárias – menor segurança no trabalho, jornada laboral mais extensa, ambientes insalubres etc. – e legislação de proteção laboral e de fiscalização mais débeis. Outro fator de vantagem são os recursos do meio ambiente, em geral mais abundantes nos países mais pobres, que as empresas buscam obter o máximo ao custo mais baixo possível, um claro conflito com os interesses locais de preservação ambiental e de valorização de seus recursos e de preservação ambiental. Stiglitz[15] comenta que esse conflito entre multinacionais e sociedades locais consiste no fato de que o bem-estar dos países pobres, mas ricos em recursos, depende de obter muito em troca de seus recursos. E o bem-estar das corporações ricas das nações industriais avançadas depende de que esses recursos lhes custem pouco.[16] Para isso, também precisam que a legislação e a fiscalização de proteção do meio ambiente não sejam tão rígidas. Desta forma, a própria desigualdade econômica, social e legal dos países pobres, em relação aos países mais ricos, constitui-se na principal vantagem competitiva para que as empresas decidam trasladar-se para esses locais.

---

12 VITALI, S.; GLATTFELDER, J. B.; BATTISTON, S. *The network of global corporate control. Plos*, out. 2011. Disponível em: <http://arxiv.org/abs/1107.5728>. Acesso em: 19 set. 2018.

13 ZUBIZARRETA, J. H. ¿Lex Mercatoria o Derechos Humanos? Los sistemas de control de las empresas transnacionales. In: ZUBIZARRETA, J. H.; RAMIRO, P. *El negocio de la responsabilidad.* Crítica de la responsabilidad social corporativa de las empresas transnacionales. Barcelona: Icaria, 2009.

14 ZUBIZARRETA, 2009.

15 STIGLITZ, 2006.

16 STIGLITZ, 2006.

No processo de implantação de empresas em um país em desenvolvimento, muitos costumam beneficiar-se do desejo do governo desse país de atrair investimento estrangeiro e exigem todas as garantias para seu investimento e um mínimo de responsabilização em caso de possíveis violações aos direitos humanos. Uma das formas pelas quais as empresas maximizam seus lucros é pagando o menos possível em impostos, fazendo com que os países concorram uns com os outros na oferta de incentivos e isenções fiscais e de alíquotas tributárias mais baixas, inclusive, as empresas estrangeiras chegam a pagar menos impostos que as empresas locais. Os países como um todo perdem bilhões com a concessão de benefícios e isenções fiscais. No Brasil, os governos de estados e prefeituras oferecem incentivos que incluem, invariavelmente, doação de terrenos para a instalação de fábrica; provisão de infraestrutura para a preparação da zona, incluindo a infraestrutura viária e logística; conexões ferroviárias e o desenvolvimento dos terminais portuários; isenção de impostos por períodos de dez anos; concessão de empréstimos por parte do Estado a preços muito mais baixos que o do mercado; criação de garantias financeiras e jurídicas.[17]

Há que considerar-se ainda a evasão fiscal por meio dos paraísos fiscais, aproveitando-se também da grande debilidade dos sistemas judiciais, dos altos níveis de corrupção e da pouca independência entre os poderes do Estado. Os países em desenvolvimento perdem US$ 100 bilhões por ano com a sonegação fiscal.[18] No país de origem dos investidores, onde são reduzidas suas atividades ou se fecham fábricas, costumam deixar "passivos sociais" – muitos trabalhadores desempregados, a contração da economia local e uma pegada do estresse social. Também tentam que o governo se encarregue de parte das prestações sociais devidas em consequência da violação dos contratos de trabalho rescindidos. O mesmo pode acontecer quando as transnacionais fecham ou diminuem suas atividades no país de destino.

As contrapartidas nem sempre são favoráveis e, em geral, não atendem às expectativas de desenvolvimento da economia. A volatilidade associada ao funcionamento da economia aberta exerce pressão sobre as demandas laborais e sociais e agrega instabilidade, principalmente aos empregos e às rendas. Os empregos criados, principal vantagem atribuída à permissão da implantação de uma companhia multinacional, têm características temporais, visto que seu deslocamento é contínuo. Os investimentos das empresas transnacionais não supõem necessariamente uma entrada de capital, pois costumam ser destinados à compra de empresas já existentes (como no caso das empresas públicas) ou dirigidas, para controlar a produção de alguns bens que são competitivos com suas linhas de produção em outros lugares do mundo.

---

17 ARBIX, G. Guerra fiscal e competição intermunicipal por novos investimentos no setor automotivo brasileiro. *Revista de Ciências Sociais*, Universidade Cândido Mendes, v. 43, n. 1, 2000.

18 OXFAM, 2017.

Além disso, tendem a ser de caráter temporal, pois se mantêm estrategicamente dispostas a se transladarem caso mude a conjuntura de vantagens que justificaram seus investimentos no país, favorecidas pelo contexto de livre translação, com a desregulamentação laboral e do mercado.

Outro aspecto é que a maior presença de empresas multinacionais implica, geralmente, maior propensão marginal às importações, o que impede que seja um fator de estímulo de setores médios nacionais, sendo um importante fator de desindustrialização.[19] Ocorre evasão de divisas também por meio dos preços de transferência, pois grande parte das exportações e das importações é feita por meio de transações efetuadas dentro do próprio grupo econômico.

3.2.4 Predomínio dos interesses dos acionistas e finalidade de criação de valor

Além dos efeitos do próprio processo de transferência das operações para os países mais pobres, existem aqueles decorrentes de estratégias e objetivos adotados pelas transnacionais, voltados à criação de valor para os acionistas, que se intensificaram a partir do início dos anos 1980, quando as empresas passaram a se financiar fundamentalmente com recursos próprios e emissão de ações. Passaram a acumular mais reservas (principal fonte dos fundos próprios) por meio de seus lucros e a remunerar melhor seus acionistas (segunda fonte de fundos próprios). Como resultado, as relações entre as três principais categorias de agentes que atuam na empresa – acionistas, administradores e trabalhadores – são alteradas para uma predominância dos interesses dos acionistas. Os objetivos que antes prevaleciam – como o desenvolvimento da produção e do emprego – tornaram-se secundários e o objetivo primário se tornou criar valor para o acionista e aumentar o valor das ações.

Além disso, os investidores institucionais – fundos de investimento coletivo, empresas especializadas na gestão de ativos financeiros de pessoas físicas – passaram a ter uma participação crescente no capital das empresas e intensificaram as exigências de rentabilidade de seus investimentos. Para atender às exigências, uma estratégia bastante adotada é o Valor Econômico Agregado (EVA, na sigla em inglês), que representa uma medida de criação de valor e, ao mesmo tempo, um modelo de gestão, pelo qual se incentiva os gestores a ter como único objetivo maximizar o valor das ações. Em muitos casos, esses são acionistas da empresa, o que os faz se identificarem, de forma pragmática, com os interesses dos acionistas. Mas, no nível macro, eles também se preocupam em fazer com que todo o sistema funcione, na medida em que os resultados do capital

---

19 LÓPEZ, 2009.

e dos mercados financeiros estão diretamente ligados à sua própria renda total.[20] Em geral, o objetivo é minimizar o risco e obter o lucro líquido máximo com um capital mínimo aportado pelos acionistas e um custo mínimo do passivo. São orientados a só fazer investimentos que excedam o custo de oportunidade dos acionistas, desestimulando práticas ou medidas que não atendam a esse requisito. A contrapartida é que sempre será interessante alienar ativos que não excedam esse custo e qualquer decisão nesse sentido será desencorajada.

O nível de desempenho é determinado não pelas características da própria empresa, mas pela capacidade de pressão que a estrutura acionária tem sobre a empresa, com exigência de remuneração não apenas alta, mas também estável ao longo do tempo. Quanto aos critérios de definição de rentabilidade, recomenda-se como mais adequado perguntar ao acionista o quanto ele quer de retorno pelo seu capital,[21] ou seja, uma condição arbitrária, imposta apesar de não se ter uma justificativa técnica e, principalmente, ética para sua adoção.

A maximização de rentabilidade dos acionistas requer a contínua redução dos fluxos de remuneração dos demais segmentos que participam da geração dessa renda. A estratégia de criação de valor para eles tende a deslocar a distribuição do valor adicionado gerado na produção para os objetivos do capital e daqueles que o possuem, em detrimento do trabalho.[22] Segundo a Organização Internacional do Trabalho (OIT), desde a década de 1980, a maioria dos países experimentou uma tendência de queda na participação da renda do trabalho, o que significa que uma proporção menor da renda anual foi alocada à remuneração da força de trabalho e uma proporção maior, à renda do capital.[23]

Um estudo sobre a distribuição do valor adicionado das 500 maiores empresas da Europa no período de 1998 a 2013 indica que, apesar de ter havido um crescimento contínuo no valor agregado das empresas, a participação dos salários se reduziu gradualmente ao longo do período, enquanto a parcela de lucros teve incremento contínuo e, em alguns casos, inclusive com taxas superiores ao crescimento do valor adicionado. O crescimento acentuado de valor adicionado e o volume de lucros são indicativos de que há maior produtividade e maior rentabilidade, sugerindo que as reduções dos

---

20 KLEIN, E.; TOKMAN, V. La estratificación social bajo tensión en la era de la globalización. *Revista de la Cepal*, n. 72, dez. 2000.

21 KASSAI, J. R. et al. *Retorno de investimento*: abordagem matemática e contábil do lucro empresarial. São Paulo: Atlas, 2000.

22 SEFARTI, C. La dominación del capital financiero: ¿Qué consecuencias? In: CHESNAIS, F.; PLIHON D. *Las trampas de las finanzas mundiales.* Madri: Ediciones Akal, 2003.

23 ORGANIZACIÓN INTERNACIONAL DEL TRABAJO (OIT). *Resumen del Informe mundial sobre sueldos 2008/09.* Disponível em: <http://www.ilo.org/global/research/global-reports/global-wage-report/WCMS_100795/lang--es/index.htm>. Acesso em: 29 jul. 2018.

rendimentos do salário não são derivadas de condições de mercado, mas de estratégias e políticas deliberadas, como uma tendência de comportamento corporativo.[24]

Entre as rendas de capital, as mais privilegiadas são as do setor financeiro e as de seguros, que constituem a origem de riqueza mais habitual. Entre 2013 e 2014, a riqueza acumulada pelos bilionários do setor financeiro aumentou 15%.[25] Assim, a acumulação de fundos próprios por parte das empresas estrutura-se na concentração da renda gerada e na intensificação da desigualdade social.

3.3 RESPONSABILIDADE SOCIAL CORPORATIVA GLOBAL: DIRETRIZES DA CONFORMAÇÃO DA DESIGUALDADE

O cenário de problemas decorrentes da atuação das grandes empresas do mundo e da intensificação da desigualdade global contrasta com o fato de que as organizações globais, de forma geral, se declaram comprometidas com a responsabilidade social e produzem muita publicidade sobre isso. Contrasta também com as inúmeras iniciativas e documentos, em âmbito supranacional, para promover e orientar a conduta empresarial, particularmente a das empresas multinacionais.

A relevância dos documentos está não só em servir de referência, mas também na capacidade de legitimação da atuação das empresas, que, de forma geral, obtêm uma espécie de "aprovação" de sua conduta e, consequentemente, vantagens econômicas com a associação da sua imagem à RSC. Em uma revisão dos principais documentos de referência de RSC, identificamos algumas características em seu direcionamento que contribuem para a conformação do quadro que descrevemos acima.

3.3.1 Debilitação da norma por excelência por declarações de intenções

No período do pós-guerra, com os Estados nacionais ainda de posse de sua soberania, foram emitidos pela Organização das Nações Unidas (ONU) e pela OIT documentos universais, como a Declaração Universal dos Direitos Humanos (DUDH), 1948, o Pacto Internacional de Direitos Econômicos, Sociais e Culturais (Pidesc)[26] e as Convenções da OIT (emitidas entre 1930 e 1951), nos quais se reconhece uma ampla gama de direitos humanos – econômicos, sociais, culturais, civis e políticos –, de segurança e dignidade no trabalho e de preservação do meio ambiente, de todos os povos do

---

[24] DIOS, S. A. *Implicación de las empresas multinacionales en la desigualdad global, ineficacia de la responsabilidad social corporativa y el papel de la contabilidad*. 2016. Tese (Doutorado em Contabilidade e Finanças) - Universidad de Zaragoza, Espanha, 2016.

[25] OXFAM, 2015.

[26] Adotada pela Assembleia Geral das Nações Unidas, de 16 de dezembro de 1966, entrou em vigor em 3 de janeiro de 1976.

planeta, aplicáveis a todas as pessoas (físicas ou jurídicas, públicas ou privadas) no âmbito dos países signatários.

Apesar de não terem efeito legal vinculante, possuem força moral e proporcionam orientação prática aos Estados em sua conduta, pactos, estatutos, protocolos e convenções juridicamente vinculantes. Ao serem ratificados por um Estado-membro, transformam-se em uma obrigação a ser projetada na legislação nacional; esta regula, em última instância, o funcionamento das empresas. O Direito Internacional dos Direitos Humanos incorpora uma dimensão coletiva, capaz de localizar no vértice normativo os direitos das maiorias sociais frente ao fundamentalismo do mercado. Os princípios laborais e a legislação pertinente dos países, inclusive a Consolidação das Leis Trabalhistas (CLT) do Brasil, derivam principalmente das Convenções da OIT.

No entanto, a globalização econômica causou impacto também na dinâmica normativa e institucional da ONU e da OIT, subordinando seu trabalho, a favor de uma maior justiça social, aos sistemas comerciais e mercantis. Os eixos centrais da atuação normativa tradicional da OIT deslocaram-se para o declarativo, com controles muito difusos e vinculados a lógicas do direito brando, ou seja, pouco exigentes e não vinculantes. Não houve uma evolução normativa na OIT equiparável à desenvolvida nos sistemas de Direito Comercial Global. A evolução foi em sentido inverso, o que aprofundou a assimetria entre os direitos das multinacionais e os direitos dos trabalhadores e trabalhadoras. Do mesmo modo, os direitos previstos na DUDH não contam com a mesma força das determinações relativas aos tratados comerciais internacionais.[27]

Novos documentos são emitidos, nos quais se promove a substituição da norma por excelência, como os direitos previstos na DUDH e nos Convênios – por recomendações e declaração de intenções.[28] Aqueles documentos têm sua visibilidade ofuscada pela maior repercussão de documentos mais recentes, que não têm a mesma amplitude e rigor. Nestes, passam a ser tratados com caráter de voluntariedade direitos que estão previstos no ordenamento jurídico da maioria dos países. Por exemplo, o apoio à liberdade de associação e à eliminação do trabalho forçado, do trabalho infantil e da discriminação no emprego – portanto, de cumprimento obrigatório – passa a ser a não discriminação, a não utilização de trabalho infantil e de trabalho forçado e a liberdade de associação, além de inserir o discurso de parceria com as empresas.

Para fins de RSC, o documento da ONU com maior difusão é o Pacto Global,[29] o mecanismo de controle por excelência das empresas transnacionais, que pretende fomentar o desenvolvimento sustentável e a soberania corporativa. No entanto, destacam-se a generalidade e a indefinição dos conteúdos e a ausência de qualquer mecanismo de supervisão. As obrigações consistem em declarar adesão e enviar periodicamente um

---

27 ZUBIZARRETA, 2009.

28 ZUBIZARRETA, 2009.

29 PACTO GLOBAL. Disponível em: <http://pactoglobal.org.br>. Acesso em: 29 jul. 2018.

relatório de progresso, ou seja, atualizar a documentação elaborada por seus departamentos de responsabilidade social corporativa, que também têm caráter de voluntariedade. O Pacto Global termina por permitir que uma companhia disponha do aval da ONU para se definir como responsável, mas sem qualquer supervisão a esse respeito.[30]

O documento da OIT mais referenciado é a Declaração Tripartite de Princípios sobre as Empresas Multinacionais e a Política Social. Em sua versão publicada em 2002[31] apresentava procedimentos prolixos de resolução de controvérsias, falta de transparência e secretismo sobre sua aplicação,[32] por exemplo, a ausência de toda referência à cadeia de responsabilidades nas atividades das empresas transnacionais entre fornecedores e terceirizados. Em sua versão de março de 2017,[33] foram revistos tais princípios para que possam estar alinhados com acordos globais da Organização das Nações Unidas visando a consideração devida dos direitos humanos a serem incorporados nas práticas de negócios nas empresas e suas redes de fornecedores e distribuidores, além de alinhar com a Agenda 2030 e os objetivos de desenvolvimento sustentável relacionados ao trabalho decente.[34]

3.3.2 Subtração da capacidade reguladora dos Estados frente às corporações multinacionais

O Estado é a instituição formal encarregada de regular e fiscalizar a atuação dos agentes do mercado no interesse da coletividade local em seus diversos segmentos, como a regulação de mercado, a legislação laboral, a normativa de proteção do meio ambiente e, inclusive, a regulação das atividades das multinacionais instaladas em seu território. No entanto, na medida em que as companhias multinacionais foram adquirindo mais influência e poder, operando em escala mundial e adotando decisões de maneira autônoma em relação aos Estados nacionais onde estavam implantadas, estes foram perdendo parte de sua soberania.

No contexto de desregulamentação, são muitas as funções normativas subtraídas da capacidade normativa do Estado e, quanto mais distantes se encontrem dos centros de

---

30 RAMIRO, P. Las multinacionales y la responsabilidad social corporativa: de la ética a la rentabilidad. In: ZUBIZARRETA, J. H.; RAMIRO, P. *El negocio de la responsabilidad*: crítica de la Responsabilidad Social Corporativa de las empresas transnacionales. Barcelona: Icaria, 2009.

31 ORGANIZAÇÃO INTERNACIONAL DO TRABALHO (OIT). *Declaração tripartite de princípios sobre empresas multinacionais e política social*. Disponível em: <https://www.ilo.org/brasilia/publicacoes/WCMS_227046/lang--pt/index.htm>. Acesso em: 13 ago. 2018.

32 RAMIRO, 2009.

33 ORGANIZAÇÃO INTERNACIONAL DO TRABALHO (OIT). *Declaração tripartida de princípios sobre empresas multinacionais e política social*. 5. ed. Genebra: Organização Internacional do Trabalho, 05 out. 2017. Disponível em: <https://www.ilo.org/wcmsp5/groups/public/---ed_emp/---emp_ent/documents/publication/wcms_579899.pdf>. Acesso em: 13 ago. 2018.

34 ORGANIZAÇÃO INTERNACIONAL DO TRABALHO (OIT). OIT revisa sua histórica Declaração sobre Empresas Multinacionais. Disponível em: <https://www.ilo.org/brasilia/noticias/WCMS_548359/lang--pt/index.htm>. Acesso em: 03 ago. 2018.

poder econômico e político, isto será tanto mais intenso, seja qualitativa, seja quantitativamente. Seu papel intervencionista e sua capacidade normativa deslocam-se para as empresas transnacionais e suas regulamentações privadas,[35] que se expressam por meio de novos espaços de regulação supranacionais, os quais surgem na intenção de garantir segurança jurídica para as empresas e terminam por debilitar as instituições existentes, tanto na esfera universal como no âmbito dos estados. O mesmo ocorre com o respeito integral de todos os direitos humanos consagrados nos instrumentos internacionais.[36]

No âmbito da ONU, por exemplo, a Declaração do Milênio, um documento histórico aprovado na Cúpula do Milênio,[37] apesar de reconhecer que os benefícios e os custos da globalização são distribuídos de forma muito desigual, defende o sistema comercial e financeiro multilateral aberto, sem que se estabeleça qualquer instrumento que dote os Estados de capacidade jurídica para fazer cumprir as determinações de exigir que os países ricos adotem uma política de acesso justa para as exportações dos países pobres ou que as empresas respeitem os direitos humanos, laborais, ambientais ou qualquer forma de atuação responsável nos territórios nacionais. No documento Princípios Orientadores para Empresas e Direitos Humanos,[38] a ONU expressa que é um dever do Estado respeitar os direitos humanos, mas as determinações não são vinculantes nem obrigatórias para os Estados, o que seguramente debilita a capacidade de torná-los obrigatórios no âmbito local. Quanto às empresas, não cobram isso como um dever, mas apenas como uma responsabilidade.

O estímulo à instituição de códigos de conduta como o principal documento de reconhecimento do compromisso da empresa com a RSC é um meio pelo qual as empresas garantiram seus interesses, evitando a criação de legislação vinculante. De fato, a maioria dos países optou por uma estratégia "positiva" para fomentar a RSC em seu território, quer dizer, favorecendo, nos concursos públicos, licitações ou concessão de crédito às empresas que tratam de criar valor econômico, social e para o meio ambiente. Não obstante a maioria dos países não comprove se a empresa cumpre com o estabelecido na normativa ou nos códigos de conduta que elas mesmas declaram, requerendo apenas a declaração de adesão, não o cumprimento. Assim, o foco na elaboração de códigos de conduta tem servido de forma inversa aos fins de controle das empresas por reduzir o foco na relevância da instituição em controles externos. Além disso, de

---

35 BARRILAO, J. F. S. Sobre la constitución normativa y la globalización. *Revista de la Facultad de Derecho de la Universidad de Granada*, p. 241-261, 2004.

36 DUSSÁN, A. T. Principios rectores sobre empresas y derechos humanos: voluntarios en la ONU y obligatorios en lo local? *RIDH*, jul. 2013. Disponível em: <http://ridh.org/news/principios-rectores-sobre-empresas-y-derechos-humanos-voluntarios-en-la-onu-y-obligatorios-en-lo-local>. Acesso em: 29 jul. 2018.

37 A maior reunião de dirigentes mundiais até hoje, realizada em setembro de 2000, em Nova York, com 147 chefes de Estado e de governo e de 191 países.

38 ORGANIZAÇÃO DAS NAÇÕES UNIDAS (ONU). *Guiding principles on business and human rights*, 2011. Disponível em: <http://www.ohchr.org/Documents/Publications/GuidingPrinciplesBusinessHR_EN.pdf>. Acesso em: 29 jul. 2018.

forma geral, a maioria dos documentos estabelece o comportamento que os governos devem ter com relação às empresas e se requer dos Estados um posicionamento de colaboradores na definição das condições de operação das empresas.

Formas menos explícitas são as iniciativas de "cooperação" e o estabelecimento de "acordos" e normas formuladas por organismos aos quais os países signatários tenham que convergir, como o Acordo sobre Aspectos dos Direitos de Propriedade Intelectual Relacionados ao Comércio – Trips – da Organização Mundial do Comércio, adotado pelo Conselho Geral daquela Organização, em 6 de dezembro de 2005, o qual foi ratificado por decreto do governo brasileiro em 1994.[39]

O acordo Trips atendeu ao interesse primordial de empresas multinacionais visto conceder o direito de proteger sua propriedade intelectual em patentes em todos os países da OMC, inclusive com impactos para a possibilidade dos países iniciarem a produção nacional de medicamentos genéricos e encarecendo, assim, os custos para os sistemas públicos de saúde.[40] O acordo Trips também atendeu ao Codex Alimentarius, desenhado para o agronegócio em que se apoiam tóxicos aditivos alimentares, pesticidas e alimentos geneticamente modificados. O acordo Trips também atendeu às Normas Internacionais de Contabilidade (IFRS) recomendadas pelo FMI,[41] as quais introduziram diversas modificações que aumentam o grau de subjetividade no registro contábil das transações das empresas.

3.3.3 Submissão dos interesses locais aos interesses das empresas multinacionais

Se, por um lado, reduz-se o poder de influência dos instrumentos universais, por outro se estabelece e cresce a influência de recomendações emitidas por organismos cuja representatividade de constituição está circunscrita a uma região econômica, como é o caso da OCDE, uma organização composta fundamentalmente de países do eixo Estados Unidos, UE e Japão. Seus representantes se reúnem com o objetivo de maximizar seu crescimento econômico e desenvolvimento, com compromisso com a economia do mercado. Buscam envolver países fora do eixo América do Norte e Europa, como Brasil, China, Índia, Indonésia e África do Sul, mas sem que estes tenham qualquer poder de deliberação naquele órgão.

---

39 Ratificado pelo Decreto n. 1.355, de 30 de dezembro de 1994.

40 GONÇALVES, R.D. Abordagem crítica sobre o acordo Trips e o acesso a medicamentos. *PIDCC*, Aracaju, Ano VI, Volume 12, n. 01, p. 91-110, fev. 2018. Disponível em: <http://pidcc.com.br/br/component/content/article/2-uncategorised/297-abordagem-critica-sobre-o-acordo-trips-e-o-acesso-a-medicamentos>. Acesso em: 28 jul. 2018.

41 INTERNATIONAL MONETARY FUND (IMF). Reports on the observance of standards and codes (ROSCs): an update. *IMF*, mar. 1999. Disponível em: <http://www.imf.org/external/np/rosc/2000/stand.htm>. Acesso em: 29 jul. 2018.

Dentre os documentos emitidos pela OCDE, o que tem maior influência no que se refere à RSC das empresas multinacionais é Linhas Diretrizes para as Empresas Multinacionais – Diretrizes da OCDE,[42] recomendado em praticamente todos os demais documentos de referência. A própria OCDE expressa que são as únicas diretrizes gerais aprovadas multilateralmente e negociadas pelos governos em que eles se comprometem a ajudar a resolver os problemas que venham a surgir nas empresas.

Além da massiva referência recebida pelos demais documentos surgidos no contexto da globalização, os termos das diretrizes da OCDE merecem atenção detalhada porque são parte de outras linhas de ação daquele organismo, como a declaração da OCDE sobre investimento internacional e empresas multinacionais.[43] Neste documento, a OCDE trata dos investimentos estrangeiros nos países pobres, particularmente de medidas para evitar ou minimizar a imposição de requerimentos conflitantes sobre aquelas, assim como de incentivos oficiais ao investimento.

Grande parte das recomendações das Diretrizes é dirigida aos Estados e governos, que são os que os subscrevem e assumem os compromissos, uma vez que estes vão no sentido de que os governos se harmonizem com os interesses e atividades das multinacionais e têm muitas implicações para a condução das políticas públicas. Entre tais determinações está que os Estados e governos devem ajustar ao Direito Internacional as condições sob as quais as empresas multinacionais exercem suas atividades em suas respectivas jurisdições. As Diretrizes determinam que as autoridades públicas consultem as empresas sobre o desenvolvimento e a implementação de políticas e regulamentos (entre os quais estão as Diretrizes). A própria OCDE expressa que as Diretrizes são apoiadas por um procedimento de implementação mais eficaz, em que a responsabilidade final pela sua execução cabe aos governos. Deve-se notar que a grande maioria das empresas multinacionais é dos países desenvolvidos da OCDE, operando nos países menos desenvolvidos do resto do mundo.

A exigência de que os Estados e governos atuem considerando os interesses das multinacionais e sua participação na formulação de regulamentações é constante em todo o documento. Esse é o caso da seção sobre Ciência e Tecnologia, que incentiva a participação de empresas multinacionais na formulação, pelo país hospedeiro, de estruturas conducentes ao desenvolvimento de sistemas de inovação ou à determinação de não colocar em questão as vantagens comparativas de qualquer país em que as empresas multinacionais investem. Também fazem recomendações quanto às políticas monetária e fiscal; à política macroeconômica; à administração pública e às reformas

---

42 OCDE. Líneas directrices de la OCDE para empresas multinacionales. *OECD Publishing*, 2013. Disponível em: <http://www.oecd.org/daf/inv/mne/MNEguidelinesESPANOL.pdf>. Acesso em: 29 jul. 2018.

43 OCDE, 2013.

do setor público e à instituição de marcos regulatórios. Explicitamente defendem mercados abertos.

Embora os Estados e governos tenham de adaptar ao direito internacional as condições sob as quais as empresas multinacionais operam em suas respectivas jurisdições, as recomendações dirigidas a empresas multinacionais são absolutamente voluntárias. Para as empresas, constituem-se em precauções minimamente recomendáveis, referentes a governo empresarial, como formação de capital humano, difusão das políticas empresariais, posicionamento no mercado, ou simplesmente orientam que as empresas não se esquivem do cumprimento da lei, tudo, ainda assim, condicionado a não prejudicar o bom desenvolvimento dos negócios das multinacionais. Além disso, entre outras situações controversas, as Diretrizes da OCDE para as empresas se apresentam pouco definidas quanto à orientação e devem desenvolver suas atividades de maneira compatível com a necessidade de práticas comerciais saudáveis, mas sem descrever o que se entende por "práticas de negócios saudáveis" ou, de outra forma, o que se entende por "práticas repreensíveis"; colocam como um direito das empresas tratar de obter modificações das disposições legais aplicáveis em âmbitos como o meio ambiente, o trabalho, a saúde, a seguridade, a fiscalidade e os incentivos financeiros, entre outros; prevê a não transferência de tecnologia por proteção dos direitos de propriedade intelectual; prevê a não apresentação de critérios para a definição da proporção suficiente de emprego de pessoal local e a permissão de contribuições a candidatos a cargos públicos e a partidos políticos ou outras organizações políticas.

Para os casos de conflito entre a multinacional e o país, institui o Ponto de Contato Nacional (PCN) como uma condição única e imprescindível para administrar conflitos de interesses entre empresas multinacionais e países onde elas se instalam, incluindo questões sindicais, com o poder de apresentar uma formulação final ou conflitante, invariavelmente de acordo com as determinações das Diretrizes. Sempre que forem impostas obrigações conflitantes às empresas multinacionais por parte de países signatários ou terceiros países, os Estados e governos em questão são encorajados a cooperar de boa-fé no sentido de resolver os problemas que possam ocorrer. Os PCNs podem constituir-se de uma única pessoa, como um alto funcionário designado, ou seja, que esteja integrado à estrutura de administração do Estado.[44]

Essas determinações estão em conflito com as Convenções da OIT, que estabelece que a legislação nacional regula, em última instância, o funcionamento das empresas e transfere o ônus da solução do conflito para os Estados e governos. Ocorre que os governos têm se preocupado mais em não incomodar as multinacionais do que em

---

44 A Coordenação do PCN do Brasil está a cargo da Secretaria de Assuntos Internacionais do Ministério da Fazenda.

melhorar o funcionamento dos PCNs como forma de proteger os direitos das maiorias.[45] De fato, a OCDE Watch[46] aponta que os processos dos PCNs têm sido imprevisíveis e injustos, além de apresentarem inúmeras deficiências em seu desenvolvimento, como o tratamento desigual e injusto para ONGs e sindicatos; ausência de meios para investigar ou corrigir os fatos; concorrência com procedimentos legais paralelos; declarações não decisivas ou fracas; ausência de vontade de avaliar e reconhecer violações; extensão da confidencialidade para todas as etapas do procedimento e participação mínima de empresas, entre outros aspectos.[47]

Tais condições interferem na prerrogativa dos Estados de introduzir as diferenças necessárias à consecução do bem-estar geral, como as políticas redistributivas e o desenvolvimento do mercado interno. Além disso, constituem uma forma de expropriação do poder dos países para resolver os problemas internamente, de acordo com seu regulamento interno e seu contexto político, social, econômico e cultural.

3.3.4 Promoção da liberalização dos mercados e da adoção de princípios em prol da desregulamentação no direito do trabalho

A União Europeia vem estabelecendo diretrizes principalmente sobre aspectos do meio ambiente e laborais no âmbito da responsabilidade social das empresas. Entre as propostas legislativas para consulta e apreciação pelo Parlamento Europeu, os denominados "livros verdes", o primeiro que tratou especificamente da responsabilidade social das empresas foi publicado em 2001 sob título "Promover um quadro europeu para a responsabilidade social das empresas"[48] apresentou diretrizes para os Estados, governos e empresas de âmbito europeu, mas também refletindo nos países da América Latina e em outras regiões do mundo em que as multinacionais europeias atuam.

Adota-se no Livro Verde de 2001 uma perspectiva em que o desenvolvimento da RSC deve ser liderado pelas próprias empresas e que estas devem gozar de certa flexibilidade para inovar e desenvolver um enfoque da RSC. Nessa mesma perspectiva, podemos aqui acrescentar outro livro verde que tratou especificamente de aspectos do direito do trabalho, o "Livro Verde – Modernizar o direito do trabalho para enfrentar os desafios do século XXI",[49] o qual reconhece que: o desemprego e o

---

45 ZUBIZARRETA, 2009.

46 OCDE. *OECD Watch Newsletter*, mar. 2005. Disponível em: <file:///C:/Users/magazine%20luiza/Downloads/OECD%20Watch%20Newsletter%20March%202005.pdf>. Acesso em: 29 jul. 2018.

47 OCDE, 2005.

48 COMISSÃO EUROPEIA. *Livro verde*: promover um quadro europeu para a responsabilidade social das empresas, 18 jul. 2001. Disponível em: <https://eur-lex.europa.eu/legal-content/PT/TXT/PDF/?uri=CELEX:52001DC0366&from=EM>. Acesso em: 28 jul. 2018.

49 COMISSÃO EUROPEIA. *Livro verde*: modernizar o direito do trabalho para enfrentar os desafios do século XXI, 22 nov. 2006. Disponível em: <https://eur-lex.europa.eu/legal-content/PT/TXT/PDF/?uri=CELEX:52006DC0708&from=PT >. Acesso em: 28 jul. 2018.

emprego precário são crescentes no mundo; que a busca da flexibilidade no mercado de trabalho conduziu a um incremento de formas de contratos de trabalho; e que podem diferir, em grande medida, do modelo clássico de contrato, desde o ponto de vista da segurança de emprego e de rendas até de condições de trabalho e de vida. No entanto, incita o direito laboral a fomentar a desregulamentação das normas relativas ao emprego, em especial de procedimentos de demissão individual ou coletiva, e de seguridade social, justificando que: "condições de trabalho e de emprego demasiado protetoras podem desencorajar os empregadores de recrutar durante períodos de retomada econômica".[50]

Tal livro verde de 2001 estabeleceu o início de propostas de documentos de referência sobre a responsabilidade social na Comunidade Europeia, os quais foram atualizados em versões em 2011[51] e outras posteriores, cada vez mais culminando em uma política da Comissão Europeia quanto à RSC que possa ser integrada ao contexto de iniciativas globais disponíveis e de adoção voluntária pelos países,[52] tais como: Pacto Global das Nações Unidas, Princípios Orientadores sobre Empresas e Direitos Humanos (Nações Unidas), Norma Internacional de Responsabilidade Social Empresarial ISO 26000, Declaração Tripartida de Princípios sobre Empresas Multinacionais e Política Social (Organização Internacional de Trabalho) e as Diretrizes da OCDE para as Empresas Multinacionais.

3.3.5 Certificação por mecanismos de baixa fiabilidade e legitimidade

Os instrumentos existentes para a gestão e certificação de RSC tomam por base as declarações da própria empresa e por isso carecem de fiabilidade, pois as informações oferecidas tendem a evidenciar as boas práticas e a ocultar, na medida do possível, as más práticas e os danos ambientais, enquanto as perdas sociais nem sequer são consideradas em muitas ocasiões. Assim, a divulgação sempre será no sentido de enfatizar as ações e externalidades positivas e omitir, tanto quanto possível, aquelas ações ou externalidades negativas que influenciam negativamente sua imagem. Em geral, os mecanismos existentes não verificam a eficácia da empresa nem garantem a veracidade das informações fornecidas.

---

50 COMISSÃO EUROPEIA, 2006, p. 6.

51 COMISSÃO EUROPEIA. *Comunicação da Comissão ao Parlamento Europeu, ao Conselho e ao Comité Económico e Social Europeu e ao Comité das Regiões* – Responsabilidade Social das empresas: uma nova estratégia da UE para o período de 2011-14, 25 out. 2011. Disponível em: <https://eur-lex.europa.eu/legal-content/PT/TXT/PDF/?uri=CELEX:52011DC0681&from=PT>. Acesso em: 13 ago. 2018.

52 Veja o histórico de iniciativas na União Europeia quanto à responsabilidade social no website do Centro de Informação Europeia Jacques Delour na página específica sobre o tema em: <http://www.eurocid.pt/pls/wsd/wsdwcot0.detalhe?p_cot_id=9194>. Acesso em: 13 ago. 2018.

Entre as principais iniciativas estão a Norma AA1000 Assurance Standard,[53] a guia para a elaboração de memórias de sustentabilidade, da Global Reporting Initiative (GRI) – G4[54] e a Norma Social Accountability 8000,[55] nas quais se observam alguns aspectos que também levam a questionar sua plena fiabilidade. A Norma de Princípios Accountability AA-1000APS é uma iniciativa voltada para a certificação em RSC. Apresenta princípios gerais imprescindíveis para orientar a empresa em seu comprometimento com a sustentabilidade. No entanto, não prevê avaliação de resultados ou do grau de desempenho alcançado. A RSC é abordada segundo a qualidade do relatório que a empresa apresenta.

A G4, a mais referenciada iniciativa de orientação para a divulgação de informação em RSC, apresenta uma ampla categoria de indicadores e diversos aspectos muito relevantes que a organização deve informar à sociedade. No entanto, permite à empresa escolher livremente o conteúdo da divulgação, com base no princípio de materialidade, que o guia define como prioritário. Ainda assim, no conjunto de orientações, possibilita às empresas diversas maneiras de justificar suas omissões. Além disso, mesmo que preveja a participação das partes interessadas, estas serão escolhidas pela organização, pelo que ficam comprometidas a independência e a capacidade crítica dessa participação. É notório o direcionamento para um maior impacto da comunicação na "flexibilização" do uso do guia como ferramenta de *marketing*. Por outro lado, não se observa na G4 o objetivo de dotar-se de maior capacidade de verificação de comportamento socialmente responsável. Ao contrário, uma questão importante é a intenção atual da GRI de manter o nível de divulgação de memórias de sustentabilidade como voluntário e autodeclarativo. A G4, enfim, é proposta como um instrumento para tornar a comunicação mais eficiente, de acordo com o interesse da empresa. Uma avaliação de RSC baseada nos relatórios de sustentabilidade promovidos pela GRI supõe, de certa forma, estabelecer um *ranking* das empresas que melhor gerenciam esse mecanismo em favor de sua imagem, o que de nenhuma forma garante que elas sejam socialmente responsáveis, mas permite que gozem de grande prestígio, divulgando uma memória nos moldes da GRI, independentemente de como atuam. As concessões à falta de transparência impossibilitam formar um julgamento mais completo sobre a atuação das empresas com relação à sustentabilidade, e até mesmo prejudicam a análise comparativa entre as empresas de uma mesma organização ao longo do tempo. Além disso, tendem a fazer com que a informação seja ainda mais manipulada.

---

53 ACCOUNTABILITY. *AA1000 assurance standard 2008*. Disponível em: <http://www.accountability.org/wp-content/uploads/2016/10/AA1000AS_portuguese.pdf>. Acesso em: 29 jul. 2018.

54 GLOBAL REPORTING INITIATIVE (GRI). *Diretrizes para relato de sustentabilidade*: partes 1 e 2. Disponíveis em: <https://www.globalreporting.org/Pages/Resource-Library.aspx>. Acesso em: 29 jul. 2018.

55 SOCIAL ACCOUNTABILITY INTERNATIONAL (SAI). *Social accountability 8000*, 2014. Disponível em: <http://sa-intl.org/_data/n_0001/resources/live/SA8000%20Standard%202014.pdf>. Acesso em: 29 jul. 2018.

A Norma Social Accountability 8000[56] é, talvez, a mais completa como tentativa de garantir melhores condições de trabalho e respeito aos direitos fundamentais de trabalho, baseando-se na DUDH e nas Convenções da OIT. Tem por finalidade explícita assegurar que o comportamento da empresa siga determinados parâmetros éticos. Trata-se de definir um padrão de aplicação internacional que garanta a origem ética da produção de bens e serviços, e de servir de norma universal sobre responsabilidade social, auditável e certificável por terceiros. Reconhece, por exemplo, o salário digno como um direito e exige procedimentos objetivos, como o detalhamento claro dos salários e a não utilização de acordos de contratação de mão de obra para burlar a legislação trabalhista. Por essa norma, inclusive, entendemos que as empresas que praticam remuneração baseada em concessão de ações ou opção de compra de ações, conforme previsto pelo modelo de gestão EVA, não podem receber a certificação de RSC, assim como muitas que se utilizam da terceirização. Não obstante, são observados problemas com relação à qualidade e idoneidade da norma como base para um sistema de certificação global, com divergências e contradições entre as divulgações do organismo de certificação e as das empresas, assim como falta de transparência do organismo de certificação, pois não é possível saber que empresas deixaram de ser certificadas pela norma nem por que nao obtiveram a renovação da certificação, o que contrasta com a enfática publicidade que costuma ser dada à certificação de uma nova empresa.[57]

A legitimidade está associada ao fato de que tem origem na iniciativa privada. Ou seja, as instituições avaliadoras são remuneradas pelas instituições avaliadas. Na GRI, por exemplo, as organizações privadas são as principais partes interessadas, e no consórcio G4 tomam parte a Goldman Sachs, a Delloite, a Ernest & Young, a KPMG, a PWC, a Alcoa, a Enel, a GE, a Shell e a Natura. Não há um sistema de controle externo e independente à empresa para avaliar o efetivo desempenho quanto aos impactos de sua atuação. Além disso, há que se considerar as motivações da empresa ao contratar (e pagar) um sistema de certificação voluntário. No caso da Norma SA8000, por exemplo, que trata inclusive da responsabilidade relacionada à cadeia de suprimentos, não se considera que haja motivação suficiente, principalmente em países onde as leis trabalhistas são fracas ou inexistentes, a menos que essa certificação seja um requisito para transações internacionais, o que na verdade não configura responsabilidade social.

---

56 SOCIAL ACCOUNTABILITY INTERNATIONAL, 2014.

57 LOPES, A. C. M. F. C. *A SA8000 e a responsabilidade social das empresas: a emergência de um novo paradigma?*. Dissertação (Mestrado). Mestrado em Desenvolvimento e Cooperação Internacional. Universidade Técnica de Lisboa. Instituto Superior de Economia e Gestão. Lisboa: Universidade Técnica de Lisboa, 2004. Disponível em: <http://hdl.handle.net/10400.5/789>. Acesso em: 28 jul. 2018.

3.3.6 Omissão quanto à responsabilidade social dos gestores

O papel do gestor da empresa atua não apenas como agente em nome dos proprietários/acionistas do capital da empresa,[58] mas, também, como agente da empresa diante de demais empresas no mercado, diante de pessoas e de bens comuns/patrimônio natural e cultural na sociedade, diante de órgãos públicos do Estado e diante de acordos entre países, de forma que se faz necessário que a empresa possa ser conduzida não exclusivamente em termos dos interesses dos acionistas. Howard Bower, em seu livro publicado em 1953[59] que se tornou um clássico no histórico da literatura em responsabilidade social empresarial, detalha os problemas que advêm da atuação das organizações e aponta que a responsabilidade social da empresa é a responsabilidade de cada um dos indivíduos em seus âmbitos de decisão. Que, somadas, as decisões dos gestores determinam, em grande parte, assuntos relevantes, como a proporção de empregos e o grau de prosperidade, a administração do processo econômico, a distribuição da renda entre os diversos grupos sociais e a organização da indústria e do comércio.

No contexto da globalização, a relevância da implicação dos administradores fica ainda mais acentuada. Quanto maior é o âmbito de atuação da organização e o poder de decisão, maior é a responsabilidade dos que tomam as decisões respectivas aos impactos no coletivo. As pessoas responsáveis pela gestão das grandes empresas globais têm uma influência global; seu poder não está limitado às fronteiras nacionais, estende-se muito além delas, em contraste com o poder dos líderes políticos nacionais, que se restringe às fronteiras de sua nação. A gestão que elas implementam responde a uma estratégia única, sem distinção entre os diversos estabelecimentos produtivos e sem identificação com os interesses de um único país para otimizar seus resultados em escala mundial, e tendem a aplicar às relações laborais um padrão único, desconhecendo as características nacionais e locais.[60]

É um estrato gerencial caracterizado por remuneração muito alta, uma perspectiva internacional (frente aos interesses nacionais) e uma ideologia corporativa, baseada na ideia de que a globalização redefine limites.[61] Enquanto a renda de muitos executivos, que são frequentemente remunerados com ações das empresas, tem aumentado vertiginosamente, os salários de trabalhadores comuns e a receita de fornecedores têm permanecido praticamente inalterados e, e em alguns casos, até diminuído. O diretor executivo da maior empresa de informática da Índia ganha 416 vezes mais que um

58 DODD, E. M. For whom are corporate managers trustees? *Harvard Law Review*, v. 45, n. 7, p. 1145-1163, maio 1932.

59 BOWER, Howard R. *Responsabilidades sociais dos homens de negócio*. Tradução de Octávio Alves Velho. Rio de Janeiro: Civilização Brasileira S.A., 1957.

60 GROSSE, R.; BEHRMAN, J. Theory in international business. *Transnational Corporations*, 1, p. 93-126, 1992.

61 KLEIN, E.; TOKMAN, V. La estratificación social bajo tensión en la era de la globalización. *Revista de la Cepal*, n. 72, dez. 2000.

funcionário médio da mesma empresa.[62] Nas economias avançadas, por exemplo, os bancos e as corporações forneceram prêmios e bônus altíssimos a executivos e funcionários do setor financeiro em 2010 e 2011. De todos os diferentes tipos de pessoas que integram a classe superior global, o maior grupo é o dos líderes de empresas e das finanças, principais executivos e acionistas ativos das 2000 maiores companhias do mundo.[63]

No entanto, nos documentos de referência de RSC são escassas as referências à responsabilidade dos gestores. As recomendações de agir de forma socialmente responsável são direcionadas essencialmente às empresas, sem menção explícita às pessoas naturais, que são as que tomam as decisões e imprimem seus valores nas organizações. A única menção consta da G4, que recomenda que seja identificado o cargo mais alto com responsabilidade operativa sobre cada um dos aspectos das dimensões econômica, social e de meio ambiente ou a descrição da distribuição da responsabilidade operativa no nível da alta direção em relação a tais aspectos. Ainda assim, não há qualquer ênfase em sua responsabilidade nem critérios de responsabilidade social relativos à figura dos gestores.

Essa omissão contrasta com o poder de decisão e com a proeminência que os gestores têm no âmbito político e nas esferas acadêmicas, e parece um retrocesso com relação ao entendimento que se observava no início do século passado. Essa falta de referência permite certa "invisibilidade" àqueles que tomam decisões e dificulta que sejam responsabilizados pelos efeitos e impactos negativos, que são imputados (quando o são) à pessoa jurídica das organizações. Uma relevância dessa visibilidade é possibilitar medidas que possam mitigar os impactos em sociedade – seja por instituições externas, seja pelas próprias organizações, já que pode acontecer de o gestor não perceber plenamente a conexão entre suas decisões particulares e o bem-estar público – ou ainda reduzir as diferenças entre esse estrato de renda e os dos demais trabalhadores das empresas. Por exemplo, nos últimos anos foram feitas propostas para regular os pagamentos excessivos aos executivos como forma de reduzir a concentração excessiva de renda em níveis mais altos.

3.3.7 Recomendações muito brandas e ambíguas para as empresas

As recomendações contidas nos principais documentos de referência atuais são muito pouco exigentes, pois tratam como responsabilidade social procedimentos minimamente requeridos em qualquer processo de gestão, tais como formação e qualificação profissional e boa relação com os empregados e demais agentes que atuam com a empresa.

---

62 OXFAM, 2017.

63 ROTHKOPF, D. *El club de los elegidos*: como la élite del poder global domina el mundo. Barcelona: Tendencias, 2008.

A ambiguidade mais grave revela-se em tratar como conformidade voluntária determinações obrigatórias, previstas no sistema legal dos países, inclusive as determinadas nas Convenções da OIT relativas ao trabalho infantil, ao trabalho forçado e à discriminação. A indução ao entendimento de medidas trabalhistas de cumprimento obrigatório como facultativas, assim como de outras determinações previstas na legislação, promove a ideia de que a empresa presta uma contribuição para a sociedade ao cumpri-las. Ao mesmo tempo, degrada o Direito do Trabalho, expropria a força das Convenções da OIT e banaliza a seriedade dessas questões fundamentais dos Direitos Humanos. Não é que a empresa seja socialmente responsável, mas sim que não incorre em práticas irresponsáveis e ilegais. O não cumprimento dessas determinações constitui crime, seja com relação aos direitos trabalhistas, seja com relação aos direitos humanos.

Esse direcionamento estará contribuindo com a gravidade da situação que se observa ainda hoje no mundo. A OIT estima que 21 milhões de pessoas no mundo são trabalhadores forçados que geram cerca de US$ 150 bilhões em lucros para empresas anualmente.[64] Todas as maiores empresas de vestuário do mundo têm ligação com fábricas de fiação de algodão na Índia, que usam trabalho forçado de meninas rotineiramente.[65] E isso é um dos aspectos mais relevantes de desigualdade, que se verifica na dimensão de gênero, pois aproximadamente metade das meninas e mulheres jovens do planeta vive na pobreza absoluta e 80% dos postos de trabalho com os salários mais baixos são ocupados por mulheres.[66] Os trabalhadores menos remunerados e que trabalham nas condições mais precárias são, predominantemente, mulheres e meninas. Segundo a Oxfam, no ritmo atual de mudanças, serão necessários 217 anos para reduzir as diferenças salariais e de oportunidade de emprego entre mulheres e homens. Atualmente há 2.043 bilionários no mundo, e 9 entre 10 são homens. Outros fatores de vulnerabilidade estão relacionados à origem étnica, à localização geográfica etc.

Outros aspectos controversos, principalmente nas Diretrizes da OCDE, mas que também são observados em outros documentos, são a não definição das práticas não recomendáveis; a utilização de expressões que sugerem que as organizações podem se justificar para não cumprir as determinações, tais como "quando seja possível"; as diversas concessões à ingerência sobre a soberania econômica dos países; a falta de

---

64 ORGANIZACIÓN INTERNACIONAL DEL TRABAJO (OIT). *Resumen del informe mundial sobre sueldos 2008/09*. Disponível em: <http://www.ilo.org/global/research/global-reports/global-wage-report/WCMS_100795/lang--es/index.htm>. Acesso em: 29 jul. 2018.

65 As empresas implicadas em um estudo realizado em 2012 pela ONG Anti-Slavery International, intitulado Slavery on the High Street: forced labour in the manufacture of garments for international brands, incluem Asda-Walmart (Reino Unido/Estados Unidos), Bestseller (dinamarquesa), C&A (alemã/belga), H&M (sueca), Gap (americana), Inditex (espanhola), Marks and Spencer (Reino Unido), Mothercare (Reino Unido) e Tesco (Reino Unido).

66 ORTIZ, I.; CUMMINS, M. Desigualdad global: la distribución del ingreso en 141 países. *Documento de Trabajo Sobre Política Económica Y Social*, 2012. Disponível em: <http://www.unicef.org/socialpolicy/files/Desigualdad_Global.pdf>. Acesso em: 29 jul. 2018.

transparência etc. Da mesma forma, as multinacionais estão isentas de responsabilidade por abusos trabalhistas que possam ser cometidos por subcontratados.

3.3.8 Concessões à falta de transparência nos relatórios

Em todos os documentos, assim como em tudo relacionado à RSC, a divulgação de informações é voluntária, o que compromete a presunção de transparência das ações das empresas. Mas, além disso, as Diretrizes da OCDE[67] fornecem várias restrições às divulgações de empresas multinacionais. Em relação à divulgação de informações aos trabalhadores, entende que:

- as informações não podem ser divulgadas em relação a determinados pontos ou isso só pode ser feito contemplando-se certas proteções;
- a obrigação de comunicar informações de natureza fiscal está sujeita a determinados limites, estabelecendo uma ligação entre a informação que deve ser fornecida e sua relevância para a aplicação da legislação fiscal em questão;
- na informação aos cidadãos, as empresas devem ter em devida conta os custos, a confidencialidade e os fatores de natureza concorrencial e a proteção dos direitos de propriedade intelectual;
- mesmo no caso de alterações que possam ter efeitos significativos nos meios de vida de seus trabalhadores, como o fechamento de uma entidade que implique encerramento do contrato de trabalho ou demissões coletivas, prevê a possibilidade de falta de notificação com antecedência para os representantes dos trabalhadores e autoridades públicas competentes, concedendo que as circunstâncias específicas de cada caso sejam tomadas em consideração.

O documento da OCDE prevê que as informações sobre os procedimentos, fatos, argumentos e opiniões apresentados no caso relatado ao PNC também serão mantidos em sigilo, bem como o resultado, sob a vaga justificativa de que "às vezes será melhor não divulgar os fatos publicamente". Nas Diretrizes não há menção a diferenças entre os níveis salariais da empresa subsidiária em um país subdesenvolvido e da empresa matriz, nem a diferenças salariais entre os níveis hierárquicos da organização.

3.3.9 Inexistência de controle efetivo das empresas multinacionais

Não há regulação, por parte dos estados nacionais ou em escala supranacional, para coibir abusos de conduta das empresas, assim como não há controle efetivo sobre elas na conformação de diretrizes de RSC para garantir uma atuação responsável socialmente, independentemente de elas terem se declarado comprometidas com a RSC. Essa falta de

---

67 OCDE, 2013.

controle contrasta com toda a retórica que se estende ao longo dos documentos com respeito à relevância da RSC para a consecução de objetivos de desenvolvimento social.

Além das questões discutidas ao longo desse documento, a ausência de controle se configura pelo fato de que o compromisso com a RSC é instituído por códigos de comportamento autodeterminados, a aceitação da voluntariedade de atendimento aos preceitos da responsabilidade social e da impossibilidade de verificação das ações relatadas nos relatórios de responsabilidade social.

A maioria das abordagens de RSC entende esse conceito como algo aberto à integração voluntária da empresa, tendo esta como parâmetro preocupações sociais e ambientais em suas operações comerciais e nas relações com seus interlocutores. Assim, deixa-se a cargo das mesmas empresas a decisão de resolver os problemas sociais em que estão envolvidas.

Os códigos de conduta autodeterminados acabam sendo o principal documento de reconhecimento do compromisso da empresa com a RSC. No entanto, a implementação formal de um código de conduta na empresa não garante que os valores e normas ali estabelecidos serão apreciados e praticados.

Não há possibilidade de verificação das ações comunicadas nos relatórios de responsabilidade social. Nem todas as organizações que se declaram socialmente responsáveis e elaboram relatórios em que declaram fazer investimentos sociais apresentam evidências da dimensão financeira de seus esforços nesse sentido. Por outro lado, evitam divulgar ações ou omissões que impactam negativamente a sociedade.

O estabelecimento de diretrizes para que as empresas divulguem informações sobre sua responsabilidade social, sem que se estabeleça mecanismos institucionais de verificação do cumprimento, fornece-lhes a possibilidade de utilização da ideia de responsabilidade social apenas como uma ferramenta de *marketing*, sem a correspondência de um comportamento socialmente responsável. Assim, é possível que a noção de RSC seja usada principalmente para manipular a opinião da sociedade sobre seu desempenho, como no caso de divulgação de informações ambientais por empresas envolvidas em crimes ambientais. E altamente provável que as manifestações "voluntárias" venham a fazer mais mal do que bem para a justiça social, gestão ambiental e sustentabilidade.[68]

3.3.10 Proteção dos interesses e maximização da criação de valor para os acionistas como finalidade

Atualmente, a concepção de RSC cumpre o importante papel de recuperar a confiança do conjunto da sociedade nas grandes empresas. A profusão de organismos, debates,

---

[68] GRAY, R. *Taking a long view on what we now know about social and environmental accountability and reporting*. Centre for Social and Environmental Accounting Research, School of Management, University of St Andrews, St Andrews, Scotland, 2005. Disponível em: <https://www.st-andrews.ac.uk/media/csear/discussion-papers/CSEAR_dps-socenv-longview.pdf>. Acesso em: 29 jul. 2018.

documentos, instrumentos de certificação etc. deu corpo e um caráter institucional ao que hoje é reconhecido como *responsabilidade social corporativa*, à qual as empresas podem associar sua imagem para potencializar o valor da marca, a ampliação da carteira e a fidelização de clientes, e favorecer seus interesses de forma geral, entre os quais se incluem as reduções de custos que o "amortecimento" das cobranças de reparação dos impactos, um aparato de RSC, pode proporcionar.

Esses benefícios decorrem essencialmente da publicidade de seu comprometimento com a RSC e da divulgação de relatórios de sustentabilidade e de responsabilidade social. No entanto, o estabelecimento de diretrizes para que as empresas divulguem informações sobre sua responsabilidade social sem a possibilidade de verificação de seu desempenho efetivo fornece-lhes uma ferramenta de *marketing* muito útil – ferramenta a que termina se reduzindo a RSC – e, mais grave, pode implicar efeitos contrários à obtenção de um comportamento socialmente responsável, servindo essencialmente como um instrumento de criação de valor para os acionistas/proprietários da empresa em detrimento dos interesses de justiça social e proteção ambiental.

A utilização da instituição RSC como estratégia de *maximização da criação de valor* está subjacente em grande parte dos estudos e discussões relacionados à RSC, em que se trata das vantagens financeiras da adoção dessa estratégia para a conquista de maior competitividade e de uma melhor imagem corporativa.[69] Por mais louvável que seja o objetivo inicial de melhorar o bem-estar de outros, retorna-se a interpretação da responsabilidade social corporativa para que seja aquela cuja gestão não seja dissonante com a finalidade da empresa em maximizar a riqueza dos acionistas. Se assim é interpretada, não merece a qualificação do termo social para o escopo adotado em responsabilidade social corporativa.[70]

3.4 LIMITES E POSSIBILIDADES: CAMINHOS PARA UMA ECONOMIA MAIS RESPONSÁVEL POR MEIO DA ATUAÇÃO POSITIVA E PROATIVA DO GOVERNO E DA SOCIEDADE

O problema da atuação das grandes empresas multinacionais é essencialmente de natureza moral. Existe uma dimensão subjetiva, conformada pelos diferentes papéis que os indivíduos desempenham – cada um em sua posição de poder, de interesses e de valores –, que indica que a atual situação de distribuição de renda muito desigual é resultado inevitável do processo econômico, mas é a consequência da história das decisões.

---

[69] PINEDA, A. A. A. De la responsabilidad social empresarial a la responsabilidad organizacional ambiental: aproximaciones a una ambientalización del pensamiento administrativo-organizacional. *Revista Gestión y Región*, n. 9, 2010, p. 29-52. Disponível em: <http://biblioteca.ucp.edu.co/ojs/index.php/gestionyregion/article/view/938/0>. Acesso em 28 jul. 2018.

[70] SALAS, V. ¿Sustituye la responsabilidad social al buen gobierno de la empresa? *Economistas*, n. 106, p. 4-11, nov. 2005.

No que tange aos documentos que atualmente predominam como principal referência de RSC, a lógica subjacente não só não se materializa em mecanismos institucionais efetivos para obter uma resposta responsável das empresas, mas lhes dá mais poder para submeter Estados e indivíduos aos interesses corporativos, com o acirramento dos problemas sociais em todo o planeta.

Nos termos dos documentos de referência, promove-se a intensificação da abertura dos mercados e a desregulamentação laboral e dos mercados financeiros, mecanismos para expansão dos grandes grupos corporativos para as economias em condições econômico-sociais e, principalmente, laborais mais precárias. Esses profundos impactos na organização social são "invisíveis" nos procedimentos de relatórios de responsabilidade social. Não apenas porque as empresas não divulgam os impactos negativos que causam, mas principalmente porque o desenho institucional de RSC, tal como se apresenta hoje nos principais documentos de referência, não contempla a dimensão política da atuação das empresas nem seus efeitos nefastos para a soberania dos países, sua democracia, o bem-estar das pessoas e a emancipação dos povos.

Assim, ao contrário do que se delineia nos principais documentos de referência de RSC, as soluções não devem permanecer no plano de recomendações e de declaração de intenções, mas exigem medidas imediatas por parte dos Estados e de governos para coibir os abusos das grandes organizações e possibilitar resultados efetivos a curto prazo, além da redução dos impactos sociais causados. Torna-se necessário estabelecer uma regulação mínima, que marque os comportamentos essenciais a serem respeitados pela comunidade empresarial em escala global e no comércio internacional entre nações. De acordo com a Anistia Internacional, os Economistas Sem Fronteiras e a Intermom Oxfam, a RSC deve ser regulada de maneira efetiva e baseada na legislação internacional pertinente.

Os direitos laborais são o principal aspecto de regulação para efeito imediato nas condições de vida da maior parte da população mundial. O trabalho é de importância vital tanto para a produção de riqueza no mundo quanto para o atendimento das necessidades humanas, bem como para constituir um exercício de dignidade – e o emprego é um elemento-chave. Isso significa colocar o emprego pleno e produtivo e o trabalho decente como objetivo principal. Estados devem tomar as medidas necessárias para garantir que as empresas paguem salários justos. Um dos mecanismos para o tratamento das desigualdades nos níveis de renda é o estabelecimento de indicadores objetivos para a definição de salários mínimos e de padrões objetivos de direitos trabalhistas.

São necessárias medidas mais efetivas para o combate à discriminação de gênero e às barreiras que impedem o avanço das mulheres no acesso ao trabalho digno; a garantia de serviços de educação e saúde; a consideração plena do trabalho não remunerado das mulheres em todo mundo. Além dos aspectos da própria subsistência, as mulheres são as responsáveis, por excelência, pela formação educacional e emocional das sucessivas gerações. Em muitos casos, são as únicas responsáveis pelo sustento dos filhos. Dessa forma, a promoção da igualdade de gênero é um fator essencial para a erradicação das desigualdades globais na geração presente e nas gerações futuras.

À parte das funções do Estado, é preciso que a sociedade civil se organize para promover essas medidas, bem como para dar suporte aos governos na sua implementação. Também deve instituir-se o controle social da atuação das empresas de forma permanente, com a verificação da adequação dos processos de gestão, de seus efeitos a princípios éticos e aos objetivos de responsabilidade social e de sustentabilidade, assim como das informações prestadas pelas organizações. Os Estados e governos devem apoiar as iniciativas da sociedade civil, como órgãos externos independentes – tais como observatórios de responsabilidade social, auditoria cidadã, fórum de transparência etc. –, bem como podem se apoiar nesse trabalhos de controle social. Ou seja, é com a sociedade civil – em seus interesses de bem-estar coletivo e de preservação ambiental – que os Estados e governos devem estabelecer parcerias e trabalhar em cooperação, e não com as empresas multinacionais, como preconizado nos documentos de referência.

A Oxfam apresenta medidas, algumas exibidas no Quadro 3.2, para criar um senso comum e desenhar uma economia humana, buscando restituir um papel positivo e proativo ao governo e, ao mesmo tempo, o ressurgimento da verdadeira democracia e a proteção do espaço público.[71]

Quadro 3.2 Medidas para restituir um papel positivo e proativo ao governo

1	Mecanismos robustos para promover a representação dos cidadãos e cidadãs e a supervisão do planejamento e da tomada de decisões governamentais. Incluem orçamentos participativos, ouvidoria e canais de democracia participativa. Os cidadãos e cidadãs devem ser envolvidos na formulação de novos indicadores de progresso para definir as metas do governo e o propósito da economia.
2	Promoção e preservação do espaço cívico. Essencial para alcançarmos uma maior igualdade. Pode ser ativamente promovida mediante o financiamento de organizações de mulheres, que constituem o espaço legal no qual elas podem se organizar livremente, e do treinamento em ações de *advocacy*.
3	Garantir que diversos grupos de pessoas concorram e consigam se eleger a cargos públicos, para que as elites não sejam as únicas a elaborar e implementar leis.
4	Revitalização do planejamento econômico e do investimento estratégico por parte dos Estados com objetivo de alcançar resultados progressistas. O investimento governamental é fundamental para promover a pesquisa e o desenvolvimento de inovações tecnológicas.

(continua)

71 OXFAM, 2017.

(continuação)

5	Reconhecimento de que o governo é o prestador mais eficiente e eficaz de diversos serviços públicos, além de garantidor, sobretudo dos que envolvem monopólios naturais ou valores que não se refletem adequadamente no preço.
6	Aumentar a quantidade de impostos progressivos cobrados de indivíduos ricos e corporações para garantir que eles paguem sua parcela justa e, consequentemente, a sociedade se torne mais equitativa.
7	Promover novos modelos de negócios que sejam orientados para o longo prazo e não busquem apenas a maximização do lucro a qualquer custo.
8	Investir na criação de empregos, especificamente em serviços públicos e infraestruturas sociais, poderia criar mais postos de trabalho que conferissem o devido valor ao trabalho não remunerado geralmente desempenhado pelas mulheres - e que gera benefícios para todos. O emprego informal deve ser reconhecido, protegido e aprimorado, de modo a garantir os direitos e a proteção dos trabalhadores da economia informal.
9	Meios de comunicação independentes e livres da influência do governo e de elites ricas.
10	Registros públicos obrigatórios de atividades de lobby e normas mais robustas para conflitos de interesse, limites para o financiamento de campanhas e transparência total de interesses na interação entre dinheiro e política.
11	Comissões nacionais públicas sobre desigualdade para realizar avaliações anuais sobre opções em termos de políticas - regulação, impostos, gastos públicos e privatização - e seu impacto na melhoria da renda, da riqueza e das liberdades de todos e todas e na minimização da desigualdade.
12	Comissário para "gerações futuras" poderia ajudar a garantir processos sustentáveis de elaboração de políticas.

Fonte: adaptado de OXFAM, 2017.

Também se observam recomendações de medidas mais objetivas, exibidas no Quadro 3.3, voltadas para o combate à desigualdade, como o apelo feito aos governos, instituições e empresas – e especialmente aos líderes mundiais, incluindo aqueles que se reúnem no Fórum Econômico Mundial em Davos – para abordar os fatores que causaram a atual explosão de desigualdade, como descrito no quadro a seguir.

Quadro 3.3 Medidas para reduzir as desigualdades propostas pela Oxfam

1	Fazer com que os governos trabalhem para os cidadãos e enfrentar a extrema desigualdade.	Entre os compromissos específicos que devem ser feitos estão: concordar com uma meta pós-2015 dedicada a erradicar a extrema desigualdade até 2030; Comissões nacionais de desigualdade; divulgação pública de atividades de lobby; liberdade de expressão e liberdade de imprensa.
2	Promover a igualdade econômica e os direitos das mulheres.	Entre os compromissos específicos que devem ser feitos estão: a compensação pelo trabalho não remunerado; acabar com a diferença salarial entre homens e mulheres; igualdade entre homens e mulheres na herança e direitos à terra; coleta de dados para avaliar os efeitos da política econômica sobre meninas e mulheres.
3	Pagar aos trabalhadores um salário digno e reduzir as diferenças com os salários exorbitantes dos gerentes.	Entre os compromissos específicos que devem ser feitos estão: elevar os salários mínimos até que se tornem salários dignos; avançar para uma razão entre o salário mais alto e o salário médio de 20: 1; transparência em relação ao rateio salarial; proteção do direito dos trabalhadores à associação e greve.
4	Distribuir a carga tributária de maneira justa e equitativa.	Entre os compromissos específicos que devem ser assumidos estão: a transferência da carga tributária da mão de obra e do consumo para o patrimônio, o capital e a renda derivada desses ativos; transparência nos incentivos fiscais; aplicar impostos nacionais sobre o capital e explorar a possibilidade de um imposto global sobre a riqueza.
5	Reduzir as lacunas legais em impostos internacionais e deficiências em sua governança.	Entre os compromissos específicos que devem ser feitos estão: uma reforma que envolva a participação igualitária dos países em desenvolvimento e a criação de um novo órgão de governança global para questões fiscais; elaboração de relatórios públicos desagregados por país; registros públicos dos beneficiários efetivos; intercâmbio multilateral e automático de informações fiscais, também com países em desenvolvimento que não podem fornecer essas informações; acabar com o uso de paraísos fiscais por meio de uma lista negra e sanções; fazer com que as empresas tributem de acordo com sua atividade econômica real.
6	Alcançar serviços públicos universais gratuitos para todas as pessoas até 2020.	Entre os compromissos específicos que devem ser feitos estão: eliminar as taxas de usuários; cumprir compromissos de gastos; deixar de conceder subsídios públicos à prestação de serviços de saúde e educação por empresas privadas para fins lucrativos e rever os já existentes; excluir serviços públicos e medicamentos de acordos de comércio e investimento.

(continua)

(continuação)

7	Modificar o sistema global de pesquisa e desenvolvimento (P & D) e precificação de medicamentos para garantir o acesso de todas as pessoas a medicamentos adequados e acessíveis.	Entre os compromissos específicos que devem ser feitos estão: um novo tratado global sobre I & D; aumentar o investimento em medicamentos, incluindo genéricos que são acessíveis; excluir as regras de propriedade intelectual dos acordos comerciais.
8	Estabelecer uma base para a proteção social universal.	Entre os compromissos específicos que devem ser feitos estão: serviços universais para o cuidado de crianças e idosos; renda mínima garantida por meio de subsídios universais para filhos dependentes, benefícios de desemprego e pensões.
9	Alocar financiamento para o desenvolvimento da redução da desigualdade e da pobreza e fortalecer o pacto entre os cidadãos e seus governos.	Entre os compromissos específicos que devem ser feitos estão: aumentar o investimento de doadores em serviços públicos gratuitos e mobilização de recursos domésticos; avaliar a efetividade dos programas em virtude de sua maneira de apoiar a cidadania para que ela enfrente a desigualdade, assim como em termos de promover a participação democrática.

Fonte: adaptado de OXFAM, 2015.

Para a Oxfam, a globalização não pode continuar a promover uma corrida implacável em relação a direitos trabalhistas e fiscais, e considera que um governo responsável constitui a maior arma contra a desigualdade extrema. O produto da atividade empresarial deve beneficiar os que o possibilitaram e criaram – a sociedade, os trabalhadores e as comunidades locais.

3.4.1 Uma nova forma de viver e de se organizar em sociedade

A forma como a economia está se desenvolvendo é consequência das decisões da coletividade. Nossas atitudes habituais, consciente ou inconscientemente, fomentam a própria escassez e insuflam conflitos locais e internacionais. A economia predominante é insustentável ecológica e socialmente e precisa ser modificada desde as bases.[72] Com essa compreensão, a mudança na situação atual de nossa economia deverá partir da atitude de cada pessoa, em sua área de atividade e em seu âmbito de atuação. De acordo com Satish Kumar, educador e ativista social, não se pode separar mudança individual e

---

72 SILVA, P. R. *Consciência e abundância*. Niterói: Percepção, 2009.

mudança social. O indivíduo não pode mudar se a sociedade que o rodeia é materialista, consumista e desperdiça.[73] E a sociedade não muda se os indivíduos não mudam sua forma de pensar e sua atitude.

Entre as mudanças fundamentais está a mudança no modo de consumir. Ao longo do tempo se incutiu na sociedade a ideia de que quanto mais posses e bens, melhor o nível de vida. Deve ser reconhecido que menos é melhor e buscar a redução e até eliminação dos excessos de consumo e do consumo de produtos supérfluos. Isso, além de reduzir a necessidade de recursos financeiros, permite uma vida mais equilibrada. Ainda, com a redução do consumo de insumos, são reduzidos os estímulos para o excesso de produção e a produção de lixo. Isso deve ser levado em conta especialmente com relação ao consumo de alimentos e produtos nocivos, o que, além de evitar os danos à saúde e ao meio ambiente, retira a fonte de renda das empresas que se dedicam a produção desses tipos de produto. Também é preciso abster-se de consumir produtos e serviços de empresas envolvidas com práticas de violação dos direitos humanos, de degradação do meio ambiente, de corrupção e conduta antiética. Isso vale inclusive para os produtos não tangíveis, como a programação dos meios de comunicação de massa que não se apresente coerente com esses valores. Outra medida é reduzir ou eliminar desperdícios. Neste momento, nosso modo de vida é pegar as coisas, usar e jogar fora. A eliminação dos desperdícios – inclusive de energia e demais recursos – também permite que as pessoas necessitem consumir menos.

Outra medida imprescindível é priorizar e desenvolver a economia local. Atualmente, as cidades dependem muito do exterior. Grande parte do comércio é baseada na importação, de longa distância, de bens e serviços. No entanto, segundo Satish Kumar, 80% do que necessitamos deveria ser local e somente 15% a 20% ser internacional. Será necessário redesenhar nossas cidades para a produção de comida, a instalação de granjas e hortas urbanas, incluindo a área ao redor delas, em um raio de 30 a 40 km. Deve haver a produção de tudo o que se necessita na cidade: comida, roupas etc. A ideia é tornar a cidade o mais autossuficiente possível, de tal forma que ela e o campo que a rodeia se complementem; que a cidade beneficie o campo e vice-versa. Com isso, além de diminuir a dependência de produtos vindos de outros lugares, estimula-se o desenvolvimento econômico e social local e ainda se reduz o uso excessivo dos combustíveis fósseis pelo transporte de mercadorias por longas distâncias. Combustíveis fósseis são incompatíveis com uma economia que efetivamente prioriza as necessidades da maioria. A poluição do ar provocada pela queima de carvão causa milhões de

---

[73] KUMAR, S. No se pueden separar el cambio individual y el cambio social. *Revista Namaste*, Zaragoza, n. 5, mar. 2007.

mortes prematuras em todo o mundo, enquanto a devastação causada pelas mudanças climáticas afeta mais intensamente os mais pobres e mais vulneráveis.[74]

Outro aspecto a ser considerado é que é preciso *retirar a economia do foco da existência*. O objetivo mais importante da sociedade, neste momento, é seguir aumentando o nível de vida econômico, quando as prioridades deveriam ser a comunidade, a felicidade, as relações, a arte, a cultura e a espiritualidade. A economia deveria estar a serviço dessas finalidades, em vez de ser a finalidade principal. Inúmeras ações sustentáveis estão sendo propostas e praticadas nesse sentido – trabalho voluntário, ética para o novo milênio, simplicidade voluntária, economia solidária, ecovilas, reservas privadas do patrimônio natural, cooperativismo, balanço social, consumo consciente, *slow food*, economia de emissão zero, cidadania mundial, ócio criativo, economia da atenção etc. Porém, carecem de um respaldo técnico que as interligue e estenda para o cotidiano de muito mais pessoas.[75]

No que se refere ao trato com a natureza, atualmente grande parte das pessoas pensa que o ser humano é superior às demais espécies da Terra, e que estas estão aí para nos servir. Porém, é preciso formar a compreensão de que fazemos parte da natureza tanto quanto as demais espécies e desenvolver um novo sentido para as relações e a interdependência com todas as espécies da Terra. Na visão de Capra e Luisi,[76] uma comunidade sustentável é planejada de tal maneira que seus modos de vida, negócios, economia, estruturas físicas e tecnologias *não interferem na capacidade inerente da natureza de sustentar a vida*.

Com base na compreensão sistêmica dos ecossistemas, os autores formularam um conjunto de princípios de organização que podem ser usados como diretrizes para construir comunidades humanas sustentáveis:

- **interdependência:** o sucesso de toda a comunidade depende do sucesso de seus membros individuais, enquanto o sucesso de cada membro depende do sucesso da comunidade como um todo;
- **natureza cíclica dos processos ecológicos:** todos os organismos de um ecossistema produzem resíduos, mas o que é resíduo para uma espécie, é alimento para outra, de modo que o ecossistema como um todo permanece sem resíduos sólidos;
- **energia solar:** a energia solar em suas muitas formas – luz solar para o aquecimento e a produção de eletricidade fotovoltaica, energia eólica e hidráulica,

---

74 OXFAN, 2017.

75 SILVA, 2009.

76 CAPRA, F.; LUISI, P. L. *A visão sistêmica da vida*: uma concepção unificada e suas implicações filosóficas, políticas, sociais e econômicas. São Paulo: Cultrix-Anama Key, 2014.

biomassa etc. – é o único tipo de energia que é renovável, economicamente eficiente e ambientalmente benigno;

- **parceria:** é a tendência para se associar, para estabelecer vínculos, para cooperar – é um dos "selos de qualidade" da vida, indicando seu grau de excelência e legitimidade.

A esses princípios somamos a preservação da água, não como "um componente-chave do desenvolvimento econômico", mas como um bem comum e direito fundamental de todos os povos. Esse recurso está ameaçado por uma sanha privatizante e um uso abusivo. Formaram-se grandes corporações capitalistas globais para negociar a água, base da vida, como mercadoria em busca de lucros e acumulação. No mundo todo, há uma disputa de empresas pela gestão dos sistemas de captação, tratamento e abastecimento de água, particularmente nas grandes metrópoles. Em muitas delas ao redor do mundo, após desastrosas privatizações, a cidadania ativa conseguiu impor uma reversão, voltando a tratar a água com um bem comum a ser gerido por órgãos públicos.[77]

3.4.2 Estratégias de atuação da sociedade

Com a compreensão do panorama atual e das mudanças necessárias, é preciso compartilhar essa consciência, no dia a dia, na interação em nossos ambientes de atuação para desenvolver novos valores na sociedade, pois se cada pessoa vive sua vida individualmente, sem compartilhar, não se pode transformar a sociedade. A partir daí, é preciso organizar-se em grupos pequenos para ampliar as possibilidades de compartilhamento dessa consciência, assim como para criar movimentos sociais, ecológicos, políticos e espirituais que se convertam em ações de mudança na sociedade. É um movimento naturalmente holístico, de muitas estratégias e frentes de atuação. Algumas pessoas trabalharão na transformação da economia, outras na transformação da agricultura, da educação, da vida pessoal, dentro do estabelecido.[78]

Entre as ações imprescindíveis está a educação das novas gerações nessa nova consciência. Para isso, é preciso formar educadores com base nesses valores e premissas. Pode-se iniciar pela organização de um programa de formação *por* e *para* aqueles que estejam despertos para essa nova realidade. O passo seguinte seria influenciar o delineamento dos conteúdos e formas do processo de ensino-aprendizagem formal a ser implementado nas escolas, permeando esses novos valores ao longo de todo o Ensino Fundamental e do Ensino Médio. Em alguns poucos anos já será possível sentir essa mudança no comportamento das novas gerações. Na Educação Superior, o aprendizado

---

77 GRZYBOWSKI, C. Água: um bem comum ameaçado. *Instituto Brasileiro de Análises Sociais e Econômicas (iBASE)*, 26 mar. 2018. Disponível em: <http://ibase.br/pt/opiniao/agua-um-bem-comum-ameacado>. Acesso em: 29 jul. 2018.

78 KUMAR, 2007.

precisa se tornar uma habilidade crítica para todos os cidadãos, mas precisa alcançar principalmente os líderes empresariais e profissionais de todas as esferas, além de políticos. Essa deveria ser a parte mais importante da educação, especialmente no nível universitário, em que certos tipos de conhecimento e certos valores são ensinados aos líderes de amanhã.[79]

Outras ações desejáveis são prestar respaldo técnico e demais formas de apoio e difusão às iniciativas sustentáveis; estruturar e prestar informação sobre os impactos sociais e ao meio ambiente das organizações que atuam na economia, por exemplo, aqueles relacionados ao consumo excessivo de água. É preciso também apoiar e difundir o trabalho de organizações que atuem no controle social das ações das organizações de mercado; cooperar com os órgãos públicos na definição e na implementação de políticas públicas de estímulo a uma sociedade sustentável; pressionar os órgãos públicos na implementação de medidas para coibir ações lesivas ao bem-estar social e à preservação do meio ambiente etc.

A solução está em promover a conscientização dos governos, trabalhadores e organizações da sociedade civil e em criar as condições para a inibição de poderes paralelos, que ignorem a necessidade de trabalhar pelo bem-estar de todos os seres do planeta. Por outro lado, a sociedade como um todo precisa assumir sua responsabilidade de se tornar uma civilização sustentável, seja agindo ou promovendo a atuação responsável.

---

[79] KUMAR, 2007.

PARTE II

ÉTICA E RESPONSABILIDADE SOCIAL NOS NEGÓCIOS: INTEGRANDO AGENTES E AGENDAS PELA SUSTENTABILIDADE E DESENVOLVIMENTO SUSTENTÁVEL

CAPÍTULO 4

UM METAMODELO DAS ORIENTAÇÕES ESTRATÉGICAS PARA A RESPONSABILIDADE SOCIAL NOS NEGÓCIOS

Patricia Almeida Ashley

4.1 APRESENTAÇÃO

Vários discursos organizacionais e ferramentas gerenciais vêm sendo apresentados e oferecidos para orientar a gestão de empresas quanto à responsabilidade social corporativa, o que pode gerar certa confusão acerca do sentido que se quer dar à RSC.

Neste capítulo, apresenta-se uma linguagem para o conceito de RSC por meio de um modelo genérico, o qual está fundamentado em uma abordagem conceitual sistêmica ampla para as relações negócio-sociedade, resultado da revisão e discussão da literatura contemporânea sobre o tema.

Para tanto, veremos a empresa como uma rede de relacionamentos entre *stakeholders* associados ao negócio, contextualizada no tempo e no espaço, e que se encontra diante de desafios éticos e da busca pela congruência entre discurso e prática empresarial.

4.2 ORIENTAÇÕES ESTRATÉGICAS DAS EMPRESAS QUANTO À RESPONSABILIDADE SOCIAL

Para facilitar o entendimento e a análise das possíveis orientações estratégicas das empresas quanto à RSC, podemos, preliminarmente, considerar as alternativas de orientação estratégica a seguir como representativas do foco fundamental da relação da empresa com cada grupo de *stakeholders*. Elas podem ser combinadas entre si. O posicionamento de cada empresa estará associado aos princípios e valores da cultura dominante em sua gestão e ao perfil cultural e legal do contexto em que ela realiza suas operações de negócio, refletindo-se na orientação estratégica para a RSC.

Na *orientação estratégica para as relações com o capital nos requisitos jurídico-institucionais*, a responsabilidade social da empresa é entendida como a maximização do lucro por meio do estrito cumprimento de suas obrigações definidas e regulamentadas em lei, em suas diversas formas e instrumentos, seja em escala internacional, seja nacional ou subnacional. Essa orientação relaciona-se à visão clássica de Milton Friedman[1] a respeito da responsabilidade social: atender aos interesses dos acionistas atuando nos limites definidos em lei.

A responsabilidade social é vista sob os aspectos econômico-financeiro e jurídico-institucional: conciliar o que a lei estabelece (ou não proíbe) com o que faça aumentar os lucros para os proprietários do capital da empresa, gerando valor para os acionistas. Pela orientação estratégica para as relações com o capital nos requisitos jurídico-institucionais, cuidar do aspecto social e ambiental como função ou finalidade não caberia à empresa, mas ao Estado, aos mandatos governamentais e aos organismos multilaterais em seus tratados e acordos internacionais,[2] aos quais caberia também desenvolver todo o aparato jurídico-institucional para o desenvolvimento das pautas sociais e ambientais.

Pode-se argumentar que o balanço social e o demonstrativo de valor adicionado, quando apenas apresentam indicadores do que a legislação exige no cumprimento da atividade empresarial, são bem-vindos para sua incorporação no modelo de negócios para esse tipo de orientação estratégica quanto à responsabilidade social. Entretanto, em um contexto de incertezas jurídicas, econômicas e sociais, a orientação estratégica para as relações com o capital nos requisitos jurídico-institucionais é arriscada caso a empresa não conte com equipe para a apresentação de novas pautas empresariais para a atualização da legislação e o monitoramento do ambiente jurídico-institucional. Nessa orientação, a empresa precisa estar preparada para antecipar mudanças de posicionamento e atitude do contexto em que realiza suas operações. O que é permitido hoje pode ser proibido no futuro ou o que não é ainda vislumbrado pode ser incorporado em novos marcos legais nacional ou internacionalmente, especialmente em um ambiente cada dia mais transparente e conectado, em que se atualizando e harmonizando cada vez mais rapidamente o conhecimento entre contextos jurídicos comparados em um mercado de relações globais.

O Quadro 4.1 exibe propostas legislativas em escala nacional que possam vir a modificar aspectos de requisitos da lei quanto à responsabilidade social, de forma que ilustra a dinâmica histórica de contextos jurídico-institucionais com base em novas demandas e propostas legislativas. Esses requisitos podem ser gerados, inclusive, na interação entre as escalas global e nacional quanto a novos vetores para a atualização de

---

1 FRIEDMAN, R. E. The social responsibility of business is to increase its profits. *New York Times Magazine*, 13 set. 1970. Disponível em: <https://www.nytimes.com/1970/09/13/archives/a-friedman-doctrine-the-social-responsibility-of-business-is-to.html>. Acesso em: 25 out. 2010.

2 A exemplo da Organização das Nações Unidas e de seus diversos organismos multilaterais.

marcos legais e regulatórios, inclusive renovando os que impeçam o avanço e a melhoria de tais marcos legais em benefício de empresas que atuem pela responsabilidade social.

Quadro 4.1 Relatório de Proposições na Câmara dos Deputados do Brasil - Resultado da Pesquisa do Termo: Responsabilidade social (palavra exata) - Em 06/05/2018

Proposições	Ementa	Autor	UF	Partido	Apresentação	Situação
PL 64/ 2007	Cria o Índice Nacional de Responsabilidade Social - INRS e o Cadastro Nacional de Inadimplentes Sociais (CNIS).	Vanderlei Macris	SP	PSDB	06/02/2007	
PL 4512/ 2001	Cria o Índice Nacional de Responsabilidade Social (INRS), e o Cadastro Nacional de Inadimplentes Sociais (CNIS), e dá outras providências.	Orlando Fantazzini	SP	PT	18/04/2001	Arquivada
PL 6755/ 2006	Dispõe sobre a introdução de temas relacionados à responsabilidade social das empresas e à cidadania corporativa nos currículos de educação superior.	Laura Carneiro	RJ	PFL	16/03/2006	Arquivada
PL 4072/ 2012	Altera a Lei n. 9.610, de 19 de fevereiro de 1998, que "altera, atualiza e consolida a legislação sobre direitos autorais e dá outras providências" (Lei de Direito Autoral - LDA), para dispor sobre o direito autoral de obra audiovisual, a gestão coletiva de direito audiovisual, e a responsabilidade social e a transparência do escritório de arrecadação e distribuição audiovisual, e dá outras providências.	Rogério Carvalho	SE	PT	14/06/2012	Tramitando em Conjunto

(continua)

(continuação)

PL 4941/ 2013	Institui o Conselho de Gestão Fiscal e Responsabilidade Social (CGFRS) e cria o Índice Brasileiro de Responsabilidade Social (IBRS).	Sandra Rosado	RN	PSB	05/02/2013	Arquivada
PL 1787/ 2015	Institui o Conselho de Gestão Fiscal e Responsabilidade Social (CGFRS) e cria o Índice Brasileiro de Responsabilidade Social (IBRS).	Eliziane Gama	MA	PPS	02/06/2015	
PL 7732/ 2017	Acrescenta parágrafo ao art. 47 da Lei n. 9.394, de 1996, de diretrizes e bases da educação nacional, para dispor sobre a participação obrigatória do estudante em atividades ligadas à responsabilidade social das instituições públicas de educação superior.	Carlos Henrique Gaguim	TO	PODE	25/05/2017	Aguardando Designação de Relator
PL 7404/ 2010	Institui a Semana Nacional da Responsabilidade Social.	Maurício Rands	PE	PT	26/05/2010	
PL 2304/ 2003	Altera a Lei n. 8.666, de 21 de junho de 1993, Lei de Licitações e Contratos da Administração Pública, estabelecendo a Responsabilidade Social como critério de desempate em licitações públicas.	Reginaldo Lopes	MG	PT	15/10/2003	
PL 5668/ 2001	Dispõe sobre a introdução de temas relacionados à responsabilidade social das empresas e à cidadania corporativa nos currículos de educação superior.	Laura Carneiro	RJ	PFL	06/11/2001	Arquivada

(continua)

(continuação)

PL 3546/ 2000	Altera a Lei n. 8.666, de 21 de junho de 1993, lei de licitações e contratos da administração pública, estabelecendo a Responsabilidade Social como exigência para participação de licitações públicas.	Antonio Palocci	SP	PT	12/09/2000	Arquivada
PL 4448/ 2001	Cria o Índice Nacional de Responsabilidade Social e o Cadastro de Inadimplentes Sociais (CADIS).	João Paulo	SP	PT	04/04/2001	Arquivada
PLP 250/ 2001	Estabelece normas e procedimentos de responsabilidade social para o Estado.	Darcísio Perondi	RS	PMDB	11/10/2001	Arquivada
PL 1305/ 2003	Dispõe sobre a Responsabilidade Social das Sociedades Empresárias e dá outras providências.	Bispo Rodrigues	RJ	PL	24/06/2003	Arquivada
PLP 94/ 2003	Estabelece normas e procedimentos de responsabilidade social para o Estado.	Darcísio Perondi	RS	PMDB	10/09/2003	Arquivada
PL 4751/ 2005	Institui o Ano de 2006 como o "Ano da Responsabilidade Social".	Wladimir Costa	PA	PMDB	16/02/2005	Arquivada
PLP 264/ 2007	Altera a Lei Complementar n. 101, de 4 de maio de 2000 - Lei de Responsabilidade Fiscal, para definir objetivos e metas de responsabilidade social.	LEGISLAÇÃO PARTICIPATIVA			20/12/2007	Tramitando em Conjunto

(continua)

(continuação)

PEC 427/ 2009	Altera o art. 193 da Constituição Federal. Estabelece a exigência de lei complementar para avaliar por meio de indicadores de responsabilidade social o dispositivo sobre a Ordem Social.	Senado Federal - Lúcia Vânia	GO	PSDB	04/11/2009	Aguardando Criação de Comissão Temporária
PL 5337/ 2009	Institui o Prêmio Frei Galvão do Mérito Social e dá outras providências.	Senado Federal - Jayme Campos	MT	DEM	03/06/2009	Aguardando Designação de Relator

Fonte: CÂMARA DOS DEPUTADOS, seção Projetos de Lei e Outras Proposições. Disponível em: <http://www.camara.leg.br/buscaProposicoesWeb/pesquisaAvancada>. Acesso em: 29 jul. 2018.

A *orientação para as relações de trabalho* vê a responsabilidade social como forma de atrair e reter funcionários com qualificação, promover uma boa imagem no mercado de trabalho, além de alcançar mercados protegidos por barreiras não tarifárias, por meio de estratégias como políticas de condições de trabalho que atendam a diretrizes internacionais, mesmo que acima dos padrões e da legislação nacional. Para a empresa que segue essa orientação, a RSC é uma responsabilidade básica da função de gestão de recursos humanos e inclui, geralmente, a adoção de códigos de conduta, de políticas de qualidade de vida no trabalho, de participação nos lucros, de oportunidades iguais e de padrões e acordos internacionais que servem de parâmetro para auditorias e certificações. Entretanto, as motivações e estratégias para a adoção de uma orientação para as relações de trabalho podem ser voluntárias ou compulsórias, neste caso, devido à pressão dos compradores ou de organizações de direitos humanos. O contexto institucional e político, além do tipo de setor industrial e econômico em vista das condições de mercado e marco regulatório específico, é determinante para se compreender as motivações de iniciativas de RSC, assim como podemos afirmar que a qualificação e os valores dos dirigentes e gestores, a maturidade no desenvolvimento de culturas de cidadania e solidariedade também influenciam esse contexto.

A *orientação para as relações com fornecedores e compradores* faz com que a responsabilidade social se mantenha pertinente às atividades comerciais e de operação do negócio, percorrendo a empresa e se transpondo para a cadeia de produção e consumo (ciclo de vida do produto). A base é o comércio ético, seja nacional, seja internacional, tanto com relação aos fornecedores – seleção, capacitação e retenção de fornecedores éticos em suas diversas dimensões (econômica, ambiental e social) – quanto com relação aos compradores – educação do consumidor ou comprador, informação recíproca sobre o cuidado com a seleção, uso e descarte de produtos e serviços. Um exemplo é o movimento de selos verdes e de rastreabilidade do produto, como é o caso do certificado de madeira vinda de florestas com manejo sustentável, do Forest Stewardship Council (FSC), movimento este vindo principalmente do mercado europeu, que está difundindo essa orientação para as empresas atuantes no mercado internacional.

Na *orientação para a prestação de contas (accountability)*, o foco é assegurar a transparência, comparabilidade e confiabilidade dos resultados de desempenho em indicadores ambientais, sociais e econômicos. Isso se consegue pela publicação de demonstrativos ou balanços sociais que utilizem padrões determinados, a exemplo dos propostos por organizações certificadoras – como o modelo da série de normas da AA 1000[3] – ou organizações apoiadoras/orientadoras – como os diversos modelos e recomendações em indicadores para relatórios de responsabilidade social e sustentabilidade, a exemplo dos propostos pelo Instituto Ethos de Empresas e Responsabilidade Social[4] e pela organização Global Reporting Initiative (GRI).[5] O público-alvo dos balanços sociais são o sistema financeiro e os investidores nacionais e internacionais, que buscam a padronização de indicadores para permitir a comparação de empresas.

Na *orientação para as relações com a comunidade* – ação social empresarial, investimento social privado ou benevolência empresarial, a visão utilizada pode ser: a do *marketing* relacionado à causa social, quando se condiciona a contribuição da empresa à venda ou ao consumo de determinado produto ou serviço, ou quando apenas se promove, na mídia, a captação de recursos de doadores da sociedade, do governo e institucionais para uma causa social; ou, alternativamente, pode ser a da inovação ou do *marketing* social, que ocorre quando a empresa atua com recursos próprios e de terceiros na mudança de comportamentos, valores e na efetiva inclusão social, por meio do teste de novas tecnologias de desenvolvimento social em parcerias com o governo e o terceiro setor. As empresas podem atuar por meio de campanhas periódicas, apoiadas fortemente na mídia (quando este é o tipo de negócio em que operam), o que facilita a captação de recursos, e/ou por meio de uma fundação ou instituição criada especificamente para esse fim ou um departamento ou setor responsável pela elaboração, seleção e apoio a projetos sociais.

No caso da *orientação para o ambiente natural e construído*, a responsabilidade social tem como objetivo a ecoeficiência, integrando fatores como tecnologia, recursos, processos, produtos,

---

3 A série de padrões da AA 1000, criada pela empresa AccountAbility, define melhores práticas para assegurar a qualidade da contabilidade, auditoria e relato social ético a partir de método de gestão que inclua diversos públicos e respectivos interesses que possam afetar ou serem afetados pela organização. A AA 1000 aplica-se a todos os tipos e portes de organizações (públicas, privadas e ONGs de todos os portes). Veja mais no *website* <http://www.accountability.org>. Acesso em: 13 ago. 2018.

4 O Instituto Ethos de Empresas e Responsabilidade Social é uma Oscip cuja missão é mobilizar, sensibilizar e ajudar as empresas a gerir seus negócios de forma socialmente responsável, tornando-as parceiras na construção de uma sociedade justa e sustentável. Veja mais no *website* <http://www3.ethos.org.br>.

5 A Global Reporting Initiative (GRI) apresenta-se como a pioneira internacional em padrões para relatórios de sustentabilidade, com ampla e metódica participação de diversos segmentos da sociedade, agentes econômicos e governamentais para atualização nas versões de padrões GRI para indicadores em relatórios de sustentabilidade. Veja mais no *website* <http://www.globalreporting.org>. Acesso em: 13 ago. 2018.

pessoas e sistemas de gestão. A série de normas para o padrão internacional da ISO 14000[6, 7] é comumente utilizada para auditoria ambiental, certificação e comércio ecossensível. A empresa também assume como sua responsabilidade a gestão de conflitos de interesses da sociedade (com o governo, proprietários rurais, indústria, ciência e tecnologia, relações internacionais) em torno do tema da gestão ambiental. Esse tipo de posicionamento visa atender às necessidades do cliente, da matriz, de órgãos de financiamento e seguradoras, bem como a licitações, ao cumprimento da lei e às exigências do setor de negócios.

4.3 UM METAMODELO PARA A ANÁLISE DE MODELOS DE ORIENTAÇÃO ESTRATÉGICA QUANTO À RSC

Propõe-se um metamodelo para a análise de possíveis modelos de orientações estratégicas quanto à incorporação da RSC na governança das relações negócio-sociedade-Estado-natureza. É denominado como Modelo Multidimensional, Relacional e Multidirecional para a Responsabilidade Social nos Negócios (MRMRSN),[8] cujas partes gráficas estão exibidas, passo a passo, nas Figuras 4.1 a 4.6.

Um metamodelo nos faz ter uma visão estratosférica do que acontece a respeito de um fenômeno, neste caso um fenômeno considerado multidimensional, relacional e multidirecional no âmbito das relações negócio-sociedade-Estado-natureza. É como se saíssemos do caso a caso de perspectivas sobre um tema e passássemos a olhar os casos como exemplos de uma situação maior, que os abraça e os explica como diversidades em um fenômeno, e não como distintos fenômenos não comparáveis e não combináveis. Buscou-se compreender uma dinâmica histórica, política, econômica, social, ambiental, cultural, institucional e espiritual para explicar os diversos entendimentos e orientações estratégicas sobre RSC.

O metamodelo MRMRSN, por um lado, vem auxiliar a distinção entre para quem é feito o negócio, quem o afeta e é afetado por ele, o que é o negócio, quem o faz e quando e onde é feito,[9] com vistas à criação de agrupamentos de relações negócio-sociedade-Estado-natureza. Por outro lado, procura identificar até que ponto e em que sentido discursivo e prático a empresa pode ser considerada socialmente responsável, na medida

---

6 INTERNATIONAL ORGANIZATION FOR STANDARDIZATION (ISO). Disponível em: <http://www.iso.org>. Acesso em: 13 ago. 2018.

7 ASSOCIAÇÃO BRASILEIRA DE NORMAS TÉCNICAS (ABNT). Disponível em: <http://www.abnt.org.br>. Acesso em: 13 ago. 2018.

8 Elaborado e publicado com base em uma pesquisa de doutoramento da autora concluída em 2002, vem sendo aplicado no Brasil em projetos de pesquisa e modelos de sistemas de gestão da responsabilidade social empresarial.

9 ASHLEY, P. A. *Tendências do "dever-ser" quanto ao comércio ético de alimentos na gestão estratégica de supermercados a partir da práxis coletiva pesquisador-Asserj-Abras*. Tese (Doutorado em Administração de Empresas) – Instituto de Administração e Gerência da Pontifícia Universidade Católica do Rio de Janeiro, Rio de Janeiro, 2002.

em que incorpora três níveis de desafios éticos para cada dimensão das relações negócio-sociedade-Estado-natureza. Assim, indica a necessidade de congruência entre a orientação estratégica para a responsabilidade social e os processos, estrutura e cultura organizacionais expressos no cotidiano da empresa, congruência esta capaz de conduzir à formação de uma comunidade de prática de atividade empresarial socialmente responsável – o discurso e a prática coerentes entre si.

4.3.1 Responsabilidade social em que contexto relacional e político? As dimensões das relações negócio-sociedade-Estado-natureza

A primeira dimensão das relações das empresas considera:

- as famílias e as comunidades;
- as organizações fruto da mobilização da sociedade civil – fins públicos e recursos públicos ou privados sem fins lucrativos (fins assistenciais, fins religiosos, fins associativos, fins de defesa de diversos interesses);
- e as organizações do Estado – fins públicos e recursos públicos, na sua configuração jurídica específica, que, no caso brasileiro, pertencem aos poderes Executivo, Legislativo e Judiciário e à Federação, aos estados e aos municípios.

Tais instituições, como atores sociais e políticos que são, configuram um conjunto de *stakeholders* que regulam e legitimam a criação, operação e término dos negócios, constituindo-se, assim, em um agrupamento de relações afins. Para tais relações, o modelo propõe a Dimensão das relações político-sociais – Estado; famílias e comunidades e sociedade civil organizada (SCO), conforme ilustra a Figura 4.1, que representa a legitimação da empresa pelas instituições do Estado, pelas famílias e comunidades e pela sociedade civil organizada.

Quanto à análise sobre *o que é o negócio*, são consideradas as relações com o conhecimento científico e tecnológico, tanto, por um lado, em termos de apoio, investimento ou subsídio à geração desse conhecimento quanto, por outro, em termos de formas de aplicar o conhecimento gerado pelo campo científico-tecnológico à operação do negócio. Adicionalmente, consideram-se as relações do negócio com os ambientes natural e construído, que são afetados direta ou indiretamente, por meio da rede de *stakeholders* associados ao negócio, pelas escolhas ou decisões realizadas no que tange à operação dele.

Necessariamente, na análise sobre o que é o negócio, incluem-se as relações com fornecedores de matéria-prima e produtos processados e, consequentemente, o impacto da escolha desses fornecedores sobre seus respectivos fornecedores. Por fim, também se inserem nessa análise as relações com os demandantes intermediários e finais dos produtos gerados na operação do negócio, incluindo-se aí tanto os bens quanto os serviços a eles associados.

Figura 4.1 Dimensão das relações político-sociais

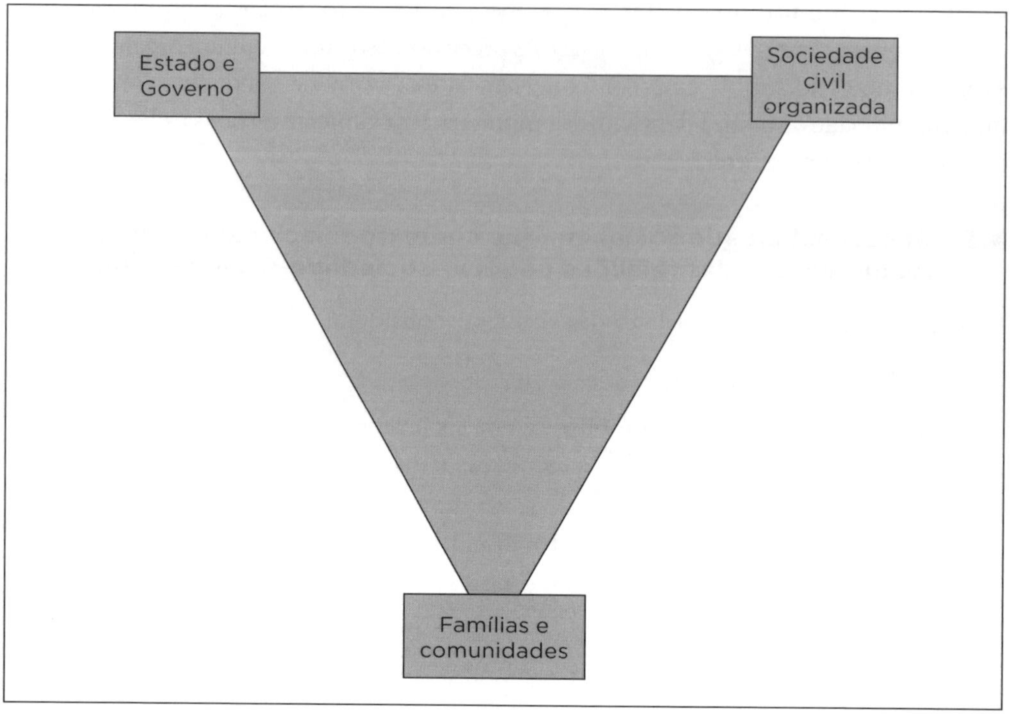

Fonte: elaborada pela autora.

Como resultado da análise sobre o que é o negócio, temos a Dimensão das relações econômicas objeto e meio do negócio, ou relações *core business* – fornecedores; demandantes; ambientes natural e construído; e ciência e tecnologia, conforme ilustra a Figura 4.2. Essa dimensão representa, pois, as relações que definem o propósito social da organização e suas respectivas relações operacionais com fornecedores, demandantes, ciência e tecnologia e com os ambientes natural e construído impactados pela sua operação.

Figura 4.2 Dimensão das relações econômicas objeto e meio do negócio, ou relações *core business*

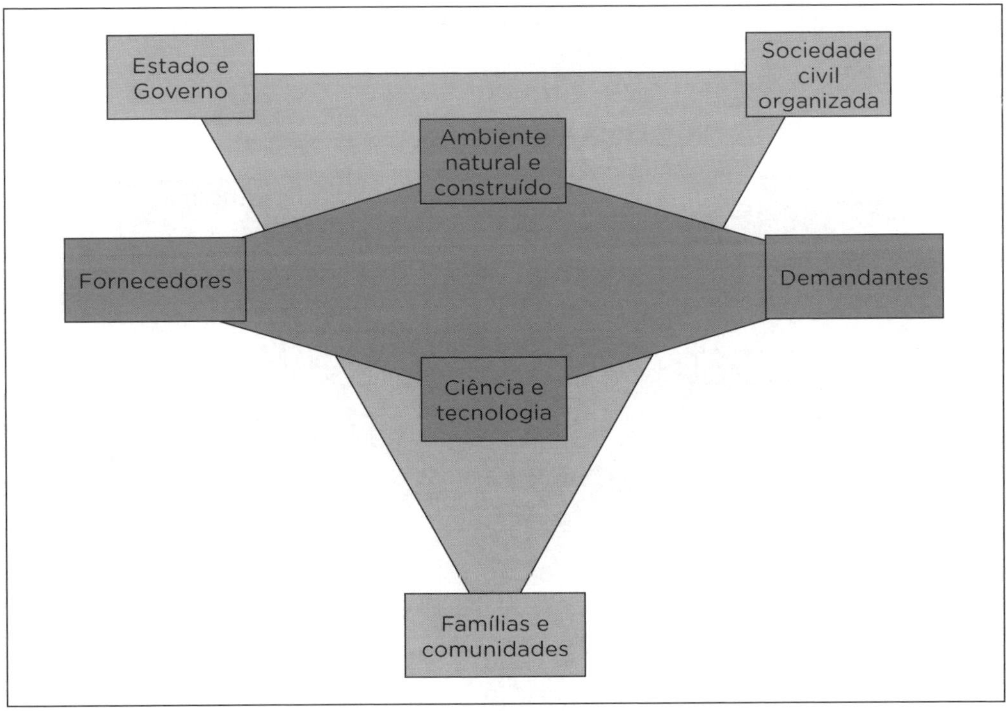

Fonte: elaborada pela autora.

Para analisar *quem faz o negócio*, parte-se do princípio de que são as relações entre capital proprietário (sócios) e não proprietário (agentes financeiros), trabalho contratado e agentes de direção o núcleo básico para a organização de qualquer negócio no modo de produção capitalista. Nesse sentido, propõe-se a Dimensão das relações de produção e distribuição "internas" – capital próprio e de terceiros; trabalho contratado; e agentes de direção, conforme exibido na Figura 4.3. Essa dimensão representa, desse modo, o âmbito das escolhas quanto às relações de organização social para fins de produção de bens e serviços, reunindo trabalho contratado, agentes de direção e capital próprio e de terceiros, para, assim, permitir a realização da missão da organização.

Figura 4.3 Dimensão das relações de produção e distribuição "internas"

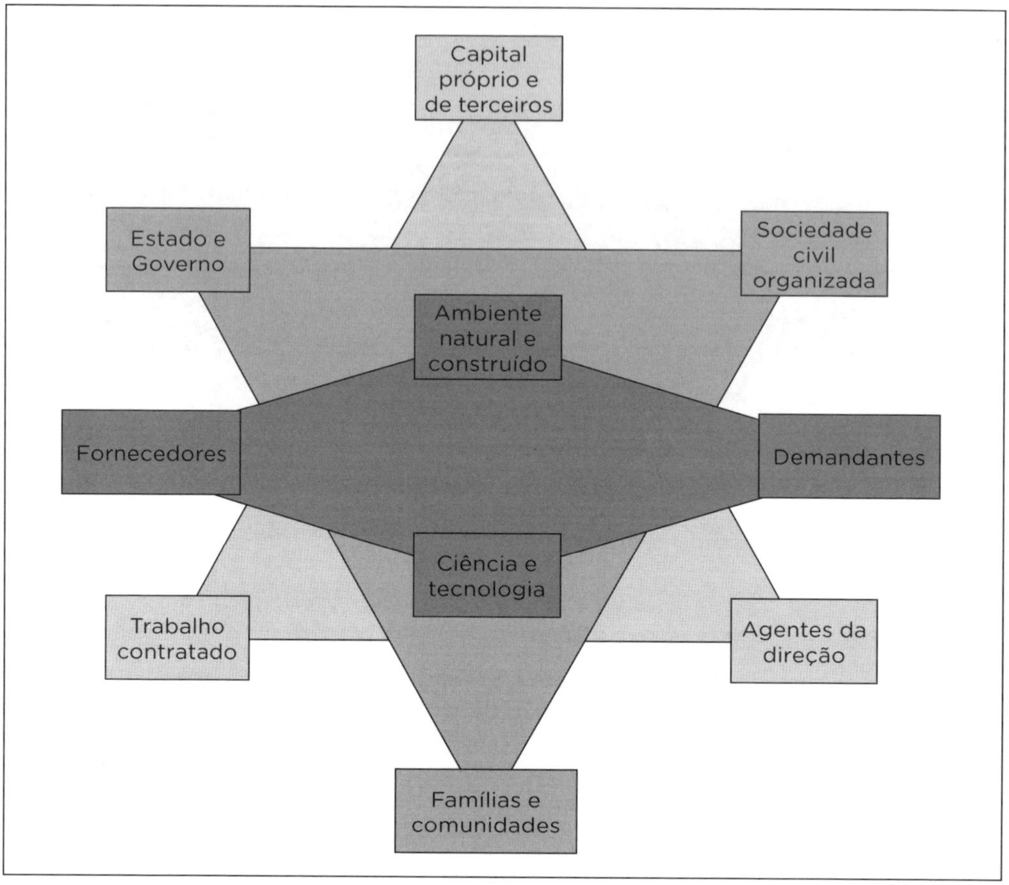

Fonte: elaborada pela autora.

4.3.2 Responsabilidade social em que contexto temporal e espacial? Dimensão tempo-espaço

Passando à análise de *onde e quando é feito o negócio*, assim como, nesses respectivos espaços e tempos, às considerações quanto a *quem afeta o negócio ou é afetado por ele*, considera-se a relativização de uma organização ao momento temporal e espacial em que se insere. Nesse sentido, não caberia absolutizar determinada natureza ou qualidade de configuração de relações, tornando-a o padrão para outros espaços e tempos. Consequentemente, as Dimensões das relações político-sociais, de *core business* e de produção e distribuição "internas" afetam-se mutuamente no tempo passado, presente e futuro – variável tempo – e no espaço local e distante – variável espaço. Resultado: quanto mais essas considerações são incorporadas à reflexão quanto às escolhas na condução dos negócios, maior é a amplitude de visão espacial e temporal aplicada ao processo decisório, no nível individual e coletivo. O grau de incorporação dessas considerações influencia e indica, por um lado, a efetiva moralidade empresarial aplicada ao processo decisório da empresa e, por outro, o próprio escopo temporal e espacial que ela adota para definir e operacionalizar sua responsabilidade social.

Nesse sentido, Griffin[10] ressalta a necessidade de definir o escopo espacial nos estudos sobre responsabilidade social: "[...] se a amplitude de consideração dos contextos operacionais muda, o nível de reflexão torna-se mais complexo. Estaremos falando de responsabilidade social corporativa local, nacional ou global?". Por analogia, também é possível questionar se estamos falando de responsabilidade social no tempo atual ou no tempo distante, o qual pode se estender, por exemplo, a cinco, dez, 25, 100 anos ou mais. O que pode parecer socialmente responsável em um tempo pode ser socialmente irresponsável em outro, caso as novas expectativas sociais e os novos contextos ambientais, econômicos, políticos, culturais, institucionais e espirituais não sejam levados em conta na dinâmica histórica das relações negócio-sociedade-Estado-natureza.

Nesse sentido, apresenta-se a Dimensão tempo e espaço, ilustrada na Figura 4.4, que oferece a necessária contextualização e inserção histórica das relações negócio--sociedade-Estado-natureza. Ao mesmo tempo, apontam-se as diversas possibilidades de definição e operacionalização do impacto dessas relações no tempo atual e futuro, e no espaço local e distante, definindo o grau de amplitude de incorporação e de análise da contribuição das empresas à dinâmica histórica – uma perspectiva multidirecional, que as desloca de uma situação de vitimização ou de centro da dinâmica histórica. Empresas são sujeitos e são objetos da dinâmica histórica, não apenas um lado ou outro dessa relação.

Cada dimensão do metamodelo MRMRSN apresenta, então, categorias de *stakeholders* quanto às relações negócio-sociedade, às quais estariam associadas expectativas de valores e responsabilidades mútuas, implícitas e explícitas. Por outro lado, esse modelo indica a necessária contextualização dessas relações negócio-sociedade-Estado-natureza em determinado escopo temporal e espacial. Assim, ele indica as diversas arenas de relações de poder que precisam ser consideradas na interação negócio-sociedade-Estado-natureza em diversos contextos.

---

10 GRIFFIN, J. J. Corporate social performance: research directions for the 21st Century. *Business and Society*, Thousand Oaks, v. 39, n. 4, p. 479-491, Dec. 2000, p. 485.

Figura 4.4 Dimensão tempo e espaço

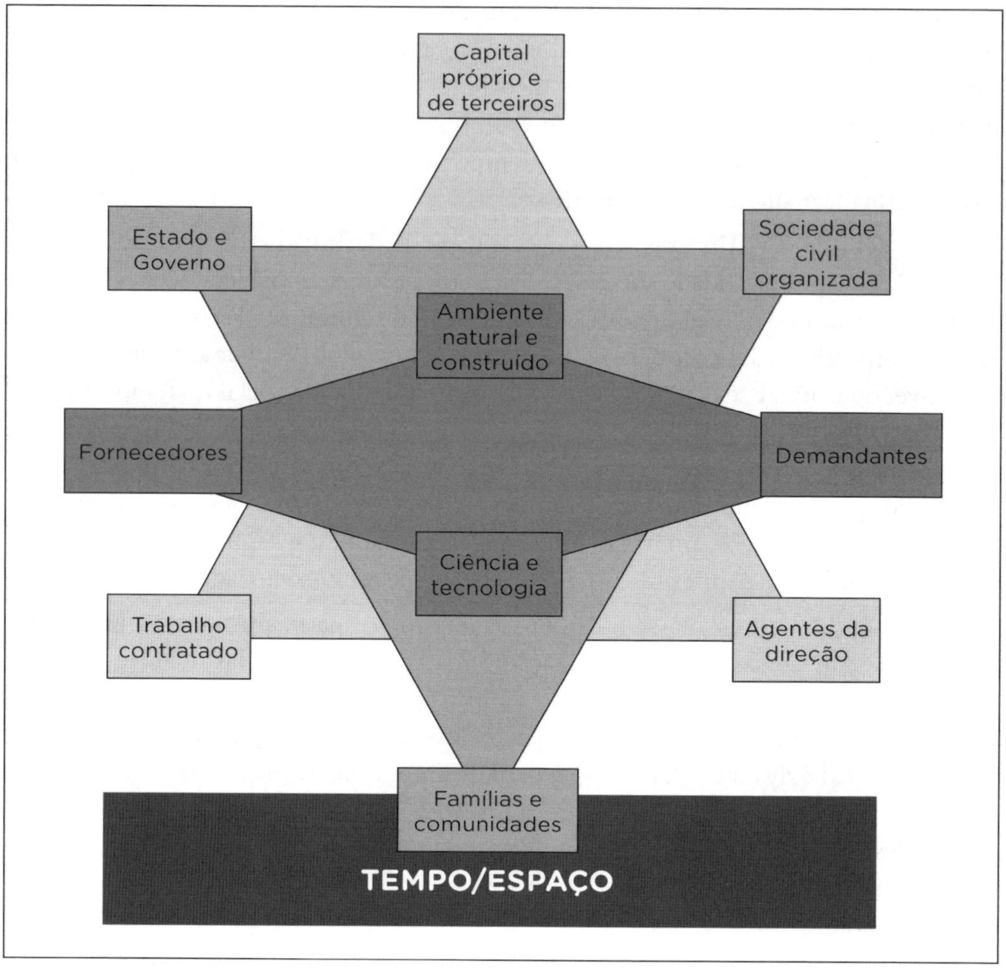

Fonte: elaborada pela autora.

Tais dimensões e considerações nos levam, então, a recomendar o cuidado, nas pesquisas e reflexões sobre responsabilidade social corporativa, de olhar o contexto econômico, político, social, ambiental, cultural, institucional e espiritual em que a empresa opera e não importar ou exportar padrões expressos em literaturas centradas em um determinado contexto local, estadual, regional, nacional ou estrangeiro; olhar o porte da empresa (seja em termos de faturamento, seja de número de funcionários, dependendo do tipo de negócio – intensivo em capital ou intensivo em pessoal empregado); olhar a natureza jurídica da empresa (limitada, sociedade anônima ou cooperativa); olhar a origem do capital (nacional, estrangeiro ou combinação de várias nacionalidades, o que implica visões culturais distintas); olhar o setor econômico (primário, secundário ou terciário) e o ramo específico dentro dos setores agropecuário, industrial, comercial ou de serviços (indústria de petróleo é diferente de indústria de material escolar); olhar o padrão de responsabilidade social de seus concorrentes no segmento do negócio e as expectativas do público comprador de seus produtos; olhar o grau de investimento tecnológico requerido para entrar no segmento de negócio e o impacto ambiental ao longo do ciclo de vida do produto – o caso de uma confecção de roupas para casamento, por exemplo, é diferente de uma confecção de roupas para bebês.

4.3.3 Responsabilidade social em que grau e qualidade de comunicação e conhecimento compartilhados? Vetor comunicação e conhecimento

Um quinto elemento está presente no metamodelo MRMRSN, o qual permeia todas as dimensões já descritas e diz respeito ao grau de comunicação e de conhecimento compartilhado entre os atores sociais ou *stakeholders* em determinado contexto e entre contextos temporais e espaciais.

As três dimensões das relações negócio-sociedade-Estado-natureza e sua contextualização na dimensão tempo e espaço estariam conectadas por um plasma de comunicação e conhecimento que permeia as trocas estabelecidas. Conforme esse plasma se estende aos diversos nós dessa rede de relacionamentos, ou seja, gera comunicação, passa a gerar também novos estágios de conhecimento na rede de *stakeholders* associada ao negócio e, consequentemente, influencia a consciência coletiva deles, possibilitando condições para uma mudança de hierarquização dos valores morais compartilhados – diretamente repercutindo sobre as dimensões cultural e espiritual.

Quanto à qualidade desse conhecimento, em termos de intensidade e frequência, amplitude de divulgação, diversidade de perspectivas, memória, atualidade e profundidade de reflexão, pode-se argumentar que essa qualidade estaria condicionada à natureza do conhecimento, à sua detenção e à acessibilidade aos meios de comunicação; tudo isso impactaria o processo de apropriação e disseminação dos conhecimentos, novos e preexistentes, pertinentes à rede de *stakeholders* associados ao negócio. Ademais, é preciso considerar que as diversas linguagens empregadas pelos diferentes atores sociais em um mesmo contexto ou em diversos contextos precisam ser conhecidas e interpretadas para a efetivação do processo de comunicação e o intercâmbio de conhecimentos.

Esse novo elemento do metamodelo MRMRSN, denominado Vetor comunicação e conhecimento (exibido na Figura 4.5) indica o veículo de maior impacto direto e positivo sobre a dinâmica das relações negócio-sociedade-Estado-natureza. O exercício de poder sobre esse vetor é determinante para o grau de aprendizagem coletiva sobre as expectativas e sobre as práticas quanto a essas relações. Esse processo de aprendizagem coletiva estaria relacionado a um aumento do grau de conhecimento e reflexividade sobre o contexto que nos cerca, assim como do respectivo grau de consciência coletiva e de hierarquia de valores morais dessa coletividade. Nesse sentido, o Vetor Comunicação e Conhecimento indica a necessidade de reduzir a assimetria de informação e promover a troca e renovação de conhecimentos no âmbito da rede de relações negócio-sociedade, abrindo terreno para o estabelecimento de confiança entre as partes em um ambiente de incertezas e crescente interconectividade.

Figura 4.5 Vetor Comunicação e Conhecimento atravessando as relações negócio-sociedade

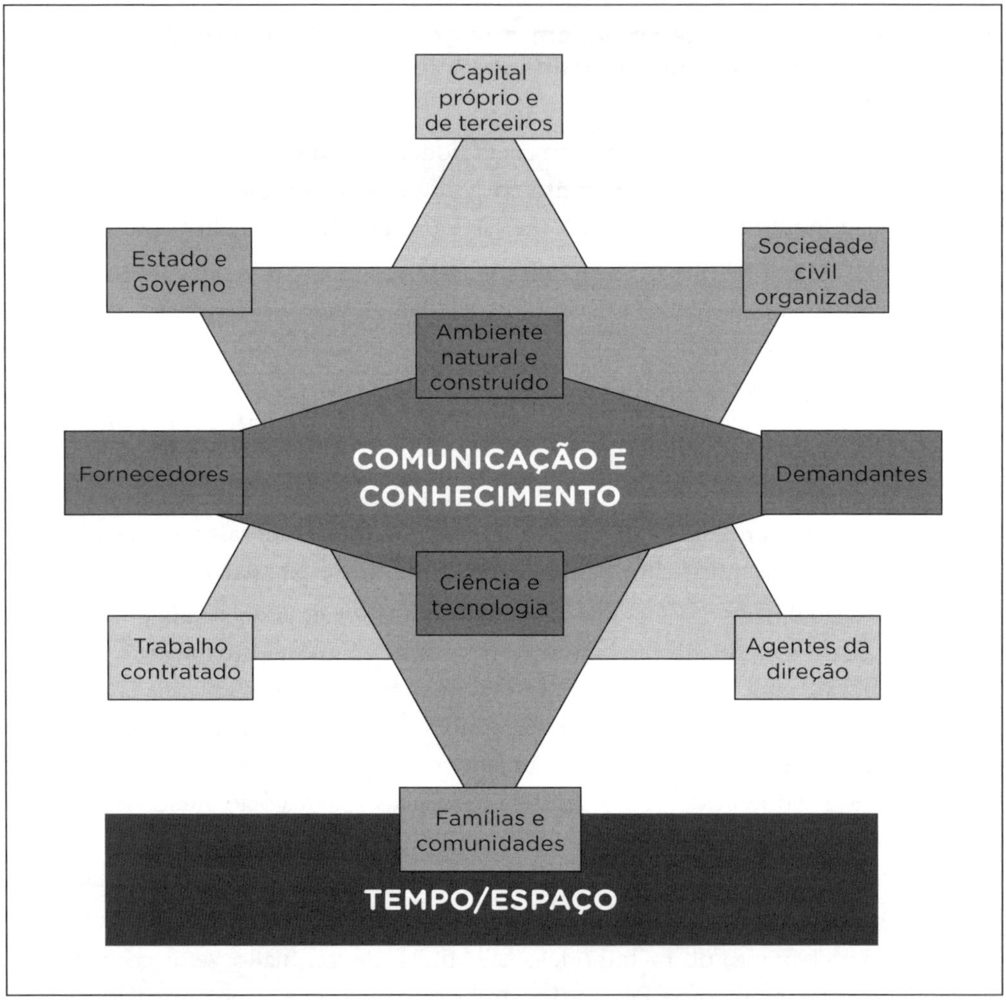

Fonte: elaborada pela autora.

4.3.4 Responsabilidade social em quais culturas e com que expectativas quanto à ética nos negócios empresariais? Desafios éticos

Para a operacionalização do metamodelo MRMRSN, propõe-se que, no mencionado ambiente de incertezas e de crescente interconectividade, sejam os valores e normas sociais o que fundamenta o cumprimento das responsabilidades sociais mútuas nas relações negócio-sociedade, seja nas relações de mercado – preço e contrato –, seja nas relações hierárquicas – autoridade – ou ainda nas relações de parceria ou multilaterais. Busca-se, aqui, integrar o modelo de Enderle e Tavis[11] e de Logsdon e Yuthas[12] aos três níveis de desafios éticos, a serem estabelecidos pelas empresas em seus valores e normas sociais ou relacionais, a uma forma plural de relações de mercado, hierárquicas e multilaterais da empresa com seus *stakeholders*. Então, junta-se as dimensões cultural e espiritual com outra fundamental dimensão: a política, o exercício de valores no campo legítimo dos espaços de poder, dentro das normas do Estado Democrático de Direito. O poder é exercido nas relações familiares, comunitárias, organizacionais e institucionais, no território local, regional, nacional e internacional. Há valores e normas sociais implícitas e explícitas em todos esses níveis ou esferas territoriais. A negação de sua existência, por ignorância, é resolvida com disseminação, educação e qualificação. A negação de sua existência, por opção, resolve-se com a dinâmica comunicacional de uma sociedade interconectada e cada vez mais ciente das dissonâncias com a dinâmica histórica. Assim, os desafios éticos são modelados dinamicamente pela política e pelos fatos sociais e ambientais. Não é caminho negar, caso se deseje promover um empreendimento sustentável.

Os três desafios éticos, exibidos na Figura 4.6, são parte do metamodelo MRMRSN, sendo aplicáveis às suas diversas dimensões nas relações negócio-sociedade-Estado -natureza. Assim, para cada dimensão do metamodelo, a empresa poderá considerar como desafio ético, alternada ou concomitantemente: cumprir a lei; atender às expectativas atuais da sociedade no contexto em que se insere; propor-se a aspirar a ideais éticos, ainda não amplamente reconhecidos nas expectativas atuais de seu contexto social. Esses três níveis de desafios éticos precisam estar contextualizados nas relações negócio-sociedade-Estado-natureza, no contexto em que a empresa opera e o qual impacta. Nesse sentido, em virtude da dinâmica da comunicação e difusão do conhecimento e do contexto temporal e espacial, o que hoje e aqui pode ser classificado como nível 2 de desafio ético talvez passe a ser nível 1 no futuro ou em outro contexto, assim como o que é nível 3 pode se tornar nível 2.

---

[11] ENDERLE, G.; TAVIS, L. A. A balanced concept of the firm and the measurement of its long-term planning and performance. *Journal of Business Ethics*, Dordrecht, v. 17, n. 11, p. 1129-1144, Aug. 1998.

[12] LOGSDON, J. M.; YUTHAS, K. Corporate social performance, stakeholder orientation and organizational moral development. *Journal of Business Ethics*, Dordrecht, v. 16, n. 12-13, p. 1213-1226, Sep. 1997.

Figura 4.6 Os três níveis de desafios éticos do metamodelo MRMRSN

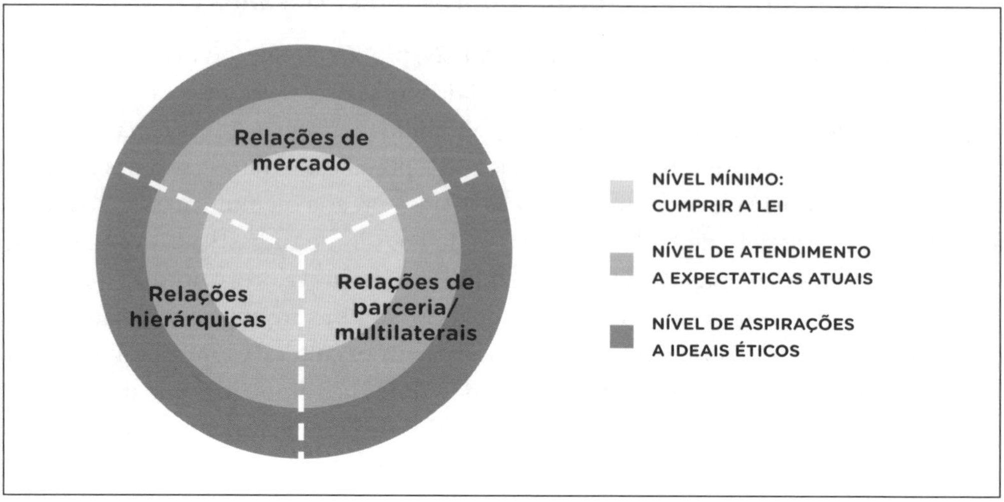

Fonte: elaborada pela autora.

4.3.5 Limites e possibilidades da RSC pelo metamodelo MRMRSN

A Figura 4.7 ilustra as combinações possíveis dos três desafios éticos aplicados ao Vetor Comunicação e Conhecimento, à Dimensão de Relações Político-Sociais, à Dimensão de Relações *Core Business* e à Dimensão de Relações de Produção e Distribuição "Internas", sempre mostrando que o contexto temporal e espacial da Dimensão Tempo-Espaço interfere nas expectativas sociais e hierarquias de valores morais e normas sociais dos *stakeholders* relacionados à empresa.

Foram destacados nessa figura os quadrantes A1B1, A1B2, A1B3, A2B2, A2B4 e A3B4, a fim de indicar um caso hipotético de orientação estratégica para a responsabilidade social corporativa, em que sejam adotados:

- desafio ético do nível 1 para o Vetor Comunicação e Conhecimento, Relações Político-Sociais, Relações *Core Business* e Relações de Produção e Distribuição "Internas";
- desafio ético do nível 2 para Relações Político-Sociais e Relações de Produção e Distribuição "Internas";
- desafio ético do nível 3 para Relações de Produção e Distribuição "Internas".

Figura 4.7 Matriz combinatória de desafios éticos e dimensões do meta-modelo MRMRSN

B. Dimensões / **A. Desafios éticos**	**1.** Vetor Comunicação e Conhecimento	**2.** Relações Político-Sociais	**3.** Relações *Core Business*	**4.** Relações Produção e Distribuição Internas
1. Nível 1 - Cumprir a lei	A1B1	A1B2	A1B3	A1B4
2. Nível 2 - Atender expectivas atuais	A2B1	A2B2	A2B3	A2B4
3. Nível 3 - Aspiração a ideais éticos	A3B1	A3B2	A3B3	A3B4
CONTEXTUALIZAÇÃO TEMPORAL E ESPACIAL				

Fonte: elaborada pela autora.

Em síntese, o metamodelo MRMRSN exibe os agrupamentos de relações negócio-sociedade, cada um apresentando nível de complexidade e conteúdo relacional diferenciados, o que requer, por sua vez, considerações diversas para a administração de mudanças a fim de incorporar a responsabilidade social corporativa. Afirma-se que, quanto mais dimensões e quanto mais elementos dessas dimensões são incorporados ao conceito, mais ampla passa a ser a própria definição de RSC, mais profunda passa a ser a mudança nos negócios e mais radical passa a ser a transformação das relações negócio-sociedade-Estado-natureza.

Nesse sentido, uma orientação estratégica de gestão da RSC ou um programa específico de RSC que beneficie simultaneamente os *stakeholders* presentes nas relações negócio-sociedade-Estado-natureza das Dimensões de Produção e Distribuição "Internas", Político-Sociais e de *Core Business*, por meio da adoção de desafios éticos dos níveis 1, 2 e 3, apresentaria um largo escopo quanto ao seu impacto positivo nos aspectos econômico, ambiental e social. Por outro lado, devido a seu amplo escopo, sua elaboração, implementação e avaliação requereriam grande capacidade de gestão estratégica da rede de relacionamentos. Para tanto, entende-se relevante o apoio de sistemas de comunicação e de conhecimento, de forma que haja difusão e memória dos múltiplos eventos e expectativas, além da avaliação contínua da estratégia ou programa por meio da mensuração em indicadores quantitativos e qualitativos.

Uma vez refletida e definida a orientação estratégica para a RSC, segundo o metamodelo MRMRSN, restaria conhecer e avaliar como ela é aplicada de fato pela empresa, ou seja, qual é a prática do discurso. Para isso, o metamodelo propõe que haja uma política interna de implementação da orientação estratégica, definida por meio de equipe multidisciplinar e multidepartamental, para rever os processos organizacionais refletidos no desenho e concepção dos produtos e do processo de produção; no sistema de gestão ambiental; no sistema de recrutamento, seleção, qualificação, organização sindical, direitos humanos e sociais, avaliação e remuneração dos que trabalham na empresa; no processo decisório no campo estratégico, tático e operacional; na política de comunicação e governança das relações negócio-sociedade-Estado-natureza; na estratégia de *marketing* e de publicidade; no sistema de controle e auditoria interna; na política de compras e desenvolvimento de fornecedores; e na política de capitalização, investimento, orçamento empresarial e de administração financeira e prestação de contas.

Por outro lado, junto com a definição de orientação estratégica e de políticas e sistemas nos processos de gestão, somente uma auditoria externa feita de modo independente entre os *stakeholders* da empresa pode avaliar se, de fato, além da revisão da estrutura e dos processos organizacionais, estão ocorrendo mudanças capazes de favorecer uma cultura organizacional expressa nas relações negócio-sociedade-Estado-natureza congruente com tais estruturas e processos. Uma cultura consistente e coerente facilitará a dinâmica histórica organizacional em direção às metas da orientação estratégica para a responsabilidade social. Para mudar o mundo, comece por mudar seu ninho, seus armários, sua casa, suas palavras e suas práticas.

Ou seja, a auditoria externa avalia se a empresa não é só racionalidade, se é também pensamento, emoção, cultura e espiritualidade congruentes. Para tanto, é preciso construir uma orientação estratégica para a RSC, definir novas configurações nos processos organizacionais e permitir a formação e desenvolvimento de uma comunidade de prática para as pessoas envolvidas nas relações com a empresa, comunidade esta que possa sustentar e refletir, de forma dinâmica, os valores de tal orientação estratégica.

4.3.6 Uso do metamodelo MRMRSN para mapear modelos de RSC

Diversas abordagens encontradas na revisão da história e do estado da arte para o conceito de RSC podem ser identificadas no metamodelo MRMRSN. Em outras palavras, os vários discursos organizacionais permitidos e linguagens autorizadas[13] para a RSC podem ser mapeados por esse metamodelo. Nesse sentido, ele não define ou determina uma resposta única ou um tratamento uniforme ou padrão para definir o que é ser

---

13 FARIA, J. H.; MENEGHETTI, F. K. Discursos organizacionais. In: Encontro Nacional da Associação Nacional de Pós-Graduação e Pesquisa em Administração, 25, 2001, Campinas. *Anais*... Rio de Janeiro: Anpad, 2001.

uma empresa socialmente responsável. Parte-se do pressuposto de que as orientações estratégicas quanto à RSC dependerão do contexto histórico, legal, econômico e social em que a empresa opera e da distribuição de poder entre as diversas dimensões das relações negócio-sociedade, além de, necessariamente, dependerem da ideologia dos fundadores, da direção da empresa e dos que nela investem e trabalham.

Entre as ferramentas gerenciais que vêm sendo difundidas com a temática da RSC está a norma SA 8000, criada em 1997, com sua mais recente atualização em 2014,[14] sob patente da organização Social Accountability International. A SA 8000[15] propõe um gerenciamento de requisitos específicos que lidam com questões das relações da empresa com o trabalho contratado. Ou seja, de acordo com o metamodelo MRMRSN, a SA 8000 aborda as relações da empresa com dois dos elementos da Dimensão Relações de Produção e Distribuição Internas (trabalho contratado e agentes da direção), mas também é extensiva às relações de trabalho junto aos fornecedores da empresa; assim, seu escopo abrange as relações da empresa com um dos elementos da Dimensão de Relações *Core Business* da empresa.

Os temas abrangidos pela SA 8000 são:

- trabalho infantil;
- trabalho forçado ou análogo ao escravo;
- saúde e segurança no trabalho;
- liberdade de associação e direito à negociação coletiva;
- discriminação;
- práticas disciplinares;
- horário de trabalho;
- remuneração;
- sistema de gestão.

Verifica-se que todos os requisitos para os temas previstos pela SA 8000 já são amparados, no Brasil, pela legislação trabalhista, de segurança e saúde do trabalhador, de proteção à infância e à adolescência e de seguridade social. Assim, de acordo com o metamodelo MRMRSN, aplicar essa norma ao contexto brasileiro atual representaria atender ao nível 1 de desafios éticos – cumprir a lei – quanto às relações da empresa e de seus fornecedores com trabalhadores e agentes da direção, grupo-alvo de *stakeholders* pertencentes à Dimensão de Relações de Produção e Distribuição "Internas" do MRMRSN,

---

14 Veja mais no *site* da *Social Accountability International*. Disponível em: <http://www.sa-intl.org>. Acesso em: 29 jul. 2018.

15 SOCIAL ACCOUNTABILITY INTERNATIONAL (SAI). *Social Accountability 8000*, 2014. Disponível em: <http://sa-intl.org/_data/n_0001/resources/live/SA8000%20Standard%202014.pdf>. Acesso em: 29 jul. 2018.

indiretamente repercutindo na Dimensão de Relações *Core Business* pelo necessário comprometimento de verificação junto aos fornecedores. Nesse sentido, tais desafios éticos e de públicos-alvo são os limites para o conceito de RSC subjacente à SA 8000, considerando-se o arcabouço legal atual no Brasil. A mesma norma, em um país que não tivesse amparo legal para seus requisitos, estaria categorizada no nível 2 ou até no nível 3 de desafios éticos para o mesmo grupo-alvo de *stakeholders*, dependendo das expectativas sociais do contexto local ou nacional em que a empresa estivesse inserida. Entretanto, em muitos contratos de relações comerciais internacionais, ela é vista como requisito recomendável, tipo barreira comercial não tarifária para a entrada em determinados mercados. Incorporar a certificação SA 8000 a uma empresa brasileira que exporta para a Europa é bem-visto internacionalmente, apesar de que no Brasil a legislação trabalhista já determina que seja assim, apesar de isso ainda não ser tão explícito no compromisso legal da empresa.

O metamodelo MRMRSN permite que pesquisadores, educadores, consultores e gestores avaliem criticamente possíveis ferramentas de gestão de RSC apresentadas no mercado e nos discursos e práticas organizacionais acerca da responsabilidade social corporativa, a fim de compreender seu grau de impacto e interdependência no que se refere ao conjunto das relações negócio-sociedade-Estado-natureza. Nesse sentido, como se vê na Figura 4.8, o modelo permite responder às questões a seguir.

- *Para quem* a empresa ou ferramenta gerencial é orientada quanto à responsabilidade social corporativa, definindo-se as dimensões das relações negócio-sociedade-Estado-natureza e seus subcomponentes ou vértices? Em outras palavras, qual(is) grupo(s) de *stakeholders* é(são) o público-alvo da orientação estratégica ou ferramenta quanto à responsabilidade social corporativa?
- *Quais são* as expectativas sociais, as normas e o marco regulatório, no contexto espacial e temporal, de operações e relações da empresa quanto aos requisitos que definem o que é nível 1, nível 2 e nível de *desafios éticos* no âmbito das relações negócio-sociedade-Estado-natureza, especificamente nos públicos-alvo da orientação estratégica de RSC e, complementarmente, nos públicos esquecidos pelos gestores quanto a essa mesma orientação estratégica?
- *Até que ponto* a empresa ou ferramenta gerencial é orientada quanto à RSC, com base nos três níveis de desafios éticos do metamodelo MRMRSN para as relações hierárquicas, de mercado e multilaterais ou de parceria no campo institucional e operacional da empresa?
- *Com que profundidade ou consistência e coerência* a empresa ou ferramenta gerencial é orientada para a responsabilidade social corporativa, com base na avaliação do grau de implementação de sua orientação estratégica tanto nos processos organizacionais quanto no cotidiano de sua cultura organizacional, que configura uma comunidade de prática?

Figura 4.8 Integrando as questões do metamodelo MRMRSN sobre a RSC: em que contexto temporal e espacial, para quem, até que ponto e com que profundidade

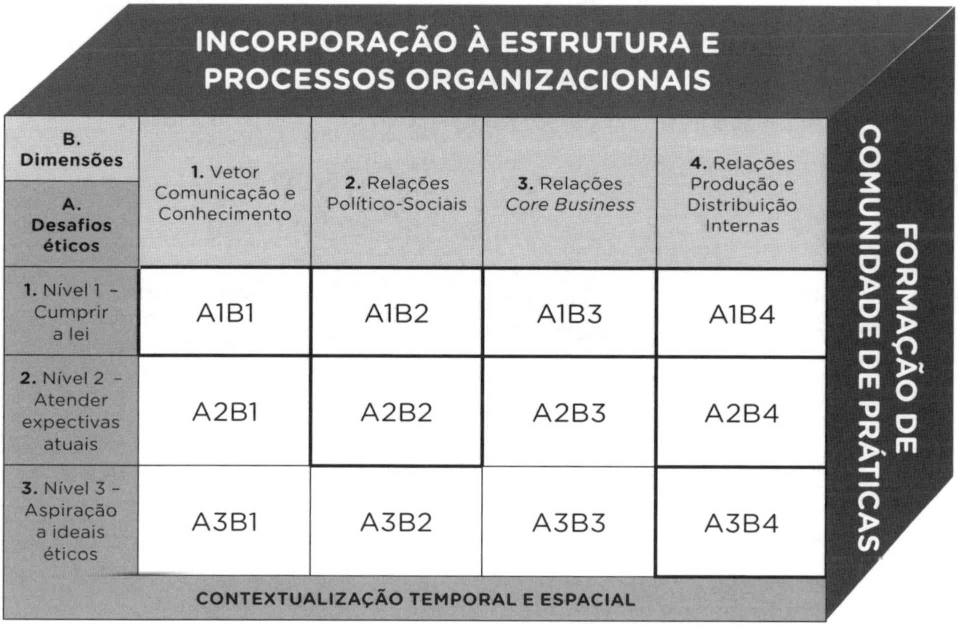

Fonte: elaborada pela autora.

4.3.7 Roteiro preliminar para a explicitação da orientação estratégica de RSC

Considerar os aspectos sociais, institucionais, políticos, econômicos, ambientais, culturais e espirituais presentes nas relações da empresa com seus *stakeholders* é um passo necessário para a definição da orientação estratégica empresarial quanto à RSC. A imagem ou modelo mental que se tem do conceito de relações negócio-sociedade-Estado-natureza afetará a qualidade dos valores, a missão da empresa, a visão e o escopo e grau de mudanças organizacionais quanto à orientação estratégica para a RSC.

Na Figura 4.9, propõe-se uma imagem para que cada empresa visualize a raiz de sua orientação estratégica com base em seus valores/princípios (critérios inegociáveis de conduta), missão (razão de ser) e visão no longo prazo (qual é a imagem para o futuro dessa empresa), os quais vão embasar o processo decisório estratégico sobre princípios, diretrizes, processos, metas, resultados e impactos dos negócios operados pelo empreendimento.

Figura 4.9 Explicitação da orientação estratégica da empresa quanto à RSC

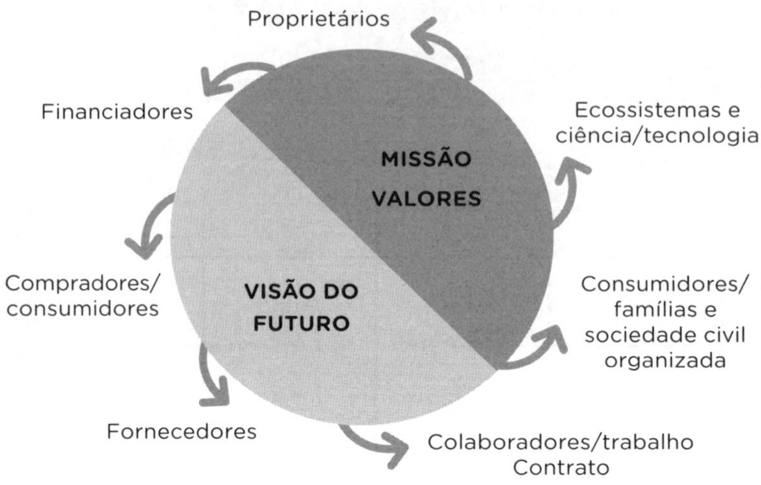

Fonte: elaborada pela autora.

Fundamental dizer que o sistema de avaliação de desempenho e excelência empresarial deve estar relacionado e ser coerente ao modelo que a empresa adota quanto à amplitude de suas responsabilidades diante de seus diversos *stakeholders*. Entretanto, a importação de modelos e sistemas de desempenho, na forma de choque de cidadania importada,[16] sem sua adaptação ou contextualização ao campo institucional e operacional de cada caso empresarial, não contribui para a aprendizagem organizacional e o reconhecimento de diversas culturas. Torna-se memorização, reprodução, e externaliza a fonte de conhecimento fora do coletivo que participa da construção do empreendimento.

Propõe-se, no Quadro 4.2, um roteiro básico para o autoconhecimento e explicitação da orientação estratégica da empresa quanto à RSC.

4.3.8 Roteiro básico para autoconhecimento da orientação estratégica da RSC

1. Quais as crenças, valores, princípios atuais presentes ou propostos no contrato social de empreendedores do negócio e como se refletem no arranjo societário e de agentes financeiros a capitalizar o empreendimento?

---

[16] Grata sou a esse termo "choque de cidadania importada" falado, em palestra em 2011, pelo Prof. Dr. Edson Alvisi Neves, Diretor da Faculdade de Direito da Universidade Federal Fluminense.

2. Quais são as condições de mercado em oportunidades e limites para viabilizar a sustentabilidade de um empreendimento ou empresa socialmente responsável?
3. Como trilhar novos caminhos e articular novos parceiros para tornar a empresa um empreendimento sustentável pela opção de um perfil socialmente responsável?
4. Como agir politicamente em prol de uma mudança da ética concorrencial e do ambiente institucional de um modo que viabilize atrair parceiros e provocar rearranjos do marco legal e regulatório em que está situado o contexto atual de limites e possibilidades do perfil de empreendimento? Há associações civis ou empresariais que apoiam nesse sentido? Há senadores, deputados federais, estaduais e vereadores, chefes do executivo, líderes empresariais que possam incorporar essa agenda? Há organizações da sociedade civil, ativistas em nível local, nacional ou internacional como potenciais parceiras? Há veículos de comunicação dispostos a disseminar mudanças sociais e políticas nesse sentido? Há pesquisadores, docentes e estudantes promovendo ciência, tecnologias e inovações para a sustentabilidade de empreendimentos socialmente responsáveis?
5. Quais os públicos-alvo a serem incorporados na orientação estratégica da empresa quanto a sua responsabilidade social diante de seus públicos (*stakeholders*)? A saber:
   a) acionistas e investidores;
   b) agentes financeiros;
   c) pessoas físicas e jurídicas contratadas para trabalhar pela empresa;
   d) concorrentes;
   e) parceiros privados, estatais e não governamentais;
   f) cadeia de compradores/consumidores (diretos e indiretos);
   g) cadeia de fornecedores (diretos e indiretos);
   h) ambiente natural e construído;
   i) famílias e comunidades;
   j) organizações da sociedade civil e ativistas sociais e ambientais;
   k) governos federal, estadual e municipal;
   l) organismos multilaterais;
   m) jornalistas e mídia;
   n) gerações futuras de *stakeholders* (impacto a longo prazo).
6. Definidos os públicos-alvo, quais são as expectativas sociais e quais são os requisitos legais pertinentes a essas relações negócio-sociedade-Estado-natureza?
7. Até que ponto os dirigentes e gestores da empresa vão explicitar, formalizar e divulgar suas intenções de conduta diante de seus públicos, no que diz respeito

ao que se considera quanto aos aspectos ambientais, econômicos e sociais de suas decisões e operações (carta de princípios, código de conduta, planos estratégicos e documentos e cartilhas similares)?

8. Quais serão os critérios e indicadores a serem adotados para mensurar e avaliar o desempenho e o sucesso dos negócios operados pela empresa em seus diversos aspectos e dimensões de avaliação? A saber:

a) aspectos econômico-financeiros, pela contabilidade clássica dos demonstrativos analisada pelo mercado financeiro e de investimentos;

b) aspectos de desempenho da produção:

(i) grau de economia de recursos ambientais, humanos, financeiros, materiais e patrimoniais;

(ii) grau de eficiência na relação entre produção e recursos utilizados;

(iii) grau de eficácia para atingir as metas de produção;

(iv) grau de efetividade para atingir a satisfação dos benefícios do produto/serviço e os objetivos estratégicos do negócio;

c) aspectos de satisfação nas relações de trabalho:

(i) grau de satisfação das pessoas físicas e jurídicas quanto ao desempenho da empresa no atendimento de suas expectativas de relação de trabalho;

(ii) grau e atendimento dos requisitos legais no trato da empresa com seus diversos *stakeholders;*

(iii) escopo e grau de efetividade de programas de melhoria da qualidade de vida, além dos requisitos legais.

d) aspectos de contribuição da empresa para o desenvolvimento de uma sociedade sustentável:

(i) aplicação da análise do ciclo de vida do produto e gestão dos processos quanto a seu impacto social, ambiental e econômico para a sociedade;

(ii) educação do consumidor e demais *stakeholders* quanto a consumo e emprego responsáveis pelos insumos e produtos associados ao negócio;

(iii) promoção da produção e consumo responsável ao longo da cadeia de fornecedores e compradores associada ao negócio da empresa;

e) promoção e aplicação de pesquisas e fóruns para o emprego de tecnologias e inovação em processos de produção e consumo sustentáveis.

f) Como os gestores e colaboradores da empresa participam, conhecem, quantificam, qualificam, mensuram e avaliam a eficácia, eficiência e efetividade da orientação estratégica aplicada e desdobrada nos diversos processos e operações empresariais?

Enquanto a visão de longo prazo precisa se ajustar, de tempos em tempos, às novas conjunturas que se apresentam aos empreendimentos, os valores/princípios e a missão da empresa precisam ser duradouros, consistentes e coerentes no cotidiano dessa empresa, o que requer muita atenção, dedicação e comprometimento em sua formulação e implementação. Por sua vez, a atenção, dedicação e comprometimento dependem do grau de envolvimento ativo dos *stakeholders* da organização no processo de sua elaboração, assim como dependem do quanto os critérios e indicadores de avaliação de desempenho dos processos e resultados da empresa estão articulados aos sistemas de gestão dos processos de negócios da visão para essa empresa e são coerentes com o cumprimento de seus valores/princípios e de sua missão.

4.4 EM QUESTÃO: A SUSTENTABILIDADE DA RESPONSABILIDADE SOCIAL CORPORATIVA

De acordo com o metamodelo MRMRSN, há condições internas e externas para a estratégia de RSC ser sustentável. Internamente, precisa ser coerente e consistente em cada dimensão das relações negócio-sociedade-Estado-natureza. Ser consistente é ter conteúdo abstrato-conceitual e concreto-pragmático, é ter políticas e práticas que expressam os valores e desafios éticos colocados pela direção e internalizados no cotidiano das práticas nos processos de negócio. São vetores de discurso e de ação comunicados, conhecidos, praticados, reconhecidos e lembrados pelos *stakeholders* pertinentes ao processo de negócio e incorporados na cultura organizacional e na rede de públicos e parceiros, repercutindo sobre a marca, imagem e reputação da empresa.

Propõe-se que a Dimensão *Core Business* seja considerada a mais impactante e multiplicadora para além da empresa, dentro da autonomia política e econômica dos pensadores e gestores do negócio; assim, busca-se mudar a lógica de mercado ao longo da rede de negócios fornecedores e compradores – *upstream* e *downstream*. Parte-se do pressuposto de que as relações comerciais precisam compartilhar as normas sociais em seus contratos formais e informais para que possam ser mantidas ou repetidas e, portanto, são fundamentadas na hierarquia de valores morais do mercado e nos requisitos legais do contexto em que a empresa atua. Tal pressuposto também se aplicaria aos contratos pertinentes às relações de apropriação e disseminação de inovações construídas pelo conhecimento científico e tecnológico e às relações de apropriação e de impacto sobre os recursos dos ambientes natural e construído. Uma vez que tais contratos, formais ou informais, como vetores de força, estão conectados às relações de compra e venda de bens e serviços para a operação dos negócios, o mercado de bens e serviços precisaria compartilhar condutas pró-responsabilidade social, ou seja, seria preciso construir mercados responsáveis em relação à sua lógica de valoração do sucesso da atividade empresarial, seleção e compra de produtos, seleção e compra de tecnologias de produção e concepção de produtos, bem como ao apoio ao desenvolvimento de fornecedores de produtos socialmente responsáveis. Fala-se aqui dos contratos formais e informais em uma analogia aos vetores de força, como na física mecânica, mas também em uma analogia a ondas e energia, como na física quântica.

Por outro lado, externamente, a multidirecionalidade dos impactos das relações negócio-sociedade-Estado-natureza é expressa pela interpenetração das diversas dimensões e pela sua contextualização na Dimensão tempo e espaço, a qual, para representar esse fator, tem o formato de várias pontas que indicam as diversas possibilidades de amplitude e direção para a contextualização temporal e espacial. Isso indica que não basta os representantes do capital próprio e de terceiros e/ou da direção ou do trabalho contratado de uma empresa – Dimensão das Relações de Produção e Distribuição Internas – quererem uma empresa socialmente responsável no âmbito das relações internas. Externamente à organização, a sustentabilidade da estratégia de RSC requer um ambiente institucional e de mercado ressonante e coerente com um discurso e uma prática da corresponsabilidade social por parte de seus parceiros fornecedores, dos demandantes dos seus produtos, do governo (em suas políticas tributárias, públicas e macroeconômicas), do sistema financeiro (ao buscar investir e apoiar empresas socialmente responsáveis).

Fundamentalmente, cito a lógica ou racionalidade do mercado formada e reproduzida pelas escolas de administradores, contadores, advogados, economistas, entre outros profissionais que atuam diretamente com gestão e avaliação de empresas, racionalidade esta que precisa sair da caverna, transcender, praticar o *triple loop learning* (descrito na sequência) em relação ao clássico entendimento de apenas entender que o sucesso de uma empresa é o montante de lucro dos seus acionistas, desconsiderando como esse lucro foi atingido.

Nesse sentido, o valor social e ambiental gerado pela responsabilidade social e pela sustentabilidade deve ser reconhecido materialmente em termos de valores econômicos "valorados" pelo público externo e interno, ou seja, preços, custos, remunerações, lucros, dividendos e juros (valores materiais) como símbolos de valores sociais e econômicos. Se ser socialmente responsável e sustentável é valorado pelo mercado, pela sociedade e pelo Estado, entende-se que também deva ser explicitamente sinalizado como valor em culturas e políticas, no âmbito do mercado e do campo institucional, de sistemas de investimento, de financiamento, de tributação e de regulação; no âmbito da autonomia empresarial, nos processos e sistemas de gestão, de compras, de produção, de recursos humanos, ou seja, alinhamento estratégico em todos os processos de negócios.

Para empresas responsáveis serem sustentáveis – em um sentido balanceado entre as dimensões econômica, ambiental, social e espiritual – precisam de ambientes institucionais, expressos em culturas e políticas que fomentem espírito e corpo para a responsabilidade social e a sustentabilidade, analogamente às ondas, da física quântica, e aos corpos "organizacionais", da física mecânica. Outra analogia explicativa para essa proposição é a da roupa, tecido, trama e fios. Uma roupa é feita de tecido, que é feito de tramas de fios. Ser um "fio" socialmente responsável não é sustentável, mas ser uma trama de fios, constituindo um tecido, abre uma gama de possibilidades de "roupas", modelando um conceito e vestindo um corpo.

Não é sustentável lidar apenas com o escopo organizacional para definir o conceito de RSC, desconsiderando-se a acoplagem do nível organizacional com os níveis territoriais local, regional, nacional e internacional para as diversas organizações públicas, privadas e do terceiro setor por um lado e, por outro, com o nível da personalidade e da espiritualidade dos "corpos sutis" que Nereida Fontes Vilela[17] considera em suas pesquisas, ensino e práticas em leitura corporal – corpos físico, mental, etérico e emocional como corpos da personalidade; corpos causal, austral e celestial como os corpos da espiritualidade.

A dimensão espiritualidade, ainda muito esquecida ou deslocada e negada no conhecimento difundido na formação educacional contemporânea, não deve ser confundida com religião. A espiritualidade nos faz uno, leva-nos a uma perspectiva análoga ao *triple loop learning*, definido junto a outras duas categorias (*single loop*, *double loop*) propostas por Chris Argyris na literatura sobre aprendizagem organizacional.[18] *Single loop learning* é aprender como fazer a tarefa, é política de treinamento, segundo as regras e possibilidades atuais. *Double loop learning* é melhorar as regras e possibilidades atuais, é política de desenvolvimento. Já *triple loop learning* é pensar totalmente "fora da caverna" e ver o mundo que cerca o jogo, os sujeitos que jogam, e pensar no valor de continuarmos dessa forma ou de transformar de forma inovadora.

Apenas jogar para as organizações uma escolha voluntarista de RSC, sem criarmos condições materiais, políticas, educacionais, tributárias, fiscais e legais coerentes, de um ambiente institucional que estimule mercados, governos e sociedades para a responsabilidade social e a sustentabilidade, é efêmero, frágil e esquizofrênico do ponto de vista do espírito e do corpo, da fantasia e da realidade e, por outro lado, mais uma onda ou uma fantasia de oportunidades para mascarar contradições estruturais nas regras do jogo.

---

17 Para mais informações, acesse o texto *Corpos sutis*, disponível em: <http://www.leituracorporal.com.br>. Acesso em: 29 jul. 2018.

18 Um livro clássico de Chris Argyris é *On organizacional learning* (Blackwell Publishing), com primeira edição em 1992 e várias edições posteriores e traduções.

CAPÍTULO 5

ÉTICA E SUSTENTABILIDADE EMPRESARIAL: FUNDAMENTOS PARA A GOVERNANÇA CORPORATIVA

Roberto do Nascimento Ferreira

5.1 APRESENTAÇÃO

Um dos pontos mais frágeis nos modelos de gestão em organizações, sejam organizações públicas ou privadas, é a qualidade dos processos de governança e a capacidade de avançar as condições de governabilidade das relações entre organizações, sociedade, Estado em distintos ambientes e culturas.

Neste capítulo, apresenta-se referencial teórico, histórico, avanços e desafios para uma boa governança corporativa, dando continuidade às reflexões apresentadas no capítulo anterior sobre metamodelo das orientações estratégicas para a responsabilidade social nos negócios.

Percebe-se que a governança corporativa requer uma reflexão e clareza sobre ética a todos que venham participar ou se relacionar com a organização e seus agentes e, também, que a governança corporativa é parte das condições para haver sustentabilidade empresarial.

5.2 GOVERNANÇA CORPORATIVA

As discussões sobre governança corporativa ocuparam um grande espaço nas empresas e na academia a partir da década dos 1990. Buscando evidenciar a importância de estruturas e práticas de governança corporativa para as empresas, pesquisas que tinham como objetivo demonstrar que ela impacta o desempenho e/ou o valor das empresas se multiplicaram. Apesar de os resultados não serem unânimes,[1] destaca-se a importância desses estudos em um momento no qual se devia consolidar nos meios acadêmico e empresarial a necessidade de as empresas se preocuparem com o tema.

A governança corporativa é entendida como o conjunto de práticas que tem por finalidade otimizar o desempenho de uma companhia com o objetivo de garantir os direitos de propriedade e a promoção de um ambiente benéfico ao investimento privado, protegendo os *stakeholders* e facilitando o acesso ao capital. Pode ser descrita como os mecanismos ou princípios que governam o processo decisório de uma empresa, representando um conjunto de regras que visa minimizar os problemas de agência. As empresas e os investidores precisam de um ambiente que os incentive a alocar recursos da forma mais eficiente. Da mesma forma, o desenvolvimento econômico de muitas economias também depende do financiamento e do crescimento das empresas. A análise das práticas de governança corporativa envolve, principalmente, transparência, equidade de tratamento dos acionistas, prestação de contas e responsabilidade social.

Outro tema, também objeto de muitas pesquisas e iniciativas empresarias, relaciona-se à responsabilidade social das empresas. Essa discussão começou um pouco antes da governança corporativa. O resultado pode ser evidenciado por diversas iniciativas de empresas, passando pela elaboração de relatórios sociais,[2] apoio a comunidades do entorno e à sociedade como um todo, chegando à criação de fundações com fins sociais. As discussões sobre responsabilidade social corporativa sempre foram atreladas à ética nos negócios. De fato, não há como ser socialmente responsável sem ter ética.

Nos últimos anos, não apenas o conceito, mas também as práticas relacionadas à responsabilidade social e ambiental foram ampliadas. O conceito, os procedimentos e a nomenclatura ganharam nova roupagem e importância. Fala-se atualmente em sustentabilidade empresarial. O conceito de sustentabilidade é bem mais amplo. É um termo usado para definir ações e atividades humanas que visam suprir as necessidades atuais da humanidade sem comprometer as próximas gerações. É uma relação direta com o desenvolvimento econômico e material sem agredir o meio ambiente, usando os recursos naturais de forma inteligente. Nas empresas, a sustentabilidade representa um conjunto de ações que visam ao respeito ao meio ambiente e ao desenvolvimento sustentável da sociedade. Nesse sentido, para que uma empresa seja considerada sustentável ambiental e socialmente, ela deve adotar atitudes éticas e práticas que visem a

---

1 Fiz um levantamento de resultados de pesquisas nacionais e internacionais, com conclusões que indicam que a governança corporativa pode ou não influenciar no desempenho e/ou valor das empresas. FERREIRA, R. do N. *Governança corporativa e desempenho*: uma análise em empresas brasileiras de capital aberto. 2012. 287p. Tese (Doutorado em Administração) - Universidade Federal de Lavras, Lavras, 2012.

2 O balanço social foi o primeiro relatório a ser publicado por empresas em vários países, visando demonstrar o comprometimento com aspectos sociais e ambientais.

seu crescimento econômico (sem isso, ela não sobrevive) sem agredir o meio ambiente e também objetivem colaborar para o desenvolvimento da sociedade.

As discussões sobre sustentabilidade empresarial também se relacionam ao comprometimento ético das empresas. A ética no meio empresarial é vista não mais como uma característica, mas como uma qualidade. Deve ser entendida como um pressuposto básico da atividade empresarial. A sociedade passa a estar cada vez mais atenta ao comportamento das empresas e de seus gestores. Os relatórios de sustentabilidade são analisados criticamente, não é o suficiente apenas publicá-los. Não vale somente o que está escrito. Acontecimentos como o amplamente noticiado rompimento da barragem de rejeitos da mineradora Samarco em Mariana (MG), em 2015, e os casos de corrupção com o envolvimento de empresas como Petrobras, Odebrecht e Camargo Corrêa, entre outras, mostram a distância entre o conteúdo apresentado nos relatórios de sustentabilidade e a realidade praticada nos negócios.

As discussões, as pesquisas e as práticas relacionadas à governança corporativa e à sustentabilidade empresarial são bem próximas. Ao abordar indicadores sociais no mercado de ações e o índice de governança corporativa, afirmo que há uma relação entre o conceito de responsabilidade social (ampliado aqui para sustentabilidade empresarial) e o de governança corporativa, pois em ambos devem prevalecer o comportamento ético e a transparência, estabelecendo padrões de conduta da empresa com relação a seus *stakeholders*.[3] Santana[4] assevera que a "governança corporativa evolui naturalmente para a responsabilidade social (sustentabilidade empresarial). Práticas de governança, certificações, selos de qualidade e ações sociais são todos afluentes de um grande rio de sustentabilidade". Pode-se dizer que a sustentabilidade nos negócios é um desafio para as empresas, pois significa sintonia com valores econômicos, sociais e ambientais.

Por meio dessa exposição, busca-se relacionar governança corporativa, sustentabilidade e ética. Em meu ponto de vista, não é possível dissociar uma da outra. Como ser ético sem uma estrutura de governança corporativa e conseguir sustentabilidade a longo prazo? Como ser sustentável a longo prazo sem uma estrutura de governança que permita agir com ética nos negócios? A governança corporativa deve ser estruturada segundo princípios éticos, para assim ter capacidade de sustentabilidade a longo prazo.

---

[3] FERREIRA, R. N. Responsabilidade social corporativa e valor das empresas. In: ASHLEY, P. A. (Org.). *Ética e responsabilidade social nos negócios*. 2. ed. São Paulo: Saraiva, 2005.

[4] SANTANA, M. H. O novo mercado e a governança corporativa. *Revista da CVM*, Rio de Janeiro, dez. 2001.

5.3 ÉTICA

Não é objetivo fazer uma dissecação do conceito de ética. A finalidade é apresentar uma breve discussão, que sirva de base para estabelecer uma relação entre ética nos negócios e governança corporativa, considerando-se principalmente a afirmação de Brandão: "a relação da governança com a ética é especialmente desafiadora em função das dificuldades para se definir 'ética' e pela sensibilidade do tema, com o qual muitos concordam, mas poucos se posicionam mais efetivamente".[5]

Desde que o ser humano se reconheceu como racional e viu no outro um ser semelhante, a questão ética surgiu. A preocupação com o pensar e agir de modo coerente e de forma que preserve a vida está na própria humanidade. Com frequência se ouve dizer que a ética surgiu com os gregos, notadamente Sócrates, Platão e Aristóteles, a partir do século IV a.C. No entanto, antes dos gregos, havia culturas milenares, do médio e extremo Oriente, portadoras de grande sabedoria, que já consideravam as questões éticas em seu relacionamento social (ILB).[6]

No Egito Antigo, civilização de mais de 6 mil anos, as atividades profissionais revestiam-se de caráter ético em todas as suas manifestações, mesmo porque eram intrinsecamente ligadas às crenças e aos ritos religiosos.

Os chineses, também há milênios, bem como os hindus, mantinham sua ética baseada na cosmologia, na interação entre tudo o que existe e, por isso mesmo, na integração do indivíduo com o todo.

No Ocidente, a tradição judaico-cristã, também de raiz oriental, foi a que mais influenciou nossa formação ética. O Antigo Testamento apresenta extenso repertório de leis e mandamentos (inclusive o Livro das Leis e os Dez Mandamentos registrados por Moisés). Os ensinamentos cristãos, estes baseados na vida de Jesus, moldaram eticamente, em especial, a Europa e as Américas.[7]

Considerando a diversidade de conceitos e definições para ética, são apresentadas algumas com base em IBL:[8]

> "Por que o indivíduo seria honesto no escuro?"
>
> *Niklas Luhmann*

> "Ética é termos a coragem de sermos o que realmente somos"
>
> *Victor D. Sallis*

---

[5] BRANDÃO, C. E. L. Governança corporativa e ética: alguns desafios. In: FONTES FILHO. J. R.; LEAL, R. P. C. (Org.). *O futuro da governança corporativa*. São Paulo: Saint Paul, 2014. p. 179. Edição eletrônica.

[6] INSTITUTO LEGISLATIVO BRASILEIRO (ILB). *Ética e administração pública*. ILB: Curso, Senado Federal, Brasília, DF, 2016. Disponível em: <https://saberes.senado.leg.br/couRSC/index.php?categoryid=134>. Acesso em: 29 jul. 2018.

[7] ILB, 2016.

[8] ILB, 2016.

"Estudo dos juízos de apreciação referentes à conduta humana suscetível de qualificação do ponto de vista do bem e do mal, seja relativamente a determinada sociedade, seja de modo absoluto."

Dicionário Aurélio – Século XXI

"1. parte da filosofia responsável pela investigação dos princípios que motivam, distorcem, disciplinam ou orientam o comportamento humano, refletindo esp. a respeito da essência das normas, valores, prescrições e exortações presentes em qualquer realidade social."

"2. conjunto de regras e preceitos de ordem valorativa e moral de um indivíduo, de um grupo social ou de uma sociedade."

Dicionário Houaiss

"Ética é a atribuição [subjetiva] de valor ou importância a pessoas, condições e comportamentos e, sob tal dimensão, é estabelecida uma noção específica de Bem a ser alcançado em determinadas realidades concretas, sejam as institucionais ou sejam as históricas."

Norberto Bobbio

"Aquele que quer mudar o mundo deve primeiro mudar a si mesmo."

Sócrates, 469- 400 A.C.

Nos últimos 20 anos, a sociedade brasileira tem-se familiarizado cada vez mais com a palavra ética, hoje de uso constante nos jargões empresariais e em todos os tipos de mídia. Os fatos vinculados a escândalos que envolvem políticos e empresas transportaram o uso da ética, antes restrita à área acadêmica, ao uso cotidiano.

Seja no setor público, seja no privado, uma estrutura de governança deve ser pautada em princípios como transparência, equidade, responsabilidade social e prestação de contas. Não se pode imaginar que esses princípios sejam seguidos se não houver um comprometimento com a ética. Nesse sentido corrobora Lauretti[9] ao afirmar que "a governança corporativa é um movimento mundial de convergência entre princípios éticos e boas práticas de administração empresarial".

A ética nos negócios deve ser a mola mestra em todos os processos, no entanto, Brandão afirma que:

> [...] a tomada de decisão no ambiente dos negócios faz parte do objeto de estudo da governança corporativa, assim como da ética nas empresas. Interessante notar que praticamente todos os envolvidos no processo de tomada de decisão entendem que a ética é importante e impacta a reputação das empresas, mas são poucos os que, efetivamente, se comprometem com ela.[10]

---

9 LAURETTI, L. Código de conduta, exemplo de convergência. In: FONTES FILHO, J. R.; LEAL, R. P. C. (Org.). *Governança corporativa*. São Paulo: Saint Paul, 2011. p. 1. Edição eletrônica.

10 BRANDÃO, 2014, p. 153.

Segundo Nunes,[11] a ética nos negócios empresariais tem a ver com as tomadas de decisão de gestão, isto é, escolhas efetuadas pelos gestores considerando uma pluralidade de opções, tendo como plano de fundo a moralidade.

Ao tomar uma decisão, visando atingir seus objetivos, uma empresa contribui para o bem-estar das pessoas, considerando a qualidade da gestão. Nesse ponto, a ética pode ser relacionada à responsabilidade social. Assim, os interesses das organizações devem levar em conta os interesses da sociedade, principalmente se houver divergências que possam levar a atuações menos éticas. São situações que podem ocorrer quando se tenta atingir benefícios, financeiros ou outros, no curto prazo, a qualquer preço e por quaisquer meios (mesmo ilegais, ilícitos ou injustos), quando se utilizam os recursos da organização para benefício próprio ou quando não são executadas as funções ou as tarefas que se supõe serem executadas, entre muitas outras situações.[12]

Ter uma conduta ética nos negócios implica que os atores que atuam no processo empresarial não coloquem interesses pessoais na frente dos interesses das empresas e da sociedade. Que a busca de lucros e ganhos financeiros não seja um fim em si mesmo. Que exista, por partes dos tomadores de decisão, uma clara visão de que suas decisões causam impactos na sociedade. Que a análise desses impactos considere sempre aspectos positivos e, principalmente, negativos.

A busca pelo comprometimento com padrões éticos nas organizações pode ser evidenciada em movimentos como a responsabilidade social (sustentabilidade) e a governança corporativa, que estabelecem normas, princípios e mecanismos a serem implantados e seguidos pelas empresas. Há também um arcabouço legal que estabelece normas que visam evitar e punir situações consideradas como não éticas. Como não é possível prever legalmente todas a situações, Nunes[13] cita que muitas organizações elaboram códigos internos de conduta (códigos de ética) a serem seguidos por todos os colaboradores. A finalidade desses códigos é preencher algumas lacunas da legislação, nomeadamente para situações específicas do contexto em que as organizações se inserem e das atividades que desenvolvem.

Segundo o Instituto Brasileiro de Ética nos Negócios (Iben),[14] o código de ética, sem dúvida alguma, é o principal instrumento da atuação responsável e da governança corporativa, contribuindo, inclusive para se trilhar o caminho da tão falada e necessária sustentabilidade. O instituto define o código de ética como a declaração do conjunto de direitos, deveres e responsabilidades empresariais para com os *stakeholders*,

---

11 NUNES, P. Ética nos negócios. *Biblioteca Temática Colaborativa Knoow.net*, 2015. Disponível em: <http://knoow.net/cienceconempr/gestao/etica-nos-negocios>. Acesso em: 13 ago. 2018.

12 NUNES, 2015.

13 NUNES, 2015.

14 INSTITUTO BRASILEIRO DE ÉTICA NOS NEGÓCIOS (IBEN). Código de Ética Corporativo. *Revista Ética nos negócios*, ano IX, n. 20, jul. 2018. Disponível em: <http://www.pesquisacodigodeetica.org.br/2014>. Acesso em: 29 jul. 2018.

refletindo a cultura, os princípios e os valores, a atuação socioambiental e o conjunto das normas de conduta para dirigentes, executivos e colaboradores, bem como para as empresas integrantes da cadeia produtiva, mediante os quais são definidas as premissas que enriquecem os processos decisórios da empresa e orientam seu comportamento. Além disso, deve ser o principal instrumento da governança corporativa e da gestão estratégica para se tornar um aliado das empresas no caminho que levar ao desenvolvimento sustentável.

Arruda[15] aponta que as empresas que têm, seguem e gerenciam seu código de ética conhecem e sabem seu profundo valor. No entanto, aquelas que não os têm como base de conduta, talvez ainda estejam perdendo uma dimensão indescritível da autoridade e do poder.

Considerando que princípios éticos devem pautar as ações de governança corporativa, o IBGC[16] apresenta as normas de um código de conduta: "o código de conduta tem por finalidade principal promover princípios éticos e refletir a identidade e a cultura organizacionais, fundamentado em responsabilidade, respeito, ética e considerações de ordem social e ambiental".

Destaca Arruda[17] que a tranquilidade advinda de uma atuação coerente com o código de ética ou de conduta da empresa é algo que entusiasma. Destaca ainda a autora que transparência é compatível com discrição, confidencialidade e prudência inerentes à posição de que detém a informação. O código de ética dá visibilidade à empresa. Indica os valores sobre os quais se estruturam premissas e compromissos para com diferentes grupos de interesse, dentro e fora da organização. Esse registro sempre configura ou pressupõe relações de seriedade e responsabilidade, condições importantes para bons negócios.

Esses pontos são também destacados pelo IBCG[18] ao afirmar que a existência de um código de conduta contribuiu para a valorização da reputação e da imagem das empresas, além de elevar o nível de confiança interno e externo na organização.

Não se trata de um instrumento que estabelece punições, muito menos normas de comportamento hierárquico. Conforme destaca Lauretti,[19] ele deve ser construído *bottom up*, incluindo em sua elaboração um significativo número de colaboradores de posições e experiências diferentes. Dever ser um exemplo de equidade, pois se aplica igualmente a líderes e liderados, sem exceções. Destaca o IBGC que o:

---

15 ARRUDA, M. C. C. Para que servem os códigos de ética? *Revista Ética nos Negócios*. v. 4. n. 13, mar. 2014. Disponível em: <http://www.revistaeticanosnegocios.org.br>. Acesso em: 29 jul. 2018.

16 INSTITUTO BRASILEIRO DE GOVERNANÇA CORPORATIVA (IBGC). *Código das melhores práticas de governança corporativa*. 5. ed. São Paulo: IBGC, 2015. p. 93.

17 ARRUDA, 2014.

18 IBGC, 2015.

19 LAURETTI, 2011.

> [...] código de conduta deve ser elaborado segundo os valores e princípios éticos da organização. Ele deve fomentar a transparência, disciplinar as relações internas e externas da organização, administrar conflitos de interesses, proteger o patrimônio físico e intelectual e consolidar as boas práticas de governança corporativa.[20]

Apesar da importância de um código de ética e, principalmente, de sua relação com as práticas de governança corporativa, ainda há um grande número de empresas que não o possuem. Uma pesquisa do ano de 2014 realizada pelo Iben apresenta resultados que merecem atenção. Do total de 1000 empresas pesquisadas, 360 tinham um código de ética e 640 não. A pesquisa também apresentou dados sobre informações que constam do código de ética e a localização do código no *site* das empresas. Na Tabela 5.1 verifica-se que praticamente quatro em cada dez empresas destacam o código de ética na *home page*. O ideal é que todas adotassem esse procedimento, considerando a importância do instrumento. Quase 80% dos códigos de ética contemplam o relacionamento com diversos *stakeholders*. A obrigatoriedade de denunciar as desconformidades e desvios de conduta é explicitada em 72% dos códigos. No entanto, a proteção ao denunciante é prevista somente em 43% dos códigos de ética. Isto é um fato preocupante, pois a falta de proteção acaba por amedrontar as pessoas que desejam reportar suas preocupações pessoais e com a empresa.

Tabela 5.1 Informações do código de ética – 360 empresas

Informação	Quantidade empresas	% de empresas
Destaque na página Inicial	130	36,1%
Relacionamento com *stakeholders*	297	76,8%
Obrigatoriedade de denúncia	258	71,6%
Proteção ao denunciante	154	42,7%

Fonte: IBEN, 2018.

Já a Tabela 5.2 mostra como as empresas apresentam o código de ética. Entre as 360 empresas analisadas, 71% optam por divulgá-lo na área institucional do *site*. Isso proporciona maior visibilidade e conhecimento aos *stakeholders* sobre o código. Em 23% das empresas, o documento é apresentado na área de Relações com investidores, o que possibilita supor que essas empresas tenham foco maior nos acionistas e investidores. Um número menor delas utiliza outros espaços, da mesma forma que um número ainda menor faz a opção pela seção de Sustentabilidade.

---

20 IBGC, 2015, p. 94.

Tabela 5.2 Divulgação do código de ética - 360 empresas

Informação	Quantidade empresas	% de empresas
Área institucional	255	70,8%
Área de relação com investidores	82	22,7%
Outros espaços	13	3,6%
Área de sustentabilidade	10	2,8%

Fonte: IBEN, 2018.

O que se espera é que as empresas não somente tenham códigos de ética, mas também assumam, de fato, uma postura ética. Segundo Arruda,[21] empresas que pautam suas ações com base em princípios éticos sólidos não temem definir uma política de regras claras em todos os campos que sua direção eleja como de importância para sua razão de ser. Afirma a autora que:

> Buscar e manter uma cultura ética são objetivos de qualquer executivo competente e bem-intencionado, consciente de que a ética vale a pena. Nessa linha, programas de educação, sensibilização, informação e incentivo à atuação ética são cada vez mais desenvolvidos nas empresas. Os altos executivos começam a perceber que o custo de controles, auditoria e compliance, assistência jurídica, prevenção à lavagem de dinheiro, corrupção e risco ultrapassam valores que se classificariam como aceitáveis. A ética vale a pena.[22]

Observa ainda que a legislação de combate à corrupção encontra no código de ética um aliado positivo: estimular a fazer bem coisas boas é muito mais convincente do que coibir ações perniciosas, que lesam as pessoas e a empresa.

5.3.1 *Compliance* e a Lei Anticorrupção

Visando ao combate a práticas de corrupção, o Brasil ratificou dois importantes tratados sobre o tema. O primeiro foi a Convenção Interamericana contra a Corrupção, adotada em Caracas, em 1996, e posta em vigência no ordenamento jurídico nacional por meio do Decreto n. 4.410, de 2002. De acordo com o art. II, os propósitos são:

> promover e fortalecer o desenvolvimento, por cada um dos Estados Partes, dos mecanismos necessários para prevenir, detectar, punir e erradicar a corrupção; e promover, facilitar e regular a cooperação entre os Estados Partes a fim de assegurar a eficácia das medidas e ações adotadas para prevenir, detectar, punir e erradicar a corrupção

---

21 ARRUDA, 2014.

22 ARRUDA, 2014, p. 19.

> no exercício das funções públicas, bem como os atos de corrupção especificamente vinculados a seu exercício (Decreto n. 4.410, de 2002).[23]

O outro tratado aborda a Convenção das Nações Unidas contra a Corrupção, assinada pelo Brasil em 2003 e posta em vigência no ordenamento jurídico interno por meio do Decreto n. 5.687, de 2006. A finalidade da convenção, conforme estabelecido em seu art. I, é:

> Promover e fortalecer as medidas para prevenir e combater mais eficaz e eficientemente a corrupção;
>
> Promover, facilitar e apoiar a cooperação internacional e a assistência técnica na prevenção e na luta contra a corrupção, incluída a recuperação de ativos;
>
> Promover a integridade, a obrigação de render contas e a devida gestão dos assuntos e dos bens públicos.[24]

Sem desconsiderar a importância desses dois tratados, havia a necessidade de uma legislação que abordasse punições relativas a atos de corrupção, dado o caráter endêmico da prática no Brasil. Segundo Di Blasi,[25] o Brasil atravessou, e ainda atravessa, momentos marcados por práticas de corrupção endêmicas no sistema – o que a mídia costuma denominar de "escândalos". Desde a promulgação da Constituição, a sociedade brasileira já tomou conhecimento de vários casos de corrupção, como os "anões do orçamento", o caso do Banestado, os "sanguessugas", o mensalão, a Operação Lava Jato etc.

Mesmo considerando os anos de atraso para que tivéssemos uma legislação que tratasse de forma efetiva os casos de corrupção, a Lei n. 12.846, de 2013,[26] também conhecida como Lei Anticorrupção, representa importante avanço ao prever a responsabilização objetiva, no âmbito civil e administrativo, de empresas que praticam atos lesivos contra a administração pública nacional ou estrangeira. Essa legislação atende aos

---

[23] BRASIL. Decreto n. 4.410, de 7 de outubro de 2002. Promulga a Convenção Interamericana contra a Corrupção, de 29 de março de 1996, com reserva para o art. XI, parágrafo 1º, inciso "c". *Diário Oficial da República Federativa do Brasil*, Brasília, 7 out. 2002. Disponível em: <http://www.planalto.gov.br/ccivil_03/decreto/2002/d4410.htm>. Acesso em: 29 jul. 2018.

[24] BRASIL. Decreto n. 5.687, de 31 de janeiro de 2006. Promulga a Convenção das Nações Unidas contra a Corrupção, adotada pela Assembleia-Geral das Nações Unidas em 31 de outubro de 2003 e assinada pelo Brasil em 9 de dezembro de 2003. *Diário Oficial da República Federativa do Brasil*, Brasília, 31 maio 2006. Disponível em: <http://www.planalto.gov.br/ccivil_03/_ato2004-2006/2006/decreto/d5687.htm>. Acesso em: 29 jul. 2018.

[25] DI BLASI, G. Lei Anticorrupção: uma ferramenta eficaz? *JOTA*, ago. 2017. Disponível em: <https://www.jota.info/coberturas-especiais/as-claras/lei-anticorrupcao-uma-ferramenta-eficaz-29082017>. Acesso em: 29 jul. 2018.

[26] BRASIL. Lei n. 12.846, de 1 de agosto de 2013. Dispõe sobre a responsabilização administrativa e civil de pessoas jurídicas pela prática de atos contra a administração pública, nacional ou estrangeira, e dá outras providências. *Diário Oficial da República Federativa do Brasil*, Brasília, 1º ago. 2013. Disponível em: <http://www.planalto.gov.br/ccivil_03/_ato2011-2014/2013/lei/l12846.htm>. Acesso em: 29 jul. 2018.

compromissos internacionais assumidos pelo Brasil, e finalmente fecha uma lacuna no ordenamento jurídico do país ao tratar diretamente da conduta dos corruptores (CGU).[27]

Torna-se importante essa legislação quando analisamos dados de pesquisas sobre a percepção da sociedade com relação à corrupção no Brasil. A entidade independente Transparência Internacional, em estudo conduzido no ano de 2016, afirmou que a percepção da sociedade brasileira sobre a corrupção está posicionada em 79º lugar em um total de 179 países. A Tabela 5.3 é um extrato da tabela que consta do *site* da Transparência Internacional.

Tabela 5.3 Índice de percepção da corrupção - 2016

Posição em 2016	País	Pontuação em 2016	Pontuação em 2015	Pontuação em 2014	Pontuação em 2013	Pontuação em 2012	Região
60	Cuba	47	47	46	46	48	Américas
60	Itália	47	44	43	43	42	Europa e Ásia Central
62	São Tomé e Príncipe	46	42	42	42	42	África subsariana
62	Arábia Saudita	46	52	49	46	44	Oriente Médio e Norte da África
64	Montenegro	45	44	42	44	41	Europa e Ásia Central
64	Omã	45	45	45	47	47	Oriente Médio e Norte da África
64	Senegal	45	44	43	41	36	África subsariana
64	África do Sul	45	44	44	42	43	África subsariana
64	Suriname	45	36	36	36	37	Américas
69	Grécia	44	46	43	40	36	Europa e Ásia Central
70	Bahrein	43	51	49	48	51	Oriente Médio e Norte da África
70	Gana	43	47	48	46	45	África subsariana

(continua)

27 CONTROLADORIA GERAL DA UNIÃO (CGU). *Lei Anticorrupção*, 2018. Disponível em: <http://www.cgu.gov.br/assuntos/responsabilizacao-de-empresas/lei-anticorrupcao>. Acesso em: 29 jul. 2018.

(continuação)

Posição em 2016	País	Pontuação em 2016	Pontuação em 2015	Pontuação em 2014	Pontuação em 2013	Pontuação em 2012	Região
72	Burkina Faso	42	38	38	38	38	África subsariana
72	Sérvia	42	40	41	42	39	Europa e Ásia Central
72	Ilhas Salomão	42	N/A	N/A	N/A	N/A	Ásia-Pacífico
75	Bulgária	41	41	43	41	41	Europa e Ásia Central
75	Kuwait	41	49	44	43	44	Oriente Médio e Norte da África
75	Tunísia	41	38	40	41	41	Oriente Médio e Norte da África
75	Turquia	41	42	45	50	49	Europa e Ásia Central
79	Belarus	40	32	31	29	31	Europa e Ásia Central
79	Brasil	40	38	43	42	43	Américas

Fonte: TRANSPARENCY INTERNATIONAL, 2017.

A Lei n. 12.846, de 2013,[28] além de representar um avanço no combate à corrupção, passa a ser também um referencial para as empresas, tanto em seu comportamento ético como na estruturação das práticas de governança.

Várias são as inovações trazidas por essa legislação, como a criação do Cadastro Nacional de Empresas Punidas (CNEP), que contém as punições e demais disposições da lei anticorrupção, e do Cadastro Nacional de Empresas Inidôneas e Suspensas (CEIS), que lista punições aplicadas no âmbito de leis que compõem o microssistema de licitações. Os dois cadastros são de responsabilidade do Poder Executivo Federal e atualizados periodicamente pela administração direta e indireta. Outras inovações trazidas pela lei anticorrupção podem ser resumidas da seguinte forma, conforme consta da página de internet da GCU:

> Responsabilidade Objetiva: empresas podem ser responsabilizadas em casos de corrupção, independentemente da comprovação de culpa.

[28] BRASIL, 2013.

Penas mais rígidas: valor das multas pode chegar até a 20% do faturamento bruto anual da empresa, ou até 60 milhões de reais, quando não for possível calcular o faturamento bruto. Na esfera judicial, pode ser aplicada até mesmo a dissolução compulsória da pessoa jurídica.

Acordo de Leniência: Se uma empresa cooperar com as investigações, ela pode conseguir uma redução das penalidades.

Abrangência: Lei pode ser aplicada pela União, estados e municípios e tem competência inclusive sobre as empresas brasileiras atuando no exterior.[29]

Como várias leis no Brasil, após aprovadas e promulgadas, necessitam ainda de regulamentação de alguns de seus pontos, o Decreto n. 8.420, de 2015[30] regulamentou a Lei Anticorrupção, normatizando cinco pontos essenciais da legislação. A Figura 5.1 exemplifica esses pontos, que incluem a forma de cálculo das multas e as regras para o acordo de leniência.

Figura 5.1 Cinco pontos do Decreto n. 8.420, de 2015

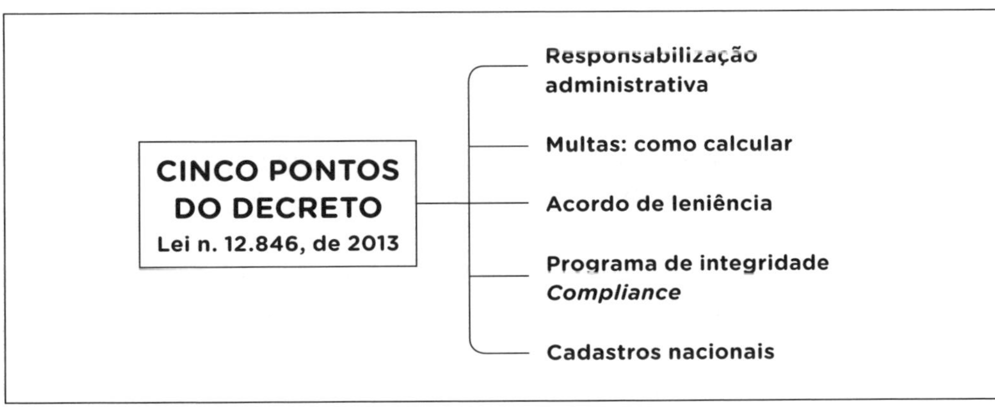

Fonte: CGU, 2018.

Pode-se considerar que a Lei Anticorrupção estabeleceu um novo momento nas relações entre o setor público e o setor privado. É uma nova conduta ética pautada na definição de atos de corrupção e na responsabilização dos agentes corruptores. Dessa forma, a Lei Anticorrupção inaugura uma mudança de paradigma, com um verdadeiro sistema de combate à corrupção e *compliance*, operando significativamente mudanças no

---

29 CGU, 2018.

30 BRASIL. Decreto n. 8.420, de 18 de março de 2015. Regulamenta a Lei n. 12.846, de 1º de agosto de 2013, que dispõe sobre a responsabilização administrativa de pessoas jurídicas pela prática de atos contra a administração pública, nacional ou estrangeira e dá outras providências. *Diário Oficial da República Federativa do Brasil*, Brasília, 18 mar. 2015. Disponível em: <http://www.planalto.gov.br/ccivil_03/_ato2015-2018/2015/decreto/D8420.htm>. Acesso em: 29 jul. 2018.

cenário da interação entre o ente público e o ente privado, bem como na instrumentalização interna de empresas.[31]

O *compliance*, ou programa de integridade, tornou-se uma realidade para as empresas que operam no Brasil. Segundo a CGU,[32] as empresas têm a responsabilidade de implementar programas de integridade para a consolidação de valores e políticas que promovam padrões éticos e de integridade em seus negócios, rejeitando atos ilegais, ilegítimos e de corrupção. São programas que devem ter caráter preventivo, com a finalidade de evitar a ocorrência de práticas antiéticas ou corruptas, bem como prever medidas corretivas para comportamentos no ambiente organizacional que violem seus princípios. O art. 7º da Lei n. 12.846, de 2013, ao tratar deste ponto, estabelece:

> Art. 7º Serão levados em consideração na aplicação das sanções:
>
> VIII - a existência de mecanismos e procedimentos internos de integridade, auditoria e incentivo à denúncia de irregularidades e a aplicação efetiva de códigos de ética e de conduta no âmbito da pessoa jurídica;
>
> Parágrafo único. Os parâmetros de avaliação de mecanismos e procedimentos previstos no inciso VIII do caput serão estabelecidos em regulamento do Poder Executivo federal.[33]

Em razão da previsão legal, as empresas em atuação no país iniciaram a criação ou a aparelhagem dos "departamentos de *compliance*", incluindo a nomeação de um *compliance officer*, que é o executivo responsável pelo tema, dando-lhe autoridade dentro e fora dos muros corporativos.[34]

Aquelas que tiverem mecanismos e procedimentos internos de integridade, auditoria e incentivo à denúncia de irregularidades e aplicação efetiva de códigos de ética e conduta terão seus esforços reconhecidos e poderão ter suas penas atenuadas, caso venham a ser responsabilizadas nos termos da Lei n. 12.846, de 2013.[35]

Além da Lei n. 12.846, de 2013[36] e do Decreto n. 8.420, de 2015,[37] mais emblemáticos na representação da legislação que trata de integridade e corrupção, há um arcabouço legal com várias legislações que abordam o tema. No Quadro 5.1 é apresentada essa legislação.

---

31 DI BLASI, 2017.

32 CONTROLADORIA GERAL DA UNIÃO (CGU). *Integridade no setor privado*, 2017. Disponível em: <http://www.cgu.gov.br/assuntos/etica-e-integridade/setor-privado>. Acesso em: 29 jul. 2018.

33 BRASIL, 2013.

34 IBEN, 2018.

35 CONTROLADORIA GERAL DA UNIÃO (CGU). *Integridade no setor privado*, 22 dez. 2014. Disponível em: <http://www.cgu.gov.br/assuntos/responsabilizacao-de-empresas/integridade-no-setor-privado>. Acesso em: 29 jul. 2018.

36 BRASIL, 2013.

37 BRASIL, 2015.

Quadro 5.1 Legislação referente a atos de corrupção e integridade

RESPONSABILIZAÇÃO DE PESSOAS JURÍDICAS	
Lei Anticorrupção – Lei n. 12.846, de 2013	Dispõe sobre a responsabilização administrativa e civil de pessoas jurídicas pela prática de atos contra a administração pública, nacional ou estrangeira, e dá outras providências.
Portaria CGU n. 909, de 2015	Dispõe sobre a avaliação de programas de integridade de pessoas jurídicas.
Portaria Conjunta CGU/SMPE n. 2279, de 2015	Dispõe sobre a avaliação de programas de integridade de microempresa e de empresa de pequeno porte.
Decreto n. 8.420, de 2013	Regulamenta a Lei n. 12.486, de 2013, que dispõe sobre a responsabilização administrativa e civil de pessoas jurídicas pela prática de atos contra a administração pública, nacional ou estrangeira, e dá outras providências.
Lei de Licitações – Lei n. 8.666, de 1993	Destacam-se os arts. 86, 87 e 88, que preveem sanções administrativas que podem ser aplicadas às empresas privadas, e os arts. 91, 93, 95 e 96, em que estão tipificadas condutas que podem ser praticadas por funcionários de empresas privadas participantes de licitação ou contratadas da administração pública.
Lei de Improbidade Administrativa – Lei n. 8.429, de 1992	Os dispositivos da Lei de Improbidade Administrativa também se aplicam, no que couber, às empresas privadas que, mesmo não sendo agente público, induza ou concorra para a prática do ato de improbidade ou dele se beneficie, direta ou indiretamente, art. 3º.
Lei n. 8.137, de 1990	Define crimes contra a ordem tributária, econômica e contra as relações de consumo.
Lei n. 7.492, de 1986	Define os crimes contra o sistema financeiro nacional.
CONFLITO DE INTERESSES	
Orientação Normativa Conjunta CGU-CEP n. 02, de 12 de julho 2016	Dispõe sobre a participação de agentes públicos nos Jogos Olímpicos e Paralímpicos.
Orientação Normativa Conjunta CGU-CEP n. 01, de 06 de maio 2016	Dispõe sobre a participação de agentes públicos federais em eventos e atividades custeados por terceiros.
Orientação Normativa CGU n. 02, de 2014	Dispõe sobre o exercício de atividades de magistério por agentes públicos do Poder Executivo Federal.
Orientação Normativa CGU n. 01, de 2014	Dispõe sobre a aceitação por agente público federal de convite para assistir ou participar de eventos por ocasião da Copa do Mundo FIFA 2014.

(continua)

(continuação)

Lei de Conflito de Interesses - Lei n. 12.813, de 2013	Dispõe sobre o conflito de interesses no exercício de cargo ou emprego do Poder Executivo federal e impedimentos posteriores ao exercício do cargo ou emprego; e revoga dispositivos da Lei n. 9.986, de 18 de julho de 2000, e das Medidas Provisórias ns. 2.216-37, de 31 de agosto de 2001, e 2.225-45, de 4 de setembro de 2001.
Portaria Interministerial n. 333, de 2013	A consulta sobre a existência de conflito de interesses e o pedido de autorização para o exercício de atividade privada por servidor ou empregado público do Poder Executivo federal no âmbito da competência atribuída à Controladoria-Geral da União (CGU) pelo § 1º do art. 4º e pelo art. 8º da Lei n. 12.813, de 16 de maio de 2013, são disciplinados por esta Portaria.
Portaria CGU n. 1.911, de 4 de outubro de 2013	Define os procedimentos internos necessários à deliberação da CGU sobre consultas ou pedido de autorização.
NEPOTISMO	
Decreto n. 7.203, de 2013 Súmula Vinculante n. 13 do Supremo Tribunal Federal (STF)	Dispõe sobre a vedação do nepotismo no âmbito da administração pública federal.
PROFIT	
Instrução Normativa Conjunta CGU/MPOG n. 01, de 2016	Dispõe sobre controles internos, gestão de riscos e governança no âmbito do Poder Executivo federal.
Portaria CGU n. 750, de 2016	Institui o Programa de Integridade da Controladoria--Geral da União.
Portaria CGU n. 784, de 2016	Institui o Programa de Fomento da Integridade Pública da Controladoria-Geral da União, para a administração pública, autárquica e fundacional do Poder Executivo Federal.
INTERNACIONAL	
OCDE	Recomendação da OCDE sobre Integridade Pública.

Fonte: CGU, 2014.

5.3.2 Lavagem de dinheiro - Lei n. 12.683, de 2012[38]

Historicamente se estabelece como marco da lavagem de dinheiro o ano de 1920, na cidade de Chicago, nos Estados Unidos, relacionado à organização criminosa liderada por Alfhonsus (Al) Capone, que atuava principalmente na área de bebidas ilegais. Lá é chamada de *money laundering*. A origem do termo está relacionada ao fato de que vários líderes do crime organizado abriram lavanderias de fachada nas quais superfaturavam os lucros a fim de justificar seus ganhos ilícitos e seu padrão de vida. Os criminosos, portanto, lavavam pouca roupa, mas muito dinheiro.[39, 40]

O crime de lavagem de dinheiro é uma prática comum em quase todos os países. É a forma ilícita de se buscar tornar lícito àquilo que é obtido por meio de práticas escusas, ou seja, é transformar o dinheiro "sujo" (que tem origem em um crime) em dinheiro aparentemente lícito. Cavalcante[41] ressalta que o combate a determinados tipos de criminalidade, como o tráfico de drogas e o crime organizado, somente pode ser feito de forma eficaz se houver medidas estatais que persigam o lucro decorrente desses crimes. Assim, a criminalização da lavagem de dinheiro está diretamente relacionada com o combate ao tráfico de drogas, ao crime organizado, aos crimes contra a ordem tributária, aos crimes contra o sistema financeiro, aos crimes contra a administração pública e a outros delitos que geram para seus autores lucros financeiros. Tem-se, portanto, que se deve objetivar privar as pessoas dedicadas a crimes dessa natureza do produto de suas atividades criminosas e, assim, eliminar o principal incentivo a essa atividade.

No Brasil, práticas criminosas associadas à lavagem de dinheiro são reguladas pela Lei n. 9.613, de 1998, alterada pela Lei n. 12.683, de 2012. Um dos objetivos da alteração na legislação foi tornar mais eficiente a punição de crimes de lavagem de dinheiro. Essa legislação dispõe sobre os crimes de lavagem ou ocultação de bens, direitos e valores, bem como sobre a prevenção da utilização do sistema financeiro para fins ilícitos, inclusive o financiamento ao terrorismo.[42]

---

38 BRASIL. Lei n. 12.683, de 9 de julho de 2012. Altera a Lei n. 9.613, de 3 de março de 1998, para tornar mais eficiente a persecução penal dos crimes de lavagem de dinheiro. *Diário Oficial da República Federativa do Brasil*, Brasília, 9 jul. 2012. Disponível em: <http://www.planalto.gov.br/ccivil_03/_ato2011-2014/2012/lei/l12683.htm>. Acesso em: 29 jul. 2018.

39 GARCIA, L. As inovações da Lei n. 12.683, de 9 de julho de 2012: nova Lei de Lavagem de Dinheiro. *Jusbrasil*, fev. 2015. Disponível em: <https://lararg.jusbrasil.com.br/artigos/169774466/as-inovacoes-da-lei-n-12683-de-9-de-julho-de-2012>. Acesso em: 29 jul. 2018.

40 CAVALCANTE, M. A. L. Comentários à Lei n. 12.683/2012, que alterou a Lei de Lavagem de Dinheiro. *Dizer o Direito*, jul. 2012. Disponível em: <http://www.dizerodireito.com.br/2012/07/comentarios-lei-n-126832012-que-alterou.html>. Acesso em: 29 jul. 2018.

41 CAVALCANTE, 2012.

42 SANTOS, F. CFC publica resolução para o cumprimento das obrigações ao Coaf. *CFC*, set. 2017. Disponível em: <https://cfc.org.br/noticias/cfc-publica-resolucao-atualizada-para-o-cumprimento-das-obrigacoes-ao-coaf>. Acesso em: 29 jul. 2018.

Seguir as determinações dessa legislação implica um empenho das empresas com um comprometimento ético e com responsabilidade social. Da mesma forma, é inadmissível uma empresa ter práticas previstas em crimes de lavagem de dinheiro e divulgar que adota princípios de governança corporativa. Nesse sentido, o BID[43] cita cinco fatores críticos que estão estreitamente relacionados com ações que visam coibir a lavagem de dinheiro:

- solidez do sistema bancário;
- desenvolvimento do setor financeiro;
- tamanho do setor informal;
- qualidade das instituições;
- qualidade da governança corporativa.

Segundo o BID,[44] evitar práticas relacionadas à lavagem de dinheiro implica também melhorar a legislação com relação aos direitos dos acionistas no que se refere às empresas e aos mercados de valores mobiliários, coibindo assim abusos generalizados e apropriação indébita de benefícios. Dessa forma, uma boa governança corporativa é essencial para evitar expropriação de bens, mediante o controle dos investidores. BID afirma também que há uma relação negativa entre a lavagem de dinheiro e a qualidade da governança corporativa. Essa relação é demonstrada utilizando-se a difusão de transações baseadas em informações privilegiadas como a variável de interesse da governança corporativa. Por outro lado, é demonstrado também que há uma relação positiva entre a difusão das transações baseadas em informações privilegiadas e a difusão da lavagem de dinheiro.

Voltando à Lei n. 9.613, de 1998,[45] alterada pela Lei n. 12.683, de 2012,[46] consta também desse dispositivo legal a criação do Conselho de Controle de Atividades Financeiras (Coaf). Esse conselho é um órgão de deliberação coletiva com jurisdição em todo o território nacional, integrante da estrutura do Ministério da Fazenda, com sede no Distrito Federal. Tem por finalidade disciplinar, aplicar penas administrativas, receber, examinar e identificar as ocorrências suspeitas de atividades ilícitas previstas em sua lei de criação, sem prejuízo da competência de outros órgãos e entidades.

---

43 BANCO INTERNACIONAL DE DESENVOLVIMENTO (BID). *Relatório 2005*: libertar o crédito, como aprofundar e estabilizar o financiamento bancário. Rio de Janeiro: Campus, 2005.

44 BID, 2005.

45 BRASIL. Lei n. 9.613, de 3 de março de 1998. Dispõe sobre os crimes de "lavagem" ou ocultação de bens, direitos e valores; a prevenção da utilização do sistema financeiro para os ilícitos previstos nesta Lei; cria o Conselho de Controle de Atividades Financeiras (Coaf), e dá outras providências. *Diário Oficial da República Federativa do Brasil*, Brasília, 3 mar. 1998. Disponível em: <http://www.planalto.gov.br/ccivil_03/leis/l9613.htm>. Acesso em: 29 jul. 2018.

46 BRASIL, 2012.

Os arts. 10 e 11 da Lei n. 9.613 de 1998 listam as obrigações a que estão sujeitas as pessoas físicas e jurídicas que tenham, em caráter permanente ou eventual, como atividade principal ou acessória, a captação, intermediação e aplicação de recursos financeiros de terceiros, em moeda nacional ou estrangeira; a compra e venda de moeda estrangeira ou ouro como ativo financeiro ou instrumento cambial; a custódia, emissão, distribuição, liquidação, negociação, intermediação ou administração de títulos ou valores mobiliários, além de outras elencadas no art. 9º.

O art. 10 estabelece, por exemplo, a necessidade de as pessoas físicas e jurídicas (conforme a lei) manterem cadastro atualizado e identificarem todos os seus clientes, registrarem informações de toda transação em moeda nacional ou estrangeira e adotarem políticas, procedimentos e controles internos compatíveis com seu porte e volume de operações. Ainda, prescreve que deverão cadastrar-se e manter seu cadastro atualizado no Coaf, bem como atender às requisições na periodicidade e manter em sigilo as informações prestadas.[47]

Já os deveres de comunicação de operações financeiras estão descritos no art. 11. Assim, havendo indícios de crime de lavagem de dinheiro, as pessoas físicas ou jurídicas deverão comunicar ao Coaf, abstendo-se de dar ciência de tal ato a qualquer pessoa, inclusive àquela à qual se refira a informação, no prazo de 24 (vinte e quatro) horas da proposta ou realização da transação comercial.[48]

Essa legislação é válida para os profissionais e as organizações contábeis que prestem, mesmo que eventualmente, serviços de assessoria, consultoria, contabilidade, auditoria, aconselhamento ou assistência, de qualquer natureza, em operações realizadas por pessoas físicas ou jurídicas. Anualmente os profissionais contábeis devem prestar informações ao Coaf. Assim, o Conselho Federal de Contabilidade (CFC) regulamenta os procedimentos a serem observados pelos profissionais e organizações contábeis.[49]

A norma em vigor é a Resolução CFC n. 1.530, de 2017.[50] A proposta da resolução é que o profissional da contabilidade conheça o cliente, entenda suas operações e o beneficiário final da empresa para que possa trabalhar sem riscos. Prevê também a proteção aos profissionais para que, ao identificarem algo atípico ou suspeito, comuniquem ao Coaf. Os profissionais de contabilidade e as organizações contábeis têm a obrigatoriedade de realizar a comunicação ao Coaf, cumprindo o que determina a

---

47 CASTRO, R. G. Governança corporativa e os programas de *compliance* no Brasil. *Canal Ciências Criminais*, out. 2016. Disponível em: <https://canalcienciascriminais.com.br/governanca-corporativa>. Acesso em: 29 jul. 2018.

48 CASTRO, 2016.

49 SANTOS, 2017.

50 CONSELHO FEDERAL DE CONTABILIDADE (CFC). *Resolução n. 1.530*, de 22 de setembro de 2017. Dispõe sobre os procedimentos a serem observados pelos profissionais e organizações contábeis para cumprimento das obrigações previstas na Lei n. 9.613/1998 e alterações posteriores. Disponível em: <http://www1.cfc.org.br/sisweb/SRE/docs/Res_1530.pdf>. Acesso em: 29 jul. 2018.

resolução. Os profissionais que em ano anterior não tiveram casos que obriguem a comunicação devem entregar uma comunicação negativa.[51]

O que se observa é que há um arcabouço legal voltado a acompanhar o gerenciamento do risco, com possíveis reflexos evidentes na responsabilização criminal ante seu descumprimento. Assim, uma estrutura de governança corporativa, não apenas no papel, mas de fato praticada, é essencial para compreender a recomposição das relações entre Estado e sociedade e o crescente protagonismo social da empresa.[52]

5.4 SUSTENTABILIDADE

A palavra **sustentabilidade** começou a ser usada com mais frequência e seu conceito ganhou mais importância a partir da Conferência das Nações Unidas sobre o Meio Ambiente Humano (United Nations Conference on the Human Environment – Unche), em junho de 1972, em Estocolmo. No Brasil, a Conferência Sobre Meio Ambiente e Desenvolvimento – Eco-92 (ou Rio-92), em 1992, no Rio de Janeiro, representa um marco da propagação do termo.[53]

Sustentabilidade é a palavra da moda. Em todos os setores, vem sendo utilizada para se referir a diversas situações ou processos. Os dicionários da língua portuguesa apresentam uma definição bem sucinta para o termo, como "qualidade, característica ou condição do que é sustentável". Segundo o *site* Significados,[54] etimologicamente a palavra sustentável tem origem no latim *sustentare*, que significa "sustentar, apoiar e conservar". O termo **sustentabilidade** é utilizado para identificar e conceituar produtos e serviços como agricultura sustentável, gestão sustentável, crescimento sustentável, prédios sustentáveis, carros sustentáveis etc.

Não há uma definição precisa para sustentabilidade. Pode-se entendê-la como a capacidade que o indivíduo ou um grupo de pessoas tem em se manter em um ambiente sem causar impactos nele. Porém, sua utilização é ampla, abrange diferentes áreas: meio ambiente, economia, administração, educação. Relaciona-se a uma mudança de mentalidade, a novas atitudes, ao que é correto, viável do ponto de vista econômico, social e ambiental. Nesse contexto é que se pode afirmar que a sustentabilidade é diretamente ligada ao desenvolvimento de vários setores da sociedade, sem que estes

---

51 SANTOS, 2017.

52 CASTRO, 2016.

53 BRASIL SUSTENTÁVEL. *Sustentabilidade*. Disponível em: <http://www.brasilsustentavel.org.br/sustentabilidade>. Acesso em: 29 jul. 2018.

54 SIGNIFICADOS. *Sustentável*. Disponível em: <https://www.significados.com.br/?s=sustentável>. Acesso em: 6 ago. 2018.

agridam o meio ambiente. É por meio dela que os recursos naturais são utilizados de forma inteligente e preservados para as gerações futuras.[55]

Já o conceito de desenvolvimento sustentável foi apresentado pela primeira vez em 1987, no relatório O nosso futuro comum, conhecido também como Relatório Brundtland.[56] Neste documento, o desenvolvimento sustentável é concebido como: "O desenvolvimento que satisfaz as necessidades presentes, sem comprometer a capacidade das gerações futuras de suprir suas próprias necessidades". Atribui-se à ex-primeira ministra da Noruega Gro Harlem Brundtland, que liderou a Comissão Mundial sobre o Meio Ambiente e o Desenvolvimento e apresentou o relatório, a criação do conceito de desenvolvimento sustentável.

Segundo Araújo et al.,[57] a Eco-92 tornou-se um marco global das discussões sobre sustentabilidade. Os principais resultados foram dois grandes documentos: a Carta da Terra[58] (Declaração do Rio) e a Agenda 21.[59] A Agenda 21 é um documento que contém uma série de compromissos acordados pelos 170 países presentes, que assumiram o desafio de incorporar, em suas políticas públicas, princípios do desenvolvimento sustentável.

Na sequência desses movimentos de nível mundial sobre o tema gestão ambiental e desenvolvimento sustentável, a conferência Rio+10, que aconteceu em 2002, em Joanesburgo, na África do Sul, apresentou como resultado o documento denominado Protocolo de Quioto.[60] Neste protocolo foi firmado um compromisso por meio do qual os países com maior nível de industrialização (maiores utilizadores de recursos naturais e geradores de resíduos poluentes) deveriam ser tributados e responsabilizados de forma mais contundente no que diz respeito à responsabilidade com relação a não preservação do planeta para as gerações futuras.

A Rio+10 apresentou também como resultado um conceito importante, o qual vem norteando as pesquisas e discussões sobre sustentabilidade. Segundo esse conceito, o desenvolvimento sustentável tem uma base formada por três pilares – o econômico, o social e o ambiental (*triple bottom line*) – e um objetivo fundamental, que é a erradicação da pobreza.[61]

---

55 BRASIL SUSTENTÁVEL, 2018.

56 COMISSÃO MUNDIAL SOBRE MEIO AMBIENTE E DESENVOLVIMENTO. *Nosso futuro comum*. 2 ed. Rio de Janeiro: Fundação Getulio Vargas, 1991.

57 ARAÚJO, G. C. de et al. Sustentabilidade empresarial: conceito e indicadores. In: III CONGRESSO VIRTUAL BRASILEIRO DE ADMINISTRAÇÃO, 2006. Disponível em: <http://www.convibra.com.br/2006/artigos/61_pdf.pdf>. Acesso em: 29 jul. 2018.

58 MINISTÉRIO DO MEIO AMBIENTE. *Carta da Terra*. Disponível em: <http://www.mma.gov.br/informma/item/8071-carta-da-terra>. Acesso em: 28 maio 2018.

59 MINISTÉRIO DO MEIO AMBIENTE. *Caderno de Debate*: Agenda 21 e a Sustentabilidade das Cidades. Disponível em: <http://www.mma.gov.br/estruturas/agenda21/_arquivos/caderno_verde.pdf.>. Acesso em: 28 maio 2018.

60 MINISTÉRIO DO MEIO AMBIENTE. *Protocolo de Quioto*. Disponível em: <http://www.mma.gov.br/port/sdi/ea/documentos/convs/protocolo_quioto.pdf>. Acesso em: 28 maio 2018.

61 ARAÚJO, 2006.

O movimento mundial com relação à gestão ambiental e ao desenvolvimento sustentável é dinâmico. Após a realização da Rio+10, várias conferências já foram realizadas, tendo como objetivos estabelecer novas metas, ratificar acordos. O Quadro 5.2 apresenta uma linha do tempo destas conferências.

Quadro 5.2 Linha do tempo - Conferências sobre sustentabilidade

1968 Clube de Roma	**1972** Conferência das Nações Unidas sobre Meio Ambiente Humano, em Estocolmo, a primeira do gênero.	**1983** Criação da Comissão Mundial sobre Meio Ambiente e Desenvolvimento
1987 Relatório Brundtland, na ONU, difundindo a expressão desenvolvimento sustentável.	**1992** Conferência das Nações Unidas sobre Meio Ambiente e Desenvolvimento, no Rio de Janeiro, Rio-92.	**2002** Rio+10 Protocolo de Quioto
2007 Bali - Indonésia Metas ainda mais ambiciosas do que as estabelecidas pelo Protocolo de Quioto. Resultado da conferência: Mapa do Caminho	**2009** Conferência de Copenhague Não obteve o sucesso que se esperava. Acordo de Copenhague: não possui a representatividade ou até mesmo legalidade necessária	**2011** Conferência do Clima da ONU de Durban Renovação do Protocolo de Quioto. Estrutura definida: Fundo Verde do Clima
2012 Rio+20 - Conferência das Nações Unidas sobre Desenvolvimento Sustentável Documento final: "O Futuro que Queremos"	**2015** Cúpula de Desenvolvimento Sustentável - Nova York Definição dos Objetivos de Desenvolvimento Sustentável (ODS). Documento: Transformando Nosso Mundo: A Agenda 2030 para o Desenvolvimento Sustentável (17 Objetivos de Desenvolvimento Sustentável (ODS) e suas 169 metas).	

Fonte: elaborado pelo autor com base em ARAÚJO et al., 2006; BRASIL, 2012; ONU, 2017.

Adotar práticas sustentáveis implica diretamente proporcionar uma melhor perspectiva de vida para nossos sucessores, de forma a garantir-lhes a manutenção dos recursos naturais necessários para à melhor qualidade de vida. Resumindo, sustentabilidade é saber suprir as necessidades presentes sem interferir nas gerações futuras.

5.4.1 Sustentabilidade empresarial

Inicialmente é importante considerar que, qualquer que seja a atividade empresarial, ela tem em sua essência o objetivo de obter lucro, visando ao maior retorno que se possa alcançar sobre o capital investido. A área de Contabilidade e Finanças coloca à disposição das empresas um conjunto formidável de técnicas e ferramentas que possibilitam mensurar a maximização da riqueza. Essa visão de que o objetivo das empresas é somente o lucro é defendida por pesquisadores, economistas e empresários.

Milton Friedman, Prêmio Nobel de Economia, Neil Chamberlain e Hanry Manne advogam que a única responsabilidade das empresas é conseguir obter lucro otimizando o uso dos recursos organizacionais e consequentemente aumentar o retorno do capital para os acionistas. Para Friedman, a empresa é socialmente responsável ao gerar novos empregos, pagar justos salários, proporcionar boas condições de trabalho. A contribuição para o bem-estar público deve vir do pagamento de impostos. Desviar recursos para ações sociais implica comprometer a competitividade.[62]

No entanto, essa não é a única visão. Para o economista Keith Davis, citado por Cardoso e Ashley,[63] as empresas acarretam custos para a sociedade, decorrentes de suas atividades. Em razão disso, têm responsabilidade direta e condições de abordar muitos dos problemas que atingem a sociedade. Elas devem ter consciência e visão de que é cada vez maior a cobrança da sociedade quanto ao papel e ao comprometimento com questões ambientais e sociais.

Para Martinelli, citado por Cardoso e Ashley,[64] a empresa deve ter uma postura com relação à responsabilidade social ao buscar e implementar soluções para problemas sociais (e também ambientais). Deve cultivar e praticar um conjunto de valores que possa ser explicitado em um código de ética, formando assim uma cultura interna, referência de ação para todos na empresa.

Essa visão é também defendida por Coral[65] ao afirmar que as empresas não devem se preocupar somente com fatores econômicos e estruturais. A responsabilidade delas abrange temas como o meio ambiente e as demandas sociais. Há, nesse sentido, uma cobrança para que as organizações modifiquem seus processos produtivos, de forma que se tornem ecologicamente sustentáveis, contribuindo para a sustentabilidade.

---

62 CARDOSO, A. J. G.; ASHLEY, P. A. A responsabilidade social nos negócios: um conceito em construção. In: ASHLEY, P. A. (Coord.). *Ética e responsabilidade social nos negócios*. São Paulo: Saraiva, 2002.

63 CARDOSO; ASHLEY, 2002.

64 CARDOSO; ASHLEY, 2002.

65 CORAL, E. *Modelo de planejamento estratégico para a sustentabilidade empresarial*. 2002. 275 f. Tese (Doutorado) – Curso de Engenharia de Produção, Universidade Federal de Santa Catarina, Florianópolis, 2002. Disponível em: <https://repositorio.ufsc.br/bitstream/handle/123456789/82705/189235.pdf?sequence=1>. Acesso em: 29 jul. 2018.

Nas empresas, o conceito de sustentabilidade está ligado diretamente à responsabilidade social e ambiental. Em diversos setores empresariais há, de fato, uma preocupação com relação a esses aspectos e a seu impacto na sociedade. Para esses setores, as ações que envolvem sustentabilidade acabam por representar uma vantagem competitiva. No entanto, várias empresas enxergam nas práticas sustentáveis uma mera estratégia comercial e de *marketing*.[66]

A empresa que se preocupa seriamente com a sustentabilidade é aquela cuja visão é voltada para o bem-estar da atual geração e das gerações futuras. Há uma preocupação com a comunidade, com o meio ambiente, com o planeta, levando a uma reação positiva e louvável por parte da sociedade. Pode-se dizer que a empresa que adota práticas de gestão sustentáveis tem maior probabilidade de atingir um patamar de sustentabilidade econômica, consequência da implantação de processos que contribuam para uma melhor recuperação do capital financeiro, com reflexos no capital humano e no capital natural da empresa.[67]

As discussões relacionadas à sustentabilidade vêm sendo conduzidas com base no chamado *triple bottom line*, em suas dimensões econômica, social e ambiental, que são consideradas os pilares da sustentabilidade. Assim, espera-se que as empresas conduzam suas atividades alicerçadas nesses três pilares (Figura 5.2).

O conceito *triple bottom line*, como evidenciado no Quadro 5.3, reflete a necessidade de as empresas avaliarem suas decisões estratégicas, mantendo: a sustentabilidade econômica, ao visar ao lucro e à geração de valor; a sustentabilidade social, ao estimular a educação, a cultura, o lazer e a justiça social à comunidade; e a sustentabilidade ecológica, ao manter ecossistemas vivos com diversidade.[68]

Desde o surgimento do conceito de sustentabilidade, assim como aconteceu com a responsabilidade social e a responsabilidade ambiental, observa-se um grande número de publicações acadêmicas sobre o tema, páginas na internet, empresas de consultoria vendendo a "ideia" da sustentabilidade. Aparecem fórmulas mágicas, que tentam nos fazer acreditar que a sustentabilidade empresarial se faz com uma receita de "bolo". Por outro lado, há também empresas que vendem o discurso (apenas o discurso) da sustentabilidade.

---

66 BORGER, F. G. Responsabilidade social corporativa e sustentabilidade para a gestão empresarial. *Instituto Ethos*, jun. 2013. Disponível em: <http://www3.ethos.org.br/cedoc/responsabilidade-social-empresarial-e-sustentabilidade-para-a-gestao-empresarial/#.WsaQn7eG_IU>. Acesso em: 29 jul. 2018.

67 BORGER, 2013.

68 VELLANI, C. L.; RIBEIRO, M. S. Sustentabilidade e contabilidade. *Revista Contemporânea de Contabilidade*, v. 6, n. 11, 2009, p. 187-206, jan.-jun. 2009.

Figura 5.2 O tripé da sustentabilidade

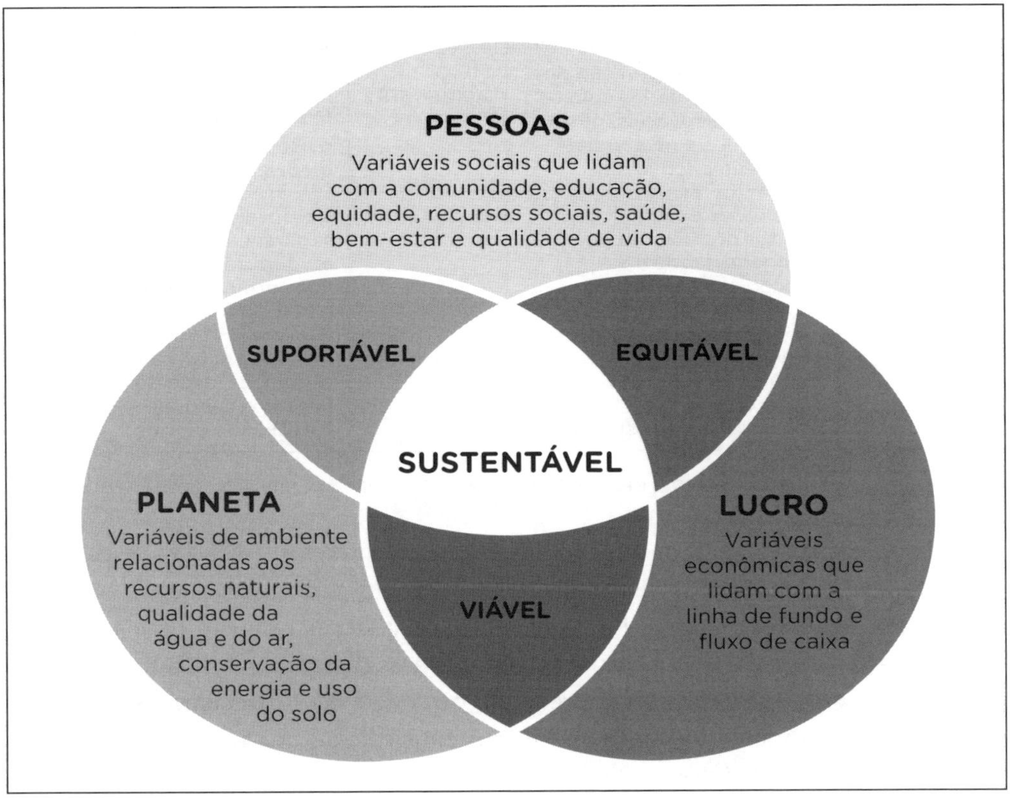

Fonte: LOGÍSTICA REVERSA. Disponível em: <http://logisticareversa.org/2015/06/15/triple-bottom-line-ou-tripe--da-sustentabilidade>. Acesso em: 29 jul. 2018.

Para algumas empresas existe uma distância entre a teoria e a prática. Querem apenas "navegar" no que consideram modismo e que possa lhes trazer benefícios econômicos. Com relação a esses aspectos, Borger afirma que:

> Nos últimos anos, as questões ambientais invadiram os negócios e mostraram a capacidade de se criar valor para clientes, acionistas e outras partes interessadas. As forças da globalização levaram empresas a incorporar a dimensão socioambiental na gestão. [69]

[69] BORGER, 2013, p. 1.

Quadro 5.3 *Triple bottom line* x contexto organizacional

Triple bottom line		**Contexto organizacional**	
DIMENSÃO AMBIENTAL	Proteção e preservação do ambiente, cuidados com os recursos renováveis, gestão de resíduos e gestão dos riscos e impactos.	MEIO AMBIENTE	Respeitar as limitações naturais, racionalizar recursos não renováveis, potencializar o uso de recursos e manter a biodiversidade.
DIMENSÃO ECONÔMICA	Resultados econômicos, direitos dos acionistas, competitividade e relação entre clientes e fornecedores.	ECONOMIA	Desenvolvimento econômico, segurança alimentar, modernização contínua e maximização da utilização dos recursos.
DIMENSÃO SOCIAL	Direitos humanos/ trabalhadores, envolvimento com a comunidade, transparência e postura ética.	SOCIEDADE	Inclusão social, saúde e segurança, aspectos políticos, aspectos culturais e qualidade de vida.

Fonte: OLIVEIRA FILHO, 2004; SEVERO; DELGADO; PEDROZO, 2006; VELLANI; RIBEIRO, 2009.

Hoje, as empresas querem associar suas marcas a projetos, iniciativas e parcerias com ONGs, divulgam as metas do milênio, os princípios do Pacto Global, ostentam as ISOs, apresentam relatórios. Por outro lado, os gestores recebem uma avalanche de informações, banalizando as práticas e as políticas de responsabilidade social e os processos de gestão. Parece que as preocupações estão mais direcionadas a mostrar que somos "socialmente responsáveis" e "sustentáveis" do que integrar a dimensão socioambiental nos negócios.

Essa visão leva à seguinte pergunta: O desempenho econômico é melhor pelo fato de a empresa incorporar práticas sociais e ambientais? A resposta seria afirmativa se considerássemos que a empresa passa a ser vista de forma positiva pela sociedade, o que contribuiria para o aumento das vendas e da rentabilidade. De forma bem simplista, poderíamos dizer que os custos do investimento no social e no ambiental seriam compensados com um lucro maior. Borger[70] também trata desse tema ao afirmar que avaliar se o fato de as empresas incorporarem questões sociais e ambientais, além da obrigação legal, eleva os custos e reduz o lucro é uma questão que sempre foi levantada e discutida, por afetar diretamente a competitividade. Há uma dicotomia no sentido de contrapor o desempenho econômico ao social e ambiental.

Considerando o exposto no parágrafo anterior, deve existir uma compatibilização entre o econômico, o social e o ambiental. Borger tem uma visão semelhante ao afirmar que

> [...] o papel das empresas incluiria lucros, mas, em vez da maximização do lucro de curto prazo, os negócios deveriam buscar lucros de longo prazo, obedecer às

---

[70] BORGER, 2013.

> leis e regulamentações, considerar o impacto não mercadológico de suas decisões e procurar maneiras de melhorar a sociedade por uma atuação orientada para a responsabilidade e sustentabilidade dos negócios.[71]

Se a ideia de desenvolvimento sustentável começou, em grande parte, com a preocupação ambiental, envolvendo as dimensões econômica e social, atualmente inclui a responsabilidade social corporativa. Assim, o conceito de desenvolvimento sustentável está hoje totalmente integrado ao conceito de responsabilidade social: não haverá crescimento econômico em longo prazo sem progresso social e cuidado ambiental. Todos os lados devem ser vistos e tratados com pesos iguais, pois são aspectos inter-relacionados. De forma semelhante, o crescimento econômico não se sustenta sem uma equivalência social e ambiental, assim como programas sociais ou ambientais corporativos não se sustentarão se não houver o equilíbrio econômico da empresa.[72] A Figura 5.3 apresenta a evolução de conceitos de RSC e sustentabilidade pela análise e interpretação desse autor.

Figura 5.3 Evolução de conceitos de RSC e sustentabilidade

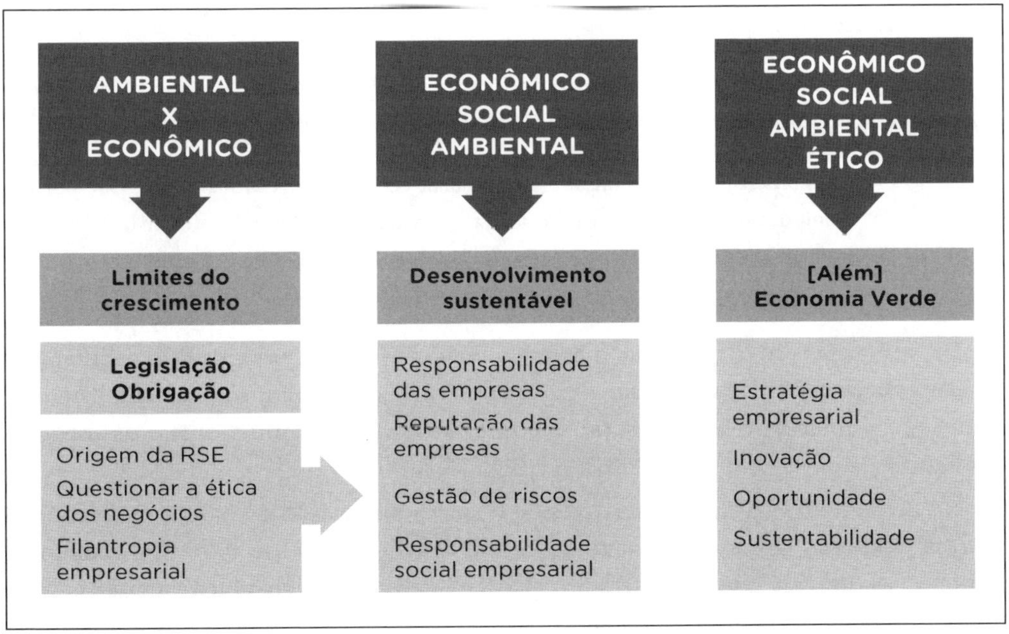

Fonte: BORGER, 2013.

---

71 BORGER, 2013, p. 1.

72 BORGER, 2013.

5.4.2 Dos relatórios sociais e de sustentabilidade ao relato integrado

Já data de alguns anos a cobrança para que as empresas publiquem relatórios com a finalidade de demonstrar aspectos sociais e ambientais de suas atividades. O primeiro deles recebeu o nome de **balanço social** (traduzido para português de forma não literal ao termo utilizado em cada país). O balanço social era publicado por empresas americanas desde o início da década de 1960, na França a partir de 1977 e em Portugal a partir de 1985. Em outros países da Europa, entre eles Espanha, Bélgica, Inglaterra, Holanda e Suécia, as empresas também publicam relatórios com informações sociais.[73] No Brasil, apesar de discussões que remontam à década de 1960, somente em 1984 foi publicado o primeiro balanço social de uma empresa brasileira. As iniciativas mais emblemáticas citadas na literatura que trata do tema são as seguintes:

- *Social Audit* (modelo norte-americano): apresentado em termos monetários, como quantificador de vantagens e prejuízos sociais, visa completar futuramente o balanço financeiro tradicional; seu objetivo é cuidar da imagem da empresa.
- *Bilan Social* (França): baseia-se na ideia de conciliação com os trabalhadores.
- *Die Sozialbilanz*: modelo alemão que tenta sintetizar os dois modelos americano e francês.

Quando se busca na literatura uma definição para balanço social, várias são as encontradas. Tomando-as como referência, Ferreira afirma que se trata de uma

> Demonstração da responsabilidade social, ecológica e gestional, composta por um conjunto de informações econômicas e sociais que tem como objetivo divulgar as informações quantitativas e qualitativas sobre o desempenho econômico-financeiro-social das empresas e sua atuação em benefício da sociedade.[74]

Em sua concepção mais ampla, o balanço social envolve a demonstração da interação da empresa com os elementos que a cercam ou que contribuem para a sua existência, incluindo o meio ambiente natural, a comunidade, a economia local e os recursos humanos.

No Brasil houve algumas iniciativas de tornar a publicação do balanço social obrigatória. Podemos destacar o Projeto de Lei do Senado n. 117, de 1996, e o Projeto de Lei n. 3.116, de 1997. Nenhum dos projetos prosperou, nem chegou à votação.

Considerando que a publicação de um relatório social deve ser uma vontade expressa da empresa e não apenas o cumprimento de uma formalidade, a publicação do balanço

---

[73] FERREIRA, R. N. *Índices-padrão e situação econômica, financeira e político-social de cooperativas de leite e café da região sul do estado de Minas Gerais*. 1999. 138p. Dissertação (Mestrado em Administração Rural) – Universidade Federal de Lavras, Lavras, 1999.

[74] FERREIRA, 1999, p. 27.

social no Brasil ganhou a adesão voluntária de um grande número de empresas após as iniciativas do Instituto Brasileiro de Análises Sociais e Econômicas (Ibase), fruto do empenho de seu fundador, o sociólogo Herbert de Souza, o Betinho.

Em 26 de março de 1997, Betinho lançou a ideia da publicação do balanço social em um artigo publicado da *Folha de S.Paulo*. No dia 16 de junho de 1997, lançou uma campanha nacional pela divulgação do balanço e, em 18 de junho de 1997, foi disponibilizado um modelo concreto de balanço social pelo Ibase. A campanha contou com o apoio da Comissão de Valores Mobiliários (CVM), do jornal *Gazeta Mercantil*, de empresas como Xerox, Banco do Brasil, Banco do Nordeste, Glaxo Wellcome, Usiminas e de instituições representativas, como Firjan, Abrasca, Abamec, Febraban e Associação Comercial do Rio de Janeiro. O Ibase também lançou, em novembro de 1997, o Selo do Balanço Social, oferecido a todas as empresas que divulguem o balanço social segundo seu modelo.

Muitas empresas publicaram seus balanços sociais de acordo com o modelo proposto pelo Ibase. Em alguns casos com um grau de sofisticação na publicação, o que, pode-se dizer, contraria o conceito de responsabilidade ambiental. A página do Ibase indica que os últimos balanços sociais divulgados pela instituição remontam a 2008.[75]

O Instituto Ethos também realizou ações de incentivo à publicação do balanço social. Em 2001 foi produzido um guia de orientação para a elaboração do balanço social. Dois modelos eram apresentados: o do Ibase e o da Global Reporting Initiative (GRI). O guia do Instituto Ethos foi atualizado e publicado até 2007, neste ano publicado com o nome Guia de Elaboração de Balanço Social e Relatório de Sustentabilidade.[76]

Segundo Chiozzoto,[77] o balanço social já foi ultrapassado e substituído pelo relatório de sustentabilidade. Segundo a autora, além de abordar ações sociais, ele relata o desempenho social, econômico e ambiental das empresas. Não consideramos que tenha ocorrido uma substituição. O mundo dos negócios é dinâmico, a evolução da sociedade, incluindo aí suas demandas, é cada vez maior. As empresas são chamadas a aumentar seu nível de transparência ao prestar contas à sociedade.

Neste aspecto, o relatório de sustentabilidade é mais completo. Além de informações que já constavam do balanço social, ele apresenta um conjunto de dados que permite uma avaliação bem mais completa das empresas e de seus impactos para a sociedade. Com relação a esse aspecto, Igarashi et al.[78] observaram em sua pesquisa que os balanços

---

75 IBASE. *Balanço Social*. Disponível em: <http://ibase.br/pt/balanco-social>. Acesso em: 20 set. 2018.

76 INSTITUTO ETHOS. *Guia para Elaboração de Balanço Social e Relatório de Sustentabilidade*, jun. 2007. Disponível em: <http://www3.ethos.org.br/wp-content/uploads/2012/12/1Vers%C3%A3o-2007.pdf >. Acesso em: 29. jul. 2018.

77 CHIOZZOTO, S. Relatório de sustentabilidade: o novo balanço social. *Sustentabilidade e Resultados*, abr. 2010. Disponível em: <http://www.sustentabilidaderesultados.com.br/relatorio-de-sustentabilidade-o-novo-balanco-social>. Acesso em: 29 jul. 2018.

78 IGARASHI, D. C. C. et al. Análise do alinhamento entre o balanço social e o relatório de sustentabilidade dos três maiores bancos em atividade no Brasil. *Contexto*, Porto Alegre, v. 10, n. 18, p. 34-48, 2º sem. 2010. Disponível em: <http://seer.ufrgs.br/index.php/ConTexto/issue/view/980>. Acesso em: 29 jul. 2018.

sociais das empresas estudadas estão deixando de ser o foco principal, quando se trata de relatórios socioambientais, perdendo espaço para os relatórios de sustentabilidade que seguem as diretrizes apontadas pelo GRI.

A GRI é uma organização internacional que se originou em 1997 da iniciativa conjunta da organização não governamental norte-americana Coalition for Environmentally Responsible Economics (Ceres) e do Programa Ambiental das Nações Unidas (United Nations Environmental Programme – Unep). Tornou-se independente em 2002, sendo atualmente um centro de colaboração oficial do Unep. Tem como objetivo desenvolver e aprimorar diretrizes para a elaboração de relatórios de desempenho ambiental, econômico e social de organizações de qualquer porte, setor ou localização geográfica periódicos e comparáveis aos relatórios financeiros.[79]

O relatório da GRI é o modelo de relatório de sustentabilidade mais utilizado no mundo todo. Foi adotado por milhares de organizações e, como dito anteriormente, pode ser aplicado por empresas de qualquer tamanho, setor e geografia. É considerado o mais completo e abrangente, representando um padrão internacional de relatório de sustentabilidade. O modelo incorpora diretrizes para definir os limites de conteúdo e garantir a qualidade daquilo que é relatado; foi lançado para que os relatórios se tornem mais transparentes e eficazes no que se refere à melhoria da gestão empresarial.

Por ser uma organização independente, a GRI conta com a participação ativa de representantes das áreas de contabilidade, investimento, ambiente, direitos humanos, investigação e organizações do trabalho de várias partes do mundo. As diretrizes para a elaboração de relatórios de sustentabilidade da GRI, lançadas em 2000, foram revisadas em 2002, 2006 e 2013. A versão atual, de 2013, é denominada de G4.[80]

As diretrizes G4 têm a materialidade como principal critério para sua implementação. A ênfase na materialidade incentiva as organizações a fornecer informação que seja crítica para seu negócio e os *stakeholders*. O G4 possibilita a elaboração de relatórios que se concentram nos impactos relevantes para as organizações e para a sociedade, ou seja, documentos estratégicos, focados, credíveis e mais fáceis de serem consultados pelos *stakeholders*.[81]

Dentre os diversos indicadores propostos pela GRI no G4, estão as especificações das informações básicas que deverão constar de um relatório de sustentabilidade, identificando os elementos a serem divulgados, que são relevantes e essenciais para a

---

79 INSTITUTO ETHOS, 2007.

80 GLOBAL REPORTING INITIATIVE (GRI). *Diretrizes para relato de sustentabilidade*: princípios para relato e conteúdo padrão, 2015. Disponível em: <https://www.globalreporting.org/Pages/Resource-Library.aspx>. Acesso em: 29 jul. 2018.

81 PWC. *As novas diretrizes da Global Reporting Initiative*: G4 o futuro do reporte de Sustentabilidade, 2013. Disponível em: <http://www.pwc.pt/pt/sustentabilidade/images/pwc-global-reporting-iniative-g4.pdf>. Acesso em: 29 jul. 2018.

maioria das organizações e do interesse da maior parte dos *stakeholders*. As diretrizes são apresentadas em três categorias de conteúdo (no Quadro 5.4 há um detalhamento):

- perfil: informações que estabelecem o contexto geral para a compreensão do desempenho organizacional, tais como sua estratégia, perfil e governança;
- forma de gestão: conteúdo que descreve o modo pelo qual a organização trata determinado conjunto de temas para fornecer o contexto de compreensão do desempenho em uma área específica;
- indicadores de desempenho: informações comparáveis sobre o desempenho econômico, ambiental e social da organização.

Quadro 5.4 Conteúdo do Relatório GRI

Perfil
1. Estratégia e análise
2. Perfil organizacional
3. Parâmetros para o relatório
4. Governança, compromissos e engajamento
5. Forma de gestão e indicadores de desempenho
Desempenho econômico
Desempenho ambiental
Desempenho social
Práticas trabalhistas e trabalho decente
Direitos humanos
Sociedade
Responsabilidade pelo produto

Fonte: GRI, 2015.

Segundo GreenDomus[82] e Cebds,[83] a partir de julho de 2018, os relatos GRI deveriam ser publicados com base na GRI Standard (Padrões GRI de Relatório de Sustentabilidade), que será o Novo Padrão da GRI, cujo objetivo é substituir as diretrizes da GRI-G4, representando a transição para um conjunto de normas globais. Os indicadores são

82 GREENDOMUS. Relatório de sustentabilidade, *Green Domus Desenvolvimento Sustentável*, 2018. Disponível em: <http://greendomus.com.br/relatorio-de sustentabilidade/?gclid=EAIaIQobChMI9e66uZTe2QIVlonl-Ch2_CA4yEAAYASAAEgJWYvD_BwE>. Acesso em: 29 jul. 2018.

83 CONSELHO EMPRESARIAL BRASILEIRO PARA O DESENVOLVIMENTO SUSTENTÁVEL (CEBDS). O que é GRI? Entenda tudo!. *CEBDS*, abr. 2017. Disponível em: <http://cebds.org/blog/o-que-e-gri/#.WqMYqx3wbl>. Acesso em: 29 jul. 2018.

dispostos em módulos inter-relacionados e representam as melhores práticas de relato dos impactos econômicos, ambientais e sociais dos negócios.

O GRI Standard será o primeiro padrão global para a divulgação de informações econômicas, ambientais e sociais, permitindo que as organizações conheçam e gerenciem seus impactos em uma ampla gama de questões de sustentabilidade, sejam mais transparentes sobre os riscos e oportunidades que enfrentam e tomem decisões estratégicas de forma mais inteligente. Foi projetado para ser usado como um conjunto, e apresenta uma estrutura modular flexível e inter-relacionada. Ao todo são cinco módulos, três normas de caráter geral e 33 sobre tópicos específicos.[84]

Na constante evolução e aprimoramento dos relatórios que visam apresentar e demonstrar a relação das empresas com a sociedade, o International Integrated Reporting Council (Conselho Internacional para Relato Integrado, ou IIRC, na sigla em inglês) lançou uma *framework* de relatório integrado. Espera-se que a combinação do relatório de sustentabilidade com o relatório anual de gestão num *reporting* integrado permita criar um melhor e mais eficiente relato, envolver os *stakeholders*, gerar confiança e melhorar a *performance* e a criação de valor para as organizações.[85]

Criado em 2010, o IIRC é uma coalizão global de reguladores, investidores, empresas, definidores de padrões, profissionais do setor contábil e ONGs que, como um todo, compartilha a visão (e a promove) de que comunicar a geração de valor deverá ser o próximo passo evolutivo para relatos corporativos.[86]

Na concepção do IIRC, *relato integrado* é um processo baseado em pensamento integrado, que resulta em um relatório integrado publicado periodicamente por uma organização sobre a geração de valor ao longo do tempo e as respectivas comunicações sobre aspectos da geração de valor. Já o *relatório integrado* é definido como um relatório conciso sobre como a estratégia, a governança, o desempenho e as perspectivas de uma organização, no âmbito de seu ambiente externo, levam à geração de valor em curto, médio e longo prazo.

O objetivo principal de um relatório integrado é explicar aos provedores de capital financeiro como uma organização gera valor ao longo do tempo. Beneficia todas as partes interessadas na capacidade que uma organização tem de gerar valor ao longo do tempo, incluindo empregados, clientes, fornecedores, parceiros comerciais, comunidades locais, legisladores, reguladores e formuladores de políticas. Aqui há uma relação

---

84 EK COMUNICAÇÃO & MARKETING (EKMKT). Transição da G4 para a GRI Standards: primeira Norma Global, *EKMKT*, jun. 2017 Disponível em: <http://www.ek2.com.br/destaque-492-transicao-g4-para-gri-standards--primeira-norma-global>. Acesso em: 29 jul. 2018.

85 CEBDS, 2018.

86 Este parágrafo e os seguintes foram desenvolvidos com base no conteúdo da IIRC. *A estrutura Internacional para Relato Integrado*, 2014. Disponível em: <http://integratedreporting.org/wp-content/uploads/2015/03/13-12-08-THE-INTERNATIONAL-IR-FRAMEWORK-Portugese-final-1.pdf>. Acesso em: 14 ago. 2018.

direta com a governança corporativa, pois um dos objetivos de uma estrutura de GC é prestar informações a todas as partes interessadas.

A estrutura de um relatório integrado abrange oito elementos de conteúdo que estão fundamentalmente vinculados uns aos outros e não são mutuamente excludentes. Cada elemento corresponde uma pergunta, a qual deve ser respondida na elaboração do relatório (Quadro 5.5). A estrutura proposta tem como objetivo estabelecer princípios básicos e elementos de conteúdo que guiem as informações gerais de um relatório integrado, e explicar os conceitos fundamentais que os sustentam. Essa estrutura é voltada, principalmente, para o setor privado, para empresas com fins lucrativos de qualquer porte, mas pode ser aplicada em organizações do setor público e sem fins lucrativos, com adaptações, se necessário.

Quadro 5.5 Elementos de conteúdo e perguntas de um relatório integrado, segundo o IIRC

Elementos de conteúdo	Perguntas
Visão geral organizacional e ambiente externo	O que a organização faz e sob que circunstâncias ela atua?
Governança	Como a estrutura de governança da organização apoia sua capacidade de gerar valor em curto, médio e longo prazo?
Modelo de negócios	Qual é o modelo de negócios de organização?
Riscos e oportunidades	Quais são os riscos e oportunidades específicos que afetam a capacidade da organização de gerar valor em curto, médio e longo prazo, e como a organização lida com eles?
Estratégia e alocação de recursos	Para onde a organização deseja ir e como ela pretende chegar lá?
Desempenho	Até que ponto a organização já alcançou seus objetivos estratégicos para o período e quais são os impactos no tocante aos efeitos sobre os capitais?
Perspectiva	Quais são os desafios e as incertezas que a organização provavelmente enfrentará ao perseguir sua estratégia e quais são as potenciais implicações para seu modelo de negócios e seu desempenho futuro?
Base para apresentação	Como a organização determina os temas a serem incluídos no relatório integrado e como estes temas são quantificados ou avaliados?

Fonte: IIRC, 2014.

Considerando-se os elementos de conteúdo relacionados à governança das organizações e a pergunta a ser respondida no relatório integrado, esse documento deve oferecer uma visão sobre como os temas a seguir estão ligados à capacidade das empresas de gerar valor:

- a estrutura de liderança da organização, incluindo as habilidades e a diversidade dos responsáveis pela governança (por exemplo, a variedade de formação, gênero, competência e experiência), assim como a forma pela qual as exigências regulatórias influenciam o *design* da estrutura de governança;
- os processos específicos usados na tomada de decisão estratégica para estabelecer e monitorar a cultura da organização, incluindo sua atitude em relação a risco e mecanismos para lidar com questões de ética e integridade;
- as ações específicas tomadas por responsáveis pela governança para influenciar e monitorar a direção estratégica da organização e sua abordagem de gestão de risco;
- a forma pela qual cultura, ética e valores da organização se refletem nos capitais que ela usa e os quais afeta, incluindo suas relações com as principais partes interessadas;
- a constatação de que a organização está implementando práticas de governança que excedem as exigências legais;
- a responsabilidade que os responsáveis pela governança assumem para promover e facilitar a inovação;
- a forma pela qual o sistema de compensação e incentivos está vinculado à geração de valor em curto, médio e longo prazo, e como esse sistema está ligado à forma pela qual a organização usa os capitais e os afeta.

Ainda com relação à governança, o relatório integrado deve incluir uma declaração dos responsáveis pela governança com:

- o reconhecimento de sua responsabilidade por assegurar a integridade do relatório integrado;
- o reconhecimento de terem aplicado o pensamento coletivo na preparação e na apresentação do relatório integrado;
- sua opinião ou conclusão quanto à adequação do relatório integrado a essa estrutura ou, se tal dado não estiver na declaração, ele deve explicar:
    - o papel desempenhado pelos responsáveis pela governança na preparação e na apresentação do relatório integrado;
    - as medidas que estão sendo tomadas para incluir tal declaração em relatórios futuros;

- o prazo para fazê-lo, que não deverá ultrapassar o terceiro relatório integrado da organização que faça referência a essa estrutura.

O IIRC considera que todas as organizações dependem de diversas formas de capital para seu sucesso. A estrutura para a elaboração de relato integrado apresenta uma classificação dos capitais utilizados pelas empresas. Segundo o IIRC, não é necessário que essa classificação seja adotada. De todo modo, no Quadro 5.6 é apresentada a classificação dos seis capitais considerados na estrutura. De acordo com o IIRC, os capitais são estoques de valor dos quais todas as organizações dependem para seu sucesso. Eles servem como insumos do modelo de negócios e aumentam, diminuem ou se transformam devido às atividades empresariais e produtos da organização.

Quadro 5.6 Os capitais do relatório integrado, segundo o IIRC

Capital financeiro Conjunto de recursos que: • está disponível a uma organização para ser utilizado na produção de bens ou na prestação de serviços; • ou é obtido por meio de financiamentos, tais como dívidas, ações ou subvenções, ou gerado por meio de investimentos.	**Capital humano** As competências, habilidades e experiência das pessoas e suas motivações para inovar, incluindo: • seu alinhamento com e apoio ao quadro de governança, abordagem de gerenciamento de riscos e valores éticos; • capacidade de entender, desenvolver e implementar a estratégia de uma organização; • lealdade e motivação para melhorar processos, bens e serviços, incluindo a capacidade de dirigir, gerenciar e colaborar.
Capital intelectual São intangíveis organizacionais baseados em conhecimento, entre eles: • propriedade intelectual, tais como patentes, direitos autorais, *software*, direitos e licenças; • "capital organizacional", tais como conhecimento tácito, sistemas, procedimentos e protocolos.	**Capital manufaturado** Objetos físicos manufaturados (diferentes de objetos físicos naturais) disponíveis a uma organização para uso na produção de bens ou na prestação de serviços, incluindo: • prédios; • equipamentos; • infraestrutura (estradas, portos, pontes etc.).

(continua)

(continuação)

Capital natural Todos os recursos e processos renováveis e não renováveis que fornecem bens ou serviços que apoiam a prosperidade passada, presente e futura de uma organização. Isto inclui: • água, terra, minerais e florestas; • a biodiversidade e a saúde do ecossistema.	**Capital social e de relacionamento** Relacionamentos dentro e entre *stakeholders*, e a capacidade de compartilhar informações para melhorar o bem-estar individual e coletivo. O capital social e de relacionamento abrange: • padrões compartilhados, bem como valores e comportamentos comuns; • relacionamentos com as principais partes interessadas, confiança e o compromisso para construir e proteger as partes interessadas externas; • intangíveis associados com a marca e reputação; • alvará de funcionamento de uma organização.

Fonte: RELATO INTEGRADO BRASIL, 2018.

O que se depreende do modelo e da estrutura é que um relatório integrado deve ir além de um resumo de informações que constam de outras comunicações, como demonstrações financeiras, relatório de sustentabilidade, demandas de analistas ou *sites*. Ele deve explicitar a conectividade de informações para comunicar como se gera valor ao longo do tempo. Pode-se entender o relatório integrado como uma ferramenta de comunicação das empresas com todas as partes interessadas, que poderá com o tempo, de fato, integrar todo o conjunto de informações que são e poderão a vir ser cobradas das empresas. Um relatório integrado pode ser elaborado para atender às exigências de *compliance* vigentes. Por exemplo, uma organização pode ser obrigada por uma lei local a elaborar um relatório de administração ou outro relatório que forneça contexto para suas demonstrações financeiras.

Finalizando, são apresentadas no Quadro 5.7 as quatro perguntas que buscam demonstrar as finalidades de um relatório integrado.

Quadro 5.7 As quatro perguntas da finalidade do relatório integrado, segundo o IIRC

Por quê? A necessidade de mudança	Globalização e interconectividade significam que as finanças, as pessoas e o conhecimento do mundo são indissociáveis. Há um desejo de promover a estabilidade financeira e o desenvolvimento sustentável. Existem lacunas significativas de informações nos relatos atuais. Organizações como o Banco Mundial e o FMI solicitam um maior foco em aspectos como o risco e o desenvolvimento futuro.
O quê? A ferramenta para um melhor relato	O RI é uma evolução do relato corporativo com foco na concisão, relevância estratégica e orientação futura. É uma comunicação concisa sobre como a estratégia de uma organização, sua governança, desempenho e perspectivas, no contexto de seu ambiente externo, levam à criação de valor a curto, médio e longo prazos.
Como? Conselho prático e ferramentas	Há uma série de programas e recursos para ajudar a implementar o "IR". A Estrutura Internacional dá orientações sobre os aspectos práticos da produção. Ela estabelece os Princípios Orientadores e os Elementos de Conteúdo que permeiam o conteúdo geral de um Relato Integrado e explica os conceitos fundamentais que o sustentam.
Quando? Advogar pela adoção global	Há mais de 750 participantes nas redes em todo o mundo, como, por exemplo, 180 empresas atualmente praticando o Relato Integrado no Japão. Mais de mil empresas ao redor do mundo o estão usando para se comunicar com seus investidores e existe um crescente interesse no IR por parte dos pioneiros no setor público.

Fonte: IIRC, 2015.

5.5 GOVERNANÇA CORPORATIVA E ÉTICA

Ao implementar uma estrutura de GC, as empresas devem se atentar a um conjunto de compromissos que são assumidos. Os princípios e os mecanismos de GC devem representar o ponto de partida. É a partir deles que as empresas devem orientar sua conduta.

Os *stakeholders* (partes interessadas) representam o conjunto de atenção das empresas. Isto independe do modelo de governança, seja norte-americano, seja alemão, japonês ou latino-americano. O que se espera é que as empresas atendam às expectativas das partes interessadas, com ética, transparência, equidade e responsabilidade social.

A ética deve ser o fio condutor das ações das empresas. A sociedade espera e anseia por esse comprometimento. Neste ponto é importante lembrar que somente é possível abordar GC e comprometimento ético quando analisamos as empresas em um contexto de economias abertas. Em economias fechadas, a ética empresarial é atrelada aos manuais de conduta do grupo político controlador. A visão de economias abertas é a utilizada neste trabalho.

O comprometimento ético das empresas é diretamente associado à existência de um código de ética. O IBGC utiliza a terminologia código de conduta. Assim, ambos os termos serão utilizados. Ter um manual no qual regras de comportamento de todos na empresa, independentemente do nível hierárquico, estejam registradas representa um facilitador para avaliar o discurso das empresas, de seus gestores e as práticas verificadas. Um código de ética deve conter também indicadores do nível de compromisso a ser assumido pelas empresas. Até onde a empresa pode ir à busca de melhores resultados, quais práticas são permitidas e quais são condenadas e não aceitas.

Um código de ética deve deixar transparecer o compromisso com os princípios da GC. Segundo o IBGC, é finalidade do código promover princípios éticos, refletindo a identidade e a cultura da organização. Assim, deve ser fundamentado em responsabilidade, respeito, ética e considerações de ordem social e ambiental.

Várias são as métricas de avaliação econômica e financeira das empresas. Mas o mercado investidor tem também direcionado atenção a fatores intangíveis, resultados da existência de um código de ética, da reputação e da imagem da organização.

A questão ética e o comportamento de gestores e proprietários são um aspecto que merece uma atenciosa análise. O que esperar de uma empresa na qual a comunicação oficial sempre é pautada no comprometimento com questões éticas e moralidade nos negócios? Acredita-se na sociedade do discurso. No entanto, a realidade tem mostrado, em vários acontecimentos, que a prática cotidiana em muitas empresas caminha na direção contrária ao que consta dos códigos de ética.

Tanto na literatura de GC como em situações noticiadas nas mais diversas mídias encontram-se vários exemplos de escândalos corporativos. Como exemplos em nível mundial, podem ser citados os relacionados às empresas Enron, World Com, Arthur AndeRSCn, Lehman Brothers, Parmalat, Siemens, Toshiba. Os problemas verificados nessas empresas são vinculados a atos praticados pelos gestores, com a finalidade de obter maiores benefícios à custa da expropriação de proprietários, investidores e empregados.

Trazendo os holofotes para o Brasil, há casos semelhantes, por exemplo, os bancos Santos, Econômico, Nacional e Panamericano, as empresas do agronegócio Boi Gordo e Avestruz Master, a construtora Encol e a empresa de energia OGX. No entanto, os escândalos corporativos também são relacionados à prática de corrupção e lavagem de dinheiro.

O esquema de corrupção na Petrobras é considerado o maior escândalo corporativo da história do Brasil. Além da empresa, as partes envolvidas incluem de partidos políticos às maiores construtoras do Brasil, como Odebrecht, OAS e Camargo Corrêa. Essas empresas têm em comum práticas condenáveis que envolvem o uso de recursos públicos. Os casos dessas empresas ajudam no entendimento da distância entre teoria e prática nas ações praticadas pelos gestores.

Ao visitar os *sites* dessas empresas, encontram-se informações que tratam da conduta ética, códigos de ética, responsabilidade social, sustentabilidade e prática de GC. No entanto, o que se verifica é uma enorme distância entre as práticas não éticas e imorais com todo o conjunto de informações ditas "politicamente corretas" presentes na divulgação institucional dessas organizações. São alguns casos de empresas que estão longe de ser exemplos de GC.

A exemplo do que ocorreu nos Estados Unidos, onde a publicação da Lei Sarbones Oxley foi consequência de escândalos corporativos, no Brasil, os casos de corrupção e lavagem de dinheiro levaram ao surgimento e aprimoramento de leis voltadas ao combate de práticas de corrupção e lavagem de dinheiro, prevendo a implantação de programas de *compliance*. Duas legislações (Leis ns. 12.846, de 2013[87] e 12.683, de 2012[88]) estabeleceram padrões reguladores para a conduta ética das empresas.

Um pensamento utópico levaria a pensar em um mundo correto, no qual a responsabilidade, a seriedade e a moralidade seriam as estradas pelas quais caminhariam as empresas. Mas não é com base nesses pressupostos que em muitas empresas as decisões são tomadas. São muitas as organizações nas quais a ganância pela acumulação de bens, a busca pelo maior lucro, custe o que custar, é o que orienta e influencia as decisões. Assim, há necessidade de se ter uma legislação que estabeleça punições para as práticas consideradas fora do padrão de normalidade.

A Lei Anticorrupção (Lei n. 12.846, de 2013)[89] e a Lei de Combate à Lavagem de Dinheiro (Lei n. 12.683, de 2012[90]) tipificam as várias práticas consideradas imorais e não éticas, tratadas como crime e sujeitas a punições.

A Lei n. 12.846, de 2013[91] apresenta e pune situações relacionadas à corrupção, especificamente atos lesivos contra a administração pública, seja nacional, seja estrangeira. Vários aspectos tratados nessa lei estão diretamente relacionados à governança corporativa. Não será encontrada no texto da lei uma relação explícita com a GC. Mas sua relação com os princípios da GC é facilmente identificada na leitura do referido texto legal. É um fato lógico, se considerada inicialmente somente a responsabilidade social. Como justificar que é socialmente responsável se práticas corruptas estão impregnadas na organização? É o mesmo que misturar água e óleo. Sempre estarão separados.

---

87 BRASIL, 2013.

88 BRASIL, 2012.

89 BRASIL, 2013.

90 BRASIL, 2012.

91 BRASIL, 2013.

Abordando os princípios de GC e de responsabilidade social, Ferreira[92] afirma que os agentes de governança devem zelar pela sustentabilidade das organizações, visando à sua longevidade, com a incorporação de considerações de ordem social e ambiental na definição dos negócios e operações. Assim, sustentabilidade, longevidade, considerações de ordem social e ambiental são características que remetem ao comprometimento com atitudes corretas.

Uma empresa que, de forma permanente, pratica atos de corrupção, ao divulgar ações de responsabilidade social o faz apenas como uma "cortina de fumaça". A intenção é ignorar a sociedade. Tentar enganar, mostrando um comprometimento com o que não se pratica no todo, na essência. Com relação a esse aspecto, seria fundamental que, além de demonstrar o quanto em reais é investido em responsabilidade social e qual a relação percentual com o faturamento da empresa, essas informações pudessem ser auditadas. Seria uma forma de verificar se o comprometimento social é restringido aos limites estabelecidos na legislação fiscal.

Além da responsabilidade social, os outros princípios da GC (transparência, equidade e prestação de contas) podem ser analisados e confirmados por meio da legislação de combate à corrupção. Há necessidade de que o nível de transparência e prestação de contas seja ampliado. Um conjunto maior de informações deve ser requerido das organizações, englobando um detalhamento maior dos negócios praticados, principalmente quando envolverem as relações com o poder público. Essas informações deveriam abranger aspectos como os citados a seguir.

- Licitações que a empresa participou, informando:
  - administração direta ou indireta;
  - qual o órgão;
  - qual a finalidade;
  - valor da proposta da empresa;
  - valor da proposta ganhadora.
- Apresentar quadros ou gráficos que demonstrem comparativamente o valor cobrado da administração pública e o valor cobrado de outros clientes, considerando obras, produtos ou prestações de serviços semelhantes.
- Indicar percentualmente a participação de valores recebidos de órgãos no faturamento total da empresa.
- Indicar o volume de financiamento obtido em bancos públicos.

---

92 FERREIRA, R. N. *Governança corporativa e desempenho*: uma análise em empresas brasileiras de capital aberto. 2012. 287p. Tese (Doutorado em Administração) - Universidade Federal de Lavras, Lavras, 2012.

Ainda tratando da Lei Anticorrupção, o fortalecimento das estruturas de *compliance* nas empresas pode ser considerado um dos avanços bem-vindos. A implementação de programas de integridade é um complemento de grande valor para a GC. Pode-se dizer que o *compliance* pode ser considerado como um dos princípios que sustentam a estrutura de governança nas empresas.

O caráter preventivo dos programas de integridade incorpora, de forma permanente, a variável ética nas estruturas de GC. Além de atender ao que prevê a legislação, tendo como objetivo atenuar o peso de possíveis sanções, o *compliance* deve ser, antes, o fiscal que vai antecipar e propor sanções e punições no âmbito das organizações para as práticas relacionadas a atos ilegais, ilegítimos e de corrupção.

De forma semelhante à corrupção, a lavagem de dinheiro também impacta o mercado. Se a corrupção tem o poder de, em algumas situações, destruir o valor de empresas públicas ou privadas (como exemplo, as organizações envolvidas na operação Lava Jato), a lavagem de dinheiro influencia o mercado "valorizando" empresas, porém, por meio de práticas ilícitas.

Responsabilidade social, transparência e prestação de contas são princípios de GC que não são seguidos em empresas envolvidas com práticas de lavagem de dinheiro.

Outro aspecto importante do combate à lavagem de dinheiro relaciona-se ao fortalecimento de sistema financeiro. Um sistema financeiro sólido, no qual princípios e mecanismo de GC são seguidos de forma rigorosa, tende a eliminar ações voltadas à lavagem de dinheiro. Assim, programas de integridade, bem estruturados, também passam a representar um suporte contra essa prática ilegal.

O aumento da qualidade da GC, associado ao aparato representado pelas legislações anticorrupção e de lavagem de dinheiro, tende a criar um ambiente de segurança para os investidores. As empresas e outros atores passarão a ser mais cobrados com relação ao comprometimento ético.

Com relação à lavagem de dinheiro, as ações do Conselho de Controle de Atividades Financeiras (Coaf) são um instrumento relevante no combate a essas práticas. A atuação do conselho tem sido positiva, contando ainda o apoio de entidades como o Conselho Federal de Contabilidade (CFC).

Por meio da Resolução n. 1.530, de 2017,[93] os profissionais de contabilidade devem informar anualmente as operações praticadas por seus clientes. Além de contribuir para a transparência das informações relacionadas a transações financeiras prevista na lei, essa prática também propicia uma proteção aos profissionais de contabilidade, que têm no aparato legal um instrumento para denunciar práticas suspeitas.

---

93 CFC, 2017.

5.6 GOVERNANÇA CORPORATIVA E SUSTENTABILIDADE

O IBGC[94] apresenta a transparência, a equidade, a prestação de contas (*accountability*) e a responsabilidade corporativa como os princípios da governança corporativa. A conexão desses princípios com a sustentabilidade empresarial é uma relação quase que causal.

Segundo Mervyn King, *chairman* da GRI, para que a economia se torne sustentável, há necessidade de um novo aprendizado, esquecendo-se o que foi aprendido no passado. É aprender a fazer mais com menos, de forma a assegurar que governança, estratégia e sustentabilidade sejam inseparáveis.

O tripé da sustentabilidade – *triple bottom line* (pessoas – *people*, planeta – *planet*, lucro – *profit*) – estabelece que as empresas, ao buscarem atingir os resultados de suas atividades, devem considerar os aspectos social, ambiental e econômico. Somente a integração dessas dimensões é que pode imputar a uma organização a qualidade de ser sustentável. Afirma Credidio[95] que, segundo o conceito do *triple bottom line*, para ser sustentável, uma organização ou negócio deve ser financeiramente viável, socialmente justa e ambientalmente responsável.

O princípio de governança corporativa – responsabilidade corporativa – segundo o IBGC,[96] estabelece ações a serem desempenhadas pelos agentes de governança, as quais, pode-se dizer, colidem com pressupostos da sustentabilidade empresarial. Assim, os agentes devem zelar pela viabilidade econômico-financeira das organizações, de forma que se reduzam as externalidades[97] negativas que possam afetar as organizações e suas operações. Na mesma proporção, devem agir no sentido de aumentar as externalidades positivas, levando em consideração, no seu modelo de negócios, os diversos capitais (financeiro, manufaturado, intelectual, humano, social, ambiental, reputacional etc.) no curto, médio e longo prazos.

Segundo a BM&FBovespa,[98] do ponto de vista empresarial, a realidade impõe que a missão das empresas vai além das puras – embora prioritárias – geração de lucro e remuneração do capital para os acionistas. Com efeito, busca-se outro tipo de lucro e remuneração, que considera na mesma equação essas duas variáveis e a lógica proposta pela definição clássica da ONU, de 1987. Do ponto de vista legal, as empresas têm a

---

94 IBGC, 2015.

95 CREDIDIO, F. Triple bottom line: o tripé da sustentabilidade. *Rede Filantropia*, nov. 2008. Disponível em: <http://www.filantropia.ong/informacao/triple_bottom_line_o_tripe_da_sustentabilidade>. Acesso em: 29 jul. 2018.

96 IBGC, 2015.

97 Externalidade: Impacto ou custo de uma decisão econômica para agentes que não participaram de sua tomada e/ou que não têm controle sobre ela. Pode ser negativa (a poluição de um rio por uma indústria pode causar prejuízos a outra indústria que necessite da mesma água) ou positiva (a contratação de segurança privada por uma empresa pode aumentar o nível de segurança também para os vizinhos) (Bovespa, 2016).

98 BM&FBOVESPA. *Novo valor - Sustentabilidade nas empresas*: como começar, quem envolver e o que priorizar, 2016. Disponível em: <http://www.b3.com.br/data/files/D3/D0/0F/6C/FE07751035EA4575790D8AA8/GuiaNovoValor_SustentabilidadeNasEmpresas_PT.PDF>. Acesso em: 29 jul. 2018.

responsabilidade fiduciária de gerar retorno para seus acionistas, mas as externalidades negativas sobre o capital natural e o capital humano também devem ser adequadamente administradas.

A variável lucro (*profit*), do tripé da sustentabilidade, implica a capacidade de uma organização de gerar lucros para se manter viável. No entanto, indica caminhos e estratégias alternativas para que o objetivo econômico da maximização da riqueza seja atingido. Assim, uma visão de longo prazo, complementada com os impactos das decisões (mercadológicas, financeiras, econômicas) na sociedade, associadas ao estrito cumprimento das normas legais (fraudes, corrupção e lavagem de dinheiro não podem fazer parte da forma de agir), são mecanismos de governança corporativa que viabilizam o princípio da responsabilidade social.

Para complementar, a adoção desses mecanismos é necessária para que haja transparência nas organizações, o que consiste, segundo o IBGC,[99] no desejo de disponibilizar informações que sejam do interesse de seus *stakeholders*. Essas informações devem ir além do que é previsto em leis ou regulamentos. Dessa forma, a prestação de contas (*accountability*) deve ser clara, concisa, compreensível e tempestiva, contemplando, além do desempenho econômico-financeiro, outros fatores (inclusive intangíveis) que norteiam a ação gerencial e que conduzem à preservação e à otimização do valor da organização. Referenciando novamente o tripé da sustentabilidade, todas as ações devem ser reportadas de forma completa e transparente, abrangendo o aspecto social da organização com a explicitação da variável pessoas (*people*), por meio do qual o capital humano pode ser analisado em termos de salários justos, adequação às leis trabalhistas e preocupação com o bem-estar dos funcionários. Já o relato com relação à variável planeta (*planet*) implica apresentar às partes interessadas o comprometimento com as questões ambientais nas ações práticas da empresa que visem diminuir seu impacto ecológico negativo e compensar o que não pode ser amenizado.

Agindo assim, as organizações sempre agirão de forma a atingir a máxima equidade, não apenas pelo tratamento justo e isonômico de todos os sócios e demais partes interessadas (*stakeholders*), ao levar em consideração seus direitos, deveres, necessidades, interesses e expectativas, mas também ao dar transparência, com uma prestação de contas que atenda à expectativa de todos.

A sustentabilidade empresarial representa um componente essencial das estratégias empresariais e da estrutura de governança corporativa. A preocupação com o comprometimento das empresas com esses aspectos levou a Bovespa a criar, em 2010, a publicação Novo Valor. O objetivo foi induzir e promover o desenvolvimento sustentável da Bm&FBovespa e do mercado de capitais, envolvendo os mais diversos públicos,

---

99 IBGC, 2015.

como investidores, empresas e corretoras.[100] Uma das suas ações foi lançar, em 2011, o programa Em Boa Companhia. O objetivo principal do programa é aprofundar as discussões sobre sustentabilidade na governança corporativa, com foco nas empresas de capital aberto.[101]

Ao abordar o Em Boa Companhia, Sonia Favaretto, diretora de sustentabilidade da Bovespa, destacou que

> [...] hoje é uma unanimidade que a capacidade de obter sucesso ao longo do tempo, sob o prisma econômico, social e ambiental é uma competência cada vez mais desejada por companhias do mundo todo e cada vez mais exigida nas negociações atuais" e que o "objetivo não é estabelecer regras ou fórmulas prontas, mas servir como um ponto de partida para que cada empresa encontre suas próprias soluções".[102]

A iniciativa da BM&FBovespa está em consonância com a visão de investidores e analistas, os quais estão cada vez mais atentos, além dos fatores tradicionais de avaliação, à maneira como as empresas lidam com as questões socioambientais e de governança corporativa (ou ESG, do inglês *environmental, social* e *corporate governance*),[103] passando a incorporar critérios correlatos nas análises de investimentos, na gestão das carteiras e nas tomadas de decisão.

A sustentabilidade, no âmbito empresarial, é um caminho sem volta. Caminha-se para frente com visão e preocupação com o futuro. É o que a sociedade deseja e começa a cobrar das empresas. De acordo com o que consta da publicação Novo Valor: sustentabilidade nas empresas – Como começar, quem envolver e o que priorizar,[104] a sustentabilidade já é vista em muitos países como um requisito inerente à atividade empresarial. Ao citar o relatório "O dever fiduciário no século XXI"[105] produzido e publicado em 2015 pela Iniciativa Financeira do Programa das Nações Unidas para o Meio Ambiente (Unep FI),[106] diz que a não consideração de estratégias de geração de valor de longo prazo em práticas de investimento, que incluam as questões ambientais, sociais e de governança corporativa, é uma falha no dever fiduciário das organizações.

---

100 BM&FBOVESPA, 2016.

101 AKATU. Bovespa lança programa de incentivo às boas práticas empresariais. *Akatu*, abr. 2011. Disponível em: <http://www.akatu.org.br/noticia/bovespa-lanca-programa-de-incentivo-as-boas-praticas-empresariais>. Acesso em: 29 jul. 2018.

102 AKATU, 2011.

103 ESG: Acrônimo em inglês para *environmental, social e corporate governance*, ou ambiental, social e governança corporativa, amplamente utilizado no mundo dos investimentos para se referir a aspectos não financeiros da gestão empresarial.

104 BM&FBOVESPA, 2016.

105 SULLIVAN, R. et al. *O dever fiduciário no século XXI*. Quênia: Unep FI, 2015. Disponível em: <http://www.unepfi.org/fileadmin/documents/fiduciary_duty_21st_century_summary_pt.pdf>. Acesso em: 28 jul. 2018.

106 Sigla em inglês para *United Nations Environment Finance Initiative*.

Não basta para as organizações apenas incorporar a variável da sustentabilidade empresarial em seus negócios. É relevante que exista uma prestação de contas transparente junto aos *stakeholders*. Agindo dessa forma, as organizações passam a ter um instrumento de diálogo relevante, que lhes permite conquistar a confiança dos *stakeholders*. A publicação de relatórios ou relatos é vista como a melhor forma de prestação de contas.

Segundo a BM&FBovespa,[107] a sustentabilidade gera valor para o acionista. Centenas de estudos conduzidos nas últimas duas décadas demonstram que a abordagem do investimento responsável não prejudicou o desempenho das carteiras de investimento, se comparadas aos *benchmarks* tradicionais. Ao contrário, em vários casos, propiciou desempenho superior. Tal fato deu ainda mais força à hipótese de que sustentabilidade pode gerar vantagem competitiva ou, pelo menos, mitigar riscos e melhorar a reputação, produzindo maior valor a longo prazo.

De acordo com a Lei n. 6.404. de 1976,[108] as empresas já são obrigadas a elaborar várias demonstrações financeiras e relatórios (art. 176). Para as empresas de capital aberto há também a obrigatoriedade da publicação. No entanto, quando há o comprometimento com aspectos sociais e ambientais e com a governança corporativa, deve-se ir além do que está previsto na legislação. Assim, segundo a BM&FBovespa, tem sido prática crescente a publicação dos chamados relatórios de sustentabilidade, com o relato detalhado das informações sociais, ambientais e de governança corporativa, idealmente relacionadas aos aspectos econômicos. Mais recentemente há também a publicação dos chamados relatos integrados.

A proposta de relatório de sustentabilidade da GRI vem sendo a mais utilizada em nível mundial. É importante destacar que a publicação do relatório por uma empresa não indica necessariamente que ela seja sustentável, mas que se preocupa com os aspectos sustentáveis, ao considerar suas diretrizes e operações. Atualmente o GRI está presente em mais de 100 países. Em 2016, em todo o mundo foram reportados mais de 5.700 relatórios. Destes, 231 estão cadastrados no Brasil. Cerca de 93% das 250 maiores corporações do mundo relatam seu desempenho em sustentabilidade.[109, 110, 111]

---

107 BM&FBOVESPA, 2016.

108 BRASIL. Lei n. 6.404, de 15 de dezembro de 1976. Dispõe sobre as Sociedades por Ações. *Diário Oficial da República Federativa do Brasil*, Brasília, 15 dez. 1976. Disponível em: <http://www.planalto.gov.br/ccivil_03/leis/L6404consol.htm>. Acesso em: 29 jul. 2018.

109 GRI, 2018.

110 TATA CONSULTANCY SERVICES. *Corporate Sustainability Report 2016-2017*. Disponível em: <https://www.tcs.com/content/dam/tcs/pdf/discover-tcs/investor-relations/corporate-sustainability/GRI-Sustainability-Report-2016-2017.pdf>. Acesso em: 29 jul. 2018.

111 TURELLA, R. O que é o GRI ou Global Reporting Initiative?. *CUBi energia*, jul. 2017. Disponível em: <http://www.cubienergia.com/o-que-e-o-gri-ou-global-reporting-initiative>. Acesso em: 29 jul. 2018.

O relatório de sustentabilidade da GRI contém critérios que preveem duas opções para a organização elaborar o relatório de sustentabilidade "de acordo" com as diretrizes: a opção Essencial e a opção Abrangente. Segundo a GRI,[112] independentemente do seu porte, setor ou localização, todas as organizações podem optar por qualquer uma dessas opções. Qualquer que seja a opção, os aspectos materiais, que refletem os impactos econômicos, ambientais e sociais significativos da organização ou influenciam substancialmente as avaliações e decisões de *stakeholders*, devem ser enfocados.

A opção Essencial contém os elementos essenciais de um relatório de sustentabilidade. Trata-se do pano de fundo no qual a organização relata os impactos do seu desempenho econômico, ambiental, social e de governança. A opção Abrangente parte da opção Essencial, exigindo a divulgação de informações adicionais sobre estratégia, análise, governança, ética e integridade da organização.

O Quadro 5.10 apresenta um quadro comparativo entre as opções Essencial e Abrangente, com os conteúdos gerais necessários para cada opção.

Quadro 5.10 Conteúdos padrão gerais necessários para opção essencial e abrangente em relatórios no padrão GRI

Conteúdos padrão gerais	"De acordo" - essencial (essas informações devem ser divulgadas em todos os casos)	"De acordo" - abrangente (essas informações devem ser divulgadas em todos os casos)
Estratégia e análise	G4-1	G4-1, G4-2
Perfil organizacional	G4-3 a G4-16	G4-3 a G4-16
Aspectos materiais identificados e limites	G4-17 a G4-23	G4-17 a G4-23
Engajamento de *stakeholders*	G4-24 a G4-27	G4-24 a G4-27
Perfil do relatório	G4-28 a G4-33	G4-28 a G4-33
Governança	G4-34	G4-34 G4-35 a G4-55
Ética e integridade	G4-56	G4-56 G4-57 a G4-58
Conteúdos setoriais gerais	Devem ser incluídos, se disponíveis para o setor no qual a organização atua	Devem ser incluídos, se disponíveis para o setor no qual a organização atua

Fonte: GRI, 2015.

112 GRI, 2015.

O que se observa é que qualquer que seja a opção, informações sobre governança, ética e integridade devem fazer parte do relatório de sustentabilidade. Esses aspectos e a necessidade de que o conjunto de informações de natureza econômica, social e ambiental reportadas aos *stakeholders* seja o mais completo possível levaram ao surgimento do relato integrado. Segundo o IRC,[113] o relato integrado tem por finalidade melhorar a qualidade da informação disponível aos provedores de recursos financeiros, permitindo uma alocação de capital mais eficiente e produtiva. Assim, o que se espera é que, ao longo do tempo, o relato integrado se torne o padrão de revlatos corporativos, representando para as organizações a ferramenta para apresentação, de maneira unificada, de seus resultados econômico-financeiros, sociais, ambientais e de governança corporativa. Dessa forma, as organizações deixarão de produzir comunicações numerosas, desconexas e estáticas. Isto será possibilitado pelo processo de pensamento integrado e pela aplicação de princípios como a conectividade de informação. O relato integrado representa um eficiente mecanismo de prestação de contas aos *stakeholders*, contribuindo para a credibilidade das ações das empresas.

A maneira íntegra de apresentação das informações é sustentada em princípios que incluem foco estratégico e orientação para o futuro (capacidade de gerar valor no curto, médio e longo prazos; uso que faz dos capitais e seus impactos sobre eles); conectividade da informação (imagem holística da combinação, do inter-relacionamento e das dependências entre os fatores que afetam a capacidade da organização de gerar valor ao longo do tempo); relações com partes interessadas (visão da natureza e da qualidade das relações que a organização mantém com suas principais partes interessadas) e materialidade (divulgar informações sobre assuntos que afetam, de maneira significativa, a capacidade de uma organização de gerar valor em curto, médio e longo prazo).

Para representar uma ferramenta útil, tanto interna como externamente, o relatório deve ser equilibrado e confiável, mostrando tanto pontos positivos como negativos, o que demonstra o comprometimento da empresa com a transparência. Assim, as informações devem permitir a avaliação do desempenho por parte dos *stakeholders*. Por isso, as informações devem ser coerentes, possibilitar comparabilidade, tanto do desempenho ano a ano como de dados do mercado e de concorrentes. A confiabilidade dos dados apresentados, que permitam e suportem uma auditoria, é essencial no relato integrado.

A estrutura do relato integrado prevê que um conjunto de informações seja reportado, abrangendo visão geral organizacional e ambiente externo; governança; modelo de negócios; riscos e oportunidades; estratégia e alocação de recursos; desempenho; perspectivas; base de preparação e apresentação e orientações gerais sobre relatórios.

---

113 INTEGRATED REPORTING (IRC). *A estrutura internacional para relato integrado*, 2013. Disponível em: <http://integratedreporting.org/wp-content/uploads/2015/03/13-12-08-THE-INTERNATIONAL-IR-FRAMEWORK-Portugese-final-1.pdf>. Acesso em: 29 jul. 2018.

Com relação à governança, o relato integrado deve responder à pergunta: Como a estrutura de governança da organização apoia sua capacidade de gerar valor em curto, médio e longo prazo? Os pontos que orientam a capacidade de gerar valor são apresentados no Quadro 5.11.

Quadro 5.11 Temas ligados à capacidade de uma organização gerar valor

- A estrutura de liderança da organização, incluindo as habilidades e a diversidade (p. ex. a variedade de formação, gênero, competência e experiência) dos responsáveis pela governança e se as exigências regulatórias influenciam o *design* da estrutura de governança.
- Processos específicos usados na tomada de decisão estratégica, e para estabelecer e monitorar a cultura da organização, incluindo sua atitude em relação a risco e mecanismos para lidar com questões de ética e integridade.
- Ações específicas tomadas por responsáveis pela governança para influenciar e monitorar a direção estratégica da organização e sua abordagem de gestão de risco.
- Como a cultura, ética e valores da organização se refletem nos capitais que ela usa e afeta, incluindo suas relações com as principais partes interessadas.
- Se a organização está implementando práticas de governança que excedem as exigências legais.
- A responsabilidade que os responsáveis pela governança assumem para promover e facilitar a inovação.
- Como o sistema de compensação e incentivos está vinculado à geração de valor em curto, médio e longo prazo, e como este sistema está ligado à forma como a organização usa e afeta os capitais.

Fonte: IRC, 2013.

A importância da divulgação de um relatório social, de sustentabilidade ou integrado não representa um modismo, uma novidade passageira. Há uma cobrança da sociedade. As organizações dependem cada vez mais do que se chama de "licença social para operar", que é um termo que não se refere a um documento formal, não é previsto em lei, não está escrito em um papel e não prevê penalidades legais. Mas refere-se, sim, à qualidade do relacionamento entre determinada empresa e seus *stakeholders*. Caso não seja o adequado, pode haver conflitos e, consequentemente, comprometimento de projetos, objetivos e resultados da companhia.[114, 115] Nesse contexto, a divulgação de um relatório ou relato é uma realidade para as organizações. Quem não o fizer, não estará

114 BM&FBOVESPA, 2016.

115 ROCHA, L. Licença social para operar: temor ou valor? *Instituto Ethos*, jul. 2016. Disponível em: <http://www3.ethos.org.br/cedoc/ethos-gestao_licenca-social-para-operar-temor-ou-valor/#.WsbTp9TwbIU>. Acesso em: 29 jul. 2018.

somente "nadando contra a corrente", mas correndo o risco de "morrer na praia" ou de, em muitos casos, provavelmente não chegar a ela.

O que se depreende é que ter um bom desempenho financeiro deixou de ser o único critério para conferir valor a uma companhia e atrair investimentos. Investidores e analistas estão cada vez mais atentos também à maneira pela qual as empresas lidam com as questões socioambientais e de governança corporativa (informações ESG), passando a incorporar critérios correlatos nas análises de investimentos, na gestão das carteiras e nas tomadas de decisão. Foi com essa visão que a Bovespa lançou, em 2012, a iniciativa Relate ou Explique[116] para relatório de sustentabilidade ou integrado, realizada em parceria com a GRI e em apoio ao IRC. No lançamento da iniciativa houve a recomendação de adesão voluntaria às empresas listadas para publicação de informações ESG.[117]

O primeiro resultado dessa iniciativa foi anunciado na Rio+20, em junho de 2012, no Rio de Janeiro. Nesse primeiro anúncio, 45,31% das empresas publicavam essas informações ou explicavam o motivo de não fazê-lo. Um ano depois, o percentual cresceu significativamente, para 66,29%. A terceira atualização, em 2014, seguiu apontando evolução de adesão, chegando a 71,17%. Em 2015, o resultado indicou elevação de 71,17% para 71,65%. Este foi o último ano do Relate ou Explique porque, a partir de 2016, a Comissão de Valores Mobiliários (CVM), em revisão promovida no formulário de referência, criou um item exclusivo para as companhias informarem se publicam ou não informações socioambientais, a metodologia adotada e se tais informações são auditadas.[118]

A McKinsey & Company, empresa de consultoria empresarial norte-americana, publicou em 2014 uma pesquisa com principais executivos, em que 36% dos entrevistados afirmaram ter sustentabilidade dentre suas três maiores prioridades, sendo que, em 2010, esse número era de apenas 3%.

Em estudo de 2013, conduzido pelo IBGC sobre sustentabilidade nos conselhos de administração, os conselheiros entrevistados disseram haver maior conscientização sobre a necessidade de envolvimento do alto escalão no assunto. O desafio, que ainda segue verdadeiro, é como isso deve acontecer: por meio de um comitê de sustentabilidade que assessore o conselho, por exemplo, ou por outros mecanismos.

---

116 BM&FBOVESPA. *Sustentabilidade*. Disponível em: <http://www.bmfbovespa.com.br/pt_br/institucional/sustentabilidade/nas-empresas/relate-ou-explique/>. Acesso em: 4 mar. 2018.

117 BM&FBOVESPA, 2016.

118 BM&FBOVESPA, 2016.

Segundo Reynolds,[119] como Diretora Geral do programa Princípios para o Investimento Responsável (PRI):

> Nosso objetivo é chegar a um tempo em que não mais falaremos sobre investimento "responsável" e nos concentraremos em apenas investir de modo que obtenhamos retornos positivos e possamos garantir a saúde e a viabilidade dos mercados financeiros de longo prazo, a serviço do bem de seus beneficiários e da sociedade como um todo.

Uma das maneiras pelas quais os mercados acionários podem realizar mudanças é exigindo maior divulgação do desempenho em sustentabilidade. Muitas bolsas ao redor do mundo estabeleceram padrões para a divulgação da sustentabilidade como pré-requisito para a listagem de empresas.

5.7 SUSTENTABILIDADE E GOVERNANÇA EM MICRO E PEQUENAS EMPRESAS

Existem diversas formas de classificação das empresas quanto ao seu porte, sendo as mais comuns aquelas que o fazem de acordo com o faturamento ou o número de empregados. Nas Tabelas 5.4 a 5.8 são apresentados as principais classificações e os órgãos que estabelecem a classificação.

Tabela 5.4 Classificação de porte de empresas por faturamento bruto anual, segundo Banco do Nordeste (BNB)

PORTE DAS EMPRESAS	FATURAMENTO BRUTO ANUAL
Microempresa	até R$ 360.000,00
Pequena empresa	acima de R$ 360.000,00 até R$ 3.600.000,00
Pequena/média empresa	acima de R$ 3.600.000,00 até R$ 16.000.00,00
Média empresa	acima de R$ 16.000.000,00 até R$ 90.000.000,00
Grande empresa	acima de R$ 90.000.000,00

Fonte: BANCO DO NORDESTE. Disponível em: <http://www.bnb.gov.br/documents/80786/208762/programacao_fne_2014.pdf/9215941f-0b33-4b14-a2df-4493debe48ac>. Acesso em: 29 jul. 2018.

---

119 REYNOLDS, F. Prefácio. In: BM&FBOVESPA. *Novo valor - Sustentabilidade nas empresas*: como começar, quem envolver e o que priorizar. 2. ed., rev. e atual. São Paulo: BM&FBovespa, 2016, p. 3. Disponível em: <http://www.b3.com.br/data/files/D3/D0/0F/6C/FE07751035EA4575790D8AA8/GuiaNovoValor_SustentabilidadeNasEmpresas_PT.PDF>. Acesso em: 28 jul. 2018.

Tabela 5.5 Classificação de Microempreendedor Micro e Pequenas Empresas por faturamento bruto anual (Simples Nacional)

PORTE DAS EMPRESAS	FATURAMENTO BRUTO ANUAL
Microempreendedor Individual	até R$ 60.000,00
Microempresa	acima de R$ 60.000,00 até R$ 360.000,00
Empresa de pequeno porte	acima de R$ 360.000,00 até R$ 3.600.000,00

Fonte: Lei Complementar n. 123, de 2016, atualizada pela Lei Complementar n. 155, de 2016.

Tabela 5.6 Classificação de porte de empresas por faturamento bruto anual, segundo o Banco Nacional de Desenvolvimento Econômico e Social (BNDES)

PORTE DAS EMPRESAS	FATURAMENTO BRUTO ANUAL
Microempresa	Menor ou igual a R$ 2,4 milhões
Pequena empresa	Maior que R$ 2,4 milhões e menor ou igual a R$ 16 milhões
Média empresa	Maior que R$ 16 milhões e menor ou igual a R$ 90 milhões
Média/grande empresa	Maior que R$ 90 milhões e menor ou igual a R$ 300 milhões
Grande empresa	Maior que R$ 300 milhões

Fonte: BNDES. Disponível em: <http://www.bndes.gov.br/SiteBNDES/bndes/bndes_pt/Institucional/Apoio_Financeiro/porte.html>. Acesso em: 29 jul. 2018.

Tabela 5.7 Classificação de porte de empresas na indústria e no comércio e serviços pelo número de empregados, segundo o Sebrae

PORTE DAS EMPRESAS	Setores	
	Indústria	Comércio e Serviços
Microempresa	até 19 pessoas ocupadas	até 9 pessoas ocupadas
Pequena empresa	de 20 a 99 pessoas ocupadas	de 10 a 49 pessoas ocupadas
Média empresa	de 100 a 499 pessoas ocupadas	de 50 a 99 pessoas ocupadas
Grande empresa	500 pessoas ocupadas ou mais	100 pessoas ocupadas ou mais

Fonte: SEBRAE. Disponível em: <http://www.sebrae-sc.com.br/leis/default.asp?vcdtexto=4154>. Acesso em: 29 jul. 2018.

Tabela 5.8 Classificação de porte de empresas na indústria e no comércio e serviços pelo número de empregados e por faturamento, segundo o Sebrae

PORTE DAS EMPRESAS	Indústria		Comércio e Serviços	
	N. de empregados	Valor	N. de empregados	Valor
Microempresa	Até 10	Até US$ 400 mil	Até 5	Até US$ 200 mil
Pequena empresa	De 11 a 40	Até US$ 3,4 milhões	De 6 a 30	Até US$ 1,5 milhões
Média empresa	De 41 a 200	Até US$ 20 milhões	De 31 a 80	Até US$ 7 milhões
Grande empresa	Acima de 200	Acima de US$ 20 milhões	Acima de 80	Acima de US$ 7 milhões

Fonte: MARTINS, 2014.

Independentemente da forma de classificação, o que é importante ressaltar com relação às micro e pequenas empresas é a representatividade desse setor na economia do país. Além dos aspectos econômicos, é impossível desconsiderar o impacto social, principalmente com relação à geração de empregos.

Dados do Serviço Brasileiro de Apoio às Micro e Pequenas Empresas (Sebrae),[120] divulgados em 2014, apontam que os micro e pequenos negócios respondem por 27% do PIB brasileiro. Em termos de valores absolutos, de 2001 a 2011, o faturamento deles saltou de R$ 144 bilhões para R$ 599 bilhões, em valores da época.

No setor de comércio, a importância das micro e pequenas empresas é ainda maior, representando 53,4% do PIB desse segmento, sendo que aproximadamente 70% dos empregos gerados no comércio são de pequenos negócios. No setor de serviços, a participação dos pequenos negócios representa 36,3% da produção e 44% dos empregos formais. Na indústria representam 22,5% do PIB.

Com relação à geração de empregos, os dados da pesquisa indicam que as micro e pequenas empresas têm uma importância ainda maior na economia brasileira. Segundo o Sebrae, elas empregam 52% da mão de obra formal do Brasil, sendo que os salários que pagam respondem por 40% da massa salarial brasileira.

---

[120] SERVIÇO BRASILEIRO DE APOIO ÀS MICRO E PEQUENAS EMPRESAS (SEBRAE). *Participação das micro e pequenas empresas na economia brasileira*, 2014a. Disponível em: <https://m.sebrae.com.br/Sebrae/Portal%20Sebrae/Estudos%20e%20Pesquisas/Participacao%20das%20micro%20e%20pequenas%20empresas.pdf>. Acesso em: 29 jul. 2018.

Ainda de acordo com o levantamento do Sebrae, o Brasil contabiliza mais de 8,9 milhões de micro e pequenas empresas. O último levantamento do IBGE indicou que os pequenos negócios representam 99% dos estabelecimentos formais do país.

O sucesso dos pequenos negócios é associado a diversas causas. Entre elas, o Sebrae aponta como relevantes o melhor ambiente de negócios (como a criação dos Supersimples), o aumento da escolaridade do brasileiro e o incremento do mercado consumidor e da classe média. O presidente do Sebrae, Luiz Barretto, ao destacar esses três fatores, cita que:

> Esses três fatores têm motivado o brasileiro a empreender por oportunidade e não mais por necessidade. Antes as pessoas abriam um negócio próprio quando não encontravam emprego. Hoje, de sete a cada 10 pessoas iniciam um empreendimento por identificar uma demanda no mercado, o que gera empresas mais planejadas e com melhores chances de crescer.[121]

Considerando, portanto, que os empreendedores têm buscado identificar oportunidades e demandas, é de se esperar que também tenham uma maior consciência quanto a aspectos, que não somente os econômicos, na formatação e condução de seus negócios. Assim, considerar os aspectos sociais e ambientais representa um ponto relevante na estruturação de pequenos empreendimentos.

O mercado consumidor tem demonstrado um interesse crescente por produtos e serviços decorrentes de práticas economicamente viáveis, socialmente justas e ambientalmente corretas. Observa-se que essa tendência, imposta pelo próprio mercado, é irreversível. Os consumidores estão mais exigentes e mais conscientes dos riscos gerados pelas atividades humanas, que ameaçam as condições futuras de vida no nosso planeta. Assim, é crescente a preferência por marcas e produtos obtidos por meio de processos com menor impacto ambiental e que geram ganhos sociais e econômicos.[122]

Esse posicionamento não segrega as empresas em razão de seu porte. Segundo o Sebrae, hoje tecnologias, práticas, produtos e serviços sustentáveis são diferenciais de competitividade global. Assim, as micro e pequenas empresas devem se posicionar em função dessa forte tendência, cada vez mais presente na legislação e nos mercados.

Uma pesquisa realizada pelo Sebrae em 2012,[123] com cerca de 3,9 mil empresários, teve o objetivo de obter informações sobre o posicionamento de proprietários de micro

---

121 SERVIÇO BRASILEIRO DE APOIO ÀS MICRO E PEQUENAS EMPRESAS (SEBRAE). *Micro e pequenas empresas geram 27% do PIB do Brasil*, 2014b. Disponível em: <http://www.sebrae.com.br/sites/PortalSebrae/ufs/mt/noticias/micro-e-pequenas-empresas-geram-27-do-pib-do-brasil,ad0fc70646467410VgnVCM2000003c74010aRCRD>. Acesso em: 29 jul. 2018.

122 SERVIÇO BRASILEIRO DE APOIO ÀS MICRO E PEQUENAS EMPRESAS (SEBRAE). *O que pensam as micro e pequenas empresas sobre sustentabilidade*, 2012. Disponível em: <http://sustentabilidade.sebrae.com.br/Sustentabilidade/Para%20sua%20empresa/Estudos%20e%20Pesquisas/O+que+Pensam+as+Micro+e+Pequenas+Empresas+sobre+Sustentabilidade.pdf>. Acesso em: 29 jul. 2018.

123 SEBRAE, 2012.

e pequenas sobre sustentabilidade. Dentre os resultados obtidos, verificou-se que 54% dos empresários não identificam "oportunidades de ganhos" com a sustentabilidade, não a percebendo como uma oportunidade de ganho em seus negócios.

Ainda com relação aos resultados dessa pesquisa, foram verificadas algumas ações realizadas com foco na sustentabilidade, destacando-se: a coleta seletiva de lixo (70,2%); controle do consumo de papel (72,4%); controle do consumo de água (80,6%); controle do consumo de energia (81,7%); destinação adequada de resíduos tóxicos, tais como solventes, produtos de limpeza e cartuchos de tinta (65,6%).

Um aspecto positivo é que 65% dos empresários avaliou como "médio" o nível de conhecimentos que têm sobre o tema sustentabilidade e meio ambiente. E foi atestado que a maioria dos entrevistados tem o entendimento de que "sustentabilidade" está fortemente associada a questões ambientais (87%), sociais (82%) e econômicas (82%), e não a apenas uma ou duas dessas questões. Esse ponto da pesquisa mostra também que é fértil o campo a ser trabalhado.

A preocupação de vincular às micro e pequenas empresas questões ligadas à responsabilidade social não é recente. Uma parceria entre o Instituto Ethos e o Sebrae propiciou a criação, em 2003, de duas ferramentas, a Ferramenta de Autoavaliação e Planejamento – Indicadores Ethos-Sebrae de RSC para Micro e Pequenas Empresas e Responsabilidade social corporativa para Micro e Pequenas Empresas – Passo a Passo. Elas visavam à disseminação do movimento de responsabilidade social e ao incentivo à incorporação de práticas de RSC pelo universo das micro e pequenas empresas. O conteúdo da primeira publicação foi revisto em 2006, dando origem aos Indicadores Ethos-Sebrae de RSC para Micro e Pequenas Empresas, que servem como um autodiagnóstico para a análise do empreendimento.

Outra iniciativa na mesma linha, com relação às micro e pequenas empresas, é a patrocinada pelo Instituto Brasileiro de Ética nos Negócios (Iben), o Programa Ética & Compliance para Pequenas e Médias Empresas, tendo como fundamento o Sistema de Gestão da Qualidade Ética das Empresas, desenvolvido na Universidade Castellanza (Varese, Itália). O Iben informa que:

> O Programa Ética & Compliance (PME) não tem a mínima pretensão de se tornar uma norma de gestão ou um padrão de qualidade, mas sim, que os instrumentos nele sugeridos possam contribuir para a melhoria da qualidade da Atuação Responsável Empresarial, especialmente, das pequenas e médias empresas, inclusive aquelas que integram a cadeia produtiva das grandes corporações e, desta forma, este programa possa ser um grande aliado, não só na formação da imagem e da reputação das empresas participantes, mas, principalmente, do lucro e da perenidade nos negócios. O Programa Ética & Compliance (PME) conta com seis ferramentas para a gestão da Ética, são elas: Visão Ética da Empresa; Elaboração do Código de Ética; Formação

> Ética da Empresa; Organismos de Atuação e Controle; Publicação do Balanço Social (Modelo IBASE) e Verificação Externa (Auditoria Ética).[124]

De nada adiantaria fomentar a condução dos negócios de maneira ética, socialmente responsável e ecologicamente correta para se trilhar o caminho do desenvolvimento sustentável sem a presença das micro, pequenas e médias empresas, as quais, em grande parte, compõem a cadeia produtiva das grandes corporações.

Como visto nos itens anteriores, ética, sustentabilidade, *compliance* necessariamente devem fazer parte dos requisitos de uma empresa que se supõe ter uma estrutura de governança corporativa. Naquelas de grande porte, em razão de exigências legais ou do mercado, ter uma estrutura de governança corporativa faz parte da própria estrutura da empresa. Com relação às micro e pequenas, ainda se discute se há essa necessidade, a qual deve ainda considerar os aspectos legais relacionados à forma de constituição jurídica, conforme previsto na Lei n. 10.406, de 2002 (Código Civil).[125]

Considerando as várias possibilidades jurídicas de constituição das empresas, sociedades empresárias limitadas, segundo Biermann,[126] representam a maioria das sociedades constituídas no Brasil. No Código Civil são estabelecidas as normas legais para a estrutura de governança das sociedades limitadas. Como ocorre com as empresas de capital aberto, padrões adicionais de governança dependerão da vontade dos sócios e da administração.

Os arts. 1052 a 1087 do Código Civil tratam da sociedade limitada. Alguns pontos que podem ser considerados mais próximos da definição de uma estrutura de governança são reproduzidos a seguir. Os arts. 1052 a 1065 tratam da administração da sociedade. Destacam-se a possibilidade da contratação de administrador que não seja sócio e a instituição de um livro de atas da administração.

> Art. 1.052. Na sociedade limitada, a responsabilidade de cada sócio é restrita ao valor de suas quotas, mas todos respondem solidariamente pela integralização do capital social.
>
> Art. 1.060. A sociedade limitada é administrada por uma ou mais pessoas designadas no contrato social ou em ato separado.
>
> Parágrafo único. A administração atribuída no contrato a todos os sócios não se estende de pleno direito aos que posteriormente adquiram essa qualidade.

---

124 Veja mais no *website* do Iben, página sobre o *Programa Ética & Compliance* no *link*: <http://www.eticanos-negocios.org.br/2011/programa_ree.php>. Acesso em: 14 ago. 2018.

125 BRASIL. Lei n. 10.406, de 10 de janeiro de 2002. Institui o Código Civil. *Diário Oficial da República Federativa do Brasil*, Brasília, 10 jan. 2002. Disponível em: <http://www.planalto.gov.br/ccivil_03/leis/2002/l10406.htm>. Acesso em: 29 jul. 2018.

126 BIERMANN, A. L. R. As sociedades empresárias e o novo Código Civil. *Revista Jus Navigandi*, ano 8, n. 94, out. 2003. Disponível em: <https://jus.com.br/artigos/4290>. Acesso em: jul. 2018.

> Art. 1.061. A designação de administradores não sócios dependerá de aprovação da unanimidade dos sócios, enquanto o capital não estiver integralizado, e de 2/3 (dois terços), no mínimo, após a integralização.
>
> Art. 1.062. O administrador designado em ato separado investir-se-á no cargo mediante termo de posse no livro de atas da administração.
>
> Art. 1.063. O exercício do cargo de administrador cessa pela destituição, em qualquer tempo, do titular, ou pelo término do prazo se, fixado no contrato ou em ato separado, não houver recondução.
>
> § 1º Tratando-se de sócio nomeado administrador no contrato, sua destituição somente se opera pela aprovação de titulares de quotas correspondentes, no mínimo, a dois terços do capital social, salvo disposição contratual diversa.
>
> Art. 1.065. Ao término de cada exercício social, proceder-se-á à elaboração do inventário, do balanço patrimonial e do balanço de resultado econômico.

Os arts. 1066 a 1070 tratam da constituição de um conselho fiscal, o que já constitui de fato um órgão importante em uma estrutura de governança, exigindo maior transparência dos administradores com relação à prestação de contas da sociedade. A previsão da possibilidade de representação de sócios minoritários é também um instrumento relevante de governança.

> Art. 1.066. Sem prejuízo dos poderes da assembleia dos sócios, pode o contrato instituir conselho fiscal composto de três ou mais membros e respectivos suplentes, sócios ou não, residentes no País, eleitos na assembleia anual prevista no art. 1.078. (grifo nosso).
>
> § 1º Não podem fazer parte do conselho fiscal, além dos inelegíveis enumerados no § 1º do art. 1011, os membros dos demais órgãos da sociedade ou de outra por ela controlada, os empregados de quaisquer delas ou dos respectivos administradores, o cônjuge ou parente destes até o terceiro grau.
>
> § 2º É assegurado aos sócios minoritários, que representarem pelo menos um quinto do capital social, o direito de eleger, separadamente, um dos membros do conselho fiscal e o respectivo suplente. (grifo nosso).
>
> Art. 1.068. A remuneração dos membros do conselho fiscal será fixada, anualmente, pela assembleia dos sócios que os eleger.
>
> Art. 1.069. Além de outras atribuições determinadas na lei ou no contrato social, aos membros do conselho fiscal incumbem, individual ou conjuntamente, os deveres seguintes:
>
> I - examinar, pelo menos trimestralmente, os livros e papéis da sociedade e o estado da caixa e da carteira, devendo os administradores ou liquidantes prestar-lhes as informações solicitadas;

> II - lavrar no livro de atas e pareceres do conselho fiscal o resultado dos exames referidos no inciso I deste artigo;
>
> III - exarar no mesmo livro e apresentar à assembleia anual dos sócios parecer sobre os negócios e as operações sociais do exercício em que servirem, tomando por base o balanço patrimonial e o de resultado econômico;
>
> IV - denunciar os erros, fraudes ou crimes que descobrirem, sugerindo providências úteis à sociedade;
>
> V - convocar a assembleia dos sócios se a diretoria retardar por mais de trinta dias a sua convocação anual, ou sempre que ocorram motivos graves e urgentes;
>
> VI - praticar, durante o período da liquidação da sociedade, os atos a que se refere este artigo, tendo em vista as disposições especiais reguladoras da liquidação.
>
> Art. 1.070. As atribuições e poderes conferidos pela lei ao conselho fiscal não podem ser outorgados a outro órgão da sociedade, e a responsabilidade de seus membros obedece à regra que define a dos administradores.
>
> Parágrafo único. O conselho fiscal poderá escolher para assisti-lo no exame dos livros, dos balanços e das contas, contabilista legalmente habilitado, mediante remuneração aprovada pela assembleia dos sócios.

As decisões relacionadas às deliberações dos sócios estão previstas nos arts. 1071 a 1080. É prevista a realização de uma assembleia ou reunião anual, nos quatro meses seguintes ao término do exercício social, sendo esta obrigatória quando o número de sócios for superior a 10.

> Art. 1.071. Dependem da deliberação dos sócios, além de outras matérias indicadas na lei ou no contrato:
>
> I - a aprovação das contas da administração;
>
> II - a designação dos administradores, quando feita em ato separado;
>
> III - a destituição dos administradores;
>
> IV - o modo de sua remuneração, quando não estabelecido no contrato;
>
> V - a modificação do contrato social;
>
> VI - a incorporação, a fusão e a dissolução da sociedade, ou a cessação do estado de liquidação;
>
> VII - a nomeação e destituição dos liquidantes e o julgamento das suas contas;
>
> VIII - o pedido de concordata.
>
> Art. 1.072. As deliberações dos sócios, obedecido o disposto no art. 1.010, serão tomadas em reunião ou em assembleia, conforme previsto no contrato social, devendo ser convocadas pelos administradores nos casos previstos em lei ou no contrato.

§ 1º A deliberação em assembleia será obrigatória se o número dos sócios for superior a dez. (grifo nosso).

§ 3º A reunião ou a assembleia tornam-se dispensáveis quando todos os sócios decidirem, por escrito, sobre a matéria que seria objeto delas.

§ 5º As deliberações tomadas de conformidade com a lei e o contrato vinculam todos os sócios, ainda que ausentes ou dissidentes.

§ 6º Aplica-se às reuniões dos sócios, nos casos omissos no contrato, o disposto na presente Seção sobre a assembleia.

Art. 1.073. A reunião ou a assembleia podem também ser convocadas:

I - por sócio, quando os administradores retardarem a convocação, por mais de sessenta dias, nos casos previstos em lei ou no contrato, ou por titulares de mais de um quinto do capital, quando não atendido, no prazo de oito dias, pedido de convocação fundamentado, com indicação das matérias a serem tratadas;

II - pelo conselho fiscal, se houver, nos casos a que se refere o inciso V do art. 1.069.

Art. 1.074. A assembleia dos sócios instala-se com a presença, em primeira convocação, de titulares de no mínimo três quartos do capital social, e, em segunda, com qualquer número.

§ 1º O sócio pode ser representado na assembleia por outro sócio, ou por advogado, mediante outorga de mandato com especificação dos atos autorizados, devendo o instrumento ser levado a registro, juntamente com a ata.

§ 2º Nenhum sócio, por si ou na condição de mandatário, pode votar matéria que lhe diga respeito diretamente.

Art. 1.075. A assembleia será presidida e secretariada por sócios escolhidos entre os presentes.

§ 1º Dos trabalhos e deliberações será lavrada, no livro de atas da assembleia, ata assinada pelos membros da mesa e por sócios participantes da reunião, quantos bastem à validade das deliberações, mas sem prejuízo dos que queiram assiná-la.

§ 2º Cópia da ata autenticada pelos administradores, ou pela mesa, será, nos vinte dias subsequentes à reunião, apresentada ao Registro Público de Empresas Mercantis para arquivamento e averbação.

Art. 1.076. Ressalvado o disposto no art. 1.061 e no § 1º do art. 1.063, as deliberações dos sócios serão tomadas:

I - pelos votos correspondentes, no mínimo, a três quartos do capital social, nos casos previstos nos incisos V e VI do art. 1.071;

II - pelos votos correspondentes a mais de metade do capital social, nos casos previstos nos incisos II, III, IV e VIII do art. 1.071;

> III - pela maioria de votos dos presentes, nos demais casos previstos na lei ou no contrato, se este não exigir maioria mais elevada.
>
> Art. 1.078. A assembleia dos sócios deve realizar-se ao menos uma vez por ano, nos quatro meses seguintes à ao término do exercício social, com o objetivo de: (grifo nosso)
>
> I - tomar as contas dos administradores e deliberar sobre o balanço patrimonial e o de resultado econômico;
>
> II - designar administradores, quando for o caso;
>
> III - tratar de qualquer outro assunto constante da ordem do dia.
>
> § 1º Até trinta dias antes da data marcada para a assembleia, os documentos referidos no inciso I deste artigo devem ser postos, por escrito, e com a prova do respectivo recebimento, à disposição dos sócios que não exerçam a administração.
>
> § 2º Instalada a assembleia, proceder-se-á à leitura dos documentos referidos no parágrafo antecedente, os quais serão submetidos, pelo presidente, a discussão e votação, nesta não podendo tomar parte os membros da administração e, se houver, os do conselho fiscal.
>
> § 3º A aprovação, sem reserva, do balanço patrimonial e do de resultado econômico, salvo erro, dolo ou simulação, exonera de responsabilidade os membros da administração e, se houver, os do conselho fiscal.
>
> § 4º Extingue-se em dois anos o direito de anular a aprovação a que se refere o parágrafo antecedente.
>
> Art. 1.079. Aplica-se às reuniões dos sócios, nos casos omissos no contrato, o estabelecido nesta Seção sobre a assembleia, obedecido o disposto no § 1º do art. 1.072.
>
> Art. 1.080. As deliberações infringentes do contrato ou da lei tornam ilimitada a responsabilidade dos que expressamente as aprovaram.[127]

Além das normas citadas, pode também a sociedade limitada ter outras resoluções em relação a sócios minoritários. Assim, o art. 1.085 estabelece que, quando a maioria dos sócios (que representa mais da metade do capital social) entender que um ou mais sócios estão pondo em risco a continuidade da empresa, em virtude de atos de inegável gravidade, poderá excluí-los da sociedade mediante alteração do contrato social, desde que prevista neste a exclusão por justa causa. No entanto, essa exclusão somente poderá ser determinada em reunião ou assembleia especialmente convocada para esse fim, ciente o acusado em tempo hábil para permitir seu comparecimento e o exercício do direito de defesa.

---

[127] BRASIL, 2002.

Todo o arcabouço previsto na Lei n. 10.406, de 2002[128] é a forma que a legislação tem para indicar como deve ser a gestão de uma sociedade limitada. A maioria dos pequenos negócios faz a opção por esse modelo jurídico, em razão óbvia, pelo tipo de responsabilidade em relação à sociedade. Quando se trata de governança corporativa, deve-se obrigatoriamente seguir a lei. Depois ir além do que a norma prevê. É possível que, mesmo em pequenos negócios, consiga-se ir adiante. O estabelecimento de estratégias não pode ser restrito aos administradores, sejam administradores sócios ou contratados. A assembleia de sócios é o ambiente natural para o exercício dessa prerrogativa. Cabe à assembleia não somente definir estratégias e objetivos, mas também fiscalizar a execução, avaliar se as metas estão sendo atingidas e exigir prestação de contas.

Pinheiro[129] propõe três passos para implantar a governança corporativa em uma empresa pequena:

- definir e alinhar com todos aonde se precisa chegar em um período de médio e longo prazo;
- capacitar os envolvidos para que busquem esses resultados, ou buscar apoio externo pontual;
- criar, medir e acompanhar indicadores de mercado para ajustar ações que possibilitem alcançar os objetivos definidos.

Segundo esse autor, para conseguir executar esses passos, é necessária a utilização de ferramentas, procedimentos e métodos específicos de mercado que nem sempre estão dimensionados para o micro e o pequeno empresário. Assim, é necessário adaptar essas práticas de acordo com cada realidade. Destaca que a Tecnologia da informação é a base desse processo moderno, não é mais simplesmente um diferencial, pois está acessível a praticamente todas as empresas. Dessa forma, é importante manter um processo criativo vivo e mudar se for preciso mudar algo que não esteja gerando resultados e que vá de encontro aos objetivos definidos para a governança.

---

128 BRASIL, 2002.

129 PINHEIRO, A. É possível governança corporativa em micro empresa?. *TI especialistas*, ago. 2016. Disponível em: <http://www.tiespecialistas.com.br/2016/08/e-possivel-governanca-corporativa-em-micro-empresa>. Acesso em: 29 jul. 2018.

CAPÍTULO 6

RELAÇÕES PÚBLICAS, COMUNICAÇÃO EMPRESARIAL, MARCA E REPUTAÇÃO

Luiz Antonio Gaulia

6.1 APRESENTAÇÃO

O capítulo apresenta reflexões resultantes de uma larga experiência profissional no campo da comunicação empresarial e de um contexto contemporâneo de riscos à marca e reputação de empresas devido ao ambiente institucional fragilizado no Brasil e à ampliação da concorrência pela exposição internacional das práticas de corrupção e lavagem de dinheiro em nosso país. A economia informal como potência de empreendedores não incluídos ainda no sistema formal de registro de empresários nos coloca outro desafio, uma vez que estamos cada vez mais diante da formação de redes de fornecedores em cadeias de produção e comércio. Haveria uma oportunidade, então, para que a relação entre empresas, Estado e governos pudesse se tornar transparente na defesa de interesses das empresas? E como as micro e pequenas empresas poderiam exercer a defesa de seus interesses e cuidar de suas relações com o governo por meio da comunicação empresarial? O capítulo aponta o *lobby* como prática que pode ser regulamentada e traz a profissionalização das relações públicas na função de comunicação empresarial, visando ao cuidado com a identidade da empresa e a seus efeitos para a marca e sua reputação.

6.2 LIVRE-INICIATIVA, PAUTAS EMPRESARIAIS E RELAÇÕES COM O GOVERNO E A ADMINISTRAÇÃO PÚBLICA: ENTRE O INFORMAL E O FORMAL, ENTRE O ILÍCITO E O LÍCITO, ENTRE O OCULTO E O TRANSPARENTE

A defesa de interesses das empresas, em suas pautas específicas junto aos governantes, pode ser interpretada como algo associado a práticas de negociação de pautas em troca de vantagens lícitas ou ilícitas para agentes públicos. O contexto nacional revelado pelas denúncias apresentadas pelo Ministério Público Federal – como resultado da Operação Lava Jato (iniciada em 2014) e de seus desdobramentos – quanto à corrupção ativa e passiva entre empresas e agentes públicos, ainda mais quando demonstrada sua estrutura organizada em sistemas de fluxos financeiros ilícitos (nacional e internacionalmente), marcou e marcará o imaginário popular a respeito da pressão de empresas na defesa de suas pautas.

Quando empresários avessos ao risco inerente à livre-iniciativa, em conluio com políticos corruptos e funcionários desonestos de estatais, implementam esquemas fraudulentos de concorrências para obras públicas e beneficiam os participantes da quadrilha, algo que o ex-presidente do Banco Central, Gustavo Franco, definiu como "capitalismo de quadrilha",[1] saqueando os cofres da nação, fica realmente difícil acreditar em palavras como ética, transparência, honestidade e valores, entre outras.

Entretanto, não acreditar é pior, pois retira forças da parte saudável da nossa sociedade, que deseja (e trabalha diariamente para tal), com dignidade e honestidade, realizar suas vocações, alcançar sucesso profissional, empreender de forma criativa e dedicada, podendo gerar e realizar rendas e patrimônios por meio da combinação de capitais individuais, coletivos e comuns, com direito ao fruto e ao legado individual e coletivo de esforços dos que participam para sua realização.

No contexto brasileiro do trabalho formal, há muito mais micro e pequenas empresas em atividade, geradoras de riqueza e empregos, do que as poucas grandes empresas, muitas das quais têm seus proprietários e gestores envolvidos em escândalos como o da Lava Jato. O Relatório Empreendedorismo e Mercado de Trabalho (Sebrae) nos informa a predominância do número de micro e pequenas empresas no conjunto das empresas e do número de vagas ocupadas no mercado formal de trabalho, conforme declarado no Relatório Anual de Informações Sociais quanto aos empregados:

> Os dados da RAIS 2015, a última disponível, mostram que 99% das empresas que declaram a RAIS são Micro e Pequenas Empresas, 1% são empresas de médio porte e apenas 0,36% são empresas de grande porte. [...] De acordo com a RAIS de 2015,

---

1 A entrevista completa foi publicada no jornal *Valor Econômico*. SCIARRETTA, T. Capitalismo de muro e quadrilha. *Valor Econômico*, ano 18, p. 4-6, 8 dez. 2017.

as Micro e Pequenas Empresas respondiam por 54% do total dos empregos com carteira assinada.[2]

Segundo dados da Pesquisa Nacional por Amostra de Domicílios (PNAD) contínua, sob responsabilidade do IBGE e referente ao 1º trimestre de 2017, das pessoas de 14 anos ou mais de idade que compõem a força de trabalho, 32% estava em situação de emprego com carteira, em menor proporção quando comparado à informalidade dos que estão nos 10% empregados sem carteira, 21% por conta própria e 14% desocupados.[3] Empregadores somavam apenas 4% da força de trabalho.

O mercado informal do trabalho e de comércio pode ser percebido por um observador mais atento, que, ao caminhar pelas ruas dos grandes centros urbanos, constata facilmente que são centenas de vendedores ambulantes e camelôs. A mercadoria que abastece o comércio ambulante pode ser de origem ilícita ou lícita, o que é outra questão, própria da economia informal brasileira, e o volume de mercadorias no mercado informal pode ser significativo a ponto de se tornar uma concorrência à economia formal, que contrata empregados, recolhe tributos e atende à legislação municipal, estadual e federal. A economia informal persiste, pois vem se tornando uma forma de atender à sobrevivência de famílias que não estão incluídas na economia formal, tanto para o trabalho quanto para o comércio e consumo.

Uma das possíveis barreiras históricas no Brasil à entrada no mercado formal de empreendedores vem sendo o alto custo e o tempo despendidos nas excessivas etapas da burocracia da administração pública importa pelos governos federal, estadual e municipal para a formalização de atividades empresariais, além das taxas cobradas para se abrir um negócio. Avanços vem ocorrendo, apesar de ainda não suficientes, com relação à possibilidade de se empreender pela legislação do microempreendedor individual (MEI) – categoria de empreendimento formal estabelecida pela Lei Complementar n. 128, de 2008[4] – na forma de leis, decretos e resoluções, como forma de ampliar a base tributária da economia, e também por meio da inclusão social no sistema nacional de proteção em seguridade social para os empreendedores individuais. O Portal do Empreendedor[5] representa um reconhecimento público da necessidade de

---

2 SERVIÇO BRASILEIRO DE APOIO ÀS MICRO E PEQUENAS EMPRESAS (SEBRAE). *Relatório especial*: o empreendedorismo e o mercado de trabalho. Brasília: Sebrae, ago. 2017. Disponível em: <http://www.bibliotecas.sebrae.com.br/chronus/ARQUIVOS_CHRONUS/bds/bds.nsf/70d1237672d36de1ba87890e4cb251cc/$File/7737.pdf>. Acesso em: 29 jul. 2018.

3 SEBRAE, 2017.

4 BRASIL. Lei Complementar n. 128, de 19 de dezembro de 2008. Altera a Lei Complementar n. 123, de 14 de dezembro de 2006, altera as Leis ns. 8.212, de 24 de julho de 1991, 8.213, de 24 de julho de 1991, 10.406, de 10 de janeiro de 2002 - Código Civil, 8.029, de 12 de abril de 1990, e dá outras providências. *Diário Oficial da República Federativa do Brasil*, Brasília, DF, 22 dez. 2008

5 O Portal do Empreendedor (http://www.portaldoempreendedor.gov.br) consolida informações e serviços para a formalização e ampliação de condições para a inclusão de empreendedores na forma de microempreendedores individuais e micro e pequenas empresas.

reunir e atualizar novos marcos legais e informação para a formalização da atividade empreendedora e do emprego por micro e pequenas empresas.

Eu não tenho dúvida em defender uma maior transparência para a prática do *lobby*,[6] enquanto uma atividade regulamentada que se faz necessária. Afinal, nos bastidores, a prática sempre existiu. Só que nos dias atuais é muito difícil guardar segredos, tendo em vista estarmos eletronicamente conectados em redes interdependentes, no qual cada *smartphone* se torna um veículo de informação, espalhando textos, imagens e fotos em tempo real. A transparência é uma característica deste momento histórico.

As mensagens, hoje, fluem de forma acelerada e com uma instantaneidade nunca imaginada. Informações sobre tudo e todos estão disponíveis, ao simples toque em uma tela, em um volume jamais visto. A comunicação social via *web* é uma força revolucionária que derruba hierarquias, mudando a lógica dos modelos administrativos e, também, da prestação de contas. O que é uma faca de dois gumes, pois essa aceleração digital, com suas múltiplas fontes emissoras, pode multiplicar tanto as notícias verídicas quanto as versões falsas, já conhecidas como *fake news*. Don Tapscott, referenciado na literatura de administração de negócios e autor de *A era da transparência* e *Geração digital*, ressalta que atualmente: "A onipresença da mídia eletrônica cria, por si só, uma cultura de transparência; as pessoas esperam saber tudo instantaneamente e a Internet leva a transparência a um nível totalmente novo".[7]

Assim, no meu entender, os telhados de vidro das relações entre empresas e governos (entre outras) nunca estiveram tão expostos para as pessoas em geral. Portanto, por que não aproveitar essa tendência crescente e organizar uma área estruturada de relações institucionais na empresa para a defesa dos interesses, um *lobby* às claras? Existe um momento melhor que este para buscar a regularização do *lobby*?

6.3 TRANSPARÊNCIA, ÉTICA E *LOBBY* COMO FUNÇÕES DA COMUNICAÇÃO INSTITUCIONAL. DÁ PARA FAZER?

Uma rápida olhada nas manchetes dos jornais do Brasil de hoje nos revela um fato inquestionável: o governo é manchete e notícia em todos os veículos, em diferentes assuntos. Podemos entender que tal atenção e destaque por parte da mídia representa o elevado grau de influência dos atos e das omissões da União, dos estados federados e dos municípios; do Executivo, do Legislativo e do Judiciário na vida do cidadão comum.

---

6 "Com as variações decorrentes da cultura de cada lugar, povo ou país, a ideia de *lobby* é a mesma em quase toda paragem. Compreende a identificação dos direitos - públicos, associativos, comunitários, municipais, estaduais, regionais, empresariais, trabalhistas, corporativos, setoriais, assistenciais, profissionais, entre outros - e sua defesa por um lobista" (FARHAT, S. *Lobby*. O que é? Como se faz: ética e transparência na representação junto a governos. São Paulo: Aberje Editorial; Peirópolis, 2007. p. 77).

7 TAPSCOTT, D.; TICOLL, D. *A empresa transparente*. São Paulo: M. Books, 2005. p. 25-26.

Tal influência pode ser considerada uma possível consequência, por um lado, de nossa herança histórica de concentração de poder do Estado sobre a economia e a sociedade durante o Brasil Colônia e o Brasil Império e, por outro lado, um legado de fragilidade da democracia representativa e participativa em curtos períodos ao lado de longos períodos de duração de regimes autoritários e intervencionistas no Brasil República, dos quais são aqui destacados pela sua duração e por seus efeitos: a Ditadura Vargas (1930-1945) e a Ditadura Militar (1964-1985). É bom registrar aqui também que, em 1988, a promulgação da Constituição Federal,[8] chamada de "Cidadã", consolidou direitos humanos contemplados em diversos tratados internacionais dos quais o Brasil se tornou signatário, os quais trouxeram, também ampliados, deveres para o Estado, demandando novas regulações, alocação de receitas e despesas em orçamentos públicos do governo federal, estadual e municipal e burocracia na administração pública capaz de controlar e garantir o cumprimento de tais direitos e a aplicação de recursos públicos para a realização dos deveres ampliados de um Estado provedor de tais direitos.

Nesse cenário, a presença de um "sócio" orwelliano[9] nos negócios e nas empresas é fortíssima. O Estado, no Brasil, pode interferir na economia e no ambiente de negócios, por exemplo, desde uma nova proposta de "aperto" na fiscalização de pescados até a falta de regulação municipal da Lei Geral das Antenas, que atingiu em cheio o potencial de investimentos privados em infraestrutura de comunicações móveis. Ou, ainda, pode afetar o ambiente de negócios em precárias condições e relações trabalhistas junto aos servidores públicos, culminando em greve dos fiscais da Receita Federal em portos e aeroportos do país, em protestos por reajustes salariais, afetando a indústria siderúrgica, entre outros. Assim, no Estado brasileiro, o Poder Legislativo e o Poder Executivo podem interferir, a qualquer momento, das mais variadas formas, na vida das empresas. Por vezes, por força de excessos em determinados assuntos, pela morosidade ou completa ausência ou incapacidade de condução ou gestão eficiente ou eficaz da administração pública, entranhada por interesses não públicos ou desprovida de condições institucionais e capacidade para a realização competente em prol do interesse público.

Nesse contexto institucional do ambiente de negócios, é preciso trabalhar de forma estratégica a comunicação institucional empresarial para fazer frente ao "ambiente hostil aos criadores de riqueza".[10] Empresários, investidores, empreendedores, criadores de negócios e realizadores precisam buscar formas legítimas e legais de defender seus interesses.

---

8 BRASIL. Constituição (1988). *Constituição da República Federativa do Brasil*. Brasília: Senado Federal, 1988.

9 Dois livros, entre outras obras, de George Orwell, escritor britânico, são sempre recomendados nas salas de aula para debater os limites da influência estatal: *1984* e *A revolução dos bichos*.

10 CONSTANTINO, R. *Brasileiro é otário?* O alto custo da nossa malandragem. Rio de Janeiro: Record, 2016. p. 243.

Não importa qual o segmento, é recomendável que as empresas trabalhem sua diplomacia corporativa pela comunicação institucional, contando com uma bem organizada diretoria de relacionamentos institucionais que reúna o melhor das relações públicas e contemple o conhecimento sobre como funciona o Estado e sua administração, bem como suas agências reguladoras e processos de proposição, alteração, discussão e deliberação de legislação constitucional e infraconstitucional, tanto no Poder Legislativo quanto no Poder Executivo. E é recomendável, também, que as empresas possam estabelecer diretrizes de conduta empresarial responsável por meio de códigos de ética e de conduta, modelos e práticas de *compliance*,[11] auditorias externas independentes e até normas e certificações internacionais.

Claro que, para as micro, pequenas e médias empresas, esses custos podem ser altos considerando-se o volume de recursos financeiros disponíveis. Nesses casos, é recomendável a comunicação institucional organizada conforme a participação de tais empresas em associações e instituições, ou mesmo a criação de redes de encontros entre diferentes parceiros, fornecedores e até clientes. Relações institucionais não são exclusivas de grandes grupos empresariais.

É preciso considerar o conhecimento, as habilidades e os valores para se ter as competências na comunicação institucional junto ao Poder Legislativo e ao Poder Executivo e, assim, associar sua marca às principais discussões relacionadas a políticas públicas que afetem seu segmento de atuação, preferencialmente de forma organizada e estratégica, por meio de movimentos, organismos e coletivos de comunicação social que empoderem e representem as micro, pequenas e médias empresas. O objetivo inicial dessa área de comunicação institucional é esclarecer a importância da sua razão social e da sua existência para a geração de empregos, criação e fabricação de produtos, serviços, *know-how*, inovação, pesquisa, tecnologia, progresso econômico e valor compartilhado com toda a sociedade. Atua, também, integrando as ações de apoio a eventos culturais e esportivos, contatos com associações de classe, instituições acadêmicas, organizações da sociedade civil (OSCs), fundações e instituições de caridade e filantropia capazes de representar os valores pelos quais a empresa é, por eles, guiada.

A comunicação institucional, nesse sentido, organiza a narrativa de forma a valorizar a memória e a marca empresarial: "A história empresarial transformada em comunicação – interna e externa – fortalece a identidade da empresa com a sociedade. O processo em que a empresa comunica aos seus públicos, ao mercado, suas boas credenciais".[12]

---

[11] *Compliance*, do verbo inglês *to comply*, pode ser entendido como um fazer segundo controles internos existentes na empresa, um agir seguindo regras e prevenindo, evitando bem como tratando qualquer tipo de não conformidade.

[12] NASSAR, P. *Tudo é comunicação*. 2. ed. São Paulo: Lazulli, 2006.

6.4 *MARKETING* DE CAUSAS: MARCAS ATIVISTAS

É importante também destacarmos que nem só de *lobby* vive a influência de uma empresa. O *marketing* que o diga. Uma tendência atual tem tomado os planos mercadológicos, colocando causas sociais, culturais e ambientais como diferenciais da marca. A sustentabilidade fatiada em causas fica mais tangível e fácil de ser percebida. O ativismo político parece ter entrado definitivamente na agenda das empresas que buscam garantir participação no mercado – *market share* – e lembrança – *recall* – da marca, influenciando econômica e culturalmente comportamentos, estilos de vida, aliados a conteúdos e sentidos da sua comunicação institucional com grupos políticos no poder.

Empresas simpáticas a determinadas causas até podem gerar admiração por parte dos agentes de governo ao sintonizarem objetivos comuns. Entretanto, há riscos nessa estratégia de *marketing* de causas, visto que os governos podem, principalmente os populistas de todos os naipes, mudar as regras do jogo, criando insegurança jurídica e decretos intempestivos capazes de tumultuar mercados, perturbando investimentos planejados de longo prazo e alterando o funcionamento de vários negócios. Portanto, estratégias do *marketing* do bem ou por uma "causa" devem ser analisadas com prudência quando alguns partidos políticos também defendem a mesma causa. O que parece bom comercialmente no curto prazo pode ser uma armadilha para a reputação da empresa no longo prazo, caso não possa ser estável juridicamente o ambiente de negócios que, antes, a viabilizava na estratégica de *marketing* de causas.

Recomenda-se, então, analisar se os atributos da identidade de uma marca são compatíveis com determinadas bandeiras, sempre lembrando que a coerência deve pautar o equilíbrio entre o discurso e a prática. A coerência é um atributo fundamental para todas as situações na comunicação empresarial: na área de relacionamento com o governo, no diálogo com diferentes públicos, nas mensagens institucionais, no *marketing*, nas conversas nas redes sociais, na comunicação com os empregados e demais movimentos que comuniquem. Entre aquilo que se faz e aquilo que se prega como valores organizacionais não pode existir um fosso ou um faz de conta hipócrita.

O Brasil não suporta mais a política feita com narrativas que não sejam casos de estudo por seus bons exemplos, mas, ao contrário, sejam casos de polícia. As empresas e os empresários são fundamentais nessa nova página da história, atuando de forma transparente na defesa legítima de seus interesses e em sintonia com as aspirações da nação, considerando os preceitos da sustentabilidade em respeito e cuidado às gerações atuais e futuras.

6.5 MARCA: MUITO ALÉM DO *MARKETING*

Nas empresas, falar de marca pode parecer um assunto exclusivo dos profissionais da diretoria de *marketing*, responsáveis diretos pela venda de um produto ou um serviço, mas o *branding* tem demandado mais atenção do que nunca, uma vez que seu valor ultrapassa o desenho de um logotipo e atinge toda a cultura organizacional, deixando de ser meramente uma ferramenta comercial para ser um ativo estratégico, patrimônio intangível, garantia de resultado futuro.[13]

As marcas são um capital extra para todos os negócios[14] e sua força ou fraqueza pode significar o sucesso ou a ruína. Segundo o *expert* Marty Neumeir, o valor de uma marca é resultado de uma *performance* diária, de um padrão de comportamento no palco do mercado no qual cada "funcionário da empresa é um ator".[15] Portanto, não importa o tamanho da organização, a pergunta de um milhão de dólares a ser respondida pelos gestores de uma empresa, pública ou privada, grande ou pequena, é: quem é o responsável por construir o valor da minha marca?

6.6 A SUSTENTABILIDADE DO *BRANDING* E O *BRANDING* SUSTENTÁVEL

No meu entender, a sustentabilidade entrou na pauta dos negócios de forma relativamente rápida nos últimos anos, principalmente pela força de uma agenda global capitaneada pela Organização das Nações Unidas (ONU). De forma resumida, ao buscar a redução de impactos ecológicos causados por empresas públicas e privadas em seus processos de produção industrial, ampliar as oportunidades de oportunidades de trabalho e inclusão social para um maior número de pessoas e também garantir resultados econômicos de forma perene, a ONU defende a bandeira de um planeta "melhor". O desafio é global e irreversível.

Contudo, alerta aos empresários: todo novo programa, nova lei e nova regulação ambiental e social relativa ao desenvolvimento sustentável[16] que afetam corporações globais – cujos recursos financeiros são grandiosos –, afetam também os pequenos e médios empreendedores da livre-iniciativa por meio de legislações locais. Salvar o planeta

---

13 O publicitário Ricardo Guimarães, da consultoria Thymus, escreveu mais sobre isso em um capítulo do livro *Gestão integrada dos ativos intangíveis* (Editora Qualitimark), em conjunto com Marco Túlio Zanini.

14 Para obter mais informações sobre a força das marcas, recomendamos o livro de Jean Noel Kapferer. KAPFERER, J. N. *As marcas*: capital da empresa. Criar e desenvolver marcas fortes. Porto Alegre: Bookman, 2004.

15 NEUMEIER, M. *The brand gap*: o abismo da marca. Como construir a ponte entre a estratégia e o design. 2. ed. Porto Alegre: Bookman, 2008. p. 136.

16 Você pode conhecer o histórico da ONU com relação às questões sobre desenvolvimento sustentável em: <https://nacoesunidas.org/acao/meio-ambiente>. Acesso em: 29 jul. 2018.

custa caro e demanda muita burocracia para monitorar as etapas dessa salvação. Quem pagará a conta, em nome do bem, serão os contribuintes. Mas a causa é justa, ou não?

No Brasil, além de já enfrentar uma pesada carga tributária e excessos onerosos da burocracia existente, uma crescente legislação ambiental tornou-se mais uma frente para os empreendedores entenderem e dela se darem conta. Nesse sentido, gestores de negócios e de marcas que almejam uma reputação positiva precisam criar um modelo sustentável como parte integrante da sua estratégia capaz de permear "todos os departamentos e pilares da instituição".[17] A sustentabilidade do *branding* e o *branding* da sustentabilidade[18] são transversais e, a cada nova conquista, o horizonte se afasta, como uma utopia. Babel eternamente em obras.

Qualquer diretor, gerente, empregado ou novo empreendedor será cobrado não só pela entrega de um produto de alta qualidade e de um serviço excelente mas também por seguir os preceitos da sustentabilidade, mesmo que isso represente novos custos fixos para o negócio. Diante dessa lógica, as marcas sustentáveis e de reputação admirável serão aquelas capazes de irradiar prestígio para uma vasta rede de interlocutores, e não apenas para "o consumidor", de forma pontual. Contudo, é muito importante ter nos radares o primeiro passo: a garantia da satisfação dos clientes, cada vez mais exigentes, por meio de um bom atendimento, com simpatia, atenção e dedicação, não só no momento da venda, da entrega do produto ou da prestação do serviço, mas ao longo de toda a experiência de contato com a marca.[19] Experiência esta ampliada pelas redes sociais e seu poder de multiplicação de elogios ou críticas. Como já vimos que a marca simboliza todos os movimentos da empresa e não é apenas um logotipo, podemos considerar que o *branding*, em seu conjunto, deve ser sustentável desde a coerência dos discursos da comunicação e do *marketing* até o alinhamento dos valores declarados pela empresa e os comportamentos praticados nos seus processos de trabalho, produção, negociação, governança e administração. Um grande desafio, pois os seres humanos não costumam ser coerentes, uma vez que buscamos trabalhar de forma racional, mas vivemos imersos em emoções.

---

17 PRADO, E. *Gestão da reputação*: riscos, crise e imagem corporativa. São Paulo: Aberje, 2017. p. 152.

18 O evento global Sustainable Brands acontece desde 2006 e suas edições apresentam casos de empresas e marcas sustentáveis. Veja mais em: <http://www.sustainablebrands.com>. Acesso em: 29 jul. 2018.

19 Escrevi sobre o atendimento de excelência ao cliente num artigo para a *Revista Plurale*, edição de maio-jun. 2017, intitulado: "Cuide dos clientes antes de salvar o panda", a fim de alertar sobre riscos de se defender causas humanitárias e ecológicas e se esquecer do básico de um negócio: ter coerência entre as práticas e os discursos, entre o que se sonha e a realidade diária, que começa com a missão de encantar o cliente, porque tratar mal as pessoas próximas e tentar salvar causas distantes do nosso dia a dia, mesmo que justas, não são atitudes sustentáveis.

Sempre fui um defensor do saber e do querer cuidar como premissa para a tão sonhada sustentabilidade.[20] O "cuidar" como o grande diferencial nos relacionamentos entre as pessoas por trás das marcas. Se uma empresa, representada pela sua marca, é feita de gente, nada mais natural do que perceber esse cuidar como uma espécie de responsabilidade compartilhada por todos, para com todos. O cuidar das relações como o motor da sustentabilidade e da reputação. Podemos culpar as obrigações do trabalho, das contas a pagar, de nossa preocupação em nos manter e culpar o sistema que criou tudo isso. Mas o sistema... somos nós! Nós somos responsáveis pelos nossos atos[21] e pelas nossas escolhas.

Nesse sentido, podemos afirmar que uma marca, ao representar o conjunto de produtos, serviços, comunicações, modelos, práticas, *know-how*, governança e imagem de uma empresa, transmite para o mercado e para a sociedade uma série de atributos. Estes atributos nem sempre são percebidos como positivos. A reputação da empresa, nesse contexto, é reflexo direto dessa percepção geral de valor, simbolizado pelo *branding* que envolve a organização.

A sustentabilidade do negócio no longo prazo depende diretamente dessa percepção e de uma permanente comunicação institucional da empresa com seus diferentes interlocutores (clientes, *prospects*, empregados, fornecedores, parceiros, órgãos reguladores etc.), a fim de estabelecer não somente uma transação comercial mas também um relacionamento capaz de gerar vínculos de admiração.

Ao tratar de temas ambientais, sociais e econômicos diretamente ligados ao segmento de atuação, com a devida atenção e de forma estrategicamente planejada, compreendida por todos os departamentos, a empresa realimenta um ciclo virtuoso que reforça o valor da marca e sua reputação.

---

20 Em meu artigo "Saber e querer cuidar", publicado em 2015, na *Revista Plurale*, eu defendia que: "O cuidar está no mundo dos afetos, que podem ser silenciosos e gentis. O cuidar está inserido numa espiral *multistakeholder*. Repleta de vida e desejo. Um movimento integrante da gigantesca teia de contatos e de convivência a que todos nós estamos necessariamente envolvidos.".

21 Mais sobre o cuidado no artigo "Descuido e descaso. A insustentável incoerência do ser", publicado em 2013 na coletânea Cuidado e Sustentabilidade (Atlas).

CAPÍTULO 7

CONSUMO CONSCIENTE, RESPONSABILIDADE SOCIOAMBIENTAL, ÉTICA, MODA E ECONOMIA CRIATIVA: MUDANÇAS NO CENÁRIO[1]

Lilyan Guimarães Berlim

7.1 APRESENTAÇÃO

Este capítulo aborda as transformações no consumo de moda e, consequentemente, em seu mercado. Mediante as constantes críticas e denúncias de precarização do trabalho e impactos ambientais no setor, compreendemos que as transformações em curso tornam necessária a adequação das empresas às demandas de um novo consumidor, mais consciente e politizado. O consumo de roupa e os mecanismos da indústria da moda, pela proximidade e importância da roupa, configuram um bom exemplo da agência do consumidor e da importância da responsabilidade social corporativa e da ética como respostas a essas demandas. Foram analisadas empresas transnacionais e nacionais em suas posturas de implementação de projetos de sustentabilidade, de ética e de criação de valor, vetores característicos da economia criativa. Os resultados apontam para uma mudança estratégica no mercado e para a politização do consumo como uma das principais chaves explicativas para tais mudanças. Esse cenário é um exemplo importante

---

1 Este capítulo reúne trechos completos da minha tese, orientada pela professora doutora Maria de Fátima Ferreira Portilho e defendida em setembro de 2016, no Programa de Pós-graduação em Ciências Sociais em Desenvolvimento e Agricultura, da Universidade Federal Rural do Rio de Janeiro.

para entender as dimensões atuais do consumo de bens e serviços e, especialmente, como o consumo pode ser um ato cívico, político e transformador.

7.2 A TRANSIÇÃO NO MERCADO DA MODA

Assim como as áreas de alimentação, locomoção urbana, construção civil, energia e outras, a área de moda também vem passando por mudanças e adequações. No cenário contemporâneo, seu mercado, entranhas e mecanismos estratégicos têm sido repensados. Com a urgência da questão ambiental, as constantes críticas sociais à indústria da moda denunciam vários aspectos do setor, mas dão especial ênfase a dois pontos centrais: suas cadeias produtivas, com redutos de trabalho precários, exploração de mão de obra infantil e condições de trabalho análogas à escravidão; e seus impactos ambientais, gerados não apenas pela produção, consumo e descarte de roupas e outros detritos têxteis, mas também pela poluição e degradação de recursos não renováveis e de biodiversidade causada pelo uso de metais pesados encontrados nos tingimentos e processo de estampagem.

Entretanto, a questão ambiental se mostra uma questão social e ética na medida em que o uso de agrotóxicos neuropatogênicos (de alta periculosidade para a saúde mental humana) nas plantações de algodão (fibra natural mais consumida no mundo) vem causando um crescente número de suicídios entre os agricultores que trabalham e vivem nos entornos de cotoniculturas onde o uso desses pesticidas é comum. De acordo com o relatório FashionSustain publicado em 2015 pela organização da sociedade civil Forum for the Future,[2] com sede no Reino Unido, as práticas predatórias da produção do algodão implicam o suicídio de milhares de pessoas ao redor do mundo. As estatísticas do governo indiano relatam mil suicídios mensais entre os trabalhadores rurais envolvidos com o cultivo de algodão;[3] a Organização Mundial da Saúde, por sua vez, afirma que na Índia e na China morrem anualmente 20 mil trabalhadores por intoxicação nas cotoniculturas. Nesse sentido, a questão ambiental se transmuta em social quando somos intoxicados pelo contato com resíduos de agrotóxicos e com químicas provenientes dos processos de estampagem e tingimento, encontrados nas nossas camisetas de malhas, as *t-shirts* do dia a dia, que costumam pesar por volta de 250 g e consomem 160 g de agrotóxico para serem produzidas.[4]

São importantes, também, outras críticas direcionadas às práticas da produção e do mercado e aos aspectos culturais da moda, como o uso de pele e pelos de animais,

---

2 O *website* <http://www.forumforthefuture.org> não exibe atualmente o documento que constava no *link* <http://www.forumforthefuture.org/files/Fashionsustain.pdf>. No entanto, outros estudos na mesma temática estão disponíveis, a exemplo do estudo *Fashion Futures 2025*: global scenarios for a sustainable fashion industry. Disponível em: <https://www.forumforthefuture.org/fashion-futures-2025>. Acesso em: 14 ago. 2018.

3 STYLES, R. *Ecologist guide to fashion*. West Sussex, Inglaterra: Leaping Hare Press, 2014.

4 BERLIM, L. G. *Moda e sustentabilidade*: uma reflexão necessária. São Paulo: Estação das Letras e Cores, 2012.

criados em cativeiros e usados como recursos renováveis não somente pela indústria de alimentos como também na indústria do couro e das peles; sua ligação com os transtornos alimentares (bulimia e anorexia) e, também, a exclusão de pessoas com deficiências físicas, idosos e obesos.

Nesse contexto, observamos uma reconfiguração das denúncias ambientais e sociais, em que as questões ambientais parecem se mesclar às sociais. A voz daqueles que exercem a crítica social, em geral pró-responsabilidade e ética, somou-se à de ambientalistas e, posteriormente, embora ainda mantido o formato tradicional de manifestações públicas e boicotes, adotou o *buycott* como forma de protesto. Como Portilho[5] nos esclarece, em seus estudos sobre consumo e cidadania, a distinção entre boicote e *buycott*, o boicote ou boicotagem é o ato de recusar quaisquer relações com um indivíduo ou uma coletividade (grupo de pessoas, empresa, país etc.) como forma de protesto ou coerção a quem se pretenda punir ou constranger a algo, por razões econômicas, políticas, ideológicas e sociais. Enquanto o *buycott* é o contrário e refere-se ao ato de comprar como uma escolha de compra, em uma determinada empresa, loja etc., movida por valores e ideologias.

Como boicote e *buycott* são ações que envolvem diretamente a compra ou a não compra, as relações das manifestações da crítica social com o consumo, neste caso, são explícitas. Assim, o termo "consumo consciente" ou, em uma visão mais ampla, a "politização do consumo" vem ocupando um lugar de destaque entre as forças da agenda social contemporânea.

Uma vez reconfiguradas sob a luz do conceito das questões socioambientais, essas denúncias e críticas vêm trazendo à tona uma miríade de informações que se mostram necessárias ao entendimento do cenário atual do consumo e do mercado de moda. Simultaneamente, essas reconfigurações adequaram-se ao formato conexionista do mundo: integração em rede, informação gerenciada em mídias sociais digitais em que são compartilhados e/ou difundidos documentários, publicações, artigos e matérias de cunho crítico e delatórios[6, 7, 8] Assim, assustadas com todo um manancial de denúncias, várias empresas de moda, movidas pela necessidade de se adequar a um novo consumidor, empoderado pelas práticas de boicote ou *buycott*, buscam as adequações e as transformações para sua manutenção em um mercado considerado uma das potências da economia global. O consumidor, dentro desse jogo, ganha um peso diferenciado e passa a não ser mais visto apenas como uma estatística numérica, demográfica e

5 PORTILHO, F. *Sustentabilidade ambiental, consumo e cidadania*. São Paulo: Cortez, 2009.

6 CASTELLS, M. *A sociedade em rede*: a era da informação: economia, sociedade e cultura. São Paulo: Paz e Terra, 1999. v. I.

7 BOLTANSKI, L.; CHIAPELLO, È. *O novo espírito do capitalismo*. São Paulo: Martins Fontes, 2009.

8 BERLIM, L. *Transformações no campo da moda*: críticas éticas e estéticas. Rio de Janeiro, 2016. Tese (Doutorado em Ciências Sociais em Desenvolvimento e Agricultura) - UFRRJ, 2016.

geracional. Estilos de vida e perfis estéticos e éticos entram em jogo para entender a nova geração de consumidores.

Mesmo considerando que tratamos aqui de um consumidor informado e com posicionamento político e cívico, não desprezamos o fato de que, na moda, a legião de pessoas a serem vestidas é maior do que o contingente de consumidores conscientes que vem se formando na área. Assim, consideramos que, apesar da existência de uma questão de classe e de diferenciação entre o consumo de massa e de nicho, não podemos negar que o consumo é um tema central na sociedade contemporânea e, mesmo que apresente aspectos diferentes do consumo de massa ou do hiperconsumo, é o principal vetor de transformação dos mercados.

A aparência do indivíduo, em tempos de integração em rede e de hiperconsumo, ganhou uma centralidade até então não percebida. Nesse sentido, a ideia de moda continuou sendo atrelada mais à aparência do que a qualquer outro atributo humano ou área específica, e a ideia do consumo, embora mais ampla, passou a acompanhar as aparências e a moda com uma proximidade tal que moda e consumo chegam a ser confundidos. Ainda, como desde os primórdios do vestuário, ambos gozem da mesma função de sinalizadores de classe social e funcionem como símbolos de distinção, como bem enfatiza Bourdieu.[9] Portanto, apesar de serem fenômenos diferentes, moda e consumo têm atributos similares e, algumas vezes, entrelaçados. Ambos passaram a ser confundidos, relacionados, subestimados ou hiperestimados e, em tempos de urgências ambientais, delatados como vilões de impactos socioambientais sem precedentes. A junção consumo/moda tornou-se responsável pelas milhares de toneladas anuais de roupas (entre outros detritos têxteis industriais, como retalhos, estopas, têxteis do segmento de cama, mesa e banho etc.) jogadas nos lixões, pela poluição de recursos hídricos fundamentais à sobrevivência humana e, especialmente, pela manutenção da precarização do trabalho nas produções de roupas por meio da exploração de mão de obra infantil e execução de práticas trabalhistas análogas à escravidão, sobre as quais falaremos adiante.

Entretanto, por ser a "moda" um fenômeno também ligado às identidades, às inovações, ao novo, ao moderno e ao futuro, assistimos à emergência de novas formas de consumo, o que gerou a demanda por novas formas de criar, produzir e comercializar moda. Novos modelos de negócios bem como novas estratégias competitivas surgiram no início do século XXI, período também chamado por alguns atores do campo de "nova era". Essas formas implicam o entendimento do consumo também como uso, no sentido de fruição e fim em si mesmo, e se estendem às ideologias anticapitalistas, às atividades de caráter cívico, ético e, finalmente, político.

---

9 BORDIEU, P. *A distinção*: crítica social do julgamento. Porto Alegre: Zouk, 2008.

Entretanto, o fenômeno do consumo é reduzido – de forma geral e, em especial, nas análises de *marketing* – a um processo individual, quantificável e de satisfação de necessidades.[10] O reducionismo da complexidade de um fenômeno como o consumo extrapola as áreas de *marketing* e migra para a área da economia, em que, na maioria das vezes, ele é entendido e analisado sob uma visão utilitarista, que também o reduz a um fenômeno derivado da produção, cujo determinismo econômico passa por cima dos fatores sociais, culturais e simbólicos.

Neste capítulo, os aspectos relacionais e mediadores das roupas, em seu consumo e práticas de uso, assim como o consumo consciente de moda, servem de base para refletir sobre as transformações no consumo e no mercado de moda em geral. Nosso objetivo é tentar chegar próximo à chave explicativa do consumo consciente na área de moda, seus desdobramentos tanto em termos de negócios quanto em termos de produtos. Analisamos, assim, a importância do mercado enquanto inserido no âmbito da economia criativa, alterando-se em função dessa nova percepção; a adesão das empresas a projetos de responsabilidade socioambientais e a investimentos em sustentabilidade; e o surgimento de empresas que trazem, em sua essência, os valores da ética e da sustentabilidade.

7.3 MODA E CONSUMO

Sim, moda e consumo mantêm laços estreitos. Lipovetsky,[11] que levou a moda à análise filosófica contemporânea, relaciona o sistema de moda à dinâmica temporal da modernidade e, em especial, aos seus sentidos de efemeridade e obsolescência, termos frequentemente associados às práticas de consumo de moda. Apesar da estreita proximidade, constituem-se de aspectos socioculturais que se distinguem conforme o momento em que são analisados, ou seja, a cada época, moda e consumo estabelecem novas e distintas relações, que nos apontam como esses fenômenos não são dissociados.

Polêmico, instigante e revestido de moralidades, o consumo de moda parece, acima de tudo, misterioso. Embora seja um fenômeno social universal e exista desde o início do Renascimento, a moda que conhecemos hoje, chamada por Campbell[12] de moderna, surgiu na metade do século XVII, período a partir do qual a moda passou a apresentar uma dinâmica de tempo acelerado, ou seja, rapidez nas mudanças da forma, do material e do estilo.

---

10 BARBOSA, L.; CAMPBELL, C. O estudo do consumo nas ciências sociais contemporâneas. In: BARBOSA, L.; CAMPBELL, C. (Org.). *Cultura, consumo e identidade*. Rio de Janeiro: FGV, 2006.

11 LIPOVETSKY, G. *O império do efêmero*: a moda e seu destino nas sociedades modernas. São Paulo: Companhia das Letras, 1989.

12 CAMPBELL, C. *A ética romântica e o espírito do consumismo moderno*. Rio de Janeiro: Rocco, 2001.

Vamos mostrar aqui, para não desviar de nosso foco, duas abordagens importantes no entendimento da moda: a abordagem sociológica e a antropológica, além de uma abordagem que vem da filosofia, mas que se refere apenas à moda. A sociologia iniciou seu papel na investigação da moda com George Simmel,[13] que, ainda em 1904, elaborou uma teoria que explicaria então a moda e sua difusão, o *trickle down*. Construída sob o véu da estratificação social, concentrando-se na emulação social e edificando a teoria da verticalização dos gostos, a teoria de Simmel complementa e corrobora a de Veblen,[14] que percebe no gosto das classes abastadas uma espécie de regra normativa a ser seguida pelo resto da sociedade. Essa teoria se alinha às percepções de Bourdieu[15] quanto à noção da moda como um campo de lutas de classe e de distinção social. A ostentação do *status* das classes ociosas e o consumo conspícuo destas gerou a percepção, na sociologia e posteriormente nos historiadores, de que o surgimento da moda estaria definitivamente ligado à disputa por capitais simbólicos e à difusão vertical dos gostos, uma teoria que foi explicitamente defendida por Bourdieu, mas que não explica o surgimento da moda, ainda no século XIV.

O contraponto das teorias sociológicas vem com a abordagem filosófica de Lipovetsky,[16] que afirma que o que deu origem à moda foi a soma de vetores culturais característicos do Renascimento e ligados ao despontar de uma subjetividade antropocêntrica, que eclipsou a subjetividade teocêntrica, característica da Idade Média.[17]

A antropologia, por meio dos estudos de Collin Campbell[18] e Grant McCracken,[19] dissocia o surgimento da moda dos modelos de emulação e estratificação associando-o à cultura, como o fez Lipovetsky.[20] Entretanto, ambos fazem suas considerações com base no fenômeno de crescimento do consumo no século XVII, período em que a forma de consumo de moda assume um diferencial significativo. De acordo com McCracken, essa nova forma de consumo, chamada moda, seria o substituto moderno da pátina: um padrão estético permeado de valores de tempo, coberto por camadas de anos, usado pelas classes dominantes para mostrar seu "valor distintivo". A pátina constituiu um sistema de consumo que garantia a manutenção das distinções sociais, mas que se verá eclipsado pelo valor da novidade, que fez da moda um novo sistema de consumo. McCracken considera, sobretudo, a cultura como a grande diretriz moduladora do

---

13 SIMMEL, G. *Filosofia da moda e outros escritos*. Lisboa: Texto e Grafia, 2008.

14 VEBLEN, T. *A teoria da classe ociosa*. São Paulo: Abri Cultural, 1980.

15 BORDIEU, 2008.

16 LIPOVETSKY, 1989.

17 BERLIM, 2016.

18 CAMPBELL, 2001.

19 MCCRACKEN, G. *Cultura & consumo*: novas abordagens ao caráter simbólico dos bens e atividades de consumo. Rio de Janeiro: Mauad, 2003.

20 LIPOVETSKY, 1989.

consumo; assim, ele revisa a teoria de Simmel, mostrando que o movimento de cascata também poderia ser ascendente, num movimento que o *marketing* contemporâneo chama de *bubble up*, ou seja, os mais pobres também são copiados pelos mais ricos e vice-versa, num movimento contínuo de ascendência e descendência das cópias e imitações.

Campbell,[21] também baseado nos padrões culturais, postula que a explicação para o surgimento da moda moderna estaria nas transformações culturais dos valores e moralidades relacionados ao consumo, subtraindo, assim como McCracken,[22] o debate da visão econômica utilitarista tradicional e reposicionando-o numa esfera mais ampla. Nesse contexto, o início da aceleração do consumo estaria vinculado a uma série de transformações nos valores morais e éticos que teriam propiciado a substituição do ascetismo, característico de períodos anteriores, pelo hedonismo, atrelado à ambição material e ao sonho de opulência e sofisticação.[23] O ascetismo que caracterizou esse período específico, tido como tradicional por Campbell,[24] deu lugar ao poder da imaginação e do devaneio, sua ligação com as emoções, sonhos e fantasias. Assim, o consumo de moda, para o autor, vale-se do hedonismo imaginativo contemporâneo.

Também no escopo da antropologia, nas pesquisas de Douglas e Isherwood,[25] compreendemos que as "coisas", ou mercadorias, no caso roupas e objetos da moda, são neutras. As relações que essas coisas medeiam é que importam, pois, ao serem usadas, podem significar, ou funcionar, como *barreiras* ou *pontes* entre pessoas e/ou grupos. Nesse sentido, o filósofo Svendsen[26] também confere ao uso o papel de principal agente relacional das roupas e argumenta que, em seus significados durante o uso, elas apresentam tanto as barreiras que afastam quanto as pontes que aproximam, concomitantemente.

Dentre as várias subáreas dos estudos da cultura material, os estudos do consumo e uso de roupas e de moda relacionam objetos a pessoas por meio do uso de uma linguagem simbólica e como forma de comunicação e interação social. Consideramos o consumo de moda como um dos principais aspectos da construção de identidades, em que roupas e acessórios também são manipulados no sentido de estabelecer fronteiras, distinções e identidades.[27] Dessa maneira, a análise do consumo de moda tem um papel fundamental na análise da reprodução social, da construção das identidades e das formas de comunicação das hierarquias sociais.

---

21 CAMPBELL, 2001.

22 MCCRACKEN, 2003.

23 BERLIM, 2016.

24 CAMPBELL, 2001.

25 DOUGLAS, M.; ISHERWOOD, B. *O mundo dos bens*: para uma antropologia do consumo. Rio de Janeiro: UFRJ, 2006.

26 SVENDSEN, L. *Moda*: uma filosofia. Trad. Maria Luiza X. de A. Borges. Rio de Janeiro: Zahar, 2010.

27 BARBOSA; CAMPBELL, 2006.

As interfaces sociais e antropológicas entre consumo e moda possibilitam-nos perceber dimensões tanto do sentido moralmente negativo atribuído ao consumo e, em geral, à moda, quanto do prazer, atribuído ao consumo contemporâneo, ao *glamour* da moda e a seu lado "sonho". Tais interfaces indicam que a moralidade do consumo de moda depende, sobretudo, das representações dela na vida social.[28]

Sendo assim, para discutir consumo de moda e adentrar suas alterações e desdobramentos, como o consumo consciente, é necessário, antes, entender que a relação entre moda e consumo se deu por inúmeros fatores. Entretanto, reconhecemos que aqueles relacionados à genética da própria moda foram os mais importantes. A lógica efêmera da moda, seu caráter relacional e distintivo, e sua estreita ligação com a identidade são aspectos que se construíram e fortaleceram juntamente com os valores da modernidade. Contruibui para esse amálgama o aumento do consumo e, consequentemente, da atividade de "compras", a partir do século XVII, período determinado por Campbell[29] como aquele da moda moderna.

Entretanto, foi apenas no século XX, com o surgimento do negócio da moda, especificicamente por meio da criação, regulamentação e legitimação da alta-costura[30] na França, que moda e consumo se amalgamaram, abrindo áreas de intervenção na sociedade. Essas intervenções nos propiciaram a possibilidade de globalização dos jeitos de vestir e, posteriormente, a possibilidade do estilo próprio, com a chegada do movimento do *prêt-à-porter*, de seus negócios e da produção em escala de roupas em tamanhos e, especialmente, estilos diversos.

Essas áreas iluminadas da moda manifestaram a voz da juventude dos anos 1960, a subversão *punk* dos anos 1970, a explosão das marcas e do consumo nos anos 1980, a angústia gótica dos 1990 e a democratização, inquestionável, do *fast fashion* nos anos 2000.[31] Entretanto, a moda não é só luz, também tem outro lado, áreas sombrias que mostram impactos ambientais e sociais de vastas consequências; áreas férteis para a disseminação da miséria em toda a sua amplitude – da questionada "falta" de valores das classes dominantes globais e locais à miséria material de povos considerados pobres.

7.4 A MODA E A SOMBRA

Para pensar o fenômeno da moda e do consumo de roupas de forma mais abrangente, é interessante entender que, atualmente, a grande contradição no campo da moda é que

---

28 BERLIM, 2016.

29 CAMPBELL, 2001.

30 A alta-costura foi o movimento na moda que transformou a prestação de serviços de costura, que caracterizava os negócios que envolviam roupas, em um negócio de vendas e consumo de bens; tal negócio caracteriza a fase fundadora da moda como a conhecemos hoje.

31 Moda rápida.

ele, bem como as empresas nele inseridas, apresentam facetas distintas, muitas vezes dicotômicas. Se, por um lado, luz, *glamour*, modernidade e sonho; por outro, sombra, escravidão, exploração, poluição e miséria, como veremos.

O mercado de moda, que fez o termo "indústria da moda" ser usado como substituto do termo "indústria têxtil", apresenta a contemporaneidade da flexibilização, ou seja, empresas que trabalham dentro do conceito de economia flexível, com fábricas espalhadas pelo globo, matrizes e filiais em pontos estratégicos e um sistema de gestão totalmente baseado em redes de tecnologia da informação que gerenciam estoques, produção e lançamentos de roupas e acessórios desde a década de 1980, o que possibilitou o agigantamento dos grandes varejistas globais.[32] Nesse mesmo contexto, temos avanços em termos de inovações, como impressoras 3-D têxteis e tecidos tecnológicos, que beneficiam tanto a área esportiva[33] como a área da estética e da medicina;[34] ainda existe a liberdade criativa, o *glamour* dos desfiles, a idolatria a seus ícones *fashionistas*, como *top models* e diretores artísticos (como são chamados hoje os estilistas), e a incondicional possibilidade de representações livres e de comunicação que a roupa, inserida no contexto da moda, torna possível.

No entanto, esse campo apresenta um dos maiores flagelos das sociedades contemporâneas: condições de trabalho questionáveis e obscuras que remontam à Revolução Industrial e às tecelagens inglesas, as quais, já no século XIX, usavam mão de obra infantil e exploravam ao máximo seus trabalhadores, a maioria mulheres jovens. Tais fatos continuam ocorrendo, entretanto, não mais em território britânico ou em territórios europeus ou norte-americanos, principais redutos das marcas de moda. Há aproximadamente três décadas, tais práticas migraram para o sul, para o cerne de países em desenvolvimento ou, para ser mais clara, para países pobres.

Isso aconteceu da seguinte forma: desde o final dos anos 1980 e começo dos anos 1990, assistimos a grandes mudanças na gestão empresarial das empresas de moda, que se tornam flexíveis, móveis e terceirizam suas produções, transferindo custos e responsabilidades. Tais transformações foram consequências naturais do sistema capitalista global, em busca de maior lucro em um menor espaço de tempo e, também, de não arcar com os custos que a implantação de novas legislações trabalhistas e ambientais europeias acrescentaram a partir dos anos 1990. Tais mudanças alteraram todo o mercado da moda barateando bens de vestuário e acessórios, ampliando a difusão de estilos e elevando em muito o consumo de roupas.

---

32 Tais como Zara, C&A, H&M, Gap, Primark, entre outros.

33 Como tecidos desenvolvidos para a produção de vestuário que atendam atletas de alta performance na natação, no futebol etc.

34 Como tecidos que possuem micropartículas de hidratante ou material bactericida em sua composição, ou que informem a temperatura do corpo.

No período entre 1980 e 2016, instauraram-se no mercado mecanismos para baratear os produtos de moda que constituem o chamado sistema *fast fashion*, ou moda rápida, um sistema baseado na cópia, na produção e no consumo acelerado de roupas baratas e descartáveis. Esse sistema busca o menor custo, em um menor espaço de tempo de fabricação, distribuição e venda, baseando-se em trabalho precário (muitas vezes, em condições análogas à escravidão); na promoção do hiperconsumo e do descarte rápido de roupas e, consequentemente, no consumo de recursos naturais em escala vertiginosa, com impactos ambientais de grande extensão; e, ainda, na padronização do corpo e na difusão de uma sutil homogeneização do parecer promovida pelas mídias de moda. Baseado na cópia, produção, lançamento, comercialização e consumo acelerado de roupas barateadas e, frequentemente, descartáveis, presentes na maior parte dos varejistas globais de moda, esse sistema caracteriza-se pelos deslocamentos produtivos para onde se produz mais roupas (e outros) por um preço menor. Seu modelo de negócio trouxe uma nova realidade: a tônica das tecnologias da informação, os intercâmbios econômicos e sociais e a flexibilização do trabalho. Tais dispositivos encurtaram as distâncias entre as produções e reorganizaram a lógica competitiva dos negócios.

Hoje, esse sistema vem passando por severas críticas baseadas, especialmente, em dois pontos: uma economia flexível do século XXI e uma produção fordista, nos modelos do século XIX, obscurecida pela luminosidade do *branding* das empresas de moda, das *digital influencers* da moda (ou blogueiras) e de toda a mídia que essa indústria gera diariamente. Ou seja, os princípios organizacionais, como o sistema *just in time*,[35] diminuíram cada vez mais o tempo que engloba a cópia dos lançamentos das marcas europeias, a produção externa, a distribuição, o lançamento, o consumo e o descarte de produtos de moda. Entretanto, os mecanismos e a prática da produção locada no Oriente e nos países pobres em geral apresentaram-se muito distanciados do conceito de flexibilização pregado, adotado e difundido pelas empresas por meio da construção da imagem de suas marcas. Condições de trabalho análogas à escravidão, uso de mão de obra infantil e uma poluição ambiental que só não é maior do que a do setor de petróleo e gás mostraram-se como o outro extremo da modernização estrutural dessas empresas e geraram novas críticas sociais, que se concretizariam a partir da década de 1990.

Nos últimos 20 anos, os negócios da moda reconfiguraram-se em conglomerados empresariais, ou seja, grupos econômicos detentores de um portfólio de marcas de

---

35 O termo *just in time* significa "hora certa". Usado por autores como Boltanski e Chiapello (2009), refere-se a um sistema de gestão da produção que determina que nada deve ser produzido, transportado ou comprado antes da hora certa. Podendo ser aplicado a qualquer sistema de produção ou organização, é importante na redução dos estoques e dos custos decorrentes deste.

moda,[36] e viram o agigantamento dos varejistas globais.[37] O agigantamento dessas empresas e grupos, em parte, caracterizou-se pela grande integração das tecnologias da informação em seus processos tanto produtivos como gerenciais, tanto midiáticos como de interação com o cosumidor. Para anunciar e divulgar semanalmente novos produtos e incentivar seu consumo, campanhas são feitas em redes sociais; desfiles são transmitidos ao vivo; ações de *marketing*, como patrocínios e/ou parcerias, são realizadas com marcas internacionais, atletas e equipes esportivas em geral e grupos de subculturas urbanas; seminários empresariais, financiados pelas próprias marcam para discussão de seus *cases*, são montados etc.; revistas, jornalistas, catálogos, *glamour*, festas, *top models*, fotógrafos famosos, atrizes, atores e demais celebridades integram o *casting* – o mundo *fashion* é visível e conectado.

Entretanto, essas empresas não apresentam em suas cadeias produtivas a mesma visibilidade fundamentada e conectada que mantêm em seus modelos de negócio e em suas ações de *branding* e *marketing*. Logo, o que os mais importantes e volumosos negócios da moda nos mostram como parte de suas modernizações mantém-se, por outro lado, atrelado à estrutura fordista de produção, mesmo que inserido no modelo keynesiano de gerenciamento. Essa estrutura é invisivel, desterritorializada, longuínqua. São milhares de cadeias têxteis de confecção de roupas, tecidos, tingimento, estamparia e bordados, em que a mão de obra é análoga à escravidão.

Além disso, a atuação midiática dessas empresas parece impactar culturalmente a sociedade, em especial as adolescentes, institucionalizando o culto à magreza mórbida e fomentando transtornos alimentares como anorexia e bulimia. Ainda, a maioria dessas empresas parece compreender a questão ambienal e o impacto de suas produções como externalidades.

Se pararmos para olhar as etiquetas de nossas roupas, constataremos que, provavelmente, uma parte de nossa vestimenta foi fabricada em algum país do Oriente; que o tecido, embora não esteja escrito na etiqueta, pode ser oriundo do Paquistão; o metal do fecho vem do Chile; o *design*, por sua vez, pode ter sido criado na Itália, e assim por diante, o que caracteriza bem o deslocamento produtivo, não apenas direto, relacionado à produção das peças, mas também indireto, considerando-se a origem das matérias-primas. Esse conjunto de deslocamentos produtivos, ou seja, a constatação de que um único produto pode conter elementos oriundos de vários países, é uma das características do sistema de produção pós-fordista. Entretanto, a

---

36 Como o grupo espanhol de empresas têxteis Inditex, que tem em seu portfólio a marca Zara. Os conglomerados do luxo, como o grupo LVMH (Louis Vuitton Moët Hennessy), que detém marcas como Louis Vuitton, Kenzo, Marc Jacobs entre outras; e o grupo Kering, que detém, entre as principais marcas, Gucci, Sergio Rossi, Alexander McQueen e Stella McCartney. No Brasil, temos os grupos Restoque, In-Brands, Morena Chá, Alpargatas, entre outros, todos obedecendo à mesma lógica configurativa dos europeus.

37 Como C&A, H&M, Primark, Zara etc., cujos similares nacionais são Renner, Leader, Lojas Marisa etc.

maioria de nossas roupas é produzida em série, obedecendo a uma combinação das lógicas "fordista e pós-fordista" de produção. Para melhor explicar como esse sistema funciona na fabricação de uma roupa, é importante entender que a roupa que compramos em varejistas globais é, em geral, confeccionada por fábricas terceirizadas e quarteirizadas, nem sempre legais, nem sempre visíveis, pois não se sabe onde se localizam exatamente; por adultos e crianças sentados em máquinas de costura, executando funções rotinizadas, dentro de linhas de produção rígidas, com uma quantidade excessiva de horas de trabalho e, geralmente, em ambientes insalubres e desprovidos de qualquer tipo de segurança contra incêndios, desabamentos e alagamentos, entre outros. Esse tipo de produção em série e rotinizado é análogo ao regime fordista, enquanto o deslocamento produtivo e a superaceleração da produção são característicos do pós-fordismo e da flexibilização da produção.

O uso de mão de obra em subcondições, especialmente a feminina, assim como mão de obra infantil, não é exclusividade das cadeias têxteis, mas um problema recorrente em países pobres, em especial nos setores de agricultura e mineração. No caso das cadeias têxteis, o uso de mão de obra infantil e em subcondições é encontrado tanto na agricultura, diretamente ligada à moda por conta do cultivo das fibras naturais, como o algodão, a lã e a seda, quanto na área da fabricação de roupas.

De acordo com a Organização Internacional do Trabalho (International Labour Organisation), a eliminação do uso de mão de obra infantil na indústria têxtil ainda é um dos maiores desafios mundiais. Devido à dificuldade de monitorar subcontratações, trabalhadores indiretos e trabalhadores externos (aqueles que trabalham em suas próprias residências), mesmo a mais bem-intencionada das marcas, se não dispuser de profissionais que façam o rastreio e a supervisão de todas as atividades da cadeia, pode estimular esse flagelo. A mão de obra feminina, por não ter nenhuma ou quase nenhuma qualificação, é bastante vulnerável a várias formas de abusos. Essas mulheres, frequentemente, não sabem ou não são capazes de requerer seus direitos como trabalhadoras.

De acordo com o Departamento Americano de Trabalho,[38] os países considerados "em desenvolvimento" são responsáveis por aproximadamente 75% das roupas produzidas no mundo. Em países como China, Índia, Nepal, Tailândia, Malásia, Jordânia e Argentina, encontram-se mão de obra infantil e trabalho forçado na confecção de roupas, sapatos, artigos de couro e bordados.[39] A Organização Internacional do Trabalho considera que a área têxtil é a que apresenta a maior concentração de trabalho em subcondições. Esse tipo de trabalho tem sido caracterizado por vários organismos

38 UNITED STATES DEPARTMENT OF LABOUR. Disponível em: <http://www.dol.gov/ilab/programs/ocft/PDF/2009TVPRA.pdf>. Acesso em: 29 jul. 2018.

39 BERLIM, 2012.

internacionais como análogo à escravidão, sendo hoje considerado como a forma moderna de escravidão.

O consumo, por sua vez, flexibilizou-se tanto nas práticas de compra (podemos escolher produtos altamente diferenciados de várias marcas, cores, tamanhos e estilos e comprá-los e pagá-los usando diferentes tecnologias, como as de *e-commerce*) quanto nas práticas de uso (podemos fazer inúmeras combinações daquilo que usamos), no desejo que inspira o consumo (sonhamos, imaginamos e associamos experiências imaginárias com o desejo), resultante, sobretudo, do hedonismo imaginativo postulado por Campbell.[40]

Nos últimos 40 anos, as denúncias à moda vêm se transformando em função da reformulação do contexto ambiental e das lutas sociais. Atualmente, tanto os impactos ambientais, o consumo de recursos naturais e o descarte de produtos quanto os aspectos sociais das cadeias têxteis globais endossam e justificam uma severa crítica social à moda: seres humanos explorados nos países em desenvolvimento, excluídos da legitimação dos direitos trabalhistas e sindicais; suicídio de agricultores contaminados pelos agrotóxicos usados nas cotoniculturas e um cenário de degradação ambiental contundente, que se estende da agricultura ao volume de roupas descartadas anualmente. Com esse cenário, adentramos o terceiro milênio: miséria, poluição e degradação ambiental e humana constituindo o lado sombrio da iluminada e glamorosa moda.

O fato de existir, simultaneamente, um cenário grave de degradação ambiental e humana (oriundo de um microssistema fordista de produção, que, por sua vez, se encontra dentro de um cosmo maior de produção global flexibilizada), de consumo hedônico e de estruturas empresariais flexíveis, é um dos que melhor nos ajudam a compreender a emergência de novas denúncias e novas críticas sociais ao segmento, o que, em grande parte, explica as mudanças de padrões no consumo de moda.

7.5 O CONSUMO CONSCIENTE NA MODA, A IMPLICAÇÃO FUNDAMENTAL

Em geral, nas lógicas do funcionamento do mercado de moda, o consumidor é visto como um ator econômico específico, baseado em premissas hedonistas (a roupa bonita que dá prazer) e funcionais (a roupa necessária às adequações sociais ou físicas, tais como proteção etc.). Entretanto, o consumo de moda parece não funcionar apenas no mercado, ou seja, apesar de suas lógicas e da forma pela qual o mercado entende o consumo de moda, este parece apresentar características que fogem ao entendimento utilitarista, estatístico e, muitas vezes, engessado do mercado.

---

40 CAMPBELL, 2001.

Para compreender as mudanças no consumo de moda, apoiamo-nos nas reflexões teóricas sobre a ambientalização e politização do consumo recentemente emergidas dos movimentos democráticos de ampliação da cidadania. Segundo Portilho, o conceito de "cidadania e participação política não é apenas ligado à estrutura formal da sociedade, mas também às práticas sociais e culturais que dão sentido de pertencimento e identidade social".[41] Nessas reflexões, as práticas de consumo são compreendidas como formas de materializar valores e preocupações ambientais e sociais, logo, elas nos são preciosas no entendimento das mudanças do consumo. Para entender as mudanças que o mercado vem apresentando, apoiamo-nos no conceito da nova sociologia econômica, que considera que as empresas nascem e se constroem socialmente com base nos contextos culturais, morais e sociais em que emergem.[42]

Na última década, pessoas comuns, não necessariamente ligadas a associações, instituições, ONGs e/ou movimentos sociais, aderiram às ideias e percepções de consumo de movimentos como o *slow fashion*,[43] o *fashion revolution*[44] e outros ligados ao consumo consciente. Enquanto consumidores, passaram a aderir e a criar manifestações e frequentes campanhas de boicote às marcas de moda que tenham produção baseada na precarização do trabalho, na degradação ambiental e/ou no uso de peles e pelos animais. Essas pessoas vêm apontando a falta de ética da indústria da moda e reformulando, ainda que lentamente, o consumo de roupas.[45]

Ainda sobre esse tema, entendemos que existem tensões entre o que é percebido como uma questão ética e o que é percebido como uma questão estética. Essa tensão vem permeando tanto a produção como o consumo de moda e traz à tona o termo *eticização*. Tal termo foi usado por pela Antropóloga Lívia Barbosa[46] em relação à comida, já estetizada pelos *chefs* e pelas tendências gastronômicas atuais e que, agora, vem

---

[41] PORTILHO, F. *Sustentabilidade ambiental, consumo e cidadania*. São Paulo: Cortez, 2009. p. 199.

[42] GRANOVETTER, M. Ação econômica e estrutura social: o problema da incrustação. In: PEIXOTO, J.; MARQUES, R. *A nova sociologia econômica*. Oieiras: Celta, 2003.

[43] O *slow fashion* surgiu na Inglaterra em 2003, no curso de Design de Moda da Universidade de Londres, na Central Saint Martin. É um movimento que se posiciona antagonicamente às práticas dos negócios globais da indústria têxtil, tais como a migração da produção local para a produção global; o desrespeito aos ecossistemas naturais; a promoção do hiperconsumo e da obsolescência percebida; os padrões culturais difundidos pelo mercado, como a homogeneidade do parecer, os distúrbios alimentares e suas consequências associadas à moda, como bulimia e anorexia; e, finalmente, o uso de peles e pelos animais.

[44] O Fashion Revolution foi fundado como uma ONG pela designer Carry Somers, na cidade de Londres, em 2013, após o desabamento do Rana Plaza, prédio que sediava vários *sweatshops*, em Dhaka, Bangladesh. Concebido em redes sociais, atua por meio delas, instigando consumidores a refletir sobre a origem de suas roupas e a postar fotos de si próprios com uma roupa vestida do avesso, mostrando a etiqueta e perguntando à marca (exposta na etiqueta): Quem fez minha roupa? Com várias páginas em redes sociais, um *site* institucional e equipes trabalhando, especialmente, na divulgação de denúncias de trabalho análogo à escravidão e na promoção do consumo crítico de roupas, a organização incita consumidores a buscar saber *onde* e *por quem* suas roupas são feitas.

[45] BERLIM, L. G.; PORTILHO, F. Transformações no campo da moda: crítica ética e estética. In: VIII Encontro da ANPPAS, 2017, Natal/RN, *Anais* do VIII EnAnppas, 2017.

[46] BARBOSA, L. A ética e a estética na alimentação contemporânea. In: CRUZ, F. T.; MATTE, A.; SCHNEIDER, S. (Orgs.). *Produção, consumo e abastecimento de alimentos*. Porto Alegre: UFRGS, 2016. v. 1, p. 95-123.

ganhando dimensões éticas relacionadas à origem, à saúde, à sustentabilidade e ao bem-estar animal. Poderíamos, então, por analogia, também falar de um processo de eticização no campo da moda. O termo nos ajuda a conceituar o recente movimento que concerne ao "vestir ético", ou seja, aquele que envolve roupas produzidas em cadeias de produção sustentáveis, feitas com materiais orgânicos ou agroecológicos, comercializadas no contexto de movimentos como o *fair trade*, ou dentro dos conceitos de reúso ou *up-cycle*, proposto pelos brechós, entre outros exemplos.

Nesse novo cenário, as críticas dirigidas à moda, à indústria têxtil e ao consumo de moda ampliaram-se e tornaram-se mais robustas com o processo de politização do consumo, fazendo surgir um novo comportamento de consumo de moda que escapa das análises que desconsiderem os movimentos maiores dentro desse contexto, como os movimentos anticonsumo e anticapitalistas.

Para pensar o cenário atual do mercado de moda e da moda não podemos apenas analisar o consumo, temos também de avaliar a produção. Dessa maneira, o caráter ativista do *design*, evidenciado nas posturas do movimento *slow fashion* quando este aborda a interação produção/consumo, precisa ser considerado. A produção global de roupas vem apresentando mudanças no sentido de tornar-se mais responsável, como veremos a seguir; entretanto, o *slow fashion* é o movimento que melhor congrega todas as mudanças propostas de Responsabilidade Socioambiental Corporativa (RSC) e que melhor se vale de toda abordagem ética no setor. Ele não é tão simples quanto parece, nem é apenas o outro lado do *fast fashion*, apesar de ter surgido como uma contratendência ao *fast fashion*, posto que "devagar" (*slow*) é o antônimo de "rápido" (*fast*), logo, a antítese. Portanto, é fundamental que também consideremos o *slow fashion* como um movimento que vai além do antagonismo ao *fast*, mas que funciona como um guarda-chuva ideológico de todos os movimentos que integram ética social e ambiental à moda, como moda sustentável, ecomoda, moda ética etc., e que congrega, também, uma proposta de solução, tanto ideológica quanto prática, para o mercado.[47]

Na tentativa de encontrar uma chave para explicar o surgimento de um movimento de produção e consumo de moda que confronta o *mainstream* e entender as novas formas de consumo de moda, precisamos adentrar os fluxos do mercado de moda. A lógica do mercado dos últimos 20 anos viu-se contestada por um nicho de consumidores que não concordavam com ela e que também se opunham a ser circunscritos à esfera de sua dominação. A partir dos anos 1990, e especialmente da primeira década do século XXI, um movimento crítico formado por consumidores que, sentindo-se

---

47 As premissas do movimento da moda lenta são: práticas limpas na produção das fibras e tecidos; preços justos e novos modelos de negócios; minimização do consumo, presentes no reúso de roupas e no sentido de "qualidade em vez de quantidade"; resgate de técnicas tradicionais artesanais, respeito às culturas locais e às necessidades individuais e coletivas; relações de afeto com as roupas e, finalmente, a ressignificação da moda dentro da cultura (BERLIM, 2016).

presos numa estética singular *pluralizada*, dominada por forças econômicas e por diretrizes que normatizam o pluralismo de estilos, tornou-se central na crítica à lógica do supermercado e do *self-service* na moda.

A padronização do estilo próprio fez surgir no campo da moda o mote "tudo sempre novo de novo", ou seja, a padronização da diversificação, que, embora controversa, passou a existir, pois se padronizou em massa o novo: "a moda está na moda", afirmavam as mídias. Na ânsia de se opor ao consumo de diversas mercadorias que, mesmo com o caráter de "diversificação", atingiram a padronização das mercadorias "massificadas", esse consumidor escolheu o que não estava na moda ainda. Ele escolheu fazer um investimento em sua individualidade.[48]

Possivelmente, o que entrou em jogo nesse momento foi uma mudança de paradigma na percepção do consumidor: o desfetichismo do produto, ou seja, o retorno ao produto em si e o retorno ao "eu", não mais aquele *eu* do individualismo, mas o *eu* da individualidade.

Inseridos em um tempo de complexidades, conectividades e globalização, esses consumidores contestaram a invisibilidade da produção e, assim, passaram a escolher produtos que estreitavam as esferas entre o consumo e a produção, ou seja, roupas e acessórios que tivessem, além de atributos estéticos, origens visíveis ou reconhecíveis. Procuraram por produtos que apresentassem, para eles, valores preciosos, como os produtos orgânicos, artesanais, oriundos do *fair trade*, encontrados em brechós, herdados de família ou feitos por eles mesmos, o que Campbell[49] chamou de "consumo artesanal". Talvez possamos afirmar que a percepção deles foi deslocada para outros sentidos e valores dos produtos e, portanto, do consumo de moda.

Para entender as alterações no consumo de moda ligado não apenas à compra de roupas e acessórios mas à aparência do indivíduo contemporâneo, precisamos ir além das abordagens economicistas, baseadas na análise de um indivíduo isolado, racionalizado e independente, e daquelas marxistas e frankfurtianas, que criticam a supremacia do mercado sobre o Estado e a vida pública, destituindo o indivíduo de uma autonomia mais profunda em suas escolhas. Os fenômenos de alteração do consumo de moda estão ligados à reprodução social e à produção da cultura, logo, ressaltam a necessidade de uma análise sociológica e, também, de uma abordagem culturalista.[50]

O surgimento desse consumidor na área de moda confirma a construção de uma nova cultura de consumo, em que o mercado é ressignificado com base em valores e escolhas individuais. Relacionamos essas mudanças com o surgimento de novos

---

48 CAMPBELL, C. O consumidor artesão: cultura, artesania e consumo em uma sociedade pós-moderna. *Antropolítica: Revista Contemporânea de Antropologia e Ciência Política*, n. 1, Niterói: UFF, 1995.

49 CAMPBELL, 1995.

50 Douglas e Isherwood consideram que as atividades de consumo são essenciais à reprodução social e à produção da cultura, logo, fizemos um paralelo entre as ideias dos autores e o consumo de moda.

movimentos sociais e econômicos, como economia solidária, comércio justo, indicação geográfica e *slow food*, os quais, segundo Portilho,[51] são movimentos que constroem uma nova cultura de ação política e visam à reapropriação do mercado com base em valores próprios, tal como o faz o *slow fashion*.[52] Tais movimentos têm sido considerados novos atores estratégicos no mercado[53] e estão presentes também no mercado de moda.

É preciso considerar que, na moda, esse movimento foi construído em um âmbito maior do consumo em geral. Contribuíram para isso os movimentos de consumidores, tais como os movimentos de defesa dos direitos dos consumidores, ou consumerismo; os movimentos anticonsumo, atrelados à crítica à "sociedade de consumo"; os movimentos pró-consumo responsável, que se propõem a construir uma nova cultura de ação política por meio das práticas de consumo.[54] A ambientalização e a politização do consumo, ou seja, a percepção e o uso das práticas de consumo como formas de materializar valores e preocupações ambientais e sociais,[55] também são centrais na compreensão de uma nova cultura de consumo de moda. Entretanto, dentre esses movimentos, destacamos que, possivelmente, foram os de conscientização e ambientalização do consumo, emergidos dos movimentos democráticos de ampliação da cidadania,[56] como já vimos, que contribuíram para o surgimento de um novo consumo de moda.

A transformação da esfera do consumo individual em materialização de valores, virtudes e ética no consumo de moda reconfigura o caráter de individualismo desse tipo de consumo nas últimas décadas do século XX. Parte das esferas do consumo de moda desloca-se da busca por *status*, ou da reprodução das estruturas sociais distintivas, e migra para a esfera de produção individual de significados outros, como ética e virtude, materializadas publicamente na aparência.

Possivelmente, no lugar da exibição pública competitiva de *estilo próprio* e distinção social, o consumo de moda pode, também, ser uma prática individual, que confere visibilidade pública às estruturas de valores como solidariedade, responsabilidade socioambiental e ética. Nesse contexto, a incorporação desses valores nos discursos das aparências e nas práticas de consumo de moda pode ser percebida como uma forma inovadora de ação política e participação na esfera pública. Essa incorporação confere ao *vestir* um novo sentido de consumo: participação política.

---

51 PORTILHO, 2009.

52 Embora não consideremos o *slow fashion* um movimento social, ele se apropria do mercado da mesma maneira como os demais movimentos.

53 PORTILHO, 2009.

54 PORTILHO, 2009.

55 PORTILHO, 2009.

56 Portilho (2009, p. 199) ressalta que o conceito de "cidadania e participação política não é apenas ligado à estrutura formal da sociedade, mas também às práticas sociais e culturais que dão sentido de pertencimento e identidade social".

Segundo Portilho,[57] podemos rastrear algumas características dos consumidores políticos: grande envolvimento em causas e questões socioambientais; apropriam-se de responsabilidades e obrigações em relação à melhoria do meio ambiente e da qualidade de vida; não se apresentam, necessariamente, engajados em causas ou movimentos sociais institucionalizados; escolhem agir na esfera do consumo em vez de agir por meio de ações políticas convencionais; identificam-se como atores sociais e, finalmente, acreditam no *valor* e na *eficácia* de suas ações.

Embora não exista uma concordância geral entre os autores desse campo, a politização do consumo pode representar novas formas de participação política, equivalentes ao voto, aos protestos de rua ou a campanhas para algum candidato.[58] Considerando as divergências discursivas e conceituais em torno da conscientização e politização do consumo, acreditamos que a ressignificação do produto e das práticas de consumo de moda com base em valores éticos se apresenta, hoje, sob várias formas: fala-se em vestir ético, verde, sustentável, crítico, responsável, consciente, político ou cidadão, da mesma maneira que se debatem as várias vertentes discursivas do consumo consciente ou crítico, responsável etc.

As possibilidades de lutas e bandeiras que essas formas de consumo de moda agregam vão desde aquelas do veganismo às de defesa do consumidor, da pegada ecológica e aquecimento global às relações sociais envolvidas na produção. Embora os movimentos na moda que se ocupam desses temas se confrontem discursivamente – tais como aqueles da área dos estudos do consumo –, todas as noções de práticas de consumo de moda que fogem ao *fast fashion* ou não se encontram circunscritas nos ditames do mercado podem estar localizadas sob o guarda-chuva do consumo político,[59] uma nova forma de fazer política por meio das interlocuções, ou negociações, entre as esferas do privado e do público. Essas negociações, presentes nas práticas alternativas de consumo, produção e reprodução de moda, apresentam um grau de autenticidade e de crítica, que se configuram como uma forma de agência social. Nessas novas formas de consumo estão inseridos os boicotes e os *buycotts*. Dessa maneira, as alteridades e alternatividades no consumo de moda representam um deslocamento perceptivo do consumo, da produção e, principalmente, da cidadania. Essa representatividade pode estar construindo um novo consumo na área de moda, pois ele significa a desestabilização das lógicas que permeiam esse mercado específico.

Em muitas formas de consumo alternativo existe, em graus diferentes, tentativas de reestabelecer uma relação direta com a mercadoria. Tais tentativas podem ter como

---

57 PORTILHO, 2009.

58 MICHELETTI, M. *Political virtue and shopping*: individuals, consumerism, and collective action. Nova York: Palgrave, 2003.

59 GOIDANICH, E. M. Os discursos sobre consumo consciente/crítico/político: divergências na academia e na sociedade civil. In: COMUNICON, 2014, São Paulo. *Anais*... São Paulo, 2014.

objetivo aguçar a percepção do "risco" e a percepção de que já não se está controlando o próprio mundo material, mas o todo, o coletivo. A expansão da cultura levou a uma separação entre as esferas de produção e consumo. No entanto, também serviu para sinalizar que as fronteiras simbólicas que têm definido o "consumidor" como uma identidade econômica específica, que vive em um mundo particular, onde a produção foi removida, estão sendo desestabilizadas.[60]

Como afirma Sassatelli,[61] as práticas de consumo, apesar de não ser todas de cunho político, compõem o repertório contemporâneo de participação política. Os discursos construídos pela "crítica social ao consumo", não perdendo de vista as escolhas estéticas, construíram a identidade de um consumidor político, promovendo novos princípios e visões de qualidade e, especialmente, mobilizando consumidores, aproximando-os da natureza e de valores pessoais distintos do mercado, e legitimando-os como atores sociais.

Considerando o consumo político como uma forma de empoderamento, talvez possamos compreender melhor o conceito de consumo autoral,[62] de Morace,[63] e da experiência ativa que este pressupõe. Morace, que dirige uma agência italiana de estudos de consumo e tendências, com grande foco em moda, atribui ao consumidor a dimensão de autor com voz ativa nas suas escolhas e, também, de recusa à opressão de um consumo massificado. Trazendo esse tema para a esfera do consumo de moda, o consumidor teria voz ativa nas suas escolhas e seria um ator importante na recusa à opressão da pressuposta "ditadura" da paradoxal *pluralidade* de estilos, assim como na recusa à inconsciência daquilo que é velado na produção e no consumo *mainstream* em favor de uma experiência particular, autêntica e ativa, que pressupõe as experiências estéticas íntimas e a politização do consumo, postulada por Sassatelli.[64] Ao exercer seu poder de recusa à opressão da massificação do *fast fashion* e de escolha pelos mercados alternativos ou por práticas alternativas ao mercado em geral, esse consumidor não deixa de ser um consumidor de *moda*, pois a moda não está apenas no mercado, mas também na expressão da aparência. Por meio de uma singularização real, ele exerceria a liberdade de escolha e poderia, enfim, exercer livremente sua liberdade estética, fora dos parâmetros do *in* e do *out* da cartilha do mercado de moda.

---

60 BERLIM, 2016.

61 SASSATELLI, R. Virtue, responsibility and consumer choice: framing critical consumerism. In: TRENTMANN, F.; BREWER, J. (Ed.). *Consuming cultures, global perspectives*: historical trajectories, transnational exchanges. Oxford: Berg, 2006. p. 219-250. SIMMEL, G. *Questões fundamentais da sociologia*. Rio de Janeiro: Jorge Zahar, 2006.

62 O termo *consumo autoral* é o título do livro de Francesco Morace (2009), uma das publicações mais usadas pela área acadêmica de *design* de moda. Embora a abordagem do autor seja mercadológica, consideramos reavaliá-la sob a perspectiva da politização do consumo de moda, uma vez que nossa pesquisa se relaciona, também, com o mercado.

63 MORACE, F. *Consumo autoral*: as gerações como empresas criativas. São Paulo: Estação das Letras e Cores, 2009.

64 SASSATELLI, 2006.

Esse empoderamento leva também a outras dimensões: ao escolher conscientemente uma roupa feita pela costureira, ou uma roupa feita com tecido orgânico, ou uma peça de brechó, ou uma roupa herdada, em detrimento da roupa do grande varejista *fast fashion*, ele estaria colaborando para a diminuição dos trabalhos em regime análogos à escravidão, com a conservação do meio ambiente, a melhoria da qualidade de vida do coletivo e do planeta e, até, com a valorização do conceito de moda.

Neste ponto, ao que tudo indica, todos os termos relativos à conscientização do consumo, guardados sob o guarda-chuva conceitual do consumidor político, representam a agenda social contemporânea; logo, é possível que essas novas formas de consumo sejam a chave para uma crescente eticização do mercado. Em um sentido mais amplo, o consumidor político, seja na moda, seja em outras instâncias, parece figurar como um dos principais atores sociais na produção de transformações do mercado, daí ser tão comum o compreendermos, também, como um consumidor "ético".

Talvez por ter como lógica a mudança e o novo, e a exemplo de outros setores, embora em menor grau e com menos frequência, algumas empresas de moda, a partir do início dos anos 2000, reavaliaram e vêm reavaliando sua postura e direcionamento no mercado, adotando posturas de responsabilidade socioambiental, visíveis tanto nas etiquetas de seus produtos quanto nas mídias que os divulgam. Por meio das tecnologias de informação e de integração na comunicação com seus consumidores, às novas estratégias competitivas das empresas de moda cabe assumir a responsabilidade por algumas externalidades, como poluição de efluentes, consumo de água e energia, e, especialmente, a precarização das atividades humanas em todas as cadeias produtivas têxteis, que não são poucas. Segundo Ashley,[65] as empresas que adotam tais posturas visam agir de forma proativa na busca das oportunidades geradas pela maior consciência sobre as questões culturais, ambientais e de gênero, pela antecipação, evitando confrontos com futuras regulações governamentais restritivas à ação empresarial, e pela diferenciação de seus produtos diante de seus competidores menos responsáveis.[66, 67, 68]

Nesse ponto, compreendemos que o consumidor não desempenha apenas o papel circunscrito na compra, antes, ele se posiciona ideologicamente em relação ao mundo e, nesse posicionamento, define o que consome, quando e onde. É nesse contexto, para

---

65 ASHLEY, P. et al. *Ética e responsabilidade social nos negócios*. São Paulo: Saraiva, 2005.

66 A estratégia mercadológica na adoção de medidas que enfatizem a responsabilidade, aferida na fala de Ashley, não pode ser vista fora do escopo das respostas dadas pelo capitalismo às críticas éticas e estéticas. O termo ética permeia toda a obra de Patrícia Ashley, assim como os estudos sobre responsabilidade socioambiental na área do *design*. Assim, considero aqui que a adoção de posturas de responsabilidade social e ambiental, contextualizadas sob o escopo teórico de Boltanski e Chiapello, são respostas às críticas formuladas em 1968.

67 BERLIM, 2011.

68 BERLIM, 2016.

se adequar aos novos consumidores e escapar de toda e qualquer denúncia e crítica, que as empresas vêm começando a compreender a necessidade de alteração em seus processos e de se transformarem.

Tais adequações e transformações, que locam sustentabilidade e ética nos negócios, seriam também respostas às críticas e denúncias, dentro do quadro teórico de Boltanski e Chiapello;[69] a incorporação desses temas pelo mercado, e por todo o campo do *design* de moda, reflete não apenas a incorporação de décadas de crítica e uma resposta a elas mas também uma nova postura em termos de ativismo e consciência coletiva.

Entretanto, o mercado de moda apresenta diversas facetas. O varejo, principal segmento do mercado, mantém seus padrões tradicionais de produção e comercialização em quase todo o segmento. Esses padrões vêm sendo considerados obsoletos pelas instâncias críticas da moda, que apontam soluções para o possível colapso do varejo de moda, segmento que vem passando por mudanças significativas nas últimas décadas. A evolução da tecnologia, a globalização e a saturação de ofertas de acesso instantâneo a milhares de produtos e serviços criaram níveis de expectativas sem precedentes. É nesse cenário que surge o consumidor consciente. As críticas aos impactos ambientais e sociais que o setor vem recebendo se configuram como uma mudança importante na percepção do consumidor e, especialmente, na sua formação.

Segundo Robin Lewis e Michael Dart,[70] o setor passa por uma mudança estrutural e fundamental, e o impacto dela é tão profundo que 50% dos varejistas de bens de consumo não sobreviverão aos próximos anos. Entre as forças por trás dessas mudanças, os autores identificam a necessidade de visibilidade das cadeias produtivas e do valor a elas atribuído, assim como os cuidados com a questão ambiental. Tais ideias e previsões de Lewis e Dart congregam respostas às críticas das últimas décadas e apontam a incorporação de seus temas por meio de novas posturas em relação à sociedade. Na intenção de reverter o quadro recessivo pelo qual os autores[71] acreditam que o varejo das empresas de moda esteja passando, ambos reconhecem a necessidade de adequação a um novo consumidor, para quem a compra passa a ser uma atividade política importante. Os autores, assim como outros pesquisadores, compreendem que a representatividade política do consumidor escapa às análises tradicionais (utilitaristas e economicistas) e se faz presente na regulação das empresas, o que faz com que considerem o poder do consumidor e, ainda, que este poder deriva da conectividade desse ator e de seu acesso à informação.

Com normatizações ambientais insipientes e legislações trabalhistas e ambientais que fogem ao controle do Estado, além da ausência de políticas públicas que regulem

---

69 BOLTANSKI, L.; CHIAPELLO, 2009.

70 LEWIS, R.; DART, M. *As novas regras do varejo*. São Paulo: Figurati, 2014.

71 LEWIS; DART, 2014.

o mercado e as atividades fabris e de serviço da moda – como tinturarias, estamparias, confecções e facções, entre outros menos centrais –, o papel da politização do consumo no Brasil e nos demais países em desenvolvimento é essencial. Nesse sentido, os autores entendem que os consumidores que têm suas necessidades básicas atendidas estão procurando algo além de apenas adquirir mais coisas; saciados, estão se preocupando cada vez menos consigo mesmos e cada vez mais com a comunidade e o bem comum.

Reconhecendo as variáveis culturais envolvidas nesse tema, entendemos que, à medida que os varejistas implementam regras desprovidas de atenção às demandas da agenda social, apenas as marcas que carregam significados verdadeiros na percepção dos consumidores sobreviverão. Dentre os valores reais identificados, há ênfase na experiência, na autenticidade (exclusividade e customização), na comunidade, no compartilhamento, no meio ambiente e na ética.[72]

7.6 O MERCADO MOSTRA SUAS TRANSFORMAÇÕES

A moda, muito mais do que imposição de padrões, é um sistema de linguagem, um discurso de ideias transformado em produtos. Assim, ela reflete valores e preocupações socioculturais de uma determinada época.[73] Nos últimos 15 anos, expressando as conjunturas socioculturais, surgiram inúmeras marcas de moda que se configuram dentro do escopo da sustentabilidade e da ética. Segundo Sass Brown,[74] as novas marcas, suas estratégias e modelos de negócios, assim como as iniciativas alternativas, são posicionamentos políticos. Brown acredita que o *design* se manifesta política e socialmente, desde o uso emblemático de jaquetas de couro preto pelos membros do Partido Black Panters,[75] passando pelas roupas criadas por Vivienne Westwood para a banda Sex Pistols, até os movimentos por uma moda sustentável ou ética.

Todas essas manifestações são construções que, interagindo em meio às condições ambientais, políticas, econômicas e sociais, reconstroem o mercado e a percepção dos consumidores. O mote das ideias de Brown é que o que vemos hoje no campo da moda, mesmo que ainda timidamente, encoraja as mudanças na sociedade capitalista e

---

72 LEWIS; DART, 2014.

73 CASTILHO, K.; MARTINS, M. *Discursos da moda*: semiótica, design e corpo. São Paulo: Anhembi Morumbi, 2005.

74 BROWN, S. *Refashioned*: cutting-edge clothing from upcycled materials. Londres: Laurence King Publishing, 2013.

75 O Partido dos Panteras Negras (Black Panthers Party) foi um dos grupos mais radicais na luta contra o preconceito racial nos Estados Unidos durante o século XX. Formado na década de 1960 por Huey Newton e Bobby Seale, na cidade de Oakland, na Califórnia, e denominados, inicialmente, de Partido dos Panteras Negras para a Autodefesa, o grupo passou a adotar o marxismo como orientação política, buscando interligar a perspectiva da luta de classes entre burguesia e trabalhadores, articulada com o contexto da luta racial nos Estados Unidos (HISTÓRIA DO MUNDO. Disponível em: <http://historiadomundo.uol.com.br/idade-contemporanea/os-panteras-negras-e-o-movimento-racial-nos-eua.htm>. Acesso em: 29 jul. 2018).

conforma-se como o *retorno*, ou a resposta, do bom *design* de moda. Assim, consideramos que, além das novas formas de consumo, a área do *design* e seu papel na produção dos produtos também têm uma implicação nas mudanças em curso.

Considerando os aspectos acima, e para chegar aos nossos resultados, fizemos uma análise geral do mercado. Nessa averiguação, percebemos que o conceito de RSC, além de ter se expandido para a área ambiental, apresenta, em vários casos, ações e projetos que se relacionam com termos como *economia criativa*, logo com compartilhamento e, especialmente, criação de valor.

O surgimento de novas marcas (éticas) e as reformulações dos varejistas de moda, em curso, relacionam-se com os conceitos de *design* social, *slow fashion*, *fair trade*, reciclagem, reúso, materiais sustentáveis e/ou biodegradáveis, transparências nas cadeias produtivas, modelos de negócios diferenciados (tanto em termos de gestão quanto em relação à expansão de ofertas aos consumidores idosos, deficientes, transgêneros e pessoas com manequins maiores) e, finalmente, relacionam-se com parcerias com novas empresas (construídas sobre alicerces de cunho ético), centros de pesquisas universitários e ONGs, tanto as de cunho crítico quanto as de cunho educativo.

A discussão relevante sobre as mudanças nas empresas de moda é que, denunciadas em rede sociais pelas instâncias críticas (ONGs, cidadãos comuns, agências de notícias e inúmeros *sites*, *blogs*, grupos em rede e perfis) e atingidas em suas vendas pela agência do consumidor em boicotes, *buycotts* e difusão de informações, várias delas vêm incorporando a sustentabilidade em suas missões e visões e em seus processos. Isso vem acontecendo com o apoio de consultorias sérias, ligadas a instituições de classe,[76] por meio de certificações gerais,[77] parcerias entre si e/ou com as instâncias acadêmicas, como centros de pesquisas, projetos de extensão e pesquisadores em geral, e/ou unindo-se às ONGs de cunho delatório e às instâncias públicas.

Tais empresas elencam consultorias para minimizar ou banir seus impactos ambientais e sociais e os dos produtos por elas vendidos; para se antecipar a toda e qualquer mudança legislativa nesse setor; no caso das empresas brasileiras, para conseguir certificações que abram as portas para feiras internacionais em países onde esses documentos são necessários (tanto para a participação nesses eventos quanto para a importação de roupas); e para se manter atuantes no mercado por um longo prazo. Eventualmente, os gestores procuram parcerias e consultorias no sentido de aplacar um sentimento interno de *desajuste* entre o que consideram uma visão centrada no lucro e a realidade emergencial da qual são conscientes (mudanças climáticas,

---

[76] No Brasil, temos a Associação Brasileira da Indústria Têxtil (Abit) e a Associação Brasileira de Estilistas (Abest), entre outras menos importantes.

[77] Como a certificação de sustentabilidade dada pelo Sistema B e pelos órgãos de classe, entre várias outras nacionais e, em especial e em maior volume, internacionais.

exaustão de recursos, poluição, miséria etc.). Tais parcerias e consultorias funcionam também como um regulador para as empresas, pois trazem à tona em quais segmentos recaem as denúncias e ajudam a identificar quais as implementações necessárias, onde, como e quando fazê-las. Em geral, são esses os pontos-chave: origem das matérias-primas; cadeias produtivas; produtos; logística; pontos de venda; estratégias de venda e *marketing*; comunicação; precificação; formação de pessoas (funcionários e fornecedores diretos e indiretos) e, finalmente, valores e missões. Para entender esses processos de incorporação das posturas de RSC e ética, precisamos, primeiro, entender que empresas de moda apresentam dimensões variadas (de pequenas empresas a conglomerados) e também são muito diferentes – usando uma expressão do mercado – "em seus DNAs".[78]

Existem empresas que, para atingir suas metas de venda e aumentar seus quantitativos financeiros, valem-se das pesquisas de tendências de consumo e comportamento que incorporam dimensões associadas ao consumidor consciente sem, no entanto, terem de fato incorporado em seus valores e na essência da marca, ou em seus DNAs, os valores da RSC e da ética. Essas marcas vêm se transformando aos poucos, ainda com resistência, mas atendendo, de alguma forma, à demanda social. Na incorporação de valores éticos e de premissas da RSC, mesmo que timidamente, acabam promovendo algumas transformações no mercado.

No entanto, existem aquelas que, por serem criadas e gestadas por pessoas ou grupos que compartilham das ideias e das demandas da agenda social, já têm incorporados ou passam a incorporar os valores da RSC, as premissas da sustentabilidade e da ética nos negócios. Elas têm esses valores como genuínos e, assim, constituem-se inseridas, genuinamente, no contexto de moralidades de novos modelos de negócios, dentro de um novo capitalismo, mais responsável.

Entendemos como empresas do primeiro segmento, a maioria dos grandes varejistas globais de moda, como Nike, H&M, C&A, Primark, Zara, Michael Kors, Topshop e as nacionais Renner, Riachuelo, Hering e Malwee, entre outras. Consideramos aqui também grande parte das marcas que pertencem aos conglomerados LVMH,[79] grupo Kering[80] e Richemont,[81] como Dior, Yves Saint Laurent e outras. Consideramos ainda

---

78 O termo *DNA* (que faz alusão ao DNA genético, constituinte dos elementos orgânicos da natureza) é usado, neste caso, para identificar a essência da empresa: o que ela é, sua cultura, seus valores, sua história. A identificação dos atributos e conceitos que caracterizam o DNA de uma marca é usada para a construção de sua missão, visão e valores.

79 LVMH (Louis Vuitton Moët Hennessy) é uma *holding* francesa especializada em artigos de luxo. Foi formada pelas fusões dos grupos Moët et Chandon e Hennessy e, posteriormente, do grupo resultante com a Louis Vuitton. Entre suas atividades, o grupo administra diversas marcas de moda.

80 Kering é uma *holding* francesa especializada em artigos de luxo, originalmente chamada Pinault-Printemps-Redoute, ou PPR. Entre suas atividades, o grupo possui e administra diversas marcas.

81 Compagnie Financière Richemont SA é um conglomerado suíço de artigos de luxo que, entre outras marcas, é proprietário da Lancel Chloé.

grande parte das marcas de luxo que se configuram como grupos, como Chanel, proprietária da Paraffection,[82] Prada e Hermés.

Em nossos resultados, observamos que as marcas acima, consideradas transnacionais, vêm criando e ampliando projetos de sustentabilidade e buscando certificações que envolvem códigos de conduta éticos. Importa a elas o rastreio e a transparência nas cadeias produtivas; matérias-primas e materiais sustentáveis ou menos impactantes que também sejam oriundos de cadeias produtivas éticas; aquisição de produtos considerados ou certificados como *fair trade*; logísticas reversas; pesquisas no desenvolvimento de produtos inovadores e *upcyling*.[83] C&A, H&M, Mark&Spencer e Topshop são marcas que já comercializam "roupas éticas", como a Conscious Collection, da H&M;[84] observamos também roupas com etiquetas que indicam o uso de algodão orgânico, algumas vezes provenientes de projetos da própria empresa, como é o caso da C&A. Nas demais marcas, apenas há indicação de organicidade da matéria-prima, com selos certificativos (Mark&Spencer e H&M); peças com inserção de artesanato ou com certificações de *fair trade* (Mark&Spencer e Topshop). No campo,[85] foi observado o aumento das ofertas de *t-shirts* de algodão orgânico e a diminuição do valor delas entre 2012 e 2018, chegando ao mesmo preço daquelas produzidas com algodão de cultivo convencional.[86] Entretanto, a produção de algodão orgânico ainda é apenas de 1% no âmbito geral da produção global,[87] logo, o desenvolvimento de culturas de algodão orgânico e de bioagricultura mostra-se muito importante no segmento têxtil.

A ONG Textile Echange esforça-se para aumentar o mercado dessa fibra por meio de inciativas e parceiras com a C&A e a H&M (dois gigantes do varejo global). Após mais de uma década de esforços e parcerias, o aumento do valor desse mercado passou de U$ 240 milhões (valor estimado em 2002) para U$ 8,9 bilhões (valor estimado em 2012).[88]

Nessa área específica, em que a fibra algodão, quando cultivada com agrotóxicos, é considerada um dos principais vilões da moda por causa da sua relação com dados sobre suicídios de trabalhadores rurais, surgiram certificações e iniciativas também

---

82 Paraffection é uma subsidiária da Casa Chanel voltada para consolidação e manutenção das técnicas artesanais, características da alta-costura, assim como consolidar os negócios e as artes relacionados a esse segmento.

83 A auditoria desses códigos de conduta é feita por organismos independentes ou iniciativas multilaterais de verificação e certificação social e ambiental. As empresas aderem às iniciativas e é a própria iniciativa multilateral, ou auditores independentes vinculados a ela, que se encarregam de verificar as implantações dos códigos de conduta e seus resultados (SALCEDO, 2014; BERLIM, 2016).

84 A Conscious Collection, da H&M, é um segmento do setor de compras da marca, que, segundo seu *site*, se compromete com a sustentabilidade dos produtos e suas origens.

85 *In loco*, na C&A de Paris.

86 O barateamento se deu devido aos investimentos, ocorridos na primeira década do século XXI, da C&A Europa em projetos de transição das lavouras convencionais de algodão para lavouras orgânicas.

87 TEXTILE EXCHANGE. Disponível em: <http://textileexchange.org>. Acesso em: 29 jul. 2018.

88 Em 2016, a H&M foi líder global em uso de algodão orgânico, e a C&A aparece em segundo lugar. Veja mais em BERLIM; PORTILHO, 2017.

específicas, tais como projetos e parcerias de cooperação mútua, ligados apenas ao algodão. A justificativa dessa especificidade é que o algodão representa, aproximadamente, 90% do total de fibras naturais consumidas mundialmente. A principal classe de agrotóxicos usados nas culturas de algodão convencional é chamada de organofosforados e carbamatos.[89] Tais agrotóxicos causam efeitos neurológicos retardados após a exposição aguda e crônica. A sintomatologia inclui confusão mental, fraqueza muscular e distúrbios neurológicos, como depressão e ansiedade, sendo ainda associados ao aumento do índice de suicídios nas regiões onde são utilizados, como já visto. Assim, é compreensível que surjam iniciativas que se esforçam para mudar esse cenário. As principais são: Fair Trade Certified Cotton (Algodão certificado em comércio justo), Better Cotton Iniciative (Iniciativa por um algodão melhor) e Cotton Made in África (Algodão feito na África), todas com propostas de práticas alternativas à cultura convencional do algodão.

Observamos, também, nas certificações existentes, iniciativas de verificação, normatização e certificação focadas apenas nos aspectos sociais, envolvendo diferentes segmentos de marcas, produtos e têxteis, em geral. Como exemplo, podemos citar aquelas focadas no segmento de comércio como: Fair Label Association (Associação das Marcas Justas), Fair Wear Foundation (Fundação das Marcas Justas), Ethical Trade Iniciative (Iniciativa de Comércio Ético) e SA8000;[90] e outras relacionadas à ecoeficiência dos produtos, tais como BlueDesign, Made in Green e Öko Tex 1000. As principais certificações que surgiram nessa área com o propósito de regular o mercado e oferecer às marcas condições de confiabilidade são a Öko-Tex 100, EU Eco Flower (Flor Verde), OE Organic Exchange (Mudança Orgânica), Global Recycled Standard (Padrão Global de Reciclados) e Global Organic Textile Standart (Padrão Global de Têxteis Orgânicos).

Outro ponto de mudança em curso no consumo de moda e, consequentemente, no mercado, são aspectos ligados aos maus-tratos aos animais, que emergiu ainda com mais força após a crescente *onda* de veganismo que se instaurou no Ocidente. Após anos de denúncias oriundas da Peta, foram as informações contidas em vídeos e veiculadas nas redes sociais que trouxeram a conscientização de maus-tratos aos animais ao consumidor de moda e aos consumidores em geral. Boa parte do alvo das denúncias de maus-tratos animais implicava os fornecedores chineses. Com base nessas denúncias e nas novas demandas de um novo consumidor, vegano, verificamos que a empresa C&A não usa mais pelos de coelhos angorás; que couros animais só são usados quando originários da produção de carne (alegam que seu curtimento é feito sem metais pesados, prática que sempre caracterizou a insustentabilidade ambiental dos curtumes); as penas e plumas,

---

89 PIRES, D. et al. *Design de moda, olhares diversos*. São Paulo: Estação das Letras e Cores, 2008.

90 A SA8000 é uma norma internacional de avaliação da responsabilidade social destinada a empresas fornecedoras e vendedoras, baseada em convenções da Organização Internacional do Trabalho (OIT) e da Organização das Nações Unidas (ONU).

usadas na confecção de tênis e casacos, só são aprovadas para uso quando originárias também da produção de carne; a lã, proveniente de caprinos (especialmente ovelhas e cabras), só é usada quando as práticas dos fornecedores, na tosa dos animais, estão adequadas aos padrões defendidos pela Textile Echange[91] e a empresa não usa mais nenhuma pele animal em seus produtos (salvo couro, aqui não considerado pele com pelos, produto geralmente usado em casacos de pele, chamado de fur), tendo substituído esses produtos por peles sintéticas, em geral poliéster.

Em relação à poluição gerada por químicas, surge o projeto Roadmap,[92] da Fundação ZDHC (Zero Discharge of Hazardous Chemicals – Zero Descarga de Químicos Perigosos), que, nesse projeto, proporciona soluções alternativas para o uso de químicas perigosas na produção de vestuário e acessórios. Integram o Roadmap C&A, Adidas, Gap, H&M, Inditex (Zara), Levis Strauss, Nike e Puma (até o momento). Tais empresas se comprometeram a eliminar de seus processos metais pesados e químicas desfavoráveis à saúde humana até 2020.[93] Surge também a campanha Detox Fashion (Desintoxique a Moda), do Greenpeace Internacional, que congrega um acordo de ajuste de conduta a curto, médio e longo prazo, dependendo dos processos e produtos, com aproximadamente 100 empresas.[94]

Dentro do segundo segmento, encontramos marcas que, ao lado dos grandes varejistas, são percebidas como pequenas, mas apresentam dimensões mais amplas, como Patagonia, People Tree, Noir, Brain Tree, From Somewhere, Stella McCartney, Edun, Vivienne Westwood, Raven & Lily, Alabama Chanin, Goodone, Rapanui, IOU Project, Veja, entre outras. Finalmente, somente com a finalidade de exemplificar, as nacionais Osklen, Doisélles, Tié Moda Sustentável, Será o Benedito, Movin, Flávia Aranha, Comas, Artérias, Grama e Projeto Re-Roupa, entre outras. Essas marcas, nascidas nos últimos 20 anos ou reestruturadas nas últimas décadas (como é o caso da marca Vivienne Westwood, que sempre se posicionou como uma marca crítica), conformam as principais transformações no mercado em termos de incorporação das críticas e da gerência delas na esfera econômica. Também nesse segmento aparecem as empresas de comercialização de roupas usadas, conhecidas como brechós, assim como as de aluguel e reforma de roupas.

Entre os dois segmentos, um ponto em comum se faz presente: ambos apresentam parcerias com associações, cooperativas, universidades e ONGs. Também identificamos que as ações, em ambas as modalidades de empresas, giram em torno da criação de

---

91 Prática chamada de tosa amiga, um processo menos impactantes para os animais.

92 ROADMAP. Disponível em: <http://www.roadmaptozero.com>. Acesso em: 29 jul. 2018.

93 São signatárias do projeto: Adidas, Benetton, Burberry, C&A, Esprit, Gap, G-Star Raw, H&M, Inditex (Zara), Jack Wolfskin, Lbrands, Levi Strauss, Li Ning, M&S, New Balance, NIKE, PUMA and PVH.

94 Entre as quais, Nike, Adidas, Puma, H&M, M&S, C&A, Li-Ning, Zara, Mango, Canepa, Burberry, Esprit, Levi's, Uniqlo, Benetton, Victoria's Secret, Secret, G-Star Raw, Valentino e Primark.

valores: reais ou não reais. Verdadeiro, como a exibição de uma certificação orgânica conferida à fibra de uma camiseta, por exemplo, ou falsa, como etiquetas de *ecofriendly* penduradas em camisetas confeccionadas em cadeias produtivas difusas e não rastreáveis, divulgadas por blogueiras e *digital influencers* que, além de pagas pelas marcas para abordar produtos, em geral nada sabem de sustentabilidade ou questões ambientais e sociais chave da contemporaneidade.

A criação de valor relaciona-se com a economia criativa.[95] A inserção do setor produtivo da moda nesse contexto foi analisada e definida, recentemente, nos documentos do Relatório de Economia Criativa 2010,[96] publicado pela Conferência das Nações Unidas sobre Comércio e Desenvolvimento, no qual são apresentadas as definições de economia e indústria criativa. Nesse relatório[97] está em jogo o capital cultural da manifestação de moda, presente nas criações e nos valores criados em torno da marca, e sua reversão em capital econômico por meio do vestuário.[98] Dessa forma, a economia criativa refere-se também a uma economia de trocas simbólicas,[99] na qual está inserida nossa abordagem. As alterações promovidas pelos movimentos do mercado em suas parcerias com ONGs e com a academia na criação e difusão de novos valores apresentam também essa reversão de capitais simbólicos em capitais econômicos. Observamos que hoje os capitais simbólicos e culturais permeiam o mercado de forma institucionalizada, não apenas em relação à criatividade, à arte e à inovação, mas também em relação à sustentabilidade e à ética.

É com base nas características das trocas simbólicas que emergem outros movimentos responsáveis pelas alterações no mercado. Tais movimentos, em geral provenientes de organizações sem fins lucrativos, começaram a ser institucionalizados no início da década de 2000. Hoje, o número de eventos regulados pela moda sustentável, e suas nomenclaturas correlatas, cresce em todo o mundo por meio de movimentos do mercado na busca de criação e difusão de novos valores atrelados à ética, à responsabilidade e à sustentabilidade.[100] Dentre eles, o que melhor expressa esta interlocução e que teve um papel importante na origem e na difusão da preocupação socioambiental

---

95 Embora seja possível associar o campo da economia criativa ao espaço social da economia na produção do vestuário (BOURDIEU, 1996), essa definição já se coloca como uma questão ao se debater o próprio tema. Assim, ao nos valer dessa noção - economia criativa -, buscamos apresentar os valores que estão em jogo em seu emprego no contexto da relação entre moda e economia criativa.

96 CONFERÊNCIA DAS NAÇÕES UNIDAS SOBRE COMÉRCIO E DESENVOLVIMENTO (UNCTAD). *Relatório de economia criativa 2010*: economia criativa, uma opção de desenvolvimento viável. Brasília: Secretaria da Economia Criativa/Minc; São Paulo: Itaú Cultural, 2012. Disponível em: <http://unctad.org/pt/docs/ditctab20103_pt.pdf>. Acesso em: 29 jul. 2018.

97 Avaliado e descrito no *Relatório Nacional do Ministério da Cultura*, intitulado "Economia e Cultura da Moda no Brasil", 2011. Disponível em: <http://www.iniciativacultural.org.br/wp-content/uploads/2011/01/Pesquisa-Economia-e-Cultura-da-Moda-2012.pdf>. Acesso em: 25 out. 2018.

98 SANTOS, H. H. O.; ROSA JR, J. D. Aproximações políticas entre moda e economia criativa. *IARA, Revista de Moda Cultura e Arte*, Senac, v. 7, n. 1, 2014. Disponível em: <http://www1.sp.senac.br/hotsites/blogs/revistaiara/wp-content/uploads/2015/01/03_IARA_vol7_n1_Dossie.pdf>. Acesso: 24. out. 2018.

99 BOURDIEU, 2005.

100 Em 2017, em São Paulo, ocorreu a Primeira Eco Fashion Week brasileira.

no campo foi o Ethical Fashion Show (Desfile de Moda Ética), hoje uma extensão da Ethical Fashion Initiative (Iniciativa para a Moda Ética) – programa ligado à Agência Internacional de Comércio, da ONU. Esse evento inspirou, entre outros, a criação das feiras alemãs Innatex e Source Expo. e da britânica C.L.A.S.S.,[101] focada em têxteis sustentáveis. Complementam o cenário as semanas de moda ética, ou sustentáveis, chamadas de Ethical Fashion Weeks, em que novas empresas dispõem da possibilidade de formalização desse mercado, ainda considerado alternativo, segundo a modelagem do mercado *mainstream*. Organizadas por segmentos do terceiro setor e financiadas por marcas e/ou pelo Estado, surgem também produções diferenciadas, como a Conferência de Moda de Copenhague (Copenhagen Fashion Summit), organizada pelo Instituto de Moda Dinamarquesa e pela Associação Nórdica de Moda (uma instância pública), e patrocinada por varejistas globais, especialmente a sueca H&M.

Agregando valor ambiental aos produtos, e atendendo a uma demanda do consumidor, o mercado e suas parceiras investem em materiais e matérias-primas. Um bom exemplo é a parceria entre a agência americana Nasa, o Usaid,[102] o Departamento de Estado dos Estados Unidos e a Nike. Em colaboração, os envolvidos focaram-se no desenvolvimento de inovações sustentáveis que incluem a área têxtil. Dentre os projetos incubados pela iniciativa, destacamos: tecidos feitos de leite talhado;[103] velcros com ciclos de vida mais longos e sem resíduos;[104] "couro" feito com cascas de árvores;[105] transformação de roupas usadas em biofibras para substituição de tecidos novos, projeto que envolve a capacitação de comunidades em risco ao redor do mundo;[106] seda feita de casulos de abelhas.[107]

Como uma das mais significativas mudanças no consumo no mercado de moda, o *slow fashion* nos parece o que melhor se valeu dos conceitos de RSC, de sustentabilidade e de ética. Com base nas premissas da economia criativa, uma das características do *slow fashion* é a noção de trocas de capitais simbólicos por capitais financeiros.[108] As empresas e produtos do segmento *slow fashion* apresentam uma predominância do capital simbólico

---

101 C.L.A.S.S.: Creativity Lifestyle and Sustainable Synergy – Criatividade Estilo de Vida e Sinergia Sustentável.

102 Órgão do governo dos Estados Unidos encarregado de distribuir a maior parte da ajuda externa de caráter civil. É um organismo independente, embora siga as diretrizes estratégicas do Departamento de Estado Americano.

103 QMILK. Disponível em: <http://www.de.qmilk.eu/produkte/die-faser/anwendungsgebiete-faser>. Acesso em: 29 jul. 2018.

104 GECKSKIN. Disponível em: <https://geckskin.umass.edu>. Acesso em: 29 jul. 2018.

105 LAUNCH. Disponível em: <http://www.launch.org/innovators/candice-reffe>. Acesso em: 29 jul. 2018.

106 LAUNCH. Disponível em: <http://www.launch.org/innovators/candice-reffe>. Acesso em: 29 jul. 2018.

107 LAUNCH. Disponível em: <http://www.launch.org/innovators/candice-reffe>; CRAILAR. Disponível em: <http://www.crailar.com>. Acessos em: 29 jul. 2018.

108 BOURDIEU, 2005.

atrelado à ética e ao ativismo socioambiental, dois pontos que tanto os grandes varejistas de moda quanto as grandes marcas europeias vêm implementando em suas gestões.

Como exemplos desse segmento, gostaria de ressaltar as coleções do estilista mineiro Ronaldo Fraga e das marcas brasileira Projeto Re-Roupa[109] e Doisélles.[110] Iniciativas como brechós, marcas de troca, compartilhamento e roupas sob medida também estão no segmento, uma vez que desfrutam de atributos comuns ao *slow fashion*, ou seja, artesania; produção e uso de fibras orgânicas; reúso de roupas e materiais; inclusão da diversidade social e cultural em pareceres individualizados; diversidade de estilos; respeito às fases do ciclo de vida do corpo (caso dos idosos e crianças) e às suas diferenças (caso dos tamanhos maiores e de pessoas com deficiência); produções locais; preservação de práticas têxteis tradicionais; cuidado na confecção e manutenção das roupas; estabelecimento de relações de confiança entre produtores e consumidores; difusão da ideia de "retorno à roupa", em vez de proeminência dos ciclos da moda; respeito às histórias e memórias das roupas; consciência acerca dos impactos gerados pelo uso e fabricação das roupas; minimização de impactos ambientais e sociais e maximização de capitais culturais e sociais; parcerias com ONGs e associações; aderência a processos de compartilhamento de saberes e empoderamento; prática de *fair trade* e/ou precificação real, incorporando custos ambientais e sociais; produção em escalas pequenas e médias e, finalmente, ativismo político.[111]

7.7 MUDANÇAS NO CENÁRIO DO MERCADO DE MODA

O mercado de moda está mudando e parece que essas mudanças decorrem especialmente da politização do consumo, ou seja, das novas formas de consumo baseadas em ética e em sustentabilidade, e da formação de um consumidor, sobretudo, informado. Hoje, incluindo os grandes varejistas, o mercado já apresenta segmentos em que é possível comprar roupas e acessórios originais, autênticos e criativos, produzidos em cadeias éticas e/ou com materiais menos impactantes. Atualmente encontramos roupas orgânicas, *ecofriendly*, veganas e/ou simplesmente ecologicamente corretas.

Os grandes varejistas globais do setor parecem adotar, ao menos de forma discursiva em seus *sites* oficiais, *blogs* e perfis de redes sociais, parte das premissas da RSC e da criação de valores, prática reconhecida nas indústrias criativas, nas quais se insere o *design* de moda.

As denúncias em redes têm um papel constitucional na formação e informação de um novo consumidor, assim, as transformações do mercado ocorrem em resposta às

---

109 PROJETO RE-ROUPA. Disponível em: <http://www.reroupa.com.br>. Acesso em: 29 jul. 2018.

110 DOISÉLLES. Disponível em: <http://www.doiselles.com.br>. Acesso em: 29 jul. 2018.

111 BERLIM; PORTILHO, 2017.

denúncias e também no sentido de atender às demandas do consumidor. Sobressai nesse contexto o comprometimento dos gigantes do varejo global com fibras de culturas orgânicas; a passagem integral do uso do algodão convencional ao do algodão orgânico; a redução do uso de químicas perigosas à saúde humana; o incentivo a pesquisas relativas à inovação de materiais têxteis e de processos; a criação de departamentos que se ocupam de segmentos de roupas sustentáveis das marcas, e, finalmente, a criação de valores suscitados em todas as atividades e criações que possam ser associadas à ética, à sustentabilidade e à RSC.[112]

Consideramos como transformação o fato de que, além do mercado *mainstream*, outros mercados, com novos modelos de negócios e DNAs, surgem e se alinham com as premissas éticas e estéticas da sustentabilidade. Esse segmento pode ser considerado como alternativo ao *mainstream* da moda; é nele que reconhecemos o *slow fashion*, suas práticas de produção e consumo como um movimento de mercado que nasce baseado nas premissas da responsabilidade e do respeito à interdependência global, tanto humana quanto ambiental.

Finalmente, consideramos que a pergunta "Onde, como, quando e quem fez minha roupa?", proposta pela ONG Fashion Revolution, pode figurar como uma das principais agências do consumidor nas transformações contemporâneas do mercado de moda.

---

[112] Não encontramos essas mudanças em todos os varejistas pesquisados, mas esse é o conjunto geral de transformações.

CAPÍTULO 8

TECENDO A RESPONSABILIDADE SOCIAL NOS NEGÓCIOS E ALÉM DELES SEGUNDO UMA ABORDAGEM MULTIATORES, MULTINÍVEL E MULTITERRITORIAL

Patricia Almeida Ashley

8.1 ELABORANDO A TRANSIÇÃO DE PERSPECTIVA PARA ALÉM DOS NEGÓCIOS

No estado da arte dos estudos e políticas de responsabilidade social e sustentabilidade, muita consideração tem sido dada a abordagens limitadas à esfera organizacional. Tais abordagens são frequentemente baseadas em modelos de poder vertical ou hierárquico, calcados em liderança iniciada ou expandida pelo capital aplicado pelos fundadores e sócios e geridos pelos administradores, como tipicamente adotados no âmbito das fronteiras organizacionais ou de empreendimentos e ensinados e reproduzidos pela literatura hegemônica no campo da formação profissionalizante e formação superior.

Pouca atenção tem sido dada a abordagens inspiradas na complexidade de alinhamentos de reforço mútuo entre responsabilidades sociais de múltiplos atores e níveis, privados e públicos, as quais requerem a adoção de governança interorganizacional e interinstitucional e modelos sinérgicos de políticas combinadas de responsabilidade social e sustentabilidade por diferentes esferas sociais. Quando muito, são citadas no campo de estudos, eventos e publicações das áreas de direito público e políticas públicas, como se fossem suficientes o bastante para lidar com o interesse público.

Proponho fazermos, então, uma passagem de um foco exclusivo da esfera de organizações privadas e públicas em direção à coerência de políticas de interesse público entre diferentes atores privados e públicos e nos diversos campos e contextos institucionais. Ou seja, a ação organizacional, privada ou pública, também é de interesse público, na medida em que usa recursos naturais de bens comuns, aplica investimentos, contrata financiamentos, trabalhadores, serviços e fornecedores, elabora, produz e comercializa bens e serviços – todos como elementos contextualizados e impactantes aos interesses públicos, e não apenas aos interesses privados. Mesmo as organizações cujos administradores e colaboradores genuinamente estão buscando uma postura e prática socialmente responsável e sustentável requerem, para sua permanência com valor no mercado e sociedade, com excelência e sustentabilidade, um alinhamento dinâmico do campo institucional com base em políticas de interesse público dos diversos níveis e atores institucionais.

8.2 ELABORANDO A TRANSIÇÃO DE PERSPECTIVA PARA ALÉM DOS NEGÓCIOS

Nesta seção, buscando articular responsabilidade social, desenvolvimento e equidade sob uma perspectiva que envolva as esferas pública e privada das sociedades, vou trazer reflexões que apresentei na Holanda, inicialmente em 2010, visando transitar do conceito de responsabilidade social corporativa para o conceito de responsabilidade social multiatores,[1] no contexto das relações negócio/sociedade.

Precisamos pensar como atores coletivos sociais, aprendendo uns com os outros quanto à experiência e aos progressos em responsabilidade social de diversos atores. Gostaria de salientar que as associações empresariais, as instituições de ensino, o setor financeiro, o Estado, a sociedade civil e os sindicatos têm um papel primordial e direto no conceito de responsabilidade social multiatores. Como resultado, podemos pensar em quais seriam as responsabilidades sociais a serem combinadas e alinhadas para viabilizar sistemas de governança e responsabilidade social multiatores orientados ao desenvolvimento e à equidade em diversos níveis (local, regional, nacional e internacional).

---

1 Esta seção foi desenvolvida com base em algumas contribuições iniciais que apresentei em artigo durante a fala inaugural da Cátedra Príncipe Claus, em Desenvolvimento e Equidade, em 30 de março de 2010, em Haia, Holanda, quando nomeei responsabilidade social de *stakeholders*. Já a partir de 2011, em artigo publicado no ISS/EUR (Holanda), modifiquei, para maior clareza em diversas línguas, como responsabilidade social multiatores. Este é o termo que uso no Modelo Master 4D, além de agregar os adjetivos *multinível* e *territorial*, mais a frente clarificados.

8.2.1 Responsabilidade social por empresas

Em nível empresarial, a responsabilidade social multiatores pode ser promovida por uma abordagem de gestão por valores alinhada com os princípios e práticas de responsabilidade social em todos os processos de negócios e relações negócio/sociedade/Estado/natureza. Não se trata aqui de responsabilidade social pós-lucro, mas de responsabilidade social pré-lucro, que cria as condições históricas para os processos e resultados sociais, ambientais e econômicos dos bens e serviços que sejam a razão do contrato social empresarial, inclusive os resultados em lucro bruto e líquido, em sua dimensão financeira de avaliação do empreendimento.

Existe uma literatura significativa em ferramentas de gestão para a RSC ao nível da empresa, inclusive já apresentadas em capítulos das Partes I e II, como o metamodelo MRMRSN, que pode ser utilizado para analisar e orientar estratégias de RSC nesse caso. Resumindo, o que está sendo recomendado aqui é uma abordagem pré-lucro de RSC alinhada com o conceito de responsabilidade social multiatores que venha a apoiá-la, viabilizá-la e reproduzi-la continuamente, permitindo, assim, sua sustentabilidade ampliada.

8.2.2 RESPONSABILIDADE SOCIAL POR ASSOCIAÇÕES EMPRESARIAIS

O que pode ser feito pelas associações empresariais para o desenvolvimento de mercados socialmente responsáveis e sustentáveis? Seu papel principal é apoiar os associados e esta é a arena onde se pode propiciar um meio de educação e difusão de um padrão de concorrência baseado em princípios, políticas e estratégias de responsabilidade social e sustentabilidade nas empresas.

Para atingir esse objetivo, é necessário que as associações empresariais se articulem em parcerias com a sociedade civil, universidades, entidades governamentais e empresariais (municipal, regional nacional e internacionalmente), de modo que troquem conhecimentos e experiências em educação empresarial e estabeleçam alianças para a responsabilidade social. Há uma vasta lacuna no que se refere a avanços nesse sentido por associações empresariais, mas cabe destacar a Câmara Internacional de Comércio (ICC),[2] que há décadas vem promovendo a reflexão e a publicação de documentos para orientar empresas quanto à adoção de parâmetros de integridade, anticorrupção e conduta empresarial responsável, inclusive para a seleção de fornecedores às empresas.

---

2 A International Chamber of Commerce (ICC) apresenta-se como "a maior organização empresarial do mundo que trabalha para promover o comércio internacional, a conduta empresarial responsável e uma abordagem global à regulamentação para acelerar o crescimento inclusivo e sustentável para o benefício de todos". Disponível em: <https://iccwbo.org/about-us>. Acesso em: 31 jul. 2018.

8.2.3 Responsabilidade social pelo sistema financeiro

O sistema financeiro pode contribuir para a responsabilidade social oferecendo produtos do portfólio de finanças sustentáveis e inclusão financeira de famílias e empreendedores, entre os quais estão: microfinanças; finanças para micro, pequenas e médias empresas; fundos ambientais; fundos de investimento socialmente responsáveis; seguros ambientais e atividades financeiras relacionadas ao mercado de carbono.

Quando as instituições financeiras introduzem a avaliação dos riscos ambientais e sociais às suas decisões de crédito, reduzem o risco de crédito e inadimplência de sua base de clientes, assegurando que o valor da garantia dada não mude significativamente.[3]

Internacionalmente, há três iniciativas de finanças sustentáveis mais relevantes: a Iniciativa Financeira do Programa das Nações Unidas para o Meio Ambiente (Unep FI); os Princípios para o Investimento Responsável das Nações Unidas e os Princípios do Equador, este especificamente para o financiamento de projetos de grande porte.

A Iniciativa Financeira do Programa das Nações Unidas para o Meio Ambiente (Unep FI) é uma parceria público-privada única entre a Unep e o setor financeiro global. A Unep atua junto a mais de 170 bancos, seguradoras e empresas de investimento, e a uma gama de organizações parceiras, para desenvolver e promover conexões entre sustentabilidade e desempenho financeiro. Por meio de seu programa de trabalho abrangente, que inclui investigação, formação, eventos e atividades regionais, realiza sua missão de identificar, promover e realizar a adoção de melhores práticas ambientais e de sustentabilidade em todos os níveis das operações de instituições financeiras.

Uma das mais famosas iniciativas voluntárias que envolvem negócios em termos de RSC são os Princípios para o Investimento Responsável (PRI). Articulados entre a Unep FI e o Pacto Global das Nações Unidas, foram estabelecidos como uma estrutura para ajudar os investidores a obter um melhor retorno a longo prazo em investimentos sustentáveis por meio de uma melhor análise das questões ambientais, sociais e de governança dos projetos de investimento.

Os Princípios do Equador (EP) foram estabelecidos em 2003 como iniciativa voluntária para bancos de investimento, contemplando um conjunto de diretrizes e procedimentos para avaliar e gerir potenciais riscos sociais e ambientais no campo de financiamento de projetos de grande porte. Em 2006, os princípios foram revistos, a fim de tratar das preocupações das organizações da sociedade civil e para melhor se adaptar às mudanças do ambiente institucional. Os signatários do EP declaram que buscam garantir que os projetos que financiam sejam desenvolvidos de forma socialmente responsável e reflitam práticas de gestão ambiental. Além de bancos e outras

---

[3] LINS, V. C.; WAJNBERG, D. *Sustentabilidade corporativa no setor financeiro brasileiro*. Rio de Janeiro: FBDS: 2007. Disponível em: <http://www.fbds.org.br/IMG/pdf/doc-243.pdf>. Acesso em: 31 jul. 2018.

instituições financeiras privadas, dois outros grandes atores institucionais desempenham um papel crucial no desenvolvimento e revisão dos princípios: a International Finance Corporation (IFP), que é o braço de investimento privado do Banco Mundial, e a Bank Track, uma organização guarda-chuva que articula várias organizações da sociedade civil com ativismo sobre as instituições financeiras para que incorporem políticas sociais e ambientais em suas práticas de negócio.

No Brasil, no início de 1995, um grupo de trabalho foi criado pelo governo federal com o objetivo de estabelecer políticas e diretrizes operacionais para incorporar a dimensão ambiental no processo de gestão e de instituições financeiras públicas, como o Banco Nacional de Desenvolvimento Econômico e Social (BNDES), o Banco do Brasil, a Caixa Econômica Federal e o Banco da Amazônia, o que resultou na assinatura da Carta de Princípios para o Desenvolvimento Sustentável, mais conhecida como o Protocolo Verde.[4] A principal função do Protocolo Verde era ir além dos limites da legislação ambiental, incluindo recomendações para o desenvolvimento sustentável. Em agosto de 2008, houve uma revisão do protocolo com a participação de representantes das instituições iniciais do grupo de trabalho e de outras instituições, como Banco do Nordeste e ministérios, como os ministérios da Fazenda, da Integração Nacional, da Agricultura, do Meio Ambiente e de Desenvolvimento Social.

Outro ponto para a responsabilidade social pelo sistema financeiro é a contribuição das instituições financeiras para que sejam adotadas políticas de RSC na cadeia de fornecedores pelas empresas contempladas com financiamento público e privado. As instituições financeiras poderiam começar a oferecer produtos financeiros diferenciados aos beneficiários de crédito que comprovem seu compromisso de alinhar e avaliar a RSC não só em suas próprias empresas, mas também em suas respectivas cadeias de fornecedores.[5]

8.2.4 Responsabilidade social pelo Estado

Quanto ao Estado, especificamente no contexto brasileiro, o que eu gostaria de enfatizar é a necessidade de alinhamento das normas constitucionais e da legislação infraconstitucional, de forma coerente, com os princípios e objetivos de estado sustentável, como

---

4 Vide os estudos de Elvira Ventura em sua pesquisa de doutoramento sobre responsabilidade social em organizações bancárias no Brasil: VENTURA, E. C. F. *Dinâmica de institucionalização de práticas sociais*: estudo da responsabilidade social no campo das organizações bancárias. 2005. Tese (Doutorado em Administração) – Fundação Getulio Vargas.

5 Ana Paula Martins realizou pesquisa de mestrado sobre as iniciativas de finanças sustentáveis no Brasil e no exterior, enfocando o papel relevante do BNDES no financiamento da cadeia de valor dos beneficiários de crédito, mas não encontrou, até 2009, casos em que havia uma política de desenvolvimento de redes organizacionais alinhadas com a responsabilidade social e sustentabilidade nas políticas de financiamento público e privado em projetos de investimento. Vide dissertação: MARTINS, A. P. S. *Finanças sustentáveis para clientes e seus fornecedores*: estudo de caso do BNDES. Dissertação (Mestrado em Sistemas de Gestão) – Universidade Federal Fluminense. Orientador: Patrícia Almeida Ashley. Niterói: Latec/Escola de Engenharia/UFF, 2009.

bem e completamente nos apresenta o jurista Juarez Freitas[6] na perspectiva do Direito Público. Um estado sustentável é tanto nas políticas públicas e regulações que afetem as finalidades quanto aos meios da Administração Pública. Nesse sentido, abarca questões administrativas na esfera pública, como ecoeficiência, licitações sustentáveis, trabalho decente na administração pública, transparência e controle social, mas também abarca políticas tributárias, creditícias, de serviços públicos de educação, saúde, habitação, saneamento, seguridade social, entre outras. O conceito de mercados socialmente responsáveis e sustentáveis requer um contexto institucional de Estado que seja coerente e alinhado com a responsabilidade social multiatores.

Uma política para as empresas que internalizem os custos sociais e ambientais pode ser objeto de diferenciação na carga tributária para que tenham melhores condições de crédito do sistema financeiro público e privado. As que não o fizessem não seriam objeto de benefícios fiscais ou creditícios, pelo contrário. Ilustra-se algo nesse sentido, no Brasil, em 2009, quando, por alguns meses, foi estabelecida uma política pública para manter o nível de emprego na indústria da linha branca (que produzisse produtos mais ecoeficientes), com a iniciativa do Ministério do Planejamento, Orçamento e Gestão, estabelecendo uma alíquota menor do Imposto sobre Produtos Industrializados (IPI). Resta uma questão: por que a política foi temporária?

Há uma enorme lacuna nesse campo de responsabilidade social pelo Estado, em políticas públicas e na administração pública, muito mais ainda agora que já temos a adesão do Brasil às pautas de combate às mudanças climáticas e de desenvolvimento sustentável da Organização das Nações Unidas e, desde 2017, foi formalizada a solicitação do Brasil para se tornar membro da Organização para a Cooperação e o Desenvolvimento Econômico (OCDE), a qual vem realizando análises em diversas questões do Estado, do governo e da administração pública no Brasil, além de estudos sociais, econômicos e ambientais.

Cito aqui, também, a Organização Mundial do Comércio (OMC), um organismo dedicado ao tema do comércio internacional que é parte da Organização das Nações Unidas, sendo o Brasil um país-membro. Cada vez mais estamos convivendo com a inovação em tecnologias de informação, comunicação e de produção e comércio, inclusive com avanços em internet das coisas. A OMC está atenta a como a questão da sustentabilidade, das tecnologias e da desigualdade nos países e entre eles está afetando o modo de se fazer o comércio de bens e serviços. Nesse sentido, a OMC já pautou a agenda do desenvolvimento sustentável em contexto de avanços das tecnologias aplicadas ao comércio, daí resulta a forma de adotar o comércio internacional sustentável.[7]

---

6 FREITAS, J. *Sustentabilidade*: direito ao futuro. 3. ed. Belo Horizonte: Fórum, 2016.

7 Veja mais na página do *site* da ORGANIZAÇÃO MUNDIAL DO COMÉRCIO (OMC) dedicada aos ODS, disponível em: <http://www.wto.org/english/thewto_e/coher_e/sdgs_e/sdgs_e.htm>, e na pauta do *Encontro Anual de Fórum Público da OMC*, realizado em 2018 e dedicado ao tema Comércio 2030, disponível em: <http://www.wto.org/english/forums_e/public_forum18_e/public_forum18_e.htm>. Acessos em: 31 jul. 2018.

A pauta do Fórum Público 2018 da OMC trata de três temas: comércio sustentável, comércio com tecnologia e um sistema comercial mais inclusivo. E a OMC publicou, em maio de 2018, o documento "Integrando o comércio para alcançar os Objetivos do Desenvolvimento Sustentável (ODS)",[8] que examina como o engajamento no comércio internacional pode promover o desenvolvimento sustentável. A publicação da OMC faz as seguintes recomendações para integrar a pauta de desenvolvimento sustentável ao comércio internacional:[9]

1. transformar o comércio em estratégias nacionais e setoriais para alcançar os ODS;
2. fortalecer o sistema multilateral de comércio para continuar apoiando o crescimento inclusivo, o emprego e a redução da pobreza;
3. continuar a reduzir os custos do comércio, inclusive por meio da implementação integral do Acordo de Facilitação de Comércio da OMC;
4. construir a capacidade do lado da oferta e infraestrutura relacionada ao comércio nos países em desenvolvimento e nos países menos desenvolvidos;
5. focalizar a diversificação de exportações e adição de valor;
6. melhorar o setor de serviços;
7. aplicar regras flexíveis de origem para aumentar a utilização de esquemas de preferência;
8. garantir que as medidas não tarifárias não se tornem barreiras ao comércio;
9. fazer o *e commerce* uma oportunidade para inclusão;
10. apoiar micro, pequenas e médias empresas a se envolverem no comércio internacional.

O Brasil tem muito ainda a avançar no tema da responsabilidade social e sustentabilidade do Estado, tanto pelos mandatos de governo como pela administração pública, seja com a aplicação de políticas públicas pelo Poder Executivo e pelo Poder Legislativo, seja na gestão do patrimônio, de tecnologias e de processos de trabalho na administração pública e na contratação e na prestação de serviços públicos. E, para tais avanços, muitas mudanças e reformas precisarão ser amplamente pensadas e compreendidas, a fim de que um projeto de futuro para a nação brasileira possa atingir patamares de condições institucionais adequadas para o exercício da responsabilidade social plena pelo Estado em alinhamento com as pautas globais para o desenvolvimento sustentável.

---

8 Veja mais em: <http://www.wto.org/english/news_e/news18_e/sdgs_03may18_e.htm>. Acesso em: 31 jul. 2018.

9 Acesse o documento em: <http://www.wto.org/english/res_e/publications_e/sdg_e.htm>. Acesso em: 31 jul. 2018.

8.2.5 Responsabilidade social pelas organizações da sociedade civil e sindicatos

É fundamental ter transparência e monitoramento social das atividades de organizações privadas e públicas pela sociedade civil, sindicatos e Estado, nacional e internacionalmente. Organizações da sociedade civil e sindicatos podem se envolver em uma série de estratégias para promover a responsabilidade social multiatores:

- nomear e denunciar comportamento irresponsável de empresas;
- articular junto ao Estado e organizações multilaterais a adoção de melhor regulamentação e políticas públicas;
- promover práticas empresariais responsáveis;
- promover o consumo responsável e o comércio ético e justo;
- envolver o setor privado por meio de iniciativas multiatores.

O escrutínio social das atividades em empresas e órgãos públicos, por meio da ação política coletiva de organizações da sociedade civil e sindicatos, precisa ser continuamente financiado por fundos do Estado, associações empresariais, organizações multilaterais e organizações internacionais de defesa de direitos civis e ambientais. Esse é o tipo de financiamento que permite aos trabalhadores e sindicatos contribuir uma aprendizagem coletiva sobre limites e possibilidades em termos de modelos e práticas de responsabilidade social na esfera privada e na pública.

8.2.6 Responsabilidade social pelo sistema educacional

Responsabilidade social e sustentabilidade são assuntos para somente uma unidade curricular ou devem ser transversais aos currículos? Quais profissionais devem ser formados em RSC? Quem são seus professores e formadores? E quem está preparando os professores e formadores de futuros profissionais?

O que verificamos quando olhamos os currículos das universidades que estão preparando os profissionais de nível superior, seja no Brasil, seja no exterior, é que a RSC é abordada apenas em uma disciplina ou, no máximo, em cursos de pós-graduação de especialização ou de mestrado profissional. E que pouco ainda temos professores e pesquisadores doutores e mestres que possam preparar os futuros professores de educação básica, profissionalizante e superior. Quando analisamos os programas de mestrado e doutorado, raramente encontramos aqueles que se dedicam à RSC e à sustentabilidade como linhas de pesquisa ou área de concentração. Pesquisadores na RSC são normalmente uma minoria em pesquisa acadêmica, tanto no Brasil quanto na Europa, como testemunhei em pesquisas ao buscar candidatos a pós-doutorado, junto ao ISS/EUR, na área de pesquisa sobre responsabilidade social corporativa.

Podemos apontar algumas ações globais que vêm contribuindo para a responsabilidade social e sustentabilidade como pauta no sistema educacional. Há, pela Unesco, o Plano de Ação Global de Educação para o Desenvolvimento Sustentável,[10] dedicado a todos os níveis de educação, e, pela OCDE, o projeto O Futuro da Educação e das Habilidades 2030,[11] que considera a educação básica como alvo para reflexão e recomendações aos países-membros da OCDE quanto aos conhecimentos, habilidades, atitudes e valores a serem formados para o desenvolvimento de competências necessárias aos adultos a partir de 2030. No campo da formação de administradores, há os Princípios das Nações Unidas para a Educação em Administração Responsável (PRME). A plataforma global PRME foi elaborada em 2007 por uma força-tarefa internacional de 60 reitores, diretores de universidades e representantes oficiais das principais escolas de negócios e instituições acadêmicas, na condição de signatários do Pacto Global das Nações Unidas.

Se formos mais longe e pensarmos sobre outros profissionais e pesquisadores, como engenheiros, arquitetos, médicos, sociólogos, físicos, biólogos, geógrafos etc., o desafio para a educação é enorme. Esses profissionais e pesquisadores também precisam ser formados em um currículo diferente para que incluam responsabilidade social e sustentabilidade em suas profissões e habilidades.

E qual é o conteúdo de responsabilidade social e de sustentabilidade a ser apresentado nos currículos e livros na educação básica? Como alinhar um conteúdo escolar que, de alguma forma, inclua a responsabilidade social e a sustentabilidade – por vezes, ou melhor, frequentemente – contrapondo-se a todos os demais conteúdos das outras fontes de informação (internet, TV, rádio, revistas, jornais e grupos sociais no bairro e nas escolas)? Como a consciência dos alunos está sendo preparada/estimulada para que lidem positivamente no enfrentamento das desigualdades, riscos sociais e riscos ambientais em nível local, nacional e internacional? Como eles podem lidar com isso sem praticar na escola, na vizinhança ou nas outras redes sociais? Então, não é só sobre o conteúdo dos currículos nas escolas, é sobre a coerência dos discursos e práticas em um ambiente dinâmico de aprendizagem coletiva social.

8.2.7 Responsabilidade social por consumidores e famílias

Todos nós somos consumidores e membros de famílias e, assim, também temos a nossa própria responsabilidade social na esfera privada de decisões.

Considerando nossas limitações e disponibilidades de renda, tempo e acesso a informações e alternativas de mercado, incluindo lojas virtuais, para atender ao consumo

---

10 Veja mais em: <https://en.unesco.org/gap>. Acesso em: 31 jul. 2018.

11 Veja mais em: <http://www.oecd.org/education/2030>. Acesso em: 31 jul. 2018.

pessoal e familiar, aplicamos preferências e valores em nossas decisões sobre o que, de onde, quando e como comprar e consumir bens e serviços.

O preço de venda dos produtos é uma variável importante, que sinaliza a disponibilidade e a qualidade dos bens e serviços. Se temos a escolha entre qualidades semelhantes, com preços mais baixos para produtos sustentáveis, temos o incentivo para escolhê-los como a melhor opção. Não é bem isso o que nos disponibilizam atualmente como consumidores. O preço mais baixo não está associado necessariamente ao produto com boa história social, ambiental e econômica em seu processo de produção, transporte e distribuição, muito menos quanto ao seu uso durante o consumo e descarte na fase pós-consumo. Algumas exceções vêm aparecendo, quando vemos o Selo Procel na categoria A de eficiência energética, ainda mais quando incentivado com alíquotas mais baixas para o IPI. Entretanto, há muito a se fazer em políticas de produção e distribuição de bens e serviços visando consumo sustentável.

Outra variável importante é a informação disponível sobre a história social, econômica e ambiental dos produtos que estão expostos em nossas decisões de consumo. Se temos uma loja de varejo especializado, que seja ou dedicada exclusivamente a oferecer produtos sustentáveis ou até mesmo uma seção especial em um supermercado para estes produtos, estamos sendo informados de uma forma fácil de encontrar, comparar e selecionar as melhores opções de compra. É melhor se também estão expostos a rótulos ecológicos ou sociais etiquetas de certificação da origem da produção sustentável de bens e serviços.

Vizinhos também são famílias às quais podemos nos articular em condomínios e bairros por meio de ação coletiva para promover educação ambiental, comércio ético, consumo responsável e condição de vida sustentável. Podemos decidir não comprar determinadas marcas ou adiar decisões de consumo ou nos articular com redes de fornecedores de produtos sustentáveis e de comércio ético. As associações de donas de casa e as associações de compras coletivas são exemplos multiplicadores de práticas sustentáveis na produção e comércio de bens e serviços.

8.2.8 Responsabilidade social pelas editoras e meios de comunicação

As empresas editoras e os meios de comunicação têm um papel importante na busca e oferta de fontes de conteúdo de RSC que seja válido para disseminar conceitos e casos na sociedade. Livros, revistas, jornais, rádio e programas de televisão, *sites* e ferramentas *web* são meios de comunicação para a aprendizagem social sobre responsabilidade social e sustentabilidade.

O que falta, especialmente no Brasil, é a disseminação em massa sobre RSC e sustentabilidade, atualmente mais divulgados em eventos especiais, publicações especializadas, programas de TV matinais, especialmente nos fins de semana. Ainda não é uma prioridade na agenda dos meios de comunicação em horário nobre. Além disso, os livros editados ainda estão mais focados no público de professores e estudantes de Ensino Superior. Ensino Fundamental e Ensino Médio são uma lacuna em um enorme mercado de livros didáticos e paradidáticos.

Também ainda não existe uma divulgação de responsabilidade social e responsabilidade social multiatores por meios de comunicação e editoras. Esse é um desafio enorme, visto que é o mercado que orienta mais o conteúdo das editoras e da mídia. Mercados responsáveis, ao se tornarem o modo mais comum para investir e fazer negócios, nos permitirão, então, ter a expectativa de maior desenvolvimento e melhor oferta de publicações e conteúdo de mídia alinhados à responsabilidade social multiatores.

8.3 O MODELO MASTER 3D DE RESPONSABILIDADE SOCIAL: UMA ABORDAGEM MULTIATORES, MULTINÍVEL E MULTITERRITORIAL

Considerando o que estamos reunindo em capítulos nesta obra, e com base nas reflexões acerca da coerência para alcançar a responsabilidade social por múltiplos atores, proponho ampliar a visão da responsabilidade social corporativa ou organizacional. Tal escopo mais amplo nos permite compreender as bases que geram condições materiais e imateriais para a institucionalização formal e informal de responsabilidade social, de forma ampliada, evolutiva e integrada, não se reduzindo apenas as responsabilidades sociais no campo da materialidade e respectivas limitações físicas que nos restringem ao "concreto e presencial" de pessoas e coisas nas relações restritas a limitações da proximidade, seja proximidade em um determinado lugar, seja proximidade em um determinado tempo. Dessa forma, como aqui proposta no modelo Master 3D, trata-se de uma abordagem de responsabilidade social permeando diversos lugares e tempos, com diferentes níveis de articulação e de relações, transcendendo o espaço presencial para incluir o espaço virtual em redes que independem da proximidade.

Apresento uma proposta de conceito guarda-chuva de responsabilidade social em uma abordagem multiatores, multinível e multiterritorial, sistematizada pelo modelo Master 3D e aplicável a coletivos organizacionais de várias instituições (públicas, privadas, acadêmicas e da sociedade) articuladas em escopos territoriais específicos (local, estadual, regional, nacional ou internacional), que sejam orientados politicamente para o desenvolvimento sustentável.

O modelo Master 3D objetiva orientar a elaboração de princípios, processos, competências, resultados e impactos e suas respectivas métricas específicas a serem territorializadas como objeto de governança e de políticas multiatores e multinível de responsabilidade social e sustentabilidade. Importante ressaltar o pressuposto do modelo como sistema contextualizável e dinâmico, em que políticas, estratégias e métricas sejam elaboradas por coletivos qualificados, que atuam em processos políticos democráticos de governança multinível e multiatores, em escopos territoriais específicos.

Como um modelo de sistema de gestão e governança da responsabilidade social multiatores, multinível e multiterritorial visa contribuir para o desenvolvimento sustentável em territórios politicamente orientados para esse fim em um determinado escopo de tempo e espaço. Propõe a governança para objetivos de desenvolvimento sustentável em territórios e tempos específicos por meio da construção coletiva de processos de delimitação, articulação e integração das responsabilidades sociais de diferentes camadas de atores em seus respectivos campos institucionais.

As partes do modelo Master 3D podem ser desdobradas por meio de camadas de diagramas e um conjunto específico de questões para reflexão pelo coletivo de atores nos processos de governança, como segue.

8.3.1 As categorias de agentes da responsabilidade social multiatores

O modelo Master 3D propõe esferas sociais de múltiplos atores influenciando ou sendo afetadas em um território específico (local, microrregional, estadual, nacional ou internacional), com suas potenciais e efetivas responsabilidades sociais, distribuídos em camadas classificados nas seguintes categorias:

- investidores de capital público e privado;
- agentes financeiros públicos e privados;
- sindicatos patronais e empregados;
- empresas e redes de negócios;
- associações empresariais;
- coletivos, organizações comunitárias e da sociedade civil;
- autoridades do Poder Judiciário e do Ministério Público;
- órgãos de controle e auditoria interna e externa pública e privada;
- governos nacionais e subnacionais;
- tratados e organismos multilaterais;
- instituições de ensino, pesquisa e difusão de conhecimentos.

O diagrama na Figura 8.1 mostra os múltiplos atores em forma de mandala, justamente para exibir a inclusão de agentes na responsabilidade social multiatores e, assim, para que possamos construir a possibilidade de compreensão da complexidade de processos e de parcerias que contribuam para o desenvolvimento sustentável.

Figura 8.1 Os múltiplos agentes da responsabilidade social multiatores

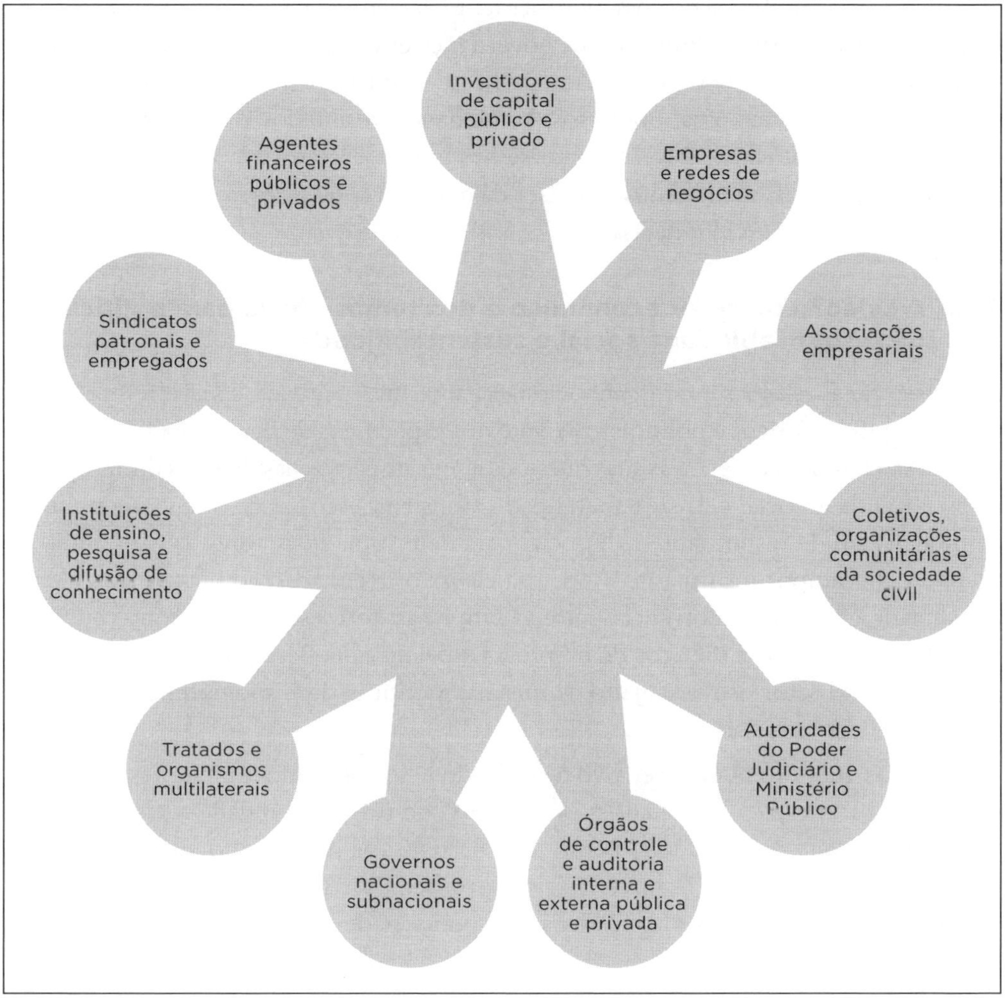

Fonte: elaborada pela autora.

Em cada esfera social das categorias de agentes da responsabilidade social multiatores, encontramos as organizações específicas embutidas em seus respectivos campos institucionais. O modelo Master 3D propõe explicitar os mútuos entendimentos do coletivo de agentes envolvido na governança do desenvolvimento sustentável; quais categorias sociais estão sendo representadas; quais suas possibilidades e limites atuais de exercício de suas responsabilidades sociais no território; como contribuem ou poderão vir a contribuir, por meio da responsabilidade social, com os objetivos de desenvolvimento sustentável no território em foco.

Importante compreender aqui o estágio de conhecimento dos agentes sobre os temas objeto de reflexão e de governança de responsabilidades sociais para o desenvolvimento sustentável, visto que o modelo Master 3D pressupõe que a participação qualificada contribui para a amplitude de possibilidades tanto da democracia representativa como da democracia participativa. Processos de governança em que as partes chegam ao fórum de discussão ou de deliberação sem ter acesso ao conhecimento ou a uma compreensão efetiva sobre princípios, processos, capacidades, resultados e impactos em torno do desenvolvimento sustentável tornam-se motivo de risco de concentração de poder nos que sejam mais qualificados em vista da assimetria de informação, capacitação e vocalização para reflexão e decisão.

8.3.2 A seleção do setor econômico e dos temas-chave para políticas de responsabilidade social e sustentabilidade

Ao considerar as relações interorganizacionais e interinstitucionais, é mais fácil pesquisar e construir diagnósticos e políticas em contextos específicos de determinado setor, uma vez que são também específicas suas questões e seus impactos nas diversas dimensões da responsabilidade social e da sustentabilidade. Construir escopos de pesquisa e políticas de modelagem de responsabilidade social para determinados setores da economia, de agentes e de campos institucionais poderia elevar os resultados empíricos para alterar a qualidade ética da concorrência entre as empresas do mesmo setor. Fornecedores e compradores de bens e serviços de empresas específicas poderão ser mais afetados se, de fato, todo o setor estiver sujeito às mesmas políticas de responsabilidade social e comprometido com elas.

Algumas questões podem ser alvo de reflexão pelo colegiado multiatores e multinível no território específico: qual(is) o(s) tema(s) de responsabilidade social a ser(em) pesquisado(s) ou considerado(s) como foco de políticas de governo, de organizações privadas e sem fins lucrativos no território específico? Em qual setor econômico e ramo de atividade concentrar os diagnósticos e as políticas de responsabilidade social e de sustentabilidade?

Considera-se aqui, como amplitude mínima de temas centrais para as dimensões da responsabilidade social nas organizações públicas, privadas ou do terceiro setor, a que contemple o conjunto integrado dos temas aprovados em 2010 na ISO 26000 de Diretrizes em Responsabilidade Social, quais sejam: governança; direitos humanos; práticas trabalhistas; meio ambiente; práticas operacionais justas; as questões de consumo; e o envolvimento e desenvolvimento da comunidade.[12]

Dessa forma, o modelo Master 3D propõe o diagnóstico integrado desses temas centrais e de suas respectivas questões em organizações de um território ou redes organizacionais específicas, em organizações em âmbito privado, público ou público-privado.

---

12 ASSOCIAÇÃO BRASILEIRA DE NORMAS TÉCNICAS (ABNT). *NBR-ISO 26000*: diretrizes sobre responsabilidade social. Rio de Janeiro, 2010.

Os processos e resultados do diagnóstico, a serem conhecidos por colegiados envolvidos na governança para o desenvolvimento sustentável, podem ser objeto de proposição de políticas e estratégias que, combinadas e integradas, criem condições para a valoração da responsabilidade social e da sustentabilidade em organizações, redes, mercados e governo nos territórios específicos.

Figura 8.2 Diagrama integrando agentes e os temas de responsabilidade social, com base na ISO 26000:2010 de Diretrizes em Responsabilidade Social

Fonte: elaborada pela autora.

8.3.3 O escopo territorial e os níveis dos desafios éticos e da atuação jurídico-política

No modelo Master 3D, a dimensão territorial também aponta para a necessidade de delimitação de métricas de impacto das políticas de responsabilidade social dos diversos atores e de suas contribuições para objetivos de desenvolvimento sustentável no território específico.

Assim, a dimensão territorial levanta questões, como as que seguem.

- Qual o âmbito territorial da rede e da governança das relações dos agentes e suas responsabilidades sociais? Estamos olhando para o escopo territorial organizacional, setorial, municipal, estadual, nacional ou internacional das redes quando consideramos políticas de responsabilidade social?
- Como um nível territorial pode criar limites ou possibilidades para as responsabilidades sociais da rede de atores em outros níveis territoriais?
- Até que ponto os resultados e impactos podem ser complementares em níveis territoriais distintos ou, ao contrário, ser divergentes, subtraindo sua contribuição para o desenvolvimento sustentável?

Baseado no modelo MRMRSN de estratégias de responsabilidade social, apresentado no Capítulo 4, Parte II, os três níveis de desafios éticos também podem ser aplicados aos níveis de regras e normas referentes às responsabilidades sociais: o cumprimento da legislação como primeiro nível de desafios éticos; o atendimento às expectativas sociais contemporâneas que vão além das regras jurídicas atuais como segundo nível de desafios éticos; e a busca de ideais éticos que vão além das expectativas sociais contemporâneas como terceiro nível de desafios éticos. A Figura 8.3 exibe um agrupamento, para fins de simplificação, de três âmbitos territoriais – organizacional; municipal, estadual e nacional; e internacional, além de três níveis de desafios éticos para tais âmbitos de territórios-zona (com delimitação de fronteiras) ou territórios-rede (sem delimitação de fronteiras), articulando diversos atores ou agentes de responsabilidade social. A Figura 8.4 integra os três níveis de desafios éticos para a governança de responsabilidade social multiatores, considerando que estão implícitos territórios específicos de atuação de tais atores e suas respectivas referências multiníveis de desafios éticos em tais territórios.

Os três níveis de desafios éticos são dinâmicos em diferentes territórios, tempos e sociedades, pois se alteram com o tempo e dependem das culturas e campos institucionais que afetam as relações e organizações no território específico alvo de objetivos de desenvolvimento sustentável. Algumas questões podem ser trazidas para reflexão quanto aos desafios éticos e âmbitos territoriais.

Figura 8.3 Diagrama dos desafios éticos e âmbitos territoriais para responsabilidade social multiatores e multinível

Fonte: elaborada pela autora.

- Quais são os níveis e o âmbito territorial dos desafios éticos que estamos pesquisando ou concebendo como políticas de responsabilidade social para o desenvolvimento sustentável? Estamos olhando para desafios éticos de nível 1, 2 ou 3 organizacionais, setoriais, municipais, provinciais, nacionais ou internacionais para o escopo territorial?
- Quão diferentes são os desafios éticos locais, nacionais e internacionais de um setor específico ou de um tipo específico de ator, a fim de pesquisar e desenhar políticas de responsabilidade social para o desenvolvimento sustentável?
- Como pode ser viabilizada a transferência entre escopos territoriais dos desafios para um melhor alinhamento e melhor contribuição das políticas de responsabilidade social para o desenvolvimento sustentável?
- Que políticas podem ser consideradas visando à evolução das condições institucionais de um nível territorial específico para um melhor alinhamento e congruência do primeiro nível de desafios éticos, que é o cumprimento legal, em sua contribuição para o desenvolvimento sustentável?

- O quão desatualizadas estão as regras jurídicas em territórios específicos em relação a avançar os níveis de desafios éticos de responsabilidade social para o desenvolvimento sustentável?
- Que inovações em regras jurídicas, normas e padrões podem servir de referência para sua adaptação e aplicação em diferentes culturas e campos institucionais?
- O conteúdo e os métodos em programas de capacitação são capazes de preparar os atores em um território para avançar em seus desafios éticos?
- Quais são os limites e restrições para que as organizações se tornem capazes de atuar e ir além da conformidade legal em suas políticas de responsabilidade social?

Figura 8.4 Integração de níveis de desafios éticos à governança de responsabilidade social multiatores em respectivos âmbitos territoriais de atuação

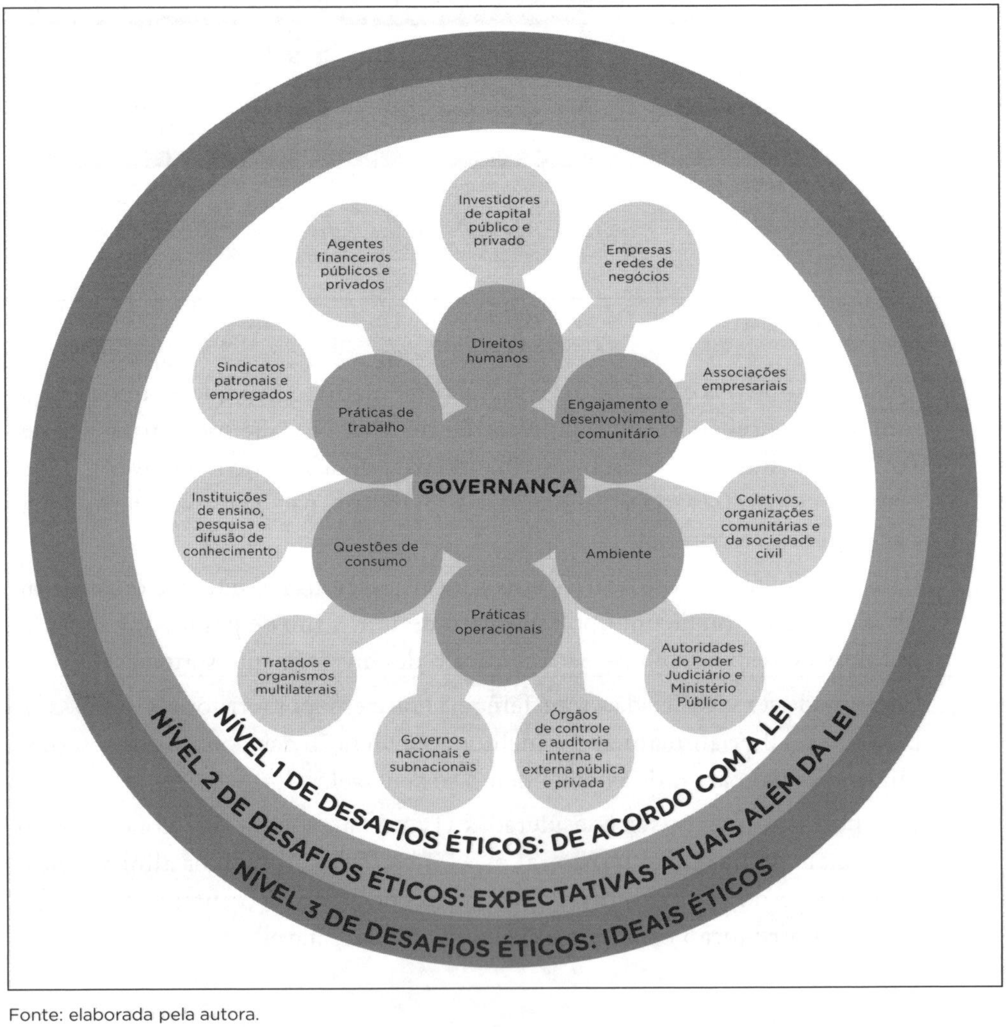

Fonte: elaborada pela autora.

8.3.4 Fases de governança multinível e multiatores para o desenvolvimento sustentável em um território específico

Redes entre os atores podem ser melhoradas em sistemas de governança multinível e multiatores, integrando os vários níveis de atuação dos atores que exercem influência para os princípios, processos, capacidades, resultados e impactos de desenvolvimento sustentável em um território específico. Dessa forma, cria-se, pela governança multinível e multiatores, um ambiente de aprendizagem orientado por valores éticos em políticas que visem a comportamentos socialmente responsáveis e que contribuam para o desenvolvimento sustentável. A Figura 8.5 organiza quatro fases para a governança multinível e multiatores de responsabilidade social nesse contexto.

Figura 8.5 Diagrama das fases de desenvolvimento da governança multiatores e multinível de responsabilidades sociais

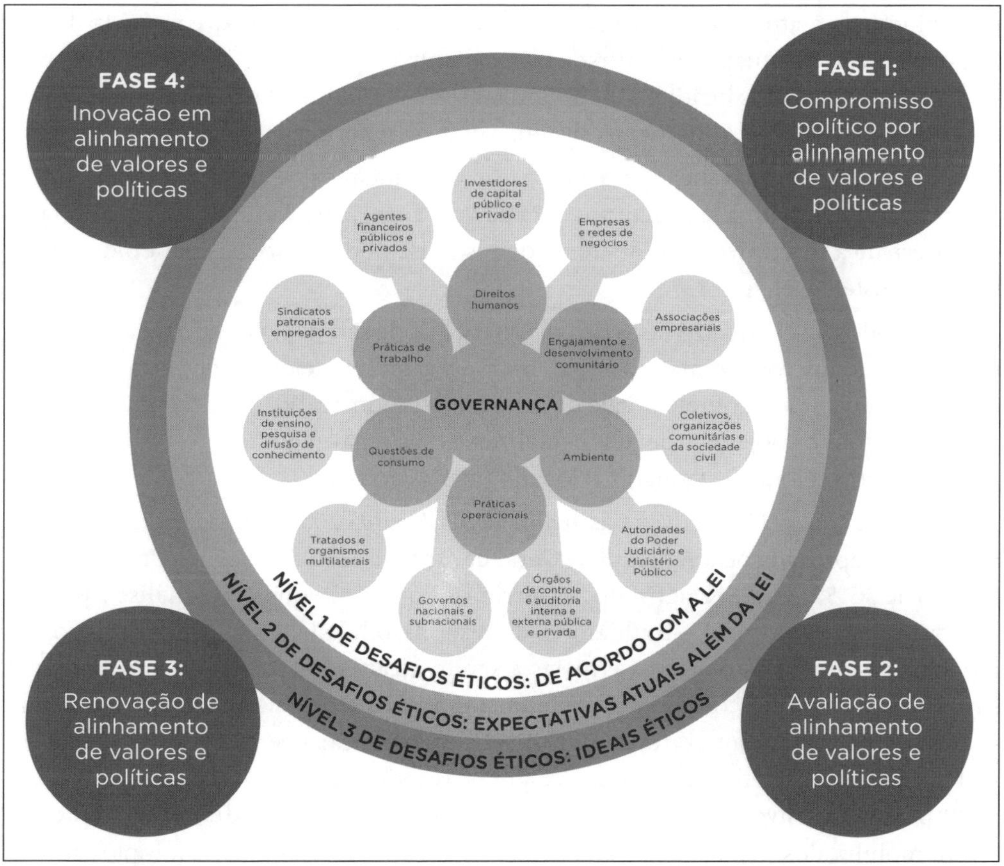

Fonte: elaborada pela autora.

Na primeira fase, está o compromisso coletivo para a construção de valores e políticas, fase que requer articulação entre agentes e a capacitação em diversas formas, tempos e conteúdos de formação. É necessária para a organização e a estruturação de sistemas de governança de responsabilidade social multiatores e multinível para o desenvolvimento sustentável. Iniciando-se com uma carta de intenções e podendo avançar para uma carta de compromisso político e outros documentos que expressem a adesão para participação ativa, gera-se o efeito de se tornar símbolos de mútua identificação entre os participantes do sistema de governança.

Na segunda fase, parte-se para estudos que possam gerar uma avaliação do atual alinhamento de valores e políticas dos respectivos atores relativos às diretrizes de responsabilidade social para o desenvolvimento sustentável em territórios específicos, tomando por base, por exemplo, as normas ISO 26000,[13] como sugerido pelo modelo Master 3D.

Em uma terceira fase da governança multinível e multiatores, processa-se um intercâmbio para a atualização coletiva e o alinhamento para se obter coerência de políticas e estratégias atuais dos diversos atores diante de possíveis incongruências entre os desejáveis requisitos jurídicos, expectativas sociais atuais e ideais éticos que possam contribuir para o desenvolvimento sustentável no território específico.

A quarta fase pode avançar para a inovação de princípios, regras jurídicas, políticas e estratégias, sendo uma fase mais madura da governança, que completa as quatro fases de governança multinível e multiatores de responsabilidades sociais para o desenvolvimento sustentável.

O período para as quatro fases de governança pode ser, dependendo do âmbito territorial (local, microrregional, estadual, nacional ou internacional), de cerca de cinco a mais de 20 anos, pela complexidade de integrar a responsabilidade social multiatores e multinível com os objetivos de desenvolvimento sustentável em territórios específicos (local, microrregional, estadual, nacional e internacional).

Considerando os 17 objetivos e as 169 metas da Agenda 2030 para o Desenvolvimento Sustentável, aprovada pela Assembleia Geral da Organização das Nações Unidas em setembro de 2015,[14] uma vez definidos os territórios que serão objeto de análise e política de governança multinível e multiatores de responsabilidade social, de acordo com o modelo Master 3D, os objetivos e metas a serem alcançados para o desenvolvimento sustentável podem ser considerados referências para os atores nesse território, quando se busca a parceria multiatores e multinível para alcançar coerência de políticas em âmbitos territoriais complementares. A Figura 8.6 aponta que os 17 objetivos da Agenda 2030 para o Desenvolvimento Sustentável envolvem agentes de diferentes capitais a serem mobilizados, planejados e alavancados para as parcerias entre múltiplos atores.

---

13 ABNT, 2010.

14 Conheça a Agenda 2030 para o Desenvolvimento Sustentável no *site* da Organização das Nações Unidas. Disponível em: <http://www.onu.org.br>. Acesso em: 31 jul. 2018.

Figura 8.6 Diagrama das fases de desenvolvimento da governança multiatores e multinível de responsabilidades sociais para a Agenda 2030 para o desenvolvimento sustentável

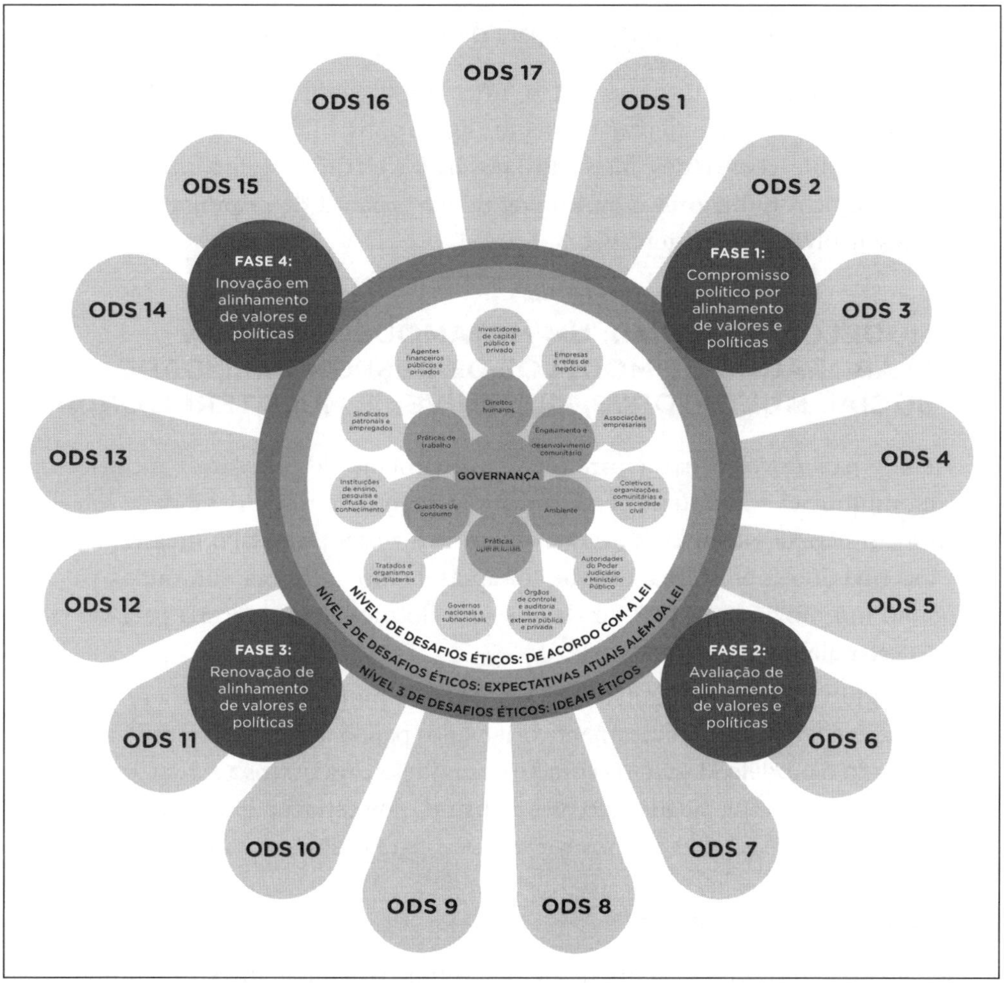

Fonte: elaborada pela autora.

Dessa forma, considerando-se a integração das partes do modelo Master 3D para territórios específicos orientados politicamente para o desenvolvimento sustentável, contemplam-se:

- as camadas institucionais de segmentação de atores ou partes interessadas em um determinado território;
- os sete temas objeto da norma ISO 26000 que afetam as responsabilidades sociais organizacionais no setor público, privado e na sociedade;

- os três níveis de desafios éticos para as políticas de responsabilidade social multiatores;
- as quatro fases do modelo de governança multiatores e multinível;
- os 17 objetivos da Agenda 2030 para o desenvolvimento sustentável.

O modelo Master 3D torna-se, então, uma ampliação do metamodelo MRMRSN, para que se possa complementar e integrar as responsabilidades sociais de diversos atores em organizações, redes, mercados, governo e territórios, de forma que haja um processo político multiatores e multinível de governança de responsabilidade social para o desenvolvimento sustentável.

8.4 MODELO MASTER 4D: UM METAMODELO PARA A ELABORAÇÃO DE MODELOS DE RESPONSABILIDADE SOCIAL MULTIATORES, MULTINÍVEL E MULTITERRITORIAIS

Apontando para novos passos e para o desenvolvimento de conceitos e modelos multiatores, multinível e multiterritorial para a governança de responsabilidade social que contribuam para os objetivos de desenvolvimento sustentável, faço uma reflexão sob uma macrovisão estratosférica do que foi apresentado até agora. Em outras palavras, proponho um movimento de "sair da caverna" do modelo Master 3D para ver o que poderia estar além e no entorno dele.

Mantendo a perspectiva multiatores, multinível e multiterritorial para responsabilidade social em territórios politicamente orientados para o desenvolvimento sustentável, é apresentado o modelo Master 4D como metamodelo para outros a serem gerados com base na teoria da complexidade e do racionalismo transcendental, que suporta a necessidade de conceber sistemas abertos e evolutivos para o desenvolvimento sustentável.

8.4.1 O modelo Master 4D

O modelo Master 4D busca ser um modelo envoltório ou integrativo para futuras novas versões do modelo Master 3D, como uma visão além das possíveis versões específicas para a governança e a responsabilidade social multiatores e multiníveis aplicáveis a territórios orientados para o desenvolvimento sustentável.

Nessa perspectiva mais ampla e integrativa, o modelo Master 4D incorpora a multiplicidade de pessoas físicas e jurídicas como sujeitos históricos e políticos, realizando de forma substantiva – com as necessárias condições materiais – suas liberdades e responsabilidades, seus direitos e deveres, codificados em princípios éticos, valores morais e normas jurídicas, elaborando-se e expressando-se em saberes, dizeres e fazeres no cotidiano das suas diversas funções nas diversas camadas relacionais presentes em esferas sociais de territórios. Assim, o modelo Master 4D busca a unidade e o alinhamento dinâmico e histórico de suas partes, emergindo como expressão de propriedades dinâmicas de modelos de desenvolvimento que conciliem prosperidade econômica, qualidade ambiental e justiça social.

O modelo Master 4D exibe uma imagem sistêmica, dinâmica e evolutiva, com suas partes atuando como princípios, capacidades, processos, resultados e impactos de um sistema aberto e evolutivo que integra as responsabilidades sociais multiatores e multinível, contribuindo para a sustentabilidade das sociedades humanas em diversos contextos temporais e espaciais.

A imagem do modelo Master 4D é composta de múltiplas camadas combinadas:

- Uma *camada espiral temporal e espacial*, que oferece o contexto histórico e geográfico das condições materiais da existência humana, expressando possibilidades de orientação filosófica, cognitiva e estratégica para a elaboração e a renovação dos escopos e conteúdos das responsabilidades sociais dos sujeitos pessoas físicas e jurídicas.
- Uma *camada espiral de territórios de responsabilidades sociais*, aplicável em múltiplos níveis e por múltiplos atores (desde o nível pessoal, passando pelo nível organizacional, até o nível planetário e cósmico).
- Uma *camada espiral de resultados e impactos de sustentabilidade*, que envolve indicadores e métricas de prosperidade econômica, qualidade ambiental e justiça social, refletindo-se em alinhamento aos múltiplos níveis e atores de responsabilidade social, nos diversos contextos temporais e espaciais.
- Uma *camada espiral dos processos e capacidades culturais e institucionais*, que dinamiza culturas de saberes, dizeres e fazeres articulados ao campo da política e da expressão jurídica em princípios e regras jurídicas.
- Uma *camada vértice de valores éticos*, posicionada como elevação, unidade e eixo dinâmico e evolutivo que acopla, une e integra as diversas camadas do modelo Master 4D.

Figura 8.7 O modelo Master 4D como sistema integrado, aberto e evolutivo

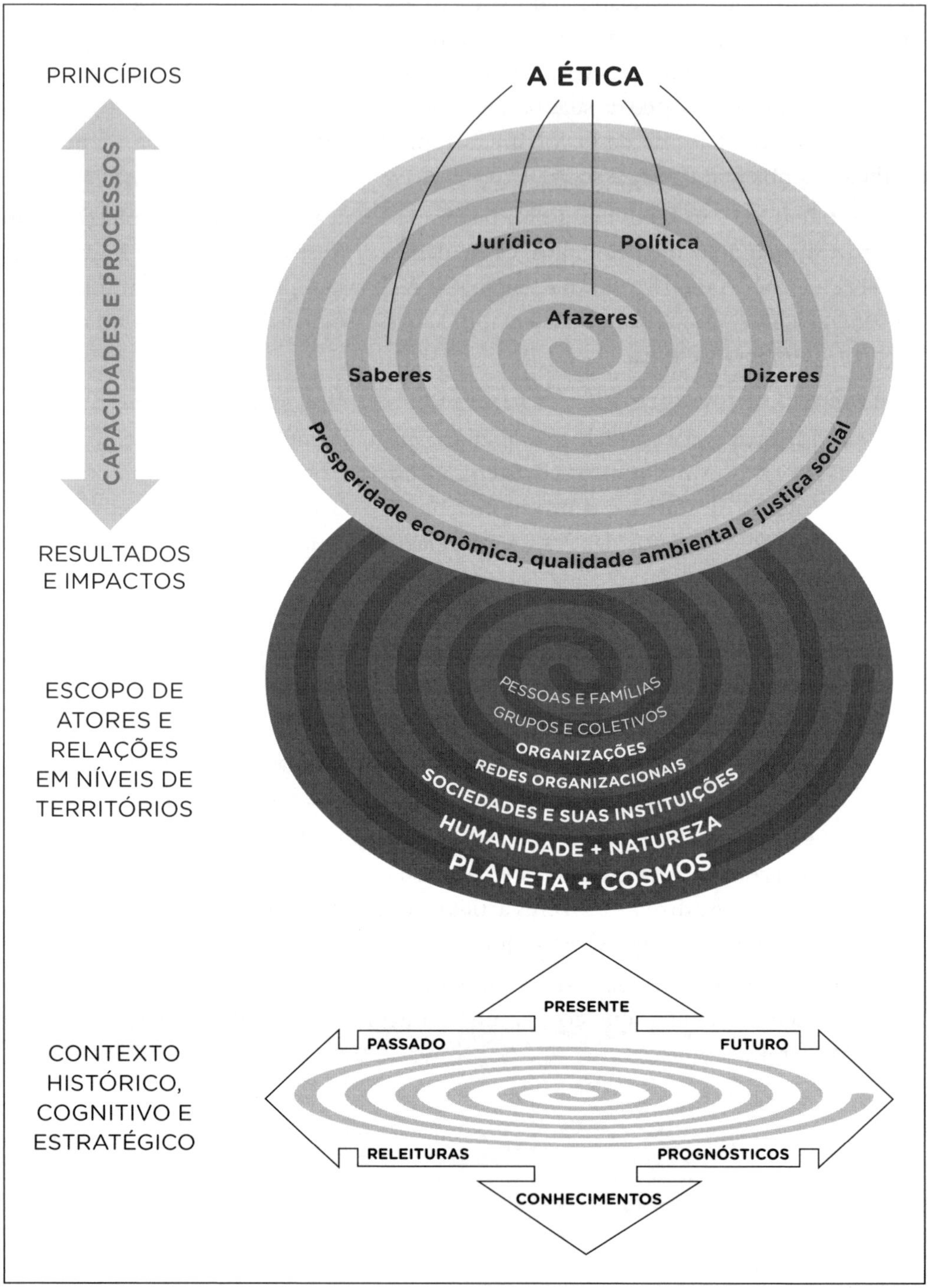

Fonte: elaborada pela autora.

8.4.2 Responsabilidades sociais: diretrizes com base no modelo Master 4D

Seguem algumas diretrizes que recomendo, com base no modelo Master 4D, para orientar a responsabilidade social em diversos segmentos da sociedade, em suas funções sociais.

8.4.2.1 Por ativistas, gestores e consultores em responsabilidade social organizacional

O padrão ISO 26000[15] concebe o conceito de responsabilidade social organizacional em sete princípios e sete temas, subdividido em 36 questões a serem objeto de análise, diagnóstico e priorização para sua incorporação pelas organizações públicas, privadas e da sociedade civil. Podemos aplicar essa norma e o modelo Master 4D em conjunto, nas camadas a seguir:

- Os sete princípios da responsabilidade social previstos pela ISO 26000, combinados aos preceitos estabelecidos em tratados e cartas internacionais expressos na fundamentação das diretrizes de responsabilidade social dessa norma, além dos princípios do direito aplicáveis ao território nacional e aos princípios éticos do sujeito pessoa jurídica expressos pelas pessoas físicas de seus sócios, gestores, trabalhadores e parceiros da organização.
- Os sete temas e as 36 questões de responsabilidade social da ISO 26000 como parte dos sistemas e processos de gestão da organização, incluindo processos decisórios e de governança, de normas jurídicas aplicáveis à organização, de processos de comunicação, de desenvolvimento de pessoas, de produção, de *marketing*, de vendas e compras, de contabilidade, de relações com a sociedade e partes interessadas.
- A transparência organizacional expressa nos relatórios publicados sobre a gestão da organização – considerando suas metas e resultados de responsabilidade social e sustentabilidade da organização e o contexto de operações –, esperados e alcançados no período, coerentes com as diretrizes de responsabilidade social da ISO 26000, gerando dados a serem retroalimentados e distribuídos aos públicos e partes interessadas no escopo de influência em suas diversas linguagens e meios de comunicação e interação.

---

15 ABNT, 2010.

8.4.2.2 Por governantes, políticos e juristas em normas e políticas para a responsabilidade social e a sustentabilidade

- Buscar a práxis e o conhecimento reflexivo para um diagnóstico permanente dos princípios e regras jurídicas nos marcos regulatórios e políticas públicas quanto a sintonia e sincronia para haver congruência com uma economia para a responsabilidade social e sustentabilidade nos sistemas administrativos, jurídicos e políticos.
- Reflexão coletiva sobre padrões insustentáveis para a oferta de políticas e serviços de interesse público, buscando o intercâmbio com ciências, saberes e tecnologias para o desenvolvimento de territórios sustentáveis.
- Promoção de políticas e tecnologias ecológicas para a concepção e a regulamentação do sistema fiscal, tributário, financeiro, de capitais, contemplando a valoração econômica de processos sustentáveis na exploração, no uso e nas combinações de recursos naturais e humanos, na ocupação do solo urbano e rural, na geração de resíduos rurais, urbanos, de serviços e industriais, nos sistemas de construção civil, de mobilidade urbana e na matriz de transportes de cargas e pessoas.

8.4.2.3 Por investidores e financiadores

- Adoção de modelos e sistemas de gestão de investimentos e projetos de financiamento diferenciados para a responsabilidade social multiatores, multinível e multiterritorial que propiciem a disseminação de princípios, processos, capacidades, bem como de resultados e impactos de responsabilidade social junto aos beneficiários de capital e de financiamento e junto aos seus respectivos *stakeholders* relacionados ao investimento ou projeto de financiamento.
- Reduzir ou descontinuar investimentos e financiamentos que estejam incongruentes com uma política de disseminação de economia para a responsabilidade social e a sustentabilidade, com regras de transição que sinalizem a orientação estratégica por meio de acesso diferenciado ao capital e ao financiamento.

8.4.3 Prospectando a educação pela ressonância e integração de consciências coletivas em sistemas abertos de responsabilidades sociais multiatores, multinível e multiterritorial

Nos cursos e textos sobre leitura corporal,[16] com base nos estudos liderados por Nereida Fontes Vilela, aprendemos que cada ser, em sua existência e manifestação no planeta Terra, decompõe-se e se integra em múltiplos corpos articulados, reverberando as aprendizagens e as memórias da personalidade e da espiritualidade.

---

16 Veja mais sobre leitura corporal e Nereida Fontes Vilela em: <http://www.leituracorporal.com.br>. Acesso em: 31 jul. 2018.

Saúde e doença, aparentemente antagônicas quando vistas sob uma perspectiva isolada, passam a ser vistas como entrelaçadas quando consideradas de uma perspectiva mais distante, que as unifique: não estou saudável porque manifesto uma doença – elas informam que o sistema "vida" está buscando restabelecer, por meio do adoecimento e de seus processos visíveis e não visíveis, o reequilíbrio dinâmico do estado "saúde". O que é que faz essa diferença de perspectiva, em que passamos a ver o que era antagônico como inerente à aprendizagem de sistemas orgânicos e não orgânicos da existência? A integração como princípio, como processo e como propósito, criando a perspectiva de visão de integrar o que percebíamos como separados e/ou como antagônicos e/ou não pertencentes a uma existência comum. Nereida Fontes Vilela nos inspira ao exercício e sensação do quanto ignoramos em nossos sistemas culturais contemporâneos a interligação dinâmica e, portanto, de sistemas abertos e complexos, considerando as múltiplas memórias e aprendizagens dos corpos da personalidade e da espiritualidade:

> Integrar é exercer a capacidade ativada e desenvolvida através das práticas do ser e do estar, do sentir-se e mostrar-se identificado, atuante, fluente e participante. É o resultado do exercício da adequação, naturalidade e comunicação. É o efeito de viver, compreender, ajustar e evoluir as relações. É a ausência do sentimento de segregação. É a experiência da completitude.[17]

Nas práticas de educação ambiental realizadas por estudantes de graduação, pós-graduação e cursos de extensão, ao buscar analogias para expressar realidades complexas em múltiplas camadas para a compreensão da questão ambiental dentro e fora de cada um dos seres humanos na interação humanidade/natureza, não mais como separadas, um esquema visual vem servindo para considerar a consciência como elemento de ligação do ambiente interno ao ambiente externo, o que se convencionou definir ser humano.

O esquema da Figura 8.8 ilustra ambientes internos e externos à pessoa física, considerando o convívio de agentes afetando-se mutuamente em diversas camadas. Caberia a cada agente a consciência de pertencimento e, ao mesmo tempo, de ser fonte geradora de decisões, ações e efeitos sobre as demais camadas do ambiente interno e externo. O elemento mais pernicioso nesse esquema poderia ser definido como a ignorância sobre nossa ignorância. Ou seja, o ato de ignorar que somos e estamos ignorando nosso pertencimento e a nossa geração de decisões, ações e efeitos sobre nós como um todo, que inclui os outros dentro do nós, como na língua espanhola temos o termo *nosotros*.

---

17 Veja mais sobre leitura corporal e Nereida Fontes Vilela em: <http://www.leituracorporal.com.br>. Acesso em: 31 jul. 2018.

Figura 8.8 Consciência em ressonância

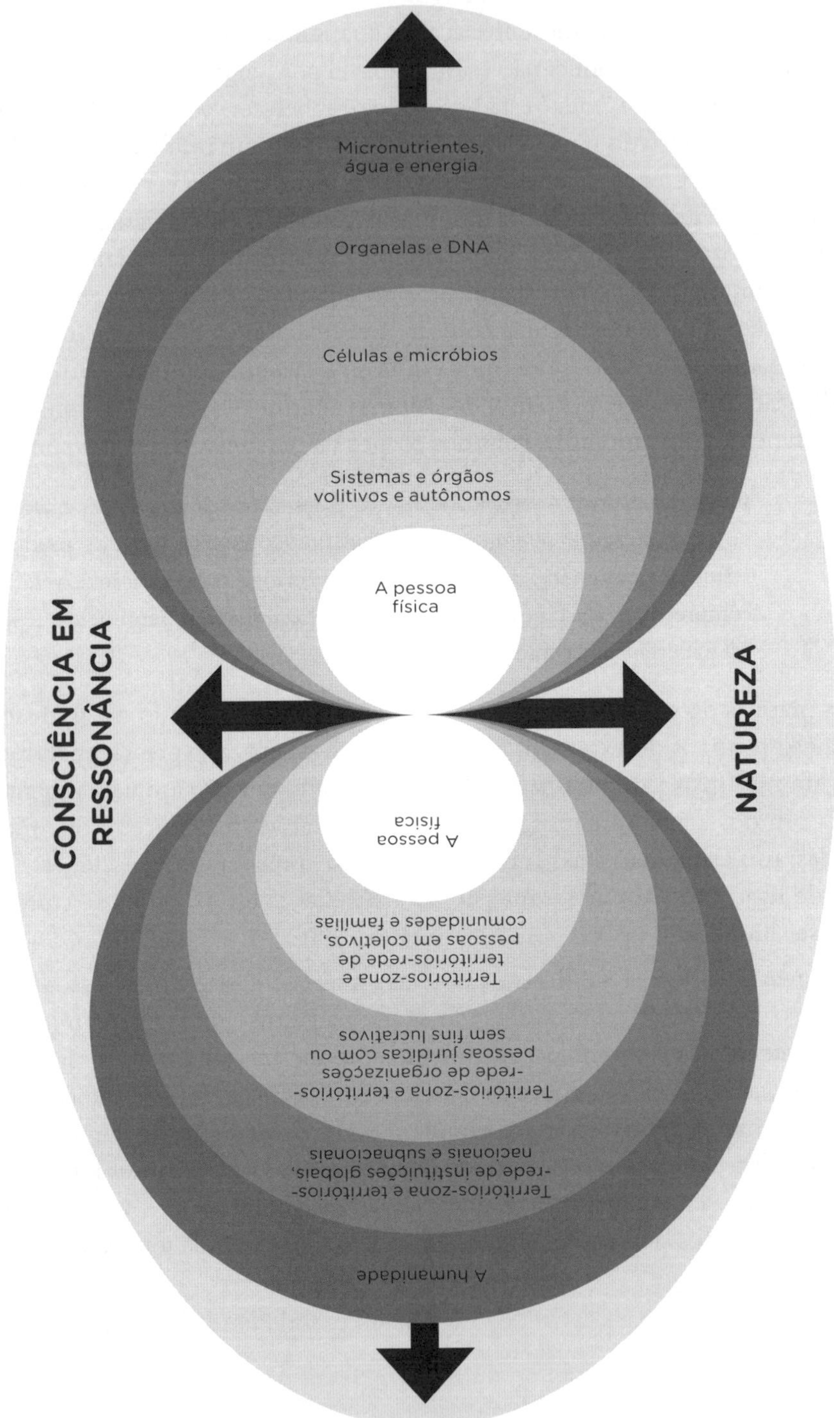

Fonte: elaborada pela autora.

Analogamente, considerando um sistema aberto, evolutivo e complexo, o modelo Master 4D é uma proposta para a aprendizagem sistêmica, dialógica e coletiva de que há uma complementaridade e unidade das múltiplas possíveis combinações multiatores, multinível e multiterritorial de responsabilidade social, sob uma perspectiva espaço-tempo dos territórios das relações societais. Alinha-se com uma abordagem filosófica da teoria da complexidade e do realismo transcendental para o desenvolvimento sustentável, como Silva Neto e Basso[18] citam Bhaskar,[19] Byrne,[20] Rihani,[21] entre outros.

A inteligência social e coletiva não se desenvolveria pela partição e isolamento de um ótimo possível estabelecido por uma determinada regra, norma ou padrão de referência para a responsabilidade social corporativa que seja posicionada de forma separada ou deslocada das responsabilidades sociais dos demais atores privados, públicos e da sociedade civil. Ou deslocando-se o nível territorial local das relações entre atores locais e suas respectivas responsabilidades sociais, sem considerar as dinâmicas e incongruências entre os demais níveis territoriais das responsabilidades sociais desses atores e/ou de outros atores.

A aprendizagem e o reconhecimento coletivo e dialógico dos desencontros e dos desalinhamentos entre as múltiplas camadas do sistema expresso no modelo Master 4D proporcionam a emergência de realinhamentos dinâmicos em novos processos e capacidades sociais e culturais, por meio dos dizeres (comunicação), saberes (conhecimento) e fazeres (práxis), renovação dos conteúdos jurídicos (pelo reconhecimento da colisão de princípios e conflito de regras jurídicas) e políticos (governança multinível e multiatores de organizações, instituições e territórios) visando à atualização de metas, resultados e impactos esperados para a sustentabilidade de territórios.

Assim como os múltiplos corpos do ser evoluem em consciência pela memória, percepção, comunicação e ação, valores e normas, as múltiplas camadas do modelo Master 4D expressam o estado e a renovação das capacidades e processos sociais e culturais, a evolução dos valores éticos na responsabilidade social e os resultados e impactos da sustentabilidade nos territórios humanos.

---

18 SILVA NETO, B.; BASSO, D. A ciência e o desenvolvimento sustentável: para além do positivismo e da pós-modernidade. *Ambiente & Sociedade*, v. XIII, n. 2, jul.-dez. 2010. Disponível em: <https://rd.uffs.edu.br/handle/prefix/1831>. Acesso em: 28 jul. 2018.

19 BHASKAR, R. *Scientific realism and human emancipation*. Londres: Verso, 1986; BHASKAR, R. *The possibility of naturalism*. Heml Hempstead: Harvester Wheatsheaf, 1989; BHASKAR, R. *A realist theory of science*. Londres: Verso, 1997.

20 BYRNE, D. *Complexity theory and the social sciences*: an introduction. London: Routledge, 1999.

21 RIHANI, S. Implications of adopting a complexity framework for development. *Progress in development Studies*, v. 2, n. 2, p. 133-143, 2002.

ÍNDICE REMISSIVO

REFERÊNCIAS

AAKER, D. A.; STHALER, E. J. *Como construir marcas líderes*. 2. ed. São Paulo: Futura, 2002.

ACCOUNTABILITY. *AA1000 assurance standard 2008*. Disponível em: <http://www.accountability.org/wp-content/uploads/2016/10/AA1000AS_portuguese.pdf>. Acesso em: 29 jul. 2018.

ADVFN. Disponível em: <https://br.advfn.com/indice/ise>. Acesso em: 29 jul. 2018.

AGÊNCIA BRASIL. *Esquema lavou mais de R$ 370 milhões por meio de empresas de fachada, diz PF*. Disponível em: <http://agenciabrasil.ebc.com.br/geral/noticia/2016-06/pfl-prende-empresarios-envolvidos-em-lavagem-de-dinheiro-e-corrupcao>. Acesso em: 29 jul. 2018.

AKATU. Bovespa lança programa de incentivo às boas práticas empresariais. *Akatu*, abr. 2011. Disponível em: <http://www.akatu.org.br/noticia/bovespa-lanca-programa-de-incentivo-as-boas-praticas-empresariais>. Acesso em: 29 jul. 2018.

ALBERTON, A. *Meio ambiente e desempenho econômico financeiro*: o impacto da ISO 14001 nas empresas brasileiras. 2003. Tese (Doutorado em Engenharia de Produção) – Universidade Federal de Santa Catarina, Florianópolis, 2003.

ALIGLERI, L. et al. A responsabilidade social na gerência de produção: percepções, políticas e perspectivas na indústria de alimentos da região de Londrina. In: ENCONTRO NACIONAL DA ASSOCIAÇÃO NACIONAL DE PÓS-GRADUAÇÃO E PESQUISA EM ADMINISTRAÇÃO, 27, 2003. Londrina. *Anais*... Rio de Janeiro: Anpad, 2003. CD-ROM.

ANDREWS, K. R. *The concept of corporate strategy*. Homewood, IL: Dow Jones-Irwin, 1971.

ARAÚJO, G. C. et al. Sustentabilidade empresarial: conceito e indicadores. In: III CONGRESSO VIRTUAL BRASILEIRO DE ADMINISTRAÇÃO. 2006. Disponível em: <http://www.convibra.com.br/2006/artigos/61_pdf.pdf>. Acesso em: jul. 2018.

ARBIX, G. Guerra fiscal e competição intermunicipal por novos investimentos no setor automotivo brasileiro. *Revista de Ciências Sociais*, Universidade Cândido Mendes, v. 43, n. 1, 2000.

ARNT, R. Responsabilidade social: questão de coerência. *Exame*, São Paulo, p. 74-76, maio 2003.

ARRUDA, M. C. C. Para que servem os códigos de ética? *Revista Ética nos Negócios*. v. 4. n. 13, mar. 2014. Disponível em: <http://www.revistaeticanosnegocios.org.br>. Acesso em: jul. 2018.

ASHLEY, P. A. (Org.). *Ética e responsabilidade social nos negócios*. São Paulo: Saraiva, 2002.

______. (Org.). *Ética e responsabilidade social nos negócios*. 2. ed. São Paulo: Saraiva, 2005.

______. Responsabilidade social corporativa: sustentabilidade das estratégias de gestão. *Revista Fundos de Pensão*. Brasília: ABRAPP, jul. 2002.

ASHLEY, P. A. *Tendências do "dever-ser" quanto ao comércio ético de alimentos na gestão estratégica de supermercados a partir da práxis coletiva pesquisador-Asserj-Abras*. Tese (Doutorado em Administração de Empresas) – Instituto de Administração e Gerência da Pontifícia Universidade Católica do Rio de Janeiro, Rio de Janeiro, 2002.

ASSAF NETO, A. *Finanças corporativas e valor*. São Paulo: Atlas, 2003.

ASSOCIAÇÃO BRASILEIRA DE NORMAS TÉCNICAS (ABNT). *NBR-ISO 16000*: responsabilidade social – sistema da gestão. Rio de Janeiro, 2011.

______. *NBR-ISO 16001*: responsabilidade social – sistema de gestão – requisitos. Rio de Janeiro, 2012.

______. *NBR-ISO 26000*: diretrizes sobre responsabilidade social. Rio de Janeiro, 2010.

B3. Disponível em: <http://www.b3.com.br>. Acesso em: 29 jul. 2018.

BALANÇO SOCIAL: convergências e divergências entre os modelos do IBASE, GRI e INSTITUTO ETHOS. Disponível em: <http://nemac.ufsc.br/files/2012/11/balanco ibase.pdf>. Acesso em: jul. 2018.

BANCO DO BRASIL. *Lâmina de informações essenciais sobre o BB ações índice de sustentabilidade empresarial jovem FIC FIA*. 2018a. Disponível em: <http://www.bb.com.br/docs/pub/siteEsp/dtvm/dwn/lam06349816.pdf>. Acesso em: 29 jul. 2018.

_____. *Regulamento do BB top ações índice de sustentabilidade empresarial fundo de investimento em ações*. 2018b. Disponível em: <http://www.bb.com.br/docs/pub/siteEsp/dtvm/dwn/reg05775731.pdf>. Acesso em: 29 jul. 2018.

BANCO INTERNACIONAL DE DESENVOLVIMENTO (BID). *Relatório 2005*: libertar o crédito, como aprofundar e estabilizar o financiamento bancário. Rio de Janeiro: Campus, 2005.

BARBER, B. M.; LYON, J. D. Detecting long-run abnormal stock returns: the empirical power and specification of test statistics. *Journal of Financial Economics*, v. 43, p. 341-372, 1997.

BARBOSA, L.; CAMPBELL, C. O estudo do consumo nas ciências sociais contemporâneas. In: BARBOSA, L.; CAMPBELL, C. (Org.). *Cultura, consumo e identidade*. Rio de Janeiro: FGV, 2006.

______. Responsabilidade Socioambiental Empresarial. Novas tendências das empresas de Design de Moda. In: CIPED, 2011, Lisboa. *Anais*... Lisboa, 2011.

BARBOSA, L.; PORTILHO, F.; WILKINSON, J.; DUBEUX, V. Trust, participation and political consumerism among Brazilian youth. *Journal of Cleaner Production*, Elsevier, vol. 63, jan. 2014. p. 93-101. Disponível em: <http://dx.doi.org/10.1016/j.jclepro.2013.08.044>. Acesso em: 29 jul. 2018.

BARBOSA, V. Bovespa lança programa de sustentabilidade empresarial. *Revista Exame*, abr. 2011. Disponível em: <https://exame.abril.com.br/mundo/bovespa-lanca-programa-de-sustentabilidade-empresarial>. Acesso em: 29 jul. 2018.

BARRILAO, J. F. S. Sobre la constitución normativa y la globalización. *Revista de la Facultad de Derecho de la Universidad de Granada*, p. 241-261, 2004.

BECK, Ü. *Sociedade de risco*: rumo a uma outra realidade. Tradução de Sebastião Nascimento. São Paulo: Editora 34, 1999.

BELLIER, C.; ALBUQUERQUE, A. C. C. Painel de stakeholders: uma abordagem de engajamento versátil e estruturada. *Instituto Ethos*, abr. 2013. Disponível em: <http://www3.ethos.org.br/cedoc/painel-de-stakeholders-uma-abordagem-de-engajamento-versatil-e-estruturada/#.Wsboz9TwbIU >. Acesso em: 29 jul. 2018.

BERLE, A. A.; MEANS, G. C. *Modern corporation and private property*. Somerset, NJ: Transaction, 1991.

BERLIM, L. G. *Moda e sustentabilidade*: uma reflexão necessária. São Paulo: Estação das Letras e Cores, 2012.

______. *Transformações no campo da moda*: críticas éticas e estéticas. Rio de Janeiro, 2016. Tese (Doutorado em Ciências Sociais em Desenvolvimento e Agricultura) – UFRRJ, 2016.

BERLIM, L.G.; PORTILHO, F. Transformações no campo da moda: crítica ética e estética. In: VIII ENCONTRO DA ANPPAS, 2017, Natal/RN, *Anais* do VIII EnAnppas, 2017.

BHASKAR, R. *A realist theory of science*. Londres: Verso, 1997.

______. *Scientific realism and human emancipation*. Londres: Verso, 1986.

______. *The possibility of naturalism*. Heml Hempstead: Harvester Wheatsheaf, 1989.

BIERMANN, A. L. R. As sociedades empresariais e o novo Código Civil. *Jus*, out. 2003. Disponível em: <https://jus.com.br/artigos/4290/as-sociedades-empresarias-e-o-novo-codigo-civil/4>. Acesso em: jul. 2018.

BM&FBOVESPA. *Novo valor – Sustentabilidade nas empresas*: como começar, quem envolver e o que priorizar. 2. ed, rev. e atual. São Paulo: BM&FBOVESPA, 2016. Disponível em: <http://www.b3.com.br/data/files/D3/D0/0F/6C/FE07751035EA4575790D8AA8/GuiaNovoValor_SustentabilidadeNasEmpresas_PT.PDF>. Acesso em: 28 jul. 2018.

BOLSA DE VALORES SOCIOAMBIENTAIS (BVSA). *Investimento social*. Disponível em: <http://www.bvsa.org.br>. Acesso em: 9 jul. 2018.

BOLTANSKI, L.; CHIAPELLO, È. *O novo espírito do capitalismo*. São Paulo: Martins Fontes, 2009.

BORGER, F. G. Responsabilidade social corporativa e sustentabilidade para a gestão empresarial. *Instituto Ethos*, jun 2013. Disponível em <http://www3.ethos.org.br/cedoc/responsabilidade-social-empresarial-e-sustentabilidade-para-a-gestao-empresarial/#.WsaQn7eG_IU>. Acesso em: 29 jul. 2018.

BOTELHO, T.; MORENO, R. A responsabilidade social e ambiental valoriza as empresas? *Direito, Estado e Sociedade*, n. 31, p. 199-219, jul.-dez. 2007.

BOURDIEU, P. *A distinção*: crítica social do julgamento. Porto Alegre: Zouk, 2008.

BOURDIEU, P. *As regras da arte*. São Paulo: Companhia das Letras, 2005.

______. *Questions de Sociologie*. Paris: Les Éditions de Minuit, 1988.

______. *Razões práticas*: sobre a teoria da ação. Campinas: Papirus, 1996.

BOWEN, H. R. *Social responsibilities of the businessman*. New York: Harper & Brothers, 1953.

BRANDÃO, C. E. L. Governança corporativa e ética: alguns desafios. In: FONTES FILHO, J. R.; LEAL, R. P. C. (Org.). *O futuro da governança corporativa*. São Paulo: Saint Paul, 2014. Edição eletrônica.

BRASIL SUSTENTÁVEL. *Sustentabilidade*. Disponível em: <http://www.brasilsustentavel.org.br/sustentabilidade>. Acesso em: 29 jul. 2018.

BRASIL. *Acordos globais 2012*. Disponível em: <http://www.brasil.gov.br/meio-ambiente/2012/01/acordos-globais>. Acesso em: 29 jul. 2018.

______. Constituição (1988). *Constituição da República Federativa do Brasil*. Brasília: Senado Federal, 1988.

______. Decreto n. 4.410, de 7 de outubro de 2002. Promulga a Convenção Interamericana contra a Corrupção, de 29 de março de 1996, com reserva para o art. XI, parágrafo 1º, inciso “c”. *Diário Oficial da República Federativa do Brasil*, Brasília, 7 out. 2002. Disponível em: <http://www.planalto.gov.br/ccivil_03/decreto/2002/d4410.htm>. Acesso em: 29 jul. 2018.

______. Decreto n. 5.687, de 31 de janeiro de 2006. Promulga a Convenção das Nações Unidas contra a Corrupção, adotada pela Assembleia-Geral das Nações Unidas em 31 de outubro de 2003 e assinada pelo Brasil em 9 de dezembro de 2003. *Diário Oficial da República Federativa do Brasil*, Brasília, 31 maio 2006. Disponível em: <http://www.planalto.gov.br/ccivil_03/_ato2004-2006/2006/decreto/d5687.htm>. Acesso em: 29 jul. 2018.

______. Decreto n. 8.420, de 18 de março de 2015. Regulamenta a Lei n. 12.846, de 1º de agosto de 2013, que dispõe sobre a responsabilização administrativa de pessoas jurídicas pela prática de atos contra a administração pública, nacional ou estrangeira e dá outras providências. *Diário Oficial da República Federativa do Brasil*, Brasília, 18 mar. 2015. Disponível em: <http://www.planalto.gov.br/ccivil_03/_ato2015-2018/2015/decreto/D8420.htm>. Acesso em: 29 jul. 2018.

______. Lei Complementar n. 128, de 19 de dezembro de 2008. Altera a Lei Complementar n. 123, de 14 de dezembro de 2006, altera as Leis n. 8.212, de 24 de julho de 1991, 8.213, de 24 de julho de 1991, 10.406, de 10 de janeiro de 2002 – Código Civil, 8.029, de 12 de abril de 1990, e dá outras providências. *Diário Oficial da República Federativa do Brasil*, Brasília, DF, 22 dez. 2008.

______. Lei Complementar n. 155, de 27 de outubro de 2016. Altera a Lei Complementar n. 123, de 14 de dezembro de 2006, para reorganizar e simplificar a metodologia de apuração do imposto devido por optantes pelo Simples Nacional; altera as Leis n. 613, de 3 de março de 1998, 12.512, de 14 de outubro de 2011, e 7.998, de 11 de janeiro de 1990; e revoga dispositivo da Lei n. 8.212, de 24 de julho de 1991. *Diário Oficial da República Federativa do Brasil*, Brasília, DF, 28 out. 2016

BRASIL. Lei n. 10.406, de 10 de janeiro de 2002. Institui o Código Civil. *Diário Oficial da República Federativa do Brasil*, Brasília, 10 jan. 2002. Disponível em: <http://www.planalto.gov.br/ccivil_03/leis/2002/l10406.htm>. Acesso em: 29 jul. 2018.

______. Lei n. 12.683, de 9 de julho de 2012. Altera a Lei n. 9.613, de 3 de março de 1998, para tornar mais eficiente a persecução penal dos crimes de lavagem de dinheiro. *Diário Oficial da República Federativa do Brasil*, Brasília, 9 jul. 2012. Disponível em: <http://www.planalto.gov.br/ccivil_03/_ato2011-2014/2012/lei/l12683.htm>. Acesso em: 29 jul. 2018.

______. Lei n. 12.846, de 1º de agosto de 2013. Dispõe sobre a responsabilização administrativa e civil de pessoas jurídicas pela prática de atos contra a administração pública, nacional ou estrangeira, e dá outras providências. *Diário Oficial da República Federativa do Brasil*, Brasília, 1º ago. 2013. Disponível em: <http://www.planalto.gov.br/ccivil_03/_ato2011-2014/2013/lei/l12846.htm>. Acesso em: 29 jul. 2018.

______. Lei n. 6.404, de 15 de dezembro de 1976. Dispõe sobre as Sociedades por Ações. *Diário Oficial da República Federativa do Brasil*, Brasília, 15 dez. 1976. Disponível em: <http://www.planalto.gov.br/ccivil_03/leis/L6404consol.htm>. Acesso em: 29 jul. 2018.

______. Lei n. 9.613, de 3 de março de 1998. Dispõe sobre os crimes de "lavagem" ou ocultação de bens, direitos e valores; a prevenção da utilização do sistema financeiro para os ilícitos previstos nesta Lei; cria o Conselho de Controle de Atividades Financeiras (Coaf), e dá outras providências. *Diário Oficial da República Federativa do Brasil*, Brasília, 3 mar. 1998. Disponível em: <http://www.planalto.gov.br/ccivil_03/leis/l9613.htm>. Acesso em: 29 jul. 2018.

BRASIL; CÂMARA DOS DEPUTADOS. *Pesquisa avançada*: seção Projetos de Lei e Outras Proposições. Brasília, DF, 2018. Disponível em: <http://www.camara.leg.br/buscaProposicoesWeb/pesquisaAvancada>. Acesso em: 6 maio 2018.

BRAUNGART, M.; McDONOUGH, W. *From cradle to cradle*. São Paulo: Gustavo Gilli, 2002.

BRIGHAM, E. F.; HOUSTON, J. F. *Fundamentos da moderna administração financeira*. Trad. Maria Imilda da Costa e Silva. Rio de Janeiro: Campus, 1999.

BROWN, S. *Refashioned*: cutting-edge clothing from upcycled materials. Londres: Laurence King Publishing, 2013.

BROWN, S. J.; WARNER, J. B. Measuring security price performance. *Journal of Financial Economics*, v. 8, p. 205-258, 1980.

______. Using daily stock returns: the case of events studies. *Journal of Financial Economics*, v. 14, n. 1, p. 3-31, mar. 1985.

BYRNE, D. *Complexity theory and the social sciences*: an introduction. London: Routledge, 1999.

CAIXA ECONÔMICA FEDERAL (CEF). *Caixa FI ações ISE*. Disponível em: <http://www.caixa.gov.br/fundos-investimento/fundos-de-acoes/fi-acoesise/Paginas/default.aspx>. Acesso em: 29 jul. 2018.

CALANCA, D. *História social da moda*. São Paulo: Senac, 2002.

CAMPBELL, C. *A ética romântica e o espírito do consumismo moderno*. Rio de Janeiro: Rocco, 2001.

______. Eu compro, logo sei que existo: as bases metafísicas do consumo moderno. In: BARBOSA, L.; CAMPBELL, C. (Org.). *Consumo, cultura e identidade*. Rio de Janeiro: FGV, 2006.

______. O consumidor artesão: cultura, artesania e consumo em uma sociedade pós-moderna. *Antropolítica: Revista Contemporânea de Antropologia e Ciência Política*, n. 1, Niterói: UFF, 1995.

CAMPBELL, J. Y.; LO, A. W.; MACKINLAY, A. C. *The econometrics of financial markets*. Princeton: Princeton University Press, 1997.

CAMPBELL, L.; GULAS, C. S.; GRUCA, T. S. Corporate giving behavior and decision-maker social consciousness. *Journal of Business Ethics*, Dordrecht, v. 19, n. 4, p. 375-383, maio 1999.

CAPRA, F.; LUISI, P. L. *A visão sistêmica da vida*: uma concepção unificada e suas implicações filosóficas, políticas, sociais e econômicas. São Paulo: Cultrix-Anama Key, 2014.

CARDOSO, A. J. G.; ASHLEY, P. A. A responsabilidade social nos negócios: um conceito em construção. In: ASHLEY, P. A. (Org.). *Ética e responsabilidade social nos negócios*. São Paulo: Saraiva, 2002.

CARROL, A. B. A three-dimensional conceptual model of corporate performance. *Academy of Management Review*, Biarcliff Manor, v. 4, p. 497-505, 1979.

CARVALHO, A. G. *Efeitos da migração para os níveis de governança da Bovespa*. Trabalho preparado para a Bovespa. Disponível em: <http://www.economia.puc-rio.br/pdf/seminario/2003/MIGRACAO.pdf>. Acesso em: 29 jul. 2018.

______. Governança corporativa no Brasil em perspectiva. *Revista de Administração*, São Paulo, v. 37, n. 3, p. 19-32, jul.-set. 2002.

CASTELLS, M. *A sociedade em rede*: a era da informação: economia, sociedade e cultura. São Paulo: Paz e Terra, 1999. v. I.

CASTILHO, K. *Moda e linguagem*. São Paulo: Anhembi Morumbi, 2002.

CASTILHO, K.; MARTINS, M. *Discursos da moda*: semiótica, design e corpo. São Paulo: Anhembi Morumbi, 2005.

CASTRO, P. R. *O mito do governo grátis*: o mal das políticas econômicas ilusórias e as lições de 13 países para o Brasil mudar. Rio de Janeiro: Edições de Janeiro, 2014.

CASTRO, R. G. Governança corporativa e os programas de *compliance* no Brasil. *Canal Ciências Criminais*, out. 2016. Disponível em: <https://canalcienciascriminais.com.br/governanca-corporativa>. Acesso em: 29 jul. 2018.

CAVALCANTE, M. A. L. *Comentários à Lei n. 12.683/2012, que alterou a Lei de Lavagem de Dinheiro*, 16 jul. 2012. Disponível em: <http://www.dizerodireito.com.br/2012/07/comentarios-lei-n-126832012-que-alterou.html>. Acesso em: 29 jul. 2018.

CHAMBERLAIN, N. W. *Enterprise and environment*. New York: McGraw-Hill, 1968.

CHIOZZOTO, S. *Relatório de sustentabilidade*: o novo balanço social, 2010. Disponível em: <http://www.sustentabilidaderesultados.com.br>. Acesso em: 29 jul. 2018.

CLARKE, T. The stakeholder corporation: a business philosophy for the information age. *Long Range Planning*, v. 31, n. 2, p. 182-194, abr. 1998.

COCHRAN, P. L.; WOOD, R. A. Corporate social responsability and financial performance. *Academy of Management Journal*, v. 27, n. 1, p. 42-56, mar. 1984.

COMISSÃO BRASILEIRA DE ACOMPANHAMENTO DO RELATO INTEGRADO (CBARI). Os capitais do <IR>. *Relato Integrado Brasil*, out. 2016. Disponível em: <http://www.relatointegradobrasil.com.br/conteudo_pt.asp?idioma=0&tipo=55220&conta=28>. Acesso em: 29 jul. 2018.

______. IIRC internacional. *Relato Integrado Brasil*, jul. 2015. Disponível em: <http://www.relatointegradobrasil.com.br/conteudo_pt.asp?idioma=0&conta=28&tipo=55183>. Acesso em: 29 jul. 2018.

CONFERÊNCIA DAS NAÇÕES UNIDAS SOBRE COMÉRCIO E DESENVOLVIMENTO (UNCTAD). *Relatório de economia criativa* 2010: economia criativa, uma opção de desenvolvimento. Brasília: Secretaria da Economia Criativa/Minc; São Paulo: Itaú Cultural, 2012. Disponível em: <http://unctad.org/pt/docs/ditctab20103_pt.pdf>. Acesso em: 29 jul. 2018.

CONSELHO EMPRESARIAL BRASILEIRO PARA O DESENVOLVIMENTO SUSTENTÁVEL (CEBDS). O que é GRI? Entenda tudo!. *CEBDS*, abr. 2017. Disponível em: <http://cebds.org/blog/o-que-e-gri/#.WqMYqx3wbI>. Acesso em: 29 jul. 2018.

CONSELHO FEDERAL DE CONTABILIDADE (CFC). *Resolução n. 1.530*, de 22 de setembro de 2017. Dispõe sobre os procedimentos a serem observados pelos profissionais e organizações contábeis para cumprimento das obrigações previstas na Lei n. 9.613/1998 e alterações posteriores. Disponível em: <http://www1.cfc.org.br/sisweb/SRE/docs/Res_1530.pdf>. Acesso em: 29 jul. 2018.

CONSTANTINO, R. *Brasileiro é otário?* O alto custo da nossa malandragem. Rio de Janeiro: Record, 2016.

CONTROLADORIA GERAL DA UNIÃO (CGU). *Lei Anticorrupção*, 2018. Disponível em: <http://www.cgu.gov.br/assuntos/responsabilizacao-de-empresas/lei-anticorrupcao>. Acesso em: 29 jul. 2018.

______. *Integridade no setor privado*, 22 dez. 2014. Disponível em: <http://www.cgu.gov.br/assuntos/responsabilizacao-de-empresas/integridade-no-setor-privado>. Acesso em: 29 jul. 2018.

CORAL, E. Modelo de planejamento estratégico para a sustentabilidade empresarial. 2002. 275 f. Tese (Doutorado) – Curso de Engenharia de Produção, Universidade Federal de Santa Catarina, Florianópolis, 2002. Disponível em: <https://repositorio.ufsc.br/bitstream/handle/123456789/82705/189235.pdf?sequence=1>. Acesso em: 29 jul. 2018.

CORPORATE EUROPE OBSERVATORY. OMC: *El gobierno de las multinacionales*. Reparto de poderes en la ronda del milenio. Disponível em: <http://www.nodo50.org/maast/multinacionales.htm>. Acesso em: 29 jul. 2018.

CRAILAR. Disponível em: <http://www.crailar.com>. Acessos em: 29 jul. 2018.

CREDIDIO, F. Triple bottom line: o tripé da sustentabilidade. *Rede Filantropia*, nov. 2008. Disponível em: <http://www.filantropia.ong/informacao/triple_bottom_line_o_tripe_da_sustentabilidade>. Acesso em: 29 jul. 2018.

CROSBY, A.; IRSCHICK, D. J.; *GeckSkin™*. The college of natural sciences, university of Massachusetts Amherst, 2012. Disponível em: <https://geckskin.umass.edu>. Acesso em: 29 jul. 2018.

DAVIES, J. (Coord.). *Personal wealth from a global perspective*: UNU-WIDER studies in development economics. Oxford: Oxford University Press, 2008.

DI BLASI, G. Lei Anticorrupção: uma ferramenta eficaz? *JOTA*, ago. 2017. Disponível em: <https://www.jota.info/coberturas-especiais/as-claras/lei-anticorrupcao-uma-ferramenta-eficaz-29082017>.Acesso em: 29 jul. 2018.

DIOS, S. A. *Implicación de las empresas multinacionales en la desigualdad global, ineficacia de la responsabilidad social corporativa y el papel de la contabilidad*. 2016. Tese (Doutorado em Contabilidade e Finanças) – Universidad de Zaragoza, Espanha, 2016.

DODD, E. M. For whom are corporate managers trustees? *Harvard Law Review*, v. 45, n. 7, p. 1145-1163, maio 1932.

DOISÉLLES. Disponível em: <http://www.doiselles.com.br>. Acesso em: 29 jul. 2018.

DOUGLAS, M.; ISHERWOOD, B. *O mundo dos bens*: para uma antropologia do consumo. Rio de Janeiro: UFRJ, 2006.

DONALDSON, T., DUNFEE, T.W. Towards a unified conception of business ethics: Integrative social contracts theory. *Academy of Management Review*. v. 19, p. 252-284, 1994.

DUSSÁN, A. T. Principios rectores sobre empresas y derechos humanos: voluntarios en la ONU y obligatorios en lo local? *RIDH*, jul. 2013. Disponível em: <http://ridh.org/news/principios-rectores-sobre-empresas-y-derechos-humanos-voluntarios-en-la-onu-y-obligatorios-en-lo-local>. Acesso em: 29 jul. 2018.

EDELSBERG, L. E.; NESS JR, W. L. O impacto de privatização sobre os preços das ações no mercado de capitais brasileiro. In: I ENCONTRO BRASILEIRO DE FINANÇAS, 2001, São Paulo. *Anais*... Sociedade Brasileira de Finanças (SBFin), 2001. Disponível em: <http://www.sbfin.org.br/pt/evento/i-encontro-brasileiro-de-financas-2001>. Acesso em: 29 jul. 2018.

EK COMUNICAÇÃO & MARKETING (EKMKT). Transição da G4 para a GRI Standards: primeira Norma Global, *EKMKT*, jun. 2017 Disponível em: <http://www.ek2.com.br/destaque-492-transicao-g4-para-gri-standards-primeira-norma-global>. Acesso em: 29 jul. 2018.

ELOY, P. Quando ética e respeito a acionista são os ativos mais valiosos do investidor: Fundos procuram empresas com rentabilidade e critérios de governança. *O Globo*, Rio de Janeiro, 19 maio 2003. Caderno de Economia, p. 18.

ENDERLE, G.; TAVIS, L. A. A balanced concept of the firm and the measurement of its long-term planning and performance. *Journal of Business Ethics*, Dordrecht, v. 17, n. 11, p. 1129-1144, Aug. 1998.

FARHAT, S. *Lobby*. O que é? Como se faz: ética e transparência na representação junto a governos. São Paulo: Aberje; Peirópolis, 2007.

FARIA, J. H.; MENEGHETTI, F. K. Discursos organizacionais. In: ENCONTRO NACIONAL DA ASSOCIAÇÃO NACIONAL DE PÓS-GRADUAÇÃO E PESQUISA EM ADMINISTRAÇÃO, 25, 2001, Campinas. *Anais*... Rio de Janeiro: Anpad, 2001.

FERREIRA, R. N. *Índices-padrão e situação econômica, financeira e político-social de cooperativas de leite e café da região sul do estado de Minas Gerais*. 1999. 138p. Dissertação (Mestrado em Administração Rural) – Universidade Federal de Lavras, Lavras, 1999.

______. *Governança corporativa e desempenho*: uma análise em empresas brasileiras de capital aberto. 2012. 287p. Tese (Doutorado em Administração) – Universidade Federal de Lavras, Lavras, 2012.

______. *Índices-padrão e situação econômica, financeira e político-social de cooperativas de leite e café da região sul do estado de Minas Gerais*. 1999. 138p. Dissertação (Mestrado) – Universidade Federal de Lavras, Lavras, 1999.

______. Responsabilidade social corporativa e valor das empresas. In: ASHLEY, P. A. (Org.). *Ética e responsabilidade social nos negócios*. 2. ed. São Paulo: Saraiva, 2005.

FLETCHER, K. Slow fashion: an invitation for systems change. *Fashion Practice*, v. 2, n. 2, p. 259-265, Londres, 2010.

______. *Sustainable fashions & textiles*: design journeys. Londres: Earthscan, 2010.

FLETCHER, K.; GROSE, L. *Moda e sustentabilidade, design para a mudança*. São Paulo: Senac, 2012.

FREDERICK, W. C. From CSR1 to CSR2. *Business and society*, Thousand Oaks, v. 33, n. 2, ago. 1994.

______. Moving to CSR4: what to pack for the trip. *Business and Society*. v. 37, n. 1, p. 40-59, mar. 1998.

FUNDAÇÃO DOS ECONOMIÁRIOS FEDERAIS (FUNCEF). Investimentos e responsabilidade social. *Funcef*, 2016. Disponível em: <http://www.funcef.com.br/noticias/investimentos-e-responsabilidade-social.htm>. Acesso em: 29 jul. 2018.

FUNDOS de pensão: responsabilidade social passa a ser pré-requisito para aplicações. *Valor Econômico*, 2 fev. 2001. Caderno Finanças - C-2.

GALBRAITH, J. K. *Economics and the public purpose*. Boston: Houghton Mifflin, 1973.

GARCIA, C. Por uma poética do lugar-comum. In: QUEIROZ, J. R.; BOTELHO, R. (Org.). *Ronaldo Fraga*. São Paulo: Cosac & Naify, 2007 (Coleção Moda Brasileira).

GARCIA, L. As inovações da Lei n. 12.683, de 9 de julho de 2012: nova Lei de Lavagem de Dinheiro. *Jusbrasil*, fev. 2015. Disponível em: <https://lararg.jusbrasil.com.br/artigos/169774466/as-inovacoes-da-lei-n-12683-de-9-de-julho-de-2012>. Acesso em: 29 jul. 2018.

GAULIA, L. A. Cuide dos clientes antes de salvar o panda. *Revista Plurale*, Rio de Janeiro, p.16-17, maio-jun. de 2017.

______. Saber e querer cuidar. *Revista Plurale*, Rio de Janeiro, p. 20-21, dez. 2015.

______. O envolvimento responsável e a prática do cuidado. *Plurale em site*, abr. 2011. Disponível em: <http://www.plurale.com.br/site/noticias-detalhes.php?cod=10474&codSecao=2>. Acesso em: jul. 2018.

GITMAN, L. J. *Princípios de administração financeira*. São Paulo: Habra, 1997.

GLOBAL REPORTING INITIATIVE (GRI). *Diretrizes para relato de sustentabilidade*: partes 1 e 2. Disponíveis em: <https://www.globalreporting.org/Pages/Resource-Library.aspx>. Acesso em: 29 jul. 2018.

______. *Diretrizes para relato de sustentabilidade*: princípios para relato e conteúdo padrão, 2015. Disponível em: <https://www.globalreporting.org/Pages/Resource-Library.aspx>. Acesso em: 29 jul. 2018.

______. Disponível em: <http://www.globalreporting.org>. Acesso em: 29 jul. 2018.

______. Disponível em: <http://www.globalreporting.org/Information/about-gri/Pages/default.aspx>. Acesso em: 29 jul. 2018.

______. *Pontos de partida*: relatórios de sustentabilidade da GRI. Quanto vale essa jornada? 2012. Disponível em: <https://www.globalreporting.org/Pages/Resource-Library.aspx>. Acesso em: 29 jul. 2018.

GOIDANICH, E. M. Os discursos sobre consumo consciente/crítico/político: divergências na academia e na sociedade civil. In: COMUNICON, 2014, São Paulo. *Anais*... São Paulo, 2014.

GONÇALVES, E. L. (Org.). *Balanço social da empresa na América Latina*. São Paulo: Pioneira, 1980.

GONZALEZ, R. S. Ação social corporativa agrega valor aos acionistas. *Agência Estado, Setorial*, São Paulo, 6 fev. 2002b. Disponível em: <http://www.aesetorial.com.br/construção/artigos/2002/fev/06/255.htm>. Acesso em: 29 jul. 2018.

______. Tendência mundial: governança e responsabilidade social corporativa. *Relações com investidores*, São Paulo, n. 53, p. 15-16, jul. 2002a.

GRANOVETTER, M. Ação econômica e estrutura social: o problema da incrustação. In: PEIXOTO, J.; MARQUES, R. *A nova sociologia econômica*. Oieiras: Celta, 2003.

GRAY, R. *Taking a long view on what we now know about social and environmental accountability and reporting*. Centre for Social and Environmental Accounting Research, School of Management, University of St Andrews, St Andrews, Scotland, 2005. Disponível em: <https://www.st-andrews.ac.uk/media/csear/discussion-papers/CSEAR_dps-socenv-longview.pdf>. Acesso em: 29 jul. 2018.

GREENDOMUS. Relatório de sustentabilidade. *Green Domus Desenvolvimento Sustentável*, 2018. Disponível em: <http://greendomus.com.br/relatorio-de sustentabilidade/?gclid=EAIaIQobChMI9e66uZTe2QIVlonICh2_CA4yEAAYASAAEgJWYvD_BwE>. Acesso em: 29 jul. 2018.

GRIFFIN, J. J.; MAHON, J. F. The corporate social performance and corporate financial performance debate. *Business & Society*, v. 36 n. 1, p. 5-31, mar. 1997.

GROSSE, R.; BEHRMAN, J. Theory in international business. *Transnational Corporations*, 1, p. 93-126, 1992.

GRÜNINGER, B. Social certification and agribusiness. In: ISBEE. *Congress* 2000, São Paulo. Disponível em: <http://www.bsd-net.com>. Acesso em: 29 jul. 2018.

GRZYBOWSKI, C. Água: um bem comum ameaçado. *Instituto Brasileiro de Análises Sociais e Econômicas (iBASE)*, mar. 2018. Disponível em: <http://ibase.br/pt/opiniao/agua-um-bem-comum-ameacado>. Acesso em: 29 jul. 2018.

HAIDER, D. H. et al. *Marketing de lugares*. São Paulo: Prentice Hall, 2007.

HOOD, J.; FOUNDATION FOR ECONOMIC EDUCATION (FEE). Do corporations have social responsibilities? *The Freeman*, New York, v. 48, n. 11, p. 680-684, nov. 1998. Disponível em: <https://fee.org/articles/do-corporations-have-social-responsibilities>. Acesso em: set. 2018.

IDEIA SUSTENTÁVEL. *Gestão sustentável*: BM&Fbovespa lança "Em Boa Companhia". Disponível em: <http://www.ideiasustentavel.com.br/gestao-sustentavel-bmfbovespa-lanca-%E2%80%9Cem-boa-companhia%E2%80%9D>. Acesso em: 29 jul. 2018.

IGARASHI, D. C. C. et al. Análise do alinhamento entre o balanço social e o relatório de sustentabilidade dos três maiores bancos em atividade no Brasil. *Contexto*, Porto Alegre, v. 10, n. 18, p. 34-48, 2º sem. 2010. Disponível em <http://seer.ufrgs.br/index.php/ConTexto/issue/view/980>. Acesso em: 29 jul. 2018.

INSIDER PRO. *As melhores ações socialmente responsáveis de 2016*. IHODL, dez. 2016. Disponível em: <https://pt-br.insider.pro/investment/2016-12-13/melhores-acoes-socialmente-responsaveis-de-2016>. Acesso em: 29 jul. 2018.

INSTITUTO BRASILEIRO DE ANÁLISES SOCIAIS E ECONÔMICAS (iBASE). Disponível em: <http://www.ibase.org.br>. Acesso em: 29 jul. 2018.

INSTITUTO BRASILEIRO DE ÉTICA NOS NEGÓCIOS (IBEN). *3º Congresso ética nos negócios e semana brasileira das PME* 2013, Universidade Estácio de Sá, Rio de Janeiro, 1-3 out 2013. Disponível em: <http://www.eticanosnegocios.org.br/2011/congresso.php>. Acesso em: 29 jul. 2018.

______. Código de ética corporativo. *Revista Ética nos negócios*, ano IX, n. 20, jul. 2018. Disponível em: <http://www.pesquisacodigodeetica.org.br/2014>. Acesso em: 29 jul. 2018.

INSTITUTO BRASILEIRO DE GOVERNANÇA CORPORATIVA (IBGC). *Código das melhores práticas de governança corporativa*. 5. ed. São Paulo: IBGC, 2015.

INSTITUTO ETHOS. Disponível em: <http://www.ethos.org.br>. Acesso em: 29 jul. 2018.

INSTITUTO ETHOS. *Indicadores Ethos-Sebrae de Responsabilidade social corporativa para Micro e Pequenas Empresas*. Disponível em: <http://www3.ethos.org.br/cedoc/indicadores-ethos-sebrae-versao-2012/#.Wr_y5Sa5fIU>. Acesso em: 29 jul. 2018.

______. *Guia de elaboração de balanço social e relatório de sustentabilidade*. Disponível em: <http://www3.ethos.org.br/wp-content/uploads/2012/12/1Vers%C3%A3o-2007.pdf>. Acesso em: 29. jul. 2018.

INSTITUTO HUMANITAS UNISINOS (IHU). *A refundação do Brasil. Rumo à sociedade biocentrada. Entrevista especial com Luiz Gonzaga de Souza Lima*. Disponível em: <http://www.ihu.unisinos.br/entrevistas/506677-a-refundacao-do-brasil-um-olhar-brasileiro-sobre-o-pais-entrevista-especial-com-luiz-gonzaga-de-souza-lima->. Acesso em: 24 out. 2018.

INSTITUTO LEGISLATIVO BRASILEIRO (ILB). Ética e administração pública. ILB: Curso, Senado Federal, Brasília, DF, 2016. Disponível em: <https://saberes.senado.leg.br/couRSC/index.php?categoryid=134>. Acesso em: 29 jul. 2018.

INTERNATIONAL CHAMBER OF COMMERCE. Disponível em: <https://iccwbo.org/about-us>. Acesso em: 31 jul. 2018.

INTERNATIONAL INTEGRATED REPORTING COUNCIL (IIRC). *A estrutura internacional para relato integrado*, 2014. Disponível em: <http://integratedreporting.org/wp-content/uploads/2015/03/13-12-08-THE-INTERNATIONAL-IR-FRAMEWORK-Portugese-final-1.pdf>. Acesso em: 14 ago. 2018.

INTERNATIONAL LABOR ORGANIZATION (ILO). *Protocol of 2014 to the forced labour convention, 1930*. ILO, 9 nov. 2016. Disponível em: <http://www.ilo.org/dyn/normlex/en/f?p=NORMLEXPUB:12100:0::NO::P12100_ILO_CODE:P029>. Acesso em: 29 jul. 2018.

INTERNATIONAL MONETARY FUND (IMF). Reports on the observance of standards and codes (ROSCs): an update. IMF, mar. 1999. Disponível em: <http://www.imf.org/external/np/rosc/2000/stand.htm>. Acesso em: 29 jul. 2018.

ITAÚ. Conheça o fundo itaú excelência social. *Itaú*. Disponível em: <https://ww18.itau.com.br/fies>. Acesso em: 29 jul. 2018.

JONES, M. T. Missing the forest for the trees: a critique of the social responsibility concept and discourse. *Business and Society*, Thousand Oaks, v. 35, n. 1, p. 7-41, mar. 1996.

KAPFERER, J. N. *As marcas*: capital da empresa. Criar e desenvolver marcas fortes. 3. ed. Porto Alegre: Bookman, 2004.

KASSAI, J. R. et al. *Retorno de investimento*: abordagem matemática e contábil do lucro empresarial. São Paulo: Atlas, 2000.

KEELER, D. Responsabilidade Social Corporativa (RSC): já não é mais um caso fundamentado em instinto, trata-se de uma exigência do negócio. *Relações com investidores*, São Paulo, n. 53, p. 17-20, jul. 2002.

KELLER, K. L.; MACHADO, M. *Gestão estratégica de marcas*. São Paulo: Pearson Prentice Hall, 2006.

KLEIN, E.; TOKMAN, V. La estratificación social bajo tensión en la era de la globalización. *Revista de la Cepal*, n. 72, dez. 2000.

KLEIN, N. *No logo*: a tirania das marcas em um planeta vendido. Rio de Janeiro: Record, 2002.

KROETZ, C. E. S. *Balanço social*: teoria e prática. São Paulo: Atlas, 2000.

______. Balanço social: uma demonstração da responsabilidade social, ecológica e gestorial das entidades. *Revista Brasileira de Contabilidade*, Brasília, ano XXVIII, n. 113, p. 42-51, set.-out. 1998.

KUMAR, S. No se pueden separar el cambio individual y el cambio social. *Revista Namaste*, Zaragoza, n. 5, mar. 2007.

LABORATÓRIO DE SUSTENTABILIDADE (LASSU). *Pilares da sustentabilidade*. Disponível em: <http://www.lassu.usp.br/sustentabilidade/pilares-da-sustentabilidade/>. Acesso em: 29 jul. 2018.

LAUNCH FABRICS. *Candice reefe*: the blue flower initiative. Disponível em: <http://www.launch.org/innovators/candice-reffe>. Acesso em: 29 jul. 2018.

LAURETTI, L. Código de conduta, exemplo de convergência. In: FONTES FILHO, J. R.; LEAL, R. P. C. (Org.). *Governança corporativa*. São Paulo: Saint Paul, 2011. Edição eletrônica.

LEITURA CORPORAL. Disponível em: <http://www.leituracorporal.com.br>. Acesso em: 31 jul. 2018.

LERNER, L. D.; FRYXELL, G. E. CEO stakeholder attitudes and corporate social activity. *Business and Society*. v. 33, n. 1, p. 58-81, abr. 1994.

LEWIS, R.; DART, M. *As novas regras do varejo*. São Paulo: Figurati, 2014.

LIMA, D. A. R.; JORGE NETO, P. M. Privatização do setor petroquímico no Nordeste: um estudo de eventos sobre geração de valor. *Revista Econômica do Nordeste*, Fortaleza, v. 33, n. 4, out.-dez. 2002. Disponível em: <http://www.bnb.gov.br/projwebren/Exec/artigoRenPDF.aspx?cd_artigo_ren=291>. Acesso em: 29 jul. 2018.

LINDSTROM, M.; NEVES, B. A.; KOTLER, P. *Brand sense*: a marca multissensorial. Porto Alegre: Bookman, 2007.

LINS, V. C.; WAJNBERG, D. *Sustentabilidade corporativa no setor financeiro brasileiro*. Rio de Janeiro: FBDS, 2007. Disponível em: <http://www.fbds.org.br/IMG/pdf/doc-243.pdf>. Acesso em: 31 jul. 2018.

LIPOVETSKY, G. *O império do efêmero*: a moda e seu destino nas sociedades modernas. São Paulo: Companhia das Letras, 1989.

LOGSDON, J. M.; YUTHAS, K. Corporate social performance, stakeholder orientation and organizational moral development. *Journal of Business Ethics*, Dordrecht, v. 16, n. 12-13, p. 1213-1226, Sep. 1997.

LÓPEZ, J. T. *Economía política*. Madri: Pirámide, 2009.

LOUETTE, A. (Coord). *Gestão do conhecimento*: compendium de ferramentas de gestão de responsabilidade socioambiental, uma contribuição para a sustentabilidade. Tradução de André Alonso Machado Marinho. São Paulo: Antakarana Cultura Arte Ciência, 2007. Disponível em: <http://www.institutoatkwhh.org.br/compendio/?q=node/44>. Acesso em: 29 jul. 2018.

MAHONEY, W. Acionistas mudam as práticas de governança corporativa. *Relações com investidores*, São Paulo, n. 52, p. 10-11, jun. 2002a.

______. Fundos de investimentos sociais crescem e oferecem maiores retornos. *Relações com investidores*, São Paulo, n. 53, p. 25-26, jun. 2002b.

______. Investidores institucionais se envolvem mais em governança corporativa. *Relações com investidores*, São Paulo, n. 52, p. 26-28, jun. 2002c.

MARQUES, R., PEIXOTO, J. *A nova sociologia econômica*. São Paulo: Celta, 2003.

MARTINS, A. P. S. *Finanças sustentáveis para clientes e seus fornecedores*: estudo de caso do BNDES. Dissertação (Mestrado em Sistemas de Gestão) – Universidade Federal Fluminense. Orientador: Patrícia Almeida Ashley. Niterói: Latec/Escola de Engenharia/UFF, 2009.

MARTINS, C. Investimento socialmente responsável (ISR). *Knoow.net.*, jun. 2017. Disponível em: <http://knoow.net/cienceconempr/economia/investimento-socialmente-responsavel>. Acesso em: 29 jul. 2018.

MARTINS, J. G. F. *Proposta de método para classificação do porte das empresas*. Dissertação (Mestrado em Administração) – Universidade Potiguar, Natal, 2014.

MASON, E. S. *The corporation in modern society*. Cambridge, MA: Harvard University Press, 1961.

MCCRACKEN, G. *Cultura & consumo*: novas abordagens ao caráter simbólico dos bens e atividades de consumo. Rio de Janeiro: Mauad, 2003.

MCGUIRE, J. B.; SUNDGREN, A.; SCHNEEWEIS, T. Corporate social responsability and firm financial performance. *Academy of Management Journal*, v. 31, n. 4. p. 854-872, dez. 1984.

MICHELETTI, M. et al (Ed.). *Politics, products, and markets*: exploring political consumerism. New Brunswick, NJ: Transaction Press, 2003.

MICHELETTI, M. *Political virtue and shopping*: individuals, consumerism, and collective action. Nova York: Palgrave, 2003.

______. Shopping with and for virtues. In: ______. *Political virtue and shopping*. Nova York: Palgrave Macmillan, 2003. p. 149-168.

MICHELETTI, M.; DIETIND, S. Mobilizing consumers to take responsibility for global social justice. *The annals of the american academy of political and social science*. The politics of consumption/the consumption of politics, v. 611, p. 157-175, maio 2007.

MILANOVIC, B. Global income inequality in numbers: in history and now. *Global Policy*, v. 4, p. 198-208, maio 2013.

MITNICK, B. M. Systematics and CSR: the theory and processes of normative referencing. *Business and Society*, Thousand Oaks, v. 34, n. 2, p. 5-33, abr. 1995.

MORACE, F. *Consumo autoral*: as gerações como empresas criativas. São Paulo: Estação das Letras e Cores, 2009.

NASSAR, P. *Tudo é comunicação*. 2. ed. São Paulo: Lazulli, 2006.

NEFFA, J. C. *Los paradigmas productivos taylorista y fordista y sus crisis*: una contribución a su estudio desde la teoría de la regulación. Buenos Aires: Lumen, 1998.

NEUMEIER, M. *The brand gap*: o abismo da marca. Como construir a ponte entre a estratégia e o design. 2. ed. Porto Alegre: Bookman, 2008.

NOVIS NETO, J. A.; SAITO, R. Dividend yields e persistências de retornos anormais das ações: evidência do mercado brasileiro. In: ENANPAD, ANPAD, 26, 2002, Salvador. *Anais*... Salvador, 2002. CD-ROM.

OLIVEIRA FILHO, J. E. Gestão ambiental e sustentabilidade: um novo paradigma eco-econômico para as organizações modernas. *Domus on line: Rev. Teor. Pol. soc. Cidad.*, Salvador, v. 1, n. 1, jan./jun. 2004. Disponível em: <http://www.fbb.br/media/Publica%C3%A7%C3%B5es/Domus%20N%C2%BA1%202004/domus_jaime.pdf>. Acesso em: 29 jul. 2018.

OLIVEIRA, H. A revolução dos investidores institucionais. *Portal Ver*, maio 2016. Disponível em: <http://www.ver.pt/a-revolucao-dos-investidores-institucionais>. Acesso em: 29 jul. 2018.

ORGANISATION FOR ECONOMIC CO-OPERATION AND DEVELOPMENT (OECD). *Annual report on the OECD guidelines for multinational enterprises* 2017, 2018. Disponível em: <http://mneguidelines.oecd.org/2017-Annual-Report-MNE-Guidelines-EN.pdf>. Acesso em: 29 jul. 2018.

______. *Overview of selected initiatives and instruments relevant to corporate social responsibility*. In: ______. *Annual Report on the OECD Guidelines for Multinational Enterprises* 2008, 2009. p. 236. Disponível em: <http://www.oecd.org/corporate/mne/40889288.pdf>. Acesso em: 29 jul. 2018.

ORGANIZAÇÃO DAS NAÇÕES UNIDAS (ONU). *Conferências de meio ambiente e desenvolvimento sustentável*: um miniguia da ONU, 2017. Disponível em: <https://nacoesunidas.org/conferencias-de-meio-ambiente-e-desenvolvimento-sustentavel-miniguia-da-onu>. Acesso em: 29 jul. 2018.

______. Disponível em: <http://www.onu.org.br>. Acesso em: 31 jul. 2018.

______. *Guiding principles on business and human rights*, 2011. Disponível em: <http://www.ohchr.org/Documents/Publications/GuidingPrinciplesBusinessHR_EN.pdf>. Acesso em: 29 jul. 2018.

ORGANIZACIÓN PARA LA COOPERACIÓN Y EL DESARROLLO ECONÓMICOS (OCDE). Líneas directrices de la OCDE para empresas multinacionales. *OCDE*, 2013. Disponível em: <http://www.oecd.org/daf/inv/mne/MNEguidelinesESPANOL.pdf>. Aceso em: 29 jul. 2018.

ORGANIZAÇÃO PARA A COOPERAÇÃO E DESENVOLVIMENTO ECONÔMICO (OCDE). *OECD Education* 2030. Disponível em: <http://www.oecd.org/education/2030>. Acesso em: 31 jul. 2018.

______. *OECD watch newsletter*, mar. 2005. Disponível em: <file:///C:/Users/magazine%20luiza/Downloads/OECD%20Watch%20Newsletter%20March%202005.pdf>. Acesso em: 29 jul. 2018.

ORGANIZACIÓN INTERNACIONAL DEL TRABAJO (OIT). *Resumen del informe mundial sobre sueldos* 2008/09. Disponível em: <http://www.ilo.org/global/research/global-reports/global-wage-report/WCMS_100795/lang--es/index.htm>. Acesso em: 29 jul. 2018.

ORTIZ, I.; CUMMINS. Desigualdad global: la distribución del ingreso en 141 países. *Documento de trabajo sobre política económica y social*, 2012. Disponível em: <http://www.unicef.org/socialpolicy/files/Desigualdad_Global.pdf>. Acesso em: 29 jul. 2018.

OXFAM. Riqueza: tenerlo todo y querer más. *Resumen del Informe Temático de Oxfam*, jan. 2015. Disponível em: <http://www.oxfam.org>. Acesso em: 29 jul. 2018.

______. *Uma economia para os 99%. Documento informativo da OXFAM*. Oxford, jan. 2017. Disponível em: <http://www.oxfam.org.br/sites/default/files/economia_para_99-relatorio_completo.pdf>. Acesso em: 29 jul. 2018.

PACTO GLOBAL. Disponível em: <http://pactoglobal.org.br>. Acesso em: 29 jul. 2018.

PAVA, M. L.; KRAUSZ, J. Criteria for evaluating the legitimacy of corporate social responsability. *Journal of Business Ethics*, p. 337-347, 1997.

PEREIRA, S. B. C.; EID JR, W. Medidas de criação valor e retorno das ações. In: ENANPAD, ANPAD, 26, 2002, Salvador. *Anais*... Salvador, 2002, CD-ROM.

PEREIRA, T. S.; OLIVEIRA, G; MELO, A. M. C. (Org.) *Cuidado e sustentabilidade*. São Paulo: Atlas, 2014.

PEROBON, M. L. *Responsabilidade social corporativa e desempenho econômico financeiro*: um estudo em empresas brasileiras. 2015. Tese (Doutorado) – UnB-UFPB-UFRN, João Pessoa, 2015.

PETTI, C. Fundos do bem da Bovespa estão pagando bem. *Revista Exame*, jun. 2013. Disponível em: <https://exame.abril.com.br/carreira/fundos-do-bem>. Acesso em: 29 jul. 2018.

PINHEIRO, A. É possível governança corporativa em micro empresa? *TI especialistas*, ago. 2016. Disponível em: <http://www.tiespecialistas.com.br/2016/08/e-possivel-governanca-corporativa-em-micro-empresa>. Acesso em: 29 jul. 2018.

PINTO, T. Os panteras negras e o movimento racial nos EUA. *História do mundo*, Rede Omnia, 2018. Disponível em: <http://historiadomundo.uol.com.br/idade-contemporanea/os-panteras-negras-e-o-movimento-racial-nos-eua.htm>. Acesso em: 29 jul. 2018.

PIRES, D. et al. *Design de moda, olhares diversos*. São Paulo: Estação das Letras e Cores, 2008.

PLETSCH, C. S.; SILVA, A.; HEIN, N. Responsabilidade social e desempenho econômico-financeiro das empresas listadas no índice de sustentabilidade empresarial (ISE). *Revista de Gestão Social e Ambiental (RGSA)*, São Paulo, v. 9, n. 2, p. 53-69, maio-ago. 2015.

PLIHON, D.; CHESNAIS, F. (Coord.). La economía de fondos propios: un nuevo régimen de acumulación financiera. En: ______. *Las trampas de las finanzas mundiales*. Madri: Ediciones Akal, 2003.

POIROT, P. L. The Freeman: ideas on Liberty. *Foundation for Economic Education (FEE)*, maio 1996. Disponível em: < https://fee.org/articles/the-freeman-ideas-on-liberty>. Acesso em: set. 2018.

PORTILHO, F. *Sustentabilidade ambiental, consumo e cidadania*. São Paulo: Cortez, 2009.

PORTILHO, F.; CASTANEDA, M. Consumo e política: neo-modernismo e reflexividade social. In: XIV Congresso Brasileiro de Sociologia, 2009, Rio de Janeiro. *Anais*... Rio de Janeiro, 2009.

PRADO, E. *Gestão da reputação*: riscos, crise e imagem corporativa. São Paulo: Aberje, 2017.

PRESTON, L. E.; O'BANNON, D. P. The corporate social-financial performance relationship. *Business & Society*, v. 36, n. 36, p. 419-429, dez. 1997.

PROJETO RE-ROUPA. Disponível em: <http://www.reroupa.com.br>. Acesso em: 29 jul. 2018.

PWC. *As novas diretrizes da global reporting initiative*: G4 – o futuro do reporte de sustentabilidade, 2013. Disponível em: <http://www.pwc.pt/pt/sustentabilidade/images/pwc-global-reporting-iniative-g4.pdf>. Acesso em: 29 jul. 2018.

QMILK. Disponível em: <http://www.de.qmilk.eu/produkte/die-faser/anwendungs-gebiete-faser>. Acesso em: 29 jul. 2018.

RAGLIONE, R. No time dos melhores gestores. *Suma Econômica*, São Paulo, n. 52, p. 22-23, jul. 2003. Edição Especial Fundos de Investimentos.

RAMIRO, P. Las multinacionales y la responsabilidad social corporativa: de la ética a la rentabilidad. In: ZUBIZARRETA, J. H.; RAMIRO, P. *El negocio de la responsabilidad*: crítica de la responsabilidad social corporativa de las empresas transnacionales. Barcelona: Icaria, 2009.

RAMOS, M. Responsabilidade social: retorno social e econômico. *Relações com investidores*, São Paulo, n. 53, p. 14-15, jul. 2002.

REIS, H. L. Os impactos de um sistema de gerenciamento ambiental no desempenho financeiro das empresas: um estudo de caso. In: ENANPAD, ANPAD, 26, 2002. Salvador. *Anais*... Salvador, 2002. CD-ROM.

REYNOLDS, F. Prefácio. In: BM&FBOVESPA. *Novo valor – Sustentabilidade nas empresas*: como começar, quem envolver e o que priorizar. 2. ed., rev. e atual. São Paulo: BM&FBovespa, 2016, p. 3. Disponível em: <http://www.b3.com.br/data/files/D3/D0/0F/6C/FE07751035EA4575790D8AA8/GuiaNovoValor_SustentabilidadeNasEmpresas_PT.PDF>. Acesso em: 28 jul. 2018.

RIBEIRO, M. S.; LISBOA, L. P. Balanço social. *Revista Brasileira de Contabilidade*, Brasília, ano XXVIII, n. 115, p. 12-20, jan.-fev. 1999.

RIHANI, S. Implications of adopting a complexity framework for development. *Progress in development Studies*, v. 2, n. 2, p. 133-143, 2002.

ROADMAP. Disponível em: <http://www.roadmaptozero.com>. Acesso em: 29 jul. 2018.

ROCHA, L. Licença social para operar: temor ou valor? *Instituto Ethos*, jul. 2016. Disponível em: <http://www3.ethos.org.br/cedoc/ethos-gestao_licenca-social-para-operar-temor-ou-valor/#.WsbTp9TwbIU>. Acesso em: 29 jul. 2018.

RODRIGUES, S. *Espiritual e sustentável*. Espírito Santo: Associação Capixaba Contra o Câncer Infantil, 2010.

ROMAN, R. M.; HAYIBOR, S.; AGLE, B. R. The relationship between social and financial performance: repainting a portrait. *Business & Society*, v. 38, n. 1, p. 109-125, 1999.

ROSA, M. *A reputação na velocidade do pensamento*. São Paulo: Geração, 2006.

ROTHKOPF, D. *El club de los elegidos*: como la élite del poder global domina el mundo. Barcelona: Tendencias, 2008.

RUF, B. M.; et al. An empirical investigation of the relationship between change in corporate social performance and financial performance: a stakeholder theory perspective. *Journal of Ethics*, p. 143-156, 2001.

SALAS, V. ¿Sustituye la responsabilidad social al buen gobierno de la empresa? *Economistas*, n. 106, p. 4-11, nov. 2005.

SALCEDO, E. *Moda ética para um futuro sustentável*. Barcelona: Gustavo Gilli, 2014.

SANTANA, M. H. O novo mercado e a governança corporativa. *Revista da CVM*, Rio de Janeiro, p. 04-08, dez. 2001.

SANTANDER. Disponível em: <http://www.bancoreal.com.br>. Acesso em: 29 jul. 2018.

SANTIAGO, R. BVS: os ganhos da solidariedade. *Revista Bovespa*, São Paulo, n. 87, p. 36-37, jul.-set. 2003.

SANTOS, A.; FREIRE, F. S.; MALO, F. B. O balanço social no Brasil: gênese, finalidade e implementação como complemento às demonstrações contábeis. In: ENCONTRO DA ASSOCIAÇÃO NACIONAL DE PÓS-GRADUAÇÃO E PESQUISA EM ADMINISTRAÇÃO (ENANPAD), 22, 1998. *Anais*... Foz do Iguaçu: ANPAD, 1998. Disponível em: <http://www.anpad.org.br/evento.php?acao=trabalho&cod_edicao_subsecao=53&cod_evento_edicao=2&cod_edicao_trabalho=3553#self>. Acesso em: 29 jul. 2018.

SANTOS, F. CFC publica resolução para o cumprimento das obrigações ao Coaf. *CFC*, set. 2017. Disponível em: <https://cfc.org.br/noticias/cfc-publica-resolucao-atualizada-para-o-cumprimento-das-obrigacoes-ao-coaf>. Acesso em: 29 jul. 2018.

SANTOS, H. H. O.; ROSA JR, J. D. Aproximações políticas entre moda e economia criativa. *IARA, Revista de Moda Cultura e Arte*, Senac, v. 7, n. 1, 2014. Disponível em: <http://www1.sp.senac.br/hotsites/blogs/revistaiara/wp-content/uploads/2015/01/03_IARA_vol7_n1_Dossie.pdf>. Acesso: 24. out. 2018.

SARGENT, J. Estudo da McKinsey mostrou que os investidores pagam mais por boa governança. *Relações com investidores*, São Paulo, n. 52, p. 2, jun. 2002.

SASSATELLI, R. Virtue, responsibility and consumer choice: framing critical consumerism. In: TRENTMANN, F.; BREWER, J. (Ed.). *Consuming cultures, global perspectives*: historical trajectories, transnational exchanges. Oxford: Berg, 2006. p. 219-250.

SCIARRETTA, T. Capitalismo de muro e quadrilha. *Valor Econômico*, ano 18, p. 4-6, 8 dez. 2017.

SEFARTI C. La dominación del capital financiero: ¿Qué consecuencias? In: CHESNAIS, F.; PLIHON D. *Las trampas de las finanzas mundiales*. Madri: Ediciones Akal, 2003.

SERRALVO, F. A. (Org.). *Gestão de marcas no contexto brasileiro*. São Paulo: Saraiva, 2008.

SERVIÇO BRASILEIRO DE APOIO ÀS MICRO E PEQUENAS EMPRESAS (SEBRAE). *Relatório especial*: o empreendedorismo e o mercado de trabalho. Brasília: Sebrae, ago. 2017. Disponível em: <http://www.bibliotecas.sebrae.com.br/chronus/ARQUIVOS_CHRONUS/bds/bds.nsf/70d1237672d36de1ba87890e4cb251cc/$File/7737.pdf>. Acesso em: 29 jul. 2018.

______. *Micro e pequenas empresas geram 27% do PIB do Brasil*, 2014b. Disponível em: <http://www.sebrae.com.br/sites/PortalSebrae/ufs/mt/noticias/micro-e-pequenas-empresas-geram-27-do-pib-do-brasil,ad0fc70646467410VgnVCM2000003c74010aRCRD>. Acesso em: 29 jul. 2018.

______. *O que pensam as micro e pequenas empresas sobre sustentabilidade*, 2012. Disponível em: <http://www.sebrae.com.br/estudos-e-pesquisas>. Acesso em: 29 jul. 2018.

______. *Participação das micro e pequenas empresas na economia brasileira*, 2014a. Disponível em: <https://m.sebrae.com.br/Sebrae/Portal%20Sebrae/Estudos%20e%20Pesquisas/Participacao%20das%20micro%20e%20pequenas%20empresas.pdf>. Acesso em: 29 jul. 2018.

SEVERO, L. S.; DELGADO, N. A.; PEDROZO, E. Á. A emergência de "inovações sustentáveis": questão de opção e percepção. In: SIMPÓSIO DE ADMINISTRAÇÃO DA PRODUÇÃO, LOGÍSTICA E OPERAÇÕES INTERNACIONAIS, 9., 2006, São Paulo. *Anais*... São Paulo: FGV-Eaesp, 2006. 1 CD-ROM.

SIGNIFICADOS. *Sustentável*. Disponível em: <https://www.significados.com.br/?s=sustentável>. Acesso em: 6 ago. 2018.

SILVA, C. V. T. *O desafio da transparência*. Rio de Janeiro: IBASE, 2008. Disponível em: <https://www2.senado.leg.br/bdsf/bitstream/handle/id/102804/BS_completo.pdf?sequence=7>. Acesso em: 28 jul. 2018.

SILVA NETO, B.; BASSO, D. A ciência e o desenvolvimento sustentável: para além do positivismo e da pós-modernidade. *Ambiente & Sociedade*, v. XIII, n. 2, jul.-dez. 2010. Disponível em: <https://rd.uffs.edu.br/handle/prefix/1831>. Acesso em: 28 jul. 2018.

SILVA, C. B.; FRANCISCO, A. C.; KOVALESKI, J. L. A influência das práticas sustentáveis nos gastos de uma usina de tratamento industrial de madeira: um estudo de caso. *Revista Espacios*, v. 37, n. 4, p. 20, 2016.

SILVA, S. S.; REIS, R. P.; AMÂNCIO, R. Paradigmas ambientais nos relatos de sustentabilidade de organizações do setor de energia elétrica. *Revista de Administração Mackenzie*. Edição Especial, 12 (3), p. 146-176, maio-jun. 2011.

SILVA, P. R. *Consciência e abundância*. Niterói: Percepção, 2009.

SIMMEL, G. *Filosofia da moda e outros escritos*. Lisboa: Texto e Grafia, 2008.

______. *Questões fundamentais da sociologia*. Rio de Janeiro: Jorge Zahar, 2006.

SIXTA, H. et. al. Ioncell-F: a high-strength regenerated cellulose fibre. *Nord Pulp Pap Res J*, v. 30, p. 43-57, 2015.

SOARES, R. O.; ROSTAGNO, L. M.; SOARES, K. T. C. Estudo de evento: o método e as formas de cálculo do retorno anormal. In: ENANPAD, ANPAD, 26., 2002, Salvador. *Anais*... Salvador, 2002. CD-ROM.

SOCIAL ACCOUNTABILITY INTERNATIONAL (SAI). Disponível em: <http://www.sa-intl.org>. Acesso em: 29 jul. 2018.

______. *Social accountability* 8000, 2014. Disponível em: <http://sa-intl.org/_data/n_0001/resources/live/SA8000%20Standard%202014.pdf>. Acesso em: 29 jul. 2018.

SOUZA, M. C. M. *Algodão orgânico*: o papel das organizações na coordenação e diferenciação do sistema agroindustrial do algodão. São Paulo, 1998. Dissertação (Mestrado em Administração – Universidade de São Paulo, 1998.

STIGLITZ, J. *Como hacer que funcione la globalización*. Madri: Taurus, 2006.

STYLES, R. *Ecologist guide to fashion*. West Sussex, Inglaterra: Leaping Hare Press, 2014.

SUCUPIRA, J. A responsabilidade social das empresas. *Ibase*, set. 1999. Disponível em: <http://www.ibase.org. br>. Acesso em: 29 jul. 2018.

TAPSCOTT, D.; TICOLL, D. *A empresa transparente*. São Paulo: M. Books, 2005.

TATA CONSULTANCY SERVICES. *Corporate Sustainability Report* 2016-2017. Disponível em: <https://www.tcs.com/content/dam/tcs/pdf/discover-tcs/investor-relations/corporate-sustainability/GRI-Sustainability-Report-2016-2017.pdf>. Acesso em: 29 jul. 2018.

TINOCO, J. E. P. *Balanço social*: uma abordagem da transparência e da responsabilidade pública das organizações. São Paulo: Atlas, 2001.

TRINDADE, M. Governança corporativa: balanço e perspectivas. *Relações com investidores*, São Paulo, n. 52, p. 16-17, jun. 2002.

TURELLA, R. O que é o GRI ou Global Reporting Initiative? *CUBi energia*, jul. 2017. Disponível em: <http://www.cubienergia.com/o-que-e-o-gri-ou-global-reporting-initiative/>. Acesso em: 29 jul. 2018.

UNESCO. *Global action programme on education for sustainable development*. Disponível em: <https://en.unesco.org/gap>. Acesso em: 31 jul. 2018.

VEBLEN, T. *A teoria da classe ociosa*. São Paulo: Abril Cultural, 1980.

VELLANI, C. L.; RIBEIRO, M. S. Sustentabilidade e contabilidade. *Revista Contemporânea de Contabilidade*, v. 6, n. 11, 2009, p. 187-206, jan.-jun. 2009.

VENTURA, E. C. F. *Dinâmica de institucionalização de práticas sociais*: estudo da responsabilidade social no campo das organizações bancárias. Tese (Doutorado em Administração) – Fundação Getulio Vargas, 2005.

______. Responsabilidade social das empresas sob a óptica do "novo espírito do capitalismo". In: ENANPAD, ANPAD, 27, 2003, Londrina. *Anais*... Londrina, 2003. CD-ROM.

VERGINI, D. P. et al. Impacto da responsabilidade social no desempenho econômico financeiro das empresas brasileiras componentes do Dow Jones Sustainability Index.

Revista Eletrônica em Gestão, Educação e Tecnologia Ambiental, Santa Maria, v. 19, n. 2, p. 879-898, maio-ago. 2015.

VILLANI, P. A. Investimentos socialmente responsáveis e o fundo ethical. *Relações com investidores*, São Paulo, n. 53, p. 21-25, jun. 2002.

VITALI, S.; GLATTFELDER, J. B.; BATTISTON, S. The network of global corporate control, 2011. *Plos*, out. 2011. Disponível em: <http://journals.plos.org/plosone/article?id=10.1371/journal.pone.0025995>. Acesso em: 29 jul. 2018.

WESTON, J. F.; BRIGHAM, E. F. *Fundamentos da administração financeira*. 10. ed. Trad. Sidney Stancatti. São Paulo: Pearson, 2000.

WOOD, D. J. Corporate social performance revisited. *Academy of Management Review*. v. 16, n. 4, p. 691-718, out. 1991.

WORLD ECONOMIC FORUM. *Global risks* 2012. 7. ed. Genebra: World Economic Forum, 2012. Disponível em: <http://www3.weforum.org/docs/WEF_GlobalRisks_Report_2012.pdf>. Acesso em: 29 jul. 2018.

WORLD TRADE ORGANIZATION (WTO). *Public Forum 2018: "Trade 2030"*. Disponível em: <http://www.wto.org/english/forums_e/public_forum18_e/public_forum18_e.htm>. Acesso em: 31 jul. 2018.

______. *The WTO and the sustainable development goals*. Disponível em: <http://www.wto.org/english/thewto_e/coher_e/sdgs_e/sdgs_e.htm>. Acesso em: 31 jul. 2018.

YOUNG, C. E. F.; SANTOS, M. C. Responsabilidade social: sua percepção na contabilidade nacional e na contabilidade empresarial. In: I SEMINÁRIO USP DE CONTABILIDADE, 2001. São Paulo. *Atas*... São Paulo, 2001.

ZANINI, M.T. (Org.). *Gestão integrada de ativos intangíveis*. Rio de Janeiro: Qualitymark, 2008.

ZUBIZARRETA, J. H. ¿Lex Mercatoria o derechos humanos? Los sistemas de control de las empresas transnacionales. In: ZUBIZARRETA, J. H.; RAMIRO, P. *El negocio de la responsabilidad*: crítica de la responsabilidad social corporativa de las empresas transnacionales. Barcelona: Icaria, 2009.